여보세요, 제가 지금 죽고 싶은데요

Hello
I Want to Die
Please
Fix Me

여보세요,
제가 지금
죽고 싶은데요

자살에 실패한 저널리스트의 우울증 추적기

애나 멜러 페이퍼니 지음 | 신승미 옮김

ㅎ현암사

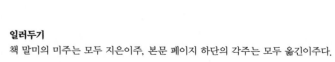

일러두기
책 말미의 미주는 모두 지은이주, 본문 페이지 하단의 각주는 모두 옮긴이주다.

실베이라 박사에게

목차

나 자신이 바로 지옥이다.
여기에는 아무도 없다—

-로버트 로웰

자살 기도에 대해 어떤 방식으로 말해야 할까? 머뭇거리며, 다급히: 문자와 전화로 친구에게 연락할 때. 겸연쩍게: 병원 복도 한가운데에서 부모님의 휴대폰을 귀에 대고 서 있는데 휴대폰 너머에서 "어리석은 짓은 이제 그만해라!"라고 쩌렁쩌렁하게 호통치는 할아버지 목소리가 들려올 때. 조심스럽게: 야단치지 않고 넓은 이해심으로 내 이야기를 들어주는 할머니와 정신과 병동의 환자용 전화기로 통화하는데, 등 뒤에서 텔레비전을 보는 다른 환자들을 잔뜩 의식해서 전화기선을 배배 꼬며 소곤거릴 때.

원래 세제가 들어 있었지만 모두 압수되어 텅 비어버린 욕실 수납장 위 세면대에 내가 기대 있었을 때, 이 모든 경험을 글로 적어야 한다고 처음 말한 사람이 누구였더라. 글쓰기를 몇 달 동안 미루고 또 몇 년 동안 고뇌하면서도 그 사람의 말이 옳다는 것을 알았다.

조용히, 절망적으로: 잇따라 반복되는 진찰 시간에. 벌벌 떨며: 동료들에게. 철저하게: 인터뷰에서. 점점 더 큰 소리로: 책에서? 세상을 향해?

장애는 당신의 삶을 앗아가고 머리에 들러붙어 떠나지 않는다. 당신의 적을 알라. 그 장애가 당신을 망가뜨리는 방식을 아주 상세하게 기록하고 세상에 나와 있는 모든 정보를 찾아내라. 인간의 이해를 제한하는 한계에 맞서고, 그 벽에 부딪치고, 집단적 무지의 대략적인 형태를 알아내려고 노력하라. 당신의 적에 대해 알려지지 않은 사실을 알아내고 암기하라. 당신이 끝내 적을 이기지 못할지라도, 적이 당신의 삶을 송두리째 움켜쥐고 절대 놓아주지 않을지라도, 적어도 이해하려고 열심히 노력하면 적의 겉모습이라도 파악할 수 있기 때문이다.

어느 누구도 개인의 결함으로 가장한 이 쓰레기 같은 병에 걸리고 싶어 하지 않는다. 나는 이 병을 깊이 파헤치고 싶지 않았다. 하루하루 겨우 살아가려고 발버둥 치는 것만으로도 버거워서 그럴 힘이 없었다. 하지만 결국 선택의 여지가 없었다. 나는 내가 아는 유일한 방법으로 이 적에게 접근했다. 바로 기자로서 다가간 것이다. 그리고 전혀 모르는 이 주제를 부여잡고 어떻게든 그에 관해 모든 것을 알아내려고 노력했다. 답을 찾기 위해 수많은 사람들과 이야기했지만 대체로 더 많은 질문에 부딪혔다.

나는 개인적으로 겪었던 경험 때문에 우울증을 악화시키는 사회 전반의 불평등을 밝히고 인적·사회적·경제적 비용 문제를 제대로 설명하는 데에 더 많은 시간과 노력을 투자했다. 심신을 쇠약하게 하는 우울증의 구렁텅이와, 그것을 제대로 다루지 않기에 비난받아 마땅한 우리의 방관이 나를 파괴한다. 약의 효과가 충분히 좋지 않아서 며칠 내내 낮에는 완벽한 무기력감으로 옴짝달싹하지 못하고 밤에는 불면으로 괴로워하기 때문이다. 그렇지만 이 책은 나에게만 해당 사항이 있는 돈키호테식 개인 프로젝트가 아니다. 우울증은 온갖 영역에서 직접적으로든 간접적으로든 모든 사람에게 영향을 미친다. 어디에나 존재하기에 신선함은 떨어지지만 위급한 문제다. 내가 진행한 모든 인터뷰에서, 내가 읽은 모든 기사에서, 내가 이 빌어먹을 우울증이 얼마나 심각하며 얼마나 형편없이 방치돼 있는지 알아내기 위한 모든 시도에서 시급성을 발견했다.

또한 이 책은 그동안 내가 아주 운이 좋았다는 끝없는 죄책감을 떨쳐버리려는 내 나름대로의 방식이기도 하다. 나는 입원 환자로서, 또 외래 환자로서 정부 지원의 의료 혜택을 입었고, 대체로 직장이 있었고, 보험 덕분에 수년 동안 청구되는 약값의 부담을 덜었다. 이것이 특권층의 권한이어서는 안 되지만 실상은 그렇다. 우리는 가장 소외된 사람들에게 모든 면에서 도움을 못 주고 있으면서 왜 그들이 갈수록 악화되는지 의아해한다.

나는 이 책을 쓰고 싶지 않다. 내가 우울증에 대한 대응으로 생각해낼 수 있는 유일한 일이 책을 쓰는 것뿐이라는 끊임없는 절망에 씹어 먹히고 싶지 않다. 하지만 나는 이 책을 쓰고 있다. 내가 이 책을 쓰는 이유는 나에게 구명조끼도 필요하고 닻도 필요하기 때문이다. 어둠 속에서 소리도 쳐야 하고 무장도 해야 하기 때문이다. 당신 역시 소리치고 무장해야 할 것이다.

제1부

일인칭 시점으로

1

대재앙

기억이 나지 않는다는 점이 가장 무섭다.

일요일 밤에 수면제를 급하게 먹은 순간과 며칠 후 중환자실에서 몽롱한 정신으로 깨어난 순간 사이에 있었던 모든 일이 기억나지 않는다. 깨어나니 내 손목과 팔뚝을 묶은 벨크로 끈이 침대를 빙 두른 차가운 금속 난간에 고정돼 있었다. 불안정한 상태에서 몸부림치다가 정맥에 연결된 미로 같은 주사 줄들을 뜯어내지 못하게 하려는 것이었다. 나는 뒤쪽이 훤히 트인 가운 형태 환자복을 입고 카테터◆를 달고 있었다.(특히 카테터는 자기도 모르는 새 몸에 달려 있는 모습을 보고 달가워할 만한 것은 아니다.)

의식이 돌아왔을 때 얼마나 많은 시간이 흘렀는지 듣고 나는 충격을 받았다.

나는 투석을 받은 몇 시간의 기억이 없다. 그저 빙글빙글 돌아가

◆ 방광 등에 삽입하는 가느다란 관.

는 딸기색의 빨간 슬러시 기계 이미지만 머리에 남았는데, 이는 며칠 후 아빠가 사람의 목숨을 구하는 그 투석기를 묘사할 때 사용한 표현이다.

나는 부동액을 마셨을 때를 기억하지 못한다. 맛이 썼는지 아니면 역겨웠는지, 질감이 묽었는지 아니면 끈적였는지 떠오르지 않는다. 그 부동액을 산 뒤로 몇 달 동안 욕실을 이용할 때마다 눈에 띈, 세면대 아래 놓여 있던 대형 용기 속의 형광빛 나는 파란 액체는 생생하게 기억난다. (나는 자동차를 가진 적이 없다.)

나는 조피클론 한 줌과 부동액 1리터 사이의 기이한 열두 시간 동안 나눈 대화를 기억하지 못한다. 하지만 문자 메시지와 통화 내역이 나를 배반하고 그때의 상황을 드러낸다. 나는 거의 의식을 잃은 상태에서 빨리 가서 기사를 쓰겠다고 자청했는데 다행히 그 기사는 다른 기자가 맡았다. 나중에 이 일에 대해서 묻자 그날 통화한 동료는 내가 혼미한 상태 같았다고 말했다.

나는 당시 근무하던 신문사 《글로브 앤드 메일The Globe and Mail》의 편집부 부장 두 명에게 부동액을 과다 복용한 상태로 아파트에서 발견된 것을 기억하지 못한다. 그 광경을 상상할 때마다 굴욕감이 밀려오고 여전히 그런 식으로 발견되느니 차라리 죽어버리는 것이 나았을 텐데 싶다.

2011년 9월에 일어난 그 일은 내 첫 자살 기도, 자살 기도로 인한 첫 입원이었고, 실패한 자기 소멸의 문을 통해 복잡한 정신 질환 의료 체계에 편입된 시작점이었다. 나에게 그 일은 막을 수 없는 결단이었다. 몇 달 동안 생각하면서도 계속 집행을 미루던 선고의 유일한 종착역이었다.

나는 스물네 살이었고 꿈에 그리던 신문사에서 기자로 일하면서 굉장한 기사 두 개를 막 마무리한 참이었다. 하지만 그 이전의 이상한 18개월 동안 절망을 느끼는 기간이 갈수록 길어졌으며, 그동안 죽음만을 바랐을 뿐이었다. 한동안은 여전히 일에 몰두할 수 있었고 기자의 성취감을, 기삿거리를 쫓아다닐 때 횡격막에 밝고 가벼운 거품이 차오르는 그 흥분을 여전히 느낄 수 있었다. 한껏 들뜬 그 막간에는 삶에 목표가 있다고 여전히 확신할 수 있었다.

하지만 취재를 할 때 즐거움을 느끼는 그 막간들은 잡음이 끼어든 전파 신호처럼 점점 드문드문해졌고 짧아졌다. 역겨운 실패의 맛이 모든 것을 집어삼켰다.

자살 기도를 하기 이틀 전인 9월 말의 금요일, 줄기차게 쏟아지는 빗방울이 편집국 전면 유리창에 강하게 부딪쳐 흘러내릴 때 나는 정치 특집 기사의 최종 교정본을 넘겼다. 이전의 몇 달 동안 기사를 쓰며 느끼던 성취감이 사라질 때마다 나를 사로잡던 절망의 구렁텅이가 이번에는 너무 깊어서 기어오를 수 없었다. 나는 공허했다. 아무것도 남지 않았고 달리 갈 곳도 없었다.

그날 밤 다른 도시에서 나를 만나러 온 가족과 고급 식당에서 저녁을 먹었다. 조명이 아주 어두워서, 부드럽고 차가운 진을 몇 잔 마시면 앞에 놓인, 정교하게 장식된 음식의 양이 얼마나 적은지 알아차리지 못하는 그런 곳이다. 그날 내가 바보같이 감상적으로 행동한 기억이 흐릿하게 나지만 그 외에는 떠오르는 게 별로 없다.

집으로 돌아가는 길에 뭘 좀 챙겨 가려고 토론토 시내에 있는 사무실에 들렀을 때, 나중에 첫 번째 바보짓이었다고 느낀 일을 저질렀다. 한 지인(예전에 한 번 만난 후 나를 페이스북 친구로 추가했고 둘 다 불면증에 시달리던 시기에 메시지를 주고받던 사람이다)과 "어떻게 지내요?"라는 가벼운 안부 인사로 온라인 대화를 시작했다. 나는 드디어 자살할 작정이라고 대답했다.

하하, 무슨 그런 농담을
　　농담 아님
자살하지 마요
　　하지만 하고 싶어요

그 대화는 "아마 아무 짓도 안 할 거예요. 아무튼 잘 자요. 나중에 봐요"라는 내 말로 끝났다. 아무래도 이때 내가 소셜 미디어 계정들을 죄다 삭제했던 것 같다.

옅은 친분과 온라인 대화의 익명성이 아니었다면 애초에 그 페이스북 사내에게 아무 말도 하지 않았을 것이다. 나는 그 남자가 아무 행동도 하지 않으리라고 자신했다.

틀렸다. 모든 면에서 틀렸다.

나는 그날 밤에 자살하지 않았다. 시도조차 하지 않았다. 몇 주 내내 주말도 없이 열심히 일했고 가족들과의 저녁식사에서 술까지 마신 터라 집에 들어서자마자 옷을 입은 채로 어수선한 침대에 쓰러

　　　　　　　　　　여보세요, 제가 지금 죽고 싶은데요

져 그대로 곯아떨어졌다.

두 번째 바보짓은 진동으로 해놓은 전화기에 끊임없이 걸려오는 전화를 놓친 것이었다. 나와 거의 모르는 사이인 이 불쌍한 남자는 겁에 질려 어쩔 줄 몰랐다. 그는 우리 둘 다 아는 친구에게 연락했고, 그 친구는 내가 전화를 받지 않자 경찰에 신고했다. 결국 내가 깊은 잠에서 깨어난 것은 그들의 전화 때문이었다. 차단된 번호라는 것만 어렴풋이 알아챌 정도로 잠이 덜 깬 상태라, 그저 급하게 물어보거나 부탁할 것이 있어서 한밤중에 전화한 데스크(우리 편집장들)려니 분별없이 짐작했다. 일 중독자의 반사 신경이 영원히 혼자 있고 싶은 내 마음을 무시했다.

하지만 그 전화를 한 사람은 내 주소를 알아내려는 경찰관이었고 나는 비몽사몽한 상태에서 그에게 주소를 말했다. 당연히 그들은 내 아파트에 왔다.

나는 경찰관 한 조가 새벽 3시에 문 앞에 나타나 당신이 자살하려 한다는 신고를 받고 왔다고 말하면 어떻게 반응해야 하는지 몰랐다. 기억하기로는 그때 느낀 가장 강한 감정은 당혹감이었다.

"집이 지저분해요." 나는 말했다.

상당히 순화된 표현이었다. 내가 결코 깔끔한 사람은 아니었지만, 쥐 때문에 골치를 앓는 허름하고 노후된 건물 1층에 있는 집은 내 무관심까지 더해져서 말도 못할 만한 상태였다. 변명하자면 주방 한 쪽 벽에 있는 바깥까지 뚫린 구멍, 흰곰팡이가 핀 욕실 천장, 욕실 세면대와 바닥이 만나는 부분의 사라진 타일들, 깨끗하게 청소하는 게 불가능해 보이는 뒤틀린 마룻장은 내 잘못이 아니었다. 이사 오기 전부터 그 상태였다. 그저 나는 수리할 의지가 없었을 뿐이다. 전반적인 어수선함, 사방에 널려 있는 종이, 음식 포장지와 그릇, 진즉 버렸어야 할 끈끈이 쥐덫. 이 모든 것이 몇 개월 동안 점점 쌓이고 쌓여 전체적으로 퀴퀴한 냄새를 더했다. 그것은 내 잘못이었다.

"괜찮습니다. 우리는 지저분한 것에 익숙합니다." 한 경찰관이 말했다.

그렇지만 이 지저분함이나, 흐리멍덩한 눈으로 "아무 이상 없어요"라고 중얼거리는 내 모습에는 나를 혼자 두면 안 되겠다는 생각을 떠올리게 하는 뭔가가 있었다. 경찰들은 나를 연행하거나 나에게 수갑을 채우지는 않았지만 내가 그냥 집에 있다가 잠자리로 돌아가면 안 되느냐고 묻자 단호히 안 된다고 대답했다. 그래서 나는 마지못해 그들과 함께 갔다. 그들이 풍기는 기운이 폭력적이지는 않았지만 거부할 수 없었다.

나중에야 만일 내가 흑인 남자였다면 그 장면이 어떻게 끝을 맺었을지, 내가 가기를 거부했다면 무슨 일이 있어났을지 궁금해졌다.

그것이 경찰차의 뒷자리에 탄 첫 경험이었는데 그 차에는 나와 앞좌석을 분리하는 칸막이가 있었다. 금방 가장 가까운 병원에 도착했고, 우리 세 명은 누군가 와서 세인트조지프 건강 센터(이 병원을 자주 이용하는 사람들은 편하게 세인트조라고 부른다) 정신과 위기 병동으로 나를 안내하기 전까지 응급실 대기실의 흐릿한 베이지색 형광등 아래 앉아 기다리면서 잡담을 나눴다. 어쩌다 보니 우리는 그들의 경력에 관해 이야기하기 시작했다(기자로서의 본능 때문이다). 둘 중 한 경찰관은 이전에 음향 기사였다고 말했고, 나는 며칠 전에 인터뷰한 어느 아이에게 그가 사용하는 프로그램 이름을 알려주자고 마음에 새겼다. 그 아이는 고등학교를 졸업한 후에 작곡을 공부하고 싶다고 했다.

괜찮은 사람들이었다. 그들은 나와 같은 상황에, 나보다 더 변덕스럽고 덜 협조적인 사람을 다루는 것에 아주 익숙한 듯했다. 내 상황(아파트에 있다가 예측 불허의 장소로 이송된, 자살 충동을 느끼는 절망한 여자)은 아프고 무해하며 불안정한 사람들이 환자복 차림으로[1] 전차나[2] 자기 집이나 아파트 건물에서[3] 경찰의 손에 죽는, 악몽 같은 시나리오에 비교하면 식은 죽 먹기였다. 이 경찰들은 악당들을 잡으러 다니는 원래의 임무로 돌아갈 때까지 그저 나와 이야기를 나눴을 뿐이다. 어떤 경찰들은 병원이 진료 준비를 할 때까지 몇 시간이나 보모 노릇을 해야 한다는 점을 생각하면, 내가 위기 병동으로 안내받아 곧 다른 사람의 책임이 되었을 때 그들은 분명 후련했을 것이다.

당신이 혹시라도 한밤중에 경찰차를 타고 병원으로 실려 가게 된다면, 나는 따뜻한 스웨터와 좋은 책을 가져가라고 권하고 싶다(휴대폰, 충전기, 지갑, 필기도구, 의료 보험증도 챙겨 가면 좋다). 앞을 내다볼 줄 모르는 바보인 나는 전날 입은 옷 그대로 치마와 티셔츠 차림에, 경찰차로 나가는 길에 열쇠를 넣을 주머니가 필요하다 싶어서 비틀거리며 움켜쥔 얇은 트렌치코트만 걸치고 있었다. 물론 그 열쇠는 이날 이전의 날과 삶에서 일할 때 입은 재킷 주머니에 계속 들어 있던 펜과 디지털 녹음기, 휴대폰과 함께 압수당했다.

위기 병동은 어둡고 횅댕그렁하고 추웠으며 나는 지루해서 죽을 맛이었다. 추위에 떨며 플라스틱 병원 의자에 웅크리고 앉아 잔인한 자살 충동을 느끼면서, 분명히(죽음에 대해 곱씹는 동안 확신했다) 내가 진심이 아니었는데도 괜히 질겁한 페이스북 사내에게 속으로 욕을 퍼부었다. 나는 사람들과의 접촉을 바라는 마음에 굴복하고 죽음을 시도조차 하지 않은 나 자신을 꾸짖었다.

피로가 쌓여 거의 미칠 지경이었다. 누군가 침대에 누우라고 권하던 기억이 난다. 그 말을 따르면 나를 환자로, 그곳에 속한 사람으로, 뒤쪽 침대에 몸져누워 조용히 끙끙대고 있는 남자와 다를 바 없는 사람으로 여길까 봐 두려워서 거절했다. 나는 여기에 있을 사람이 아니야. 나는 혼잣말을 했다. 이 오해를 바로잡기만 하면 될 일이었다.

한 아이(아마 열네 살쯤)가 옆방에서 의식을 회복했다. 그 아이의 가방을 가져다준 직원은 그가 친구 집에서 열린 파티에서 급성 알코올 중독으로 의식을 잃고 경찰에게 발견되어 이곳에 왔다고 설명해줘야 했다. 나는 이후 여섯 시간 동안 그 아이의 탈출을 질투하며 앉아 있었다. 한 직원이 나를 불쌍히 여겨 고맙게도 금방 도착한 신문을 가져다줬다. 광고 전단지가 가득 든 토요일판 《스타》를 보고 그렇게 반가웠던 적이 없다. 피곤해 보이는 정신과 의사가 나를 진찰한 9시 무렵에는 가능한 한 빨리 자살할 수 있도록 그곳에서 벗어나려고 무슨 말이라도 할 지경이었다.

내가 억지로 경찰차를 타고 그 병원의 정신과 위기 병동으로 실려왔다는 사실을 그 의사가 전혀 모른다는 점을 바로 알 수 있었다. 나는 치료를 원하지 않으며 (부디, 잠들 수 있게 도와줄 약 몇 알을 가지

여보세요, 제가 지금 죽고 싶은데요

고) 그냥 집에 가고 싶다고 말하자 그녀는 왜 자기 시간을 낭비하느냐고 묻기라도 하는 양 내 기를 팍 죽이는 동정의 눈빛을 보냈다. 10시가 되자 나는 강렬하게 빛나는 아침 햇살 아래로 나와, 수면제인 조피클론을 적은 양만 처방해준 데 실망하며 약국으로 직행했다. (나는 잠을 자기 위해 화학 물질이 필요했던 적이 없었다.)

토요일의 나머지 시간은 이상했다. 아마 잠을 잤던 것 같다. 그리고 호숫가를 따라 달리려고 했지만, 기운이 별로 없어서 집에서 험버 브리지의 에토비코크 쪽 바윗길을 1킬로미터 정도 달리다가 걷다가 하다가 점점 흐지부지해졌던 것 같다. 바위 위를 서성거리면서 내가 위기 병동에서 밤을 보냈다는 소식을 전해 들은 동료와 초현실적인 짧은 이메일을 연달아 주고받았다. 그 동료는 내가 겪고 있는 기이한 인생 드라마가 무엇이든 되도록 거기에 휘말리지 않으면서 내가 괜찮은지 확인하려고 머뭇거리는 듯했다. 우리는 문자소통에 워낙 익숙해져 있어서, 누군가의 목소리를 듣는 것이(전화를 건 사람의 입장에서는 불안해지고 시간을 소모하는 일이겠지만) 큰 차이를 만들 때가 있다고 나는 장담할 수 있다.

이제 나는 기분을 솔직히 말할 만큼 어리석지 않았다. "괜찮아요. 정말이에요. 걱정하지 말아요."

아마 뜻밖에도 일요일에 해야 할 일이 생기지 않았다면 그날 밤 자살을 시도했을 것이다. 선거 운동 예산 발표를 취재하는 그 일 때문에 살아 있어야 한다는 의무감을 느꼈다. 나는 일요일 아침에 자전거를 타고 시내를 달릴 때 놀랍도록 희미하던 햇빛과 젖은 머리카락을 자꾸 날려 얼굴에 달라붙게 하던 차가운 바람을 기억한다. 나는 창문이 없는 호텔 회의실에서 들은 브리핑의 전문적이고 따분한 내용을 잘 참아 넘겼다. 동료 기자와 서로 숫자에 약하다며 농담을 한 것이 기억난다. 모두 자리에서 일어나 자유롭게 이야기하는 회의도 진행됐다. 지방 정부의 부채와 사전 투표에 관한 이야기. 업데이트해야 하는 웹 파일에 대한 제안, 분석하고 논평해야 하는 대립 정당들의 반대 주장에 대한 의견이 오갔다.[4] 그러고 나자 나는 자유였다.

아마 식료품과 일요일판 《뉴욕 타임스》를 샀던 것 같다. 아마 퀸 스트리트 커피 전문점에서 차를 마시고 와이파이를 사용하면서 빈둥거렸던 것 같다. 마침내 나는 집으로 돌아갔다. 내가 욕실 선반에서 형광 청색의 부동액이 든 플라스틱 통을 집어 들고 커다란 도기 머그잔에 부은 건 자정이 지났을 때였다. (자살 충동에도 불구하고 나는 부동액을 통째로 꿀꺽꿀꺽 마실 의사가 없었다. 나에겐 나름대로의 기준이 있다.) 나는 독이 담긴 머그잔 두 개를 진홍색 침대형 소파 옆 바닥에 내려놨다. 옆에 신문을 섹션별로 펼쳐놓았던 기억이 난다. 왜냐고? 소품으로? 내가 세계 각지의 뉴스를 챙겨 보고 있는 척하면 자살이 덜 한심해 보일까 봐서?

나는 먼저 알약 한 주먹을 삼키고 기대하면서 기다렸다. 의식과 기억이 절벽에서 떨어지기 전 그 약에 효과가 없다는 데 실망한 기억이 난다.

2

자살 기도가
실패로 돌아갔을 때

환청 같은 불안한 대화들이 오고가던 때, 선거전에서 가스 공장 설립 취소를 두고 벌어질 설전을 누가 취재할지 동료와 이야기하던 때, 그때가 월요일이었을 것이다. 그러니까 내가 부동액을 마신 것은 그때로부터 얼마 지나지 않은 때였지 싶다. 내 기억 저장고가 무서울 정도로 텅 비어서 잘 모르겠지만 그 사이사이에 무슨 일이든 일어났을 수 있다. 나는 일어났을 가능성이 가장 높은 일련의 사건들을 엮는 과정을 충분히 되풀이하다 보면 내면의 진실의 빛이 밝아질 것이라고 기대했다.

　내 침묵이 사람들을 걱정시켰다는 것을 화요일이 돼서야 비로소 알았다. 내가 어디에 있는지 궁금해하는 동료들과 친구들 사이에서 전화 통화와 이메일이 오갔고, 편집부 부장 두 명이 내가 사는 건물에 도착했을 때 내 친구 웨슬리도 따로 도착했다. 웨슬리는 나를 잘 알았다. 그는 좋지 않은 상태일 때의 내 모습을 그동안 봐왔다. 하지만 부장들은? 무서울 정도로 똑똑하고 누군가의 병문안이나 다닐

위치가 아닌 그 두 간부의 손에 내 경력이 달려 있었다. 나는 메탄올 과다 복용을 들키는 것은 말할 것도 없고, 두서없이 더듬거리며 전화로 말하는 모습도 그들에게 보이고 싶지 않았다.

사실 그들이 내 목숨을 구했다. 하지만 그들에게 그곳에서 발견됐다는 생각만 하면 수치심과 혐오감을 느꼈다.

그들은 내 아파트에 들어와서 (내가 문을 열어뒀던가? 왜?) 그 난장판을 발견했다.

집은 엉망진창이었다. 토사물을 뒤집어쓴 나도 엉망진창이었다. 몇 달 뒤, 그때 내가 완전히 의식 불명이 아니었다는 말을 듣고 지독하게 고통스러웠다. 그저 즉각적으로 반응하지 못했고 말에 조리가 없었다고 한다. 그들은 경찰을 불렀고 내가 무엇을 삼켰는지 알아내려고 애썼다. 그들은 실패했다. 며칠 뒤 사촌과 아빠가 현장을 확인하는 임무를 맡고 용감하게 아파트에 들어섰을 때에야 약 1리터가 사라진 채 열려 있는 4리터짜리 부동액 통을 발견했다.

경찰이 먼저 도착했고 이어서 구급차가 왔다. 내가 들것에 실려 나가면서 구급대원들과 농담을 했다고 들었다. 불쌍한 내 친구 웨슬리의 눈에 유독 띄었던 것은 지독하게 더러운 주방 싱크대였다. 웨슬리와 부장 한 명은 세인트조까지 구급차를 따라왔고, 이 상황을 누구에게 알릴지 결정하는 것 외에 당장 할 수 있는 일이 없다고 느꼈다. 그런 다음에 그와 다섯 명의 친한 친구들(이후 몇 주, 그리고 몇 년 동안 내게 바위처럼 든든한 의지처가 돼준 사람들)은 옹기종기 모여 할 일을 의논했다. 그들은 여러 가지 의견을 나누다가, 이 상황에 얼마나 감정적으로 관여할 각오가 돼 있는지 서로에게 물었다. 물론 정신이

여보세요, 제가 지금 죽고 싶은데요

제대로 박힌 사람들이라면 대부분 반대 방향으로 도망갔을 것이다. 그들이 왜 사라지지 않았는지 나는 모르겠다. (다른 친구들과 동료들은 그랬다. 나는 그들을 탓하지 않는다.) 그렇지 않아도 각자 버거운 문제를 안고 살아가고 있으면서, 더 성가셔질 게 뻔한데도 골치 아프고 달갑지 않으며 엉망진창인 내 상황까지 끌어안는 결정을 한 이유를 모르겠다. 그들이 그 결정을 후회했는지 안 했는지도 모르겠다. 나는 물어볼 용기가 부족했다. 하지만, 맙소사, 그들이 그렇게 해주어서 나는 기쁘다.

깨어나니 부모님이 와 계셨다. 밴쿠버에서 날아온 불쌍한 부모님. 딸이 자살에 실패하고 병원에 입원해 있다는 사실과 그런 딸의 모습을 36시간 내내 곱씹으며 받아들여야 했던 불쌍한 부모님.

수년 뒤에도 엄마는 내 치료를 감독하러 온 여성 신장 전문의가 평가했던 말을 기억한다. "그 의사가 '참 침착하시네요'라고 말하더구나. 그 말을 듣고서야 내가 완전히 치료에만 집중해왔다는 것을 깨달았어. 여기에 와서, 치료하는 것에만. 다른 생각을 할 여력이 없었단다."

누군가 죽으려 했다면 정신과 의사들은 그 사람에게 그의 시도는 이기적이지 않고, 사랑하는 사람들에게 고통을 주지 않았으며, 그저 당신을 파괴하는 병의 치명적인 마지막 증상일 뿐이라고 말해준다. 물론이다. 좋다. 하지만 로스쿨에 입학한 지 몇 주도 지나지 않아 정신과 병동까지 날아온 남동생의 얼굴을 보니 나는 내가 상상할 수 있는 가장 고통스러운 방법으로 죽어 마땅하다는 확신이 들었다. 사랑하는 사람들에게 지독한 상처를 준다는 사실이 죽고 싶다는 욕구 자체를 없애지는 않는다. 그저 그들에게 안겨주는 온갖 고통 때문에 자신을 더욱 혐오하게 되고, 차라리 자신의 죽음이 그들에게는 선물일 것이라고 느낄 뿐이다.

기억은 순탄하게 돌아오지 않는다. 수면제는 땅콩처럼 급히 입에 털어 넣지 않고 처방대로 복용할지라도 지독한 건망증을 일으킨다. 지금도 정신의 구석진 곳에서 기억을 끄집어내려고 노력하노라면 기억이 닳고 좀먹히는 느낌이 든다. 바셀린 범벅이 된 렌즈를 통해 보는 것 같다. 어떤 기억은 한참 뒤에 선명하게 다시 나타난다. 중환자실 침대에서 따끔거려서 눈물이 고이고 초점이 맞지 않는 눈을 찡그리며 책을 읽으려고 기를 쓰는 와중에 글자들이 막 튀어오르던 때와 비슷하다.

"형편없는 책이네." 엄마는 내가 그렇게 말했다고 한다.

나는 패트릭 드윗에게 미안함을 느낀다. 그의 소설 『시스터스 브라더스』의 표지를 볼 때면 눈 안쪽의 통증이, 글을 읽을 수 없다는 극심한 공포가 저절로 떠올라 몸서리치게 된다. 이는 십중팔구 부동액의 후유증일 것이다. 부동액은 사람을 죽이거나 영구적인 실명을 일으킨다. 글을 이해하지 못하는 상태는 오래가지 않았다. 만일 그 상태가 오래가서 혼란에 빠지고 정신이 불안정해졌다면 어떻게 극복했을지 모르겠다.

중환자실에서 이삼일을 보낸 뒤 단기 입원 정신과 병동으로 옮겨졌다. 나는 인간의 존엄성을 박탈하는 하늘색 환자복 차림으로 비척 비척 걸어가 욕실에서 사복으로 갈아입었다. 정신과 병동에는 창문과 사생활이 없었다. 커튼으로 분리된 침대만 있었다.

중환자실에서 나와 처음 그곳에 들어갔을 때 워낙 제정신이 아니었던지라 아무런 인상도 받지 못했다. 분명히 곧 나갈 거야. 분명히 곧 직장으로 돌아갈 거야. 나에게 필요한 것은 내 우주의 중심인 편집국으로 돌아가는 것뿐이야. 내내 혼잣말을 했다. 탈출구를 찾자. 모든 것이 정상으로 돌아갈 거야.

아니었다. 씨름해야 할 유형 문제가 남아 있었다. 나는 이제 막 점점 수가 늘고 있는, 자신의 의사와 상관없이 병원에 입원하는 정신과 환자 중 한 명이 됐다. 내가 너무 미쳐서 스스로 결정할 수 없다고 여긴 의사가 나를 정신 병원 수용이 필요한 유형으로 분류했다.

캐나다와 미국, 대부분의 유럽 지역은 본인의 상태에 대한 이해력이 부족하거나 결정을 내릴 능력이 부족한 사람들을 다루는 의료·법률 시스템을 아직도 가지고 있다. 자신을 포함한 누군가에게 당장이라도 해를 끼칠 위험성이 있다고 의사가 판단하면 (때로는 경찰이나 판사나 가족의 권유로) 당사자의 의사와 상관없이 병원에 입원시킬 수 있다. (유의 사항: 이렇게 강제로 입원하더라도 환자에게는 여전히 권리가 있다. 환자의 일부 권리를 빼앗을 경우에는, 다른 권리를 보장하는 것이 더욱 중요해진다. 나중에 더 자세히 이야기하겠다.) 내가 사는 온타리오주[1]에서는 정신 감정을 위해 72시간 동안 '강제 수용'하는 유형 1[2]로 이 시스템을 적용하기 시작한다. 내가 단기 입원 정신과 병동에 들어갔을 때는 중환자실에서 72시간을 거의 다 보낸 시점이어서 새로운 유형을 적용할 필요가 있었다. 그래서 내 의사와 상관없이 2주 동안 나를 가둬놓는 유형 3³이 적용됐다. 나는 너무 정신이 없었고 며칠이 지나도록 아무도 나에게 이런 사실을 말해주지 않았기에 갑자기 갇혀버렸다는 생각에 가슴이 철렁했다.

환자 등급이 유형 3으로 올라가는 주요 이유는 두 가지이다. 하나는 환자가 치료에 동의할 능력이 없지만 그동안 치료를 받고 다소 호전됐으며, 의료진이 경험을 바탕으로 현재 그 치료가 환자에게 정말로 필요하며 치료를 받지 않으면 상태가 심각하게 악화될 것이라고 판단하는 경우다. 하지만 '악화'는 상당히 광범위하고 주관적인 개념이다. 따라서 강제 입원 대상자들의 수를 현저히 증가시킨다. 그러니 누구에게 묻느냐에 따라서, 환자의 건강에 유용한 방식이 될 수도 있고 더 많은 사람들을 병원에 가두는 가혹한 방식이 될 수도 있다.

다른 하나는 나에게 해당하는데, 의료진이 해당 환자가 정신 질환을 가지고 있으며 사람을 심각하게 해치거나 피해를 줄 수 있다고 확신한 경우다. 이 부류는 크게 두 가지로 나뉜다. 바로 '환자 자신에 대한 신체적 위해'와 '다른 사람에 대한 신체적 위해'다. 항목 체크에 따라 진단 결과가 달라질 가능성은(이 미친 여자가 자신이나 다른 사람들에게 위협이 되는가? 나는 그녀를 걱정해야 할까, 아니면 두려워해야 할까?) 정신 질환을 가진 수많은 사람들을 두려움에 빠뜨린다. 내가 당시에 '다른 사람에게 위험' 칸에 체크 표시가 되지 않았는데도 유형 3으로 분류돼서 고통을 겪은 것은 바로 이 때문이었다.

어떤 사람들은 정신 질환을 가진 사람이 아무런 경고나 이유 없이 그들을 죽이거나 공격하거나 무시무시하게 난폭하고 타락한 짓을 저지를 것이라고 추측한다. 수 세기에 걸쳐 쌓인 반대 증거가 있는데

여보세요, 제가 지금 죽고 싶은데요

도 우리는 으레 그렇게 짐작해버린다. 정신 질환을 가진 사람은 폭력의 가해자일 가능성보다 피해자일 가능성이 훨씬 크다.[4] 필요한 치료를 받으면 다른 사람을 해칠 가능성이 아주 적다.

나는 이 점을 이해했다고 생각했다. 그 병원에서의 그날, 내가 스스로를 얼마나 두려워하게 됐는지 깨닫기 전까지는 그랬다. 아무도 내 진료 차트의 '다른 사람에게 위험' 칸에 체크를 하지 않았다. '자신에게 위험' 칸에만 체크를 했다. 하지만 두 개의 칸이 서로 너무 가까웠다! 서류상의 가까움만으로도 나도 모르는 사이에 남에게 위협을 가할 수 있다는 확신을 갖기에 충분했다. 내가 본의 아니게 사람들을 해치게 될까? 내게 '살인 후 자살' 위험이 있을까? 의사는 이후 몇 달 동안 그렇지 않다고 단호하게 말했다. 아무렴, 그러면 안 되지. 하지만 선입견이 무의식 깊이 파고들어서 한동안 나를 몹시 괴롭혔다.

하지만 지금 당장 이 미친 사람 분류표는 내가 병원을 떠날 수 없다는 의미였다. 철저하게 감시하는 보호자가 없이는 병동을 나갈 수 없었다. 면도를 할 수 없었다. 얼마 전에 돌려받은 휴대폰을 감시 없이 충전할 수 없었다. 나는 매일이 똑같이 반복된다는 내용의 〈사랑의 블랙홀〉을 리메이크한 형편없는 영화의 주인공이 되었다. 단기 입원 병동에서 닷새쯤 지내는 동안 나는 서류철로 무장한 의료계 종사자들(나보다 나이가 별로 많지 않고 눈썹에 피어싱을 한 날씬한 간호사, 상냥한 사회복지사, 아이를 가지려고 아내와 노력하고 있다는 이야기를 들려줬고 몇 년 후 내가 외래 환자로 다시 병원에 갔을 때도 나를 기억하던 간호사, 자주 오지는 않았지만 일단 왔다 하면 철저하게 책임을 다하던 정신과 의사)의 끝없는 행렬을 향해 늘 똑같은 누그러진 말투로 똑같은 소리를 중얼거렸다.

나는 침대에 앉아 일간 자살 경향성 체크 리스트를 의무적으로 작성하면서 이 말을 반복했다. "딱 한 번 해본 거예요." 유리 칸막이가 있고 러그가 깔린 상담실의 그럭저럭 편한 소파에 앉아서 그 말을 반복했다("나는 절망감을 느껴서 죽고 싶다고 생각했어요. 더 이상 그렇게 느끼지 않아요"). 대처 방법 연습 문제지들과 날짜 지난 잡지가 가득 놓인 공동 공간의 낮은 커피 테이블 옆에 쭈그리고 앉아 그 말을 반복했다("아주 바보 같은 짓이었어요. 그런 짓을 하지 않았으면 좋을 텐데. 다시는 하지 않을 거예요"). 그런 말을 너무 많이 반복하다 보니 스스로 그렇게 믿게 됐다.

내 모범 환자 알리바이에 대해서는 이쯤 이야기하자. 사랑하는 사람에게 고통을 준 일에 대해 그들에게 어떻게 말해야 할까? 캘거리에 사는 할머니 할아버지와 무안해하며 통화했다. 이모가 다시는 그런 짓을 하지 않겠다고 약속하라고 해서 거짓말을 했다. 숨을 죽이고 이 주제를 완전히 회피했다. 나는 로스앤젤레스에 사는 아우슈비츠 생존자이자 세상에서 가장 건강한 90대인 외할머니에게 결코 이 일에 대해 말하지 않았다. 몇 년이 지나 엄마가 할머니에게 그 일을 이야기했는데, 외할머니가 듣기에는 참혹하고 충동적인 폭로였고 잔인한 사건이었다. 외할머니는 94세이다. 그토록 많은 시간과 노력과 지적 능력을 스스로의 죽음에 쏟아온 나는, 온갖 역경을 극복하며 승리한 인생을 살아온 완벽한 본보기라 할 수 있는 외할머니와 이야기를 나누는 것이 여전히 부끄럽다.

나는 위기 병동에 도착한 순간부터 공용 생활 공간을 주도면밀하게 피했다. 환자들이 네모난 벽걸이 텔레비전을 보려고 모이는 큰 탁자를 피했고, 나중에 입원한 다른 병동에서도 환자들이 부산하게 돌아다니거나 나른하게 누워 있거나 앉아 있는 텔레비전 주변과 활동실을 일부러 멀리했다. 가장 상태가 좋을 때조차 내향적인 내 성격으로 인해, 개인 공간을 만들려는 무의미한 노력을 하며 갇혀서 시간을 보냈다. 물론 병원에는 자신만의 공간이 존재하지 않는다. 자기 자신에게 위해를 가하는 사람으로 진단받은 경우에는 말할 필요도 없다. 커튼 칸막이 뒤 혹은 걸쇠를 잠글 수 없는 문 뒤의 어느 구석에도 자신의 것이라는 표시를 남길 수 없다. 나는 눈이 회복되자 책 속으로 사라지던 어린 시절의 버릇에 의지했고, 그 탈출구를 향해 의식을 집중시킨 뒤 등 뒤의 문을 닫았다.

나는 결코 사교성이 좋은 환자가 아니었고, 성공적으로 다른 사람과 소통해서 정신 감정 보너스 점수를 얻는 환자도 아니었다. 그 건물에 들어가기 전 자처하던, 채울 수 없는 호기심을 가진 타고난 기자라고 할 수도 없었다.

나는 끝없이 불면증에 시달려, 깨끗한 병원 침대보 위에서 밤새도록 몸을 뒤척였다. 처음에는 얕은 잠을 방해하는 소리가 환자 이송용 침대가 복도를 굴러가며 내는 굉음이라고 생각했지만, 알고 보니 표본, 샘플, 약을 벽 속의 관을 통해 병동끼리 주고받을 때 나는 공기 소리였다. 그나마 잠이 들 때면 나치 의사 멩겔레 같은 미치광이들이 가학적인 실험을 하던 미로 같은 병원에 온몸이 묶인 채 갇혀 있는 꿈을 꿨다. 아침에 체온계와 혈압 측정 띠를 가지고 온 간호사들이 나를 깨울 때면 거의 안도의 한숨을 내쉴 정도였다. 말 그대로 거의. 지속적인 피로가 관절 마디마디와 눈 뒤에 박혀 있었다.

나는 점차 병원에서 나오는 방송을 좋아하게 됐다. 심박 정지 상황일 때의 코드 블루, 폭력적인 환자가 발생했다는 코드 화이트, 그들이 가출자라고 부르는 도망자가 발생할 시 실종자가 있다는 코드 옐로. 나는 조용히 도망자를 응원했다. '어서 가요, 마지막으로 목격됐을 때 환자복 바지와 갈색 울 카디건 차림에 신발을 신고 있지 않았던 짧은 갈색 머리의 68세 백인 남자! 도망가요!'

하루 일과는 면회 시간과 나머지로 나뉘었다. 여동생이 비행기를 타고 왔다. 내가 여동생이 다니는 몬트리올 맥길대학교의 기숙사까지 이어진 오르막길을 프린터를 짊어지고 올라간 지 한 달도 지나지 않은 시점에 이런 빌어먹을 일을 걱정하기에 그 아이는 너무 아름답고 어렸으며 삶의 정점에 있었다. 우리 다섯(부모님, 남동생, 여동생, 나)은 병원 밖으로 나가 외식을 했고 아무 문제도 없는 척했다. 우리는 늦은 아침 겸 점심을 먹으러 퀸스트리트 웨스트로 갔고 창가 구석 테이블에 앉아 모두 우에보스 란체로스◆를 조금씩 다르게 주문했으며 아빠는 모르는 사람의 흑백 사진을 샀다. 외견상 괜찮아 보이는 그들의 상태와 지극히 끔찍한 일도 웃고 넘기는 우리 가족의 회복 능력 덕분에 나는 죄책감으로 질식하지 않고도 견딜 수 있었다.

이런 보호자 동반 외출은 부모님에게 편한 만남이 아니었다. "우리

◆ 프라이하거나 삶은 계란과 아보카도, 토마토, 치즈 등을 토마토소스와 함께 토르티야에 얹어 먹는 멕시코 음식.

는 네 곁에 있어서 행복하면서도…… 동시에 몹시 불안했어." 아빠가
몇 년 뒤에 말했다. "한번은 퀸스트리트 식당에 저녁을 먹으러 갔을
때 네가 화장실에 갔지. 우리는 네가 나이프를 가지고 갔을까 봐 갑
자기 무서워졌단다. 보호자 동반 외출을 나온 동안 네가 다시 자살
을 시도할까 봐서."

(그때 나는 이런 걱정을 감지하지 못했다. 그저 화장실에 갔을 뿐이다.)

그리고 친구들. 나는 그처럼 충실한 벗들을 가질 만한 일을 아무
것도 하지 않았다. 브렌던은 내가 보호자 없이 병동 밖으로 외출을
나가도 된다고 허락받은 첫날에 아주 비싼 고급 샌드위치를 사 왔
다. 나는 병원 입구 근처의 녹지 겸 흡연 구역에 있는 벤치 위에 남
쪽을 바라보고 서서, 꿀빛 석양 속의 뒤쥐처럼 눈을 깜박이며 포도
덩굴이 타고 올라간 격자 울타리를 만지려고 손을 위로 뻗었다. 태어
나서 처음 먹어본 양지머리 샌드위치였는데 그 샌드위치는 지금까지
도 내가 먹어본 빵을 사용한 음식 중에서 가장 맛있었다. 나는 나중
에 먹으려고 일부러 샌드위치의 반을 남겨뒀는데 결국 선한 의도의
간호사들에게 압수당하고 말았다. 그들은 내 감상을 다소 병적인 뜻
으로 해석한 듯했다.

가장 친한 친구이자 내가 아는 사람 중에서 마조히즘 성향이 가
장 강한 오마르는 내가 심각한 정신병자들을 수용하는 위층 병동으
로 옮겨진 후에도 빌어먹을 입원 기간 동안 날마다 병원에 왔다. 날
마다! 그는 퇴실 기록지에 서명을 하고 나를 데리고 나가 병원 복도
를 돌아다니게 해줬다. 그렇게 걸으면서 나는 온갖 증거와 상식과 자
기 보호 본능에도 불구하고 내게서 도망치지 않는 사랑하는 사람과

함께 있다는 어리석은 기쁨에 취해 하이에나처럼 발작적으로 웃어댔다. (저녁마다 오던 그가 딱 한 번 방문을 빼먹은 날은 스티브 잡스가 죽은 날이었다. 그 기사를 써야 했기 때문이다.5 그 대신 웨슬리가 와서 용감하게 위층 정신과 병동과 대면했다.) 이렇게 밖에서 잠깐 숨을 돌리다가 정해진 시간이 끝나기 전에 돌아와서 입실 보고만 하면 아무 문제가 없었다. 언젠가는 너무 무리해서 두 번 연달아 퇴실하려다가 의심을 사는 바람에 서명하면 나갈 수 있는 보호자 동반 외출의 특권을 일시적으로 빼앗겼다. 나는 30시간 동안 부루퉁한 얼굴로 어슬렁거리며 맑은 공기를 갈망했다.

정신과 병동에서 보낸 대부분의 시간은 죽을 것 같은 밀실 공포증으로 얼룩져 있다. 마라톤 속도의 초조한 서성거림, 이어폰에서 나오는 귀청이 떨어질 것 같은 음악, 분산된 집중력을 오랫동안 붙들 정도로 현실 도피적이지는 못한 책들. 그래서 내면으로 도망가려는 필사적인 노력에도 불구하고 결국 같은 처지의 환자들에 대해 조금씩 알게 됐다.

히스패닉계의 한 여성은 면회 때 가족이 한꺼번에 우르르 몰려왔다. 그들은 페이스트리와 타말레를 잔뜩 들고 떼 지어 와서 공동 공간을 수다와 온기로 꽉 채웠다. 그녀처럼 많은 손님들이 찾아오는 입원 환자는 극히 드물었다. 가족과 있을 때 사랑으로 가득 차올랐던 그녀가 나중에 풀이 확 죽어 홀로 흐느끼는 모습을 지켜보자니 그녀의 세계에서 모든 일이 다 잘 풀리면 좋겠다 싶었다.

커튼을 사이에 둔 내 옆 침대에는 흰머리를 땋아서 어깨까지 길게 늘어뜨린 노인이 있었다. 팔걸이 붕대를 한 그녀의 팔에는 검은 봉합

여보세요, 제가 지금 죽고 싶은데요

사의 거친 자국이 굵은 거미줄 모양으로 길게 나 있었다. 나도 모르게 그 자국을 자꾸 빤히 쳐다보게 됐다. 나는 그녀가 집에서 피를 흘리는 장면을 상상했다. 직접 911에 전화했을까? 자신의 몸에서 피가 흘러나오는 모습을 견디기가 너무 힘들어서 마음을 바꿨을까? 언젠가 사회 복지사가 그녀에게 한 손으로 음식 만드는 방법을 배우라고 말하는 것을 우연히 듣고 그녀가 혼자 산다는 사실을 알게 되었다. 어느 날 아침 그녀는 우리 각자의 작은 공간 사이를 건너 내 쪽으로 다가와 자신의 팔걸이 붕대에 내가 익숙해졌는지 물었다. 나는 이불을 내 팔꿈치와 어깨 쪽, 내가 덜 불편하게 느끼는 공간으로 슬쩍 끌어당겨 그녀의 손에 고정된 내 시선을 가리려고 했다. (나는 몇 년 후 무릎 수술을 받고 나서, 방수 반창고를 새것으로 바꿔 붙이다가 내 피부에서 그녀와 같은 모양의 심술궂은 검은 매듭 한 쌍을 발견했다. 그 자국을 보는 순간 몸이 굳을 정도로 깜짝 놀랐고, 팔뚝으로 기어 올라가는 두껍고 기다란 봉합 자국과 흰머리를 가졌고 쓸쓸해 보이던 그 주름진 얼굴의 노부인이 문득 떠올랐다. 내가 그랬듯 그녀도 실밥을 풀기 위해 다시 병원에 가야 했을까? 그녀가 예약을 했을까? 후속 치료는 아무리 좋은 상태일지라도 진짜 지랄 맞다. 죽으려던 노력을 무위로 돌린 봉합사를 풀 때는 확실히 훨씬 지독할 것이다.)

밤이면 그녀가 통증 때문에 신음하는 소리가 겨우 잠든 나를 깨웠고, 나는 우리 둘 중 하나가 혹은 우리 둘 다 그냥 입 닥치고 죽어버리게 해달라고 기도하는 지경까지 갔다. 아침이면 살의와 냉담함이 후회돼서 그녀의 부탁대로 내 식판에 놓인 소금 봉지를 슬쩍 건네주기도 했다. 건강상의 이유로 그녀의 식사에는 소금이 나오지 않았다. 내가 그녀의 장기적인 건강을 해쳤을까? 아마도. 하지만 나이가 많고 혼자이고 아프고 손목을 그으려 한 후 병원에 갇혀 있으면, 염분 섭취 걱정보다 훨씬 중요한 일들이 있기 마련이다.

간호사를 동반하고 다른 병동으로 뇌 검사를 받으러 가는 길은 휴가처럼 느껴졌다. 나는 영화 〈스페이스 오디세이〉에 나오는 것 같은 발광성 흰색 기계 속에서 짜증날 정도로 끝없이 계속되는 시간을 보냈다. 고치처럼 생긴 그 기계에서는 복고풍 SF 영화의 효과음과 비슷한 윙윙 소리가 울렸다. 나는 며칠 후 별로 즐겁지 않은 나들이 결과를 들었다. 딴 세상 사람 같은 신경과 전문의(그녀가 말을 하는 동안 그렇지 않아도 커다란 눈이 점점 더 커졌고, 음절을 생략하는 스칸디나비아 억양의 말투가 느려졌다)는 내 뇌 사진의 흰색 부분들을 차분차분 설명해줬다.

신경과 전문의는 위에서 내려다본 사진에서 가운데 매달린 흰색 부분이 뇌 기저 근처에 있는 조가비핵이라고 설명했다. 그것은 내가 마신 부동액 덕분에 부어 있었다. 나는 부동액의 메탄올(메틸 알코올)이 체내에서 대사 작용을 거쳐 포름산으로 변화하며, 이는 세포가 신체에 필요한 산소를 받아들이고 사용하는 것을 막아서 결국 약 36시간 안에 사망에 이르게 한다[6]는 사실을 나중에 구글 검색으로 알게 됐다. 시신경과 기저핵은 이 과정에서 제일 먼저 심하게 손상되는 부분이다. 포름산에 직접 중독되거나 산소 부족으로 숨이 막히게 된다. 시신경과 기저핵이 얼마나 심각하게 손상됐는지에 따라서 완전히 실명할 수도 있고 평생 몸의 균형을 잡지 못하고 휘청거리며 살 수도 있다. 그 파란색 액체를 벌컥벌컥 마실 때 나는 이런 사실을 몰랐다. 사전에 했던 검색은 신체적 문제를 일으킬 가능성이 아닌 죽음 가능성에 초점이 맞춰져 있었다. 부작용에 대해서는 거의 생각하지 않은 채 효과가 좋고 실행하기 쉬워 보이는 방법을 택했던 것이다. 똑똑해!

신경과 전문의는 다시는 목숨을 건 모험을 하지 말라는 투로 내가 어처구니없이 운이 좋았다고 말했다. 그녀는 내 기저핵 손상이 아마 일시적일 것이라고 조언했다. (또한 그녀는 앞으로 몇 달 동안 알코올을 피하라고도 충고했다. 음, 메틸 알코올 이외의 것을 말하는 것이죠?) 그 부어오른 흰색 부분, 즉 조가비핵은 그렇지 않아도 평소에도 둔한 내 몸놀림이 훨씬 더 둔해진 원인이었다. 초점을 맞추려 할 때마다 찌르는 듯한 통증이 생기는 것은 손상된 시신경 탓이었다. 또한 부어오른 조가비핵은 손을 사용해야 할 때 방해가 됐다. 나는 몇 주 내내 글을 쓰고 키보드를 칠 때마다 괴로웠다. 방향 감각이 없었고 혼란스러웠고 굼떠졌고 손가락에 경련이 일어났고 내 글씨체가 아닌, 읽기 어려운 글씨체가 나왔다.

당황스러운 자기 소외 상태는 두어 달 후 사라졌고, 1월에 후속 진단을 받으러 가서 뇌 사진을 찍어보니 조가비핵이 회복돼 있었다. 그 뒤 얼마 되지 않아 예식장에 가는 길에 50미터 정도를 걷다가 술 취한 작은 기린처럼 풀썩 넘어지는 바람에 나는 더 이상 하이힐을 제대로 소화할 수 없다는 사실을 깨달았다. 창피해서 얼굴이 빨개진 나는 벌떡 일어나 기적적으로 부서지지 않은 카메라를 고이 안고, 사람들과 시선이 마주치는 것을 피하면서, 카풀로 타고 온 승용차까지 살금살금 돌아가서 굽이 없는 샌들을 꺼내 왔다. (참고로 말하자면, 나는 2017년 남동생의 결혼식에 참석하기 위해 하이힐을 신고 걷는 방법을 다시 배웠으며, 어이없는 소리지만 아직까지 통로에서 넘어져 대자로 널브러지거나 댄스 플로어에서 작은 아이들을 깔아뭉개는 사고를 일으키지 않은 나 자신을 자랑스럽게 여기고 있다.) 괴사한 것처럼 보이는 반흔 조직(절연체인 흰색 미엘린이 뜯겨 나간 신경 섬유)은 여전히 일부 남아 있다. 서서히 나타나는 증상들은 끈질기게 지속된다. 이를테면 나는 여전히 해괴하고 미세한 팔 떨림, 심각한 다리 경련, 손 떨림에 시달린다. 내가 지난 몇 년 동안 특정한 정신과 약물들을 복용했다 말았다 해온 덕분에 떨림이 더 심해졌다. 3년 반 뒤, (스포일러 경고!) 또 자살 기도를 한 뒤 다시 병원으로 돌아갔을 때 어리둥절한 표정의 의사가 손에 뇌 검사 결과지를 들고 내가 누운 중환자실 침대로 다가와, 어떻게 20대 후반의 여자가 뇌졸중 환자의 뇌를 가지고 있는지 의아해했다. 그것이 바로 메탄올이 신경에 남긴 기념품을 마주칠 것이라고는 예상하지 못한 사람이 내 뇌 사진을 봤을 때 떠올리게 되는 병명이었다.

정신과 병동으로 돌아온 나는 강제로 입원하고 있는 내 상태를, 그리고 사실상 언제라도 자유롭게 나가도 되는 다른 사람들을 향한 비이성적인 원망을 강렬하게 의식했다. 단기 입원 정신과 병동에 자발적으로 들어온 수염 기른 젊은 남자는 엄청난 시간 동안 병원 전화기를 붙들고 그저 긴장을 풀 시간이 필요해서 여기에 있다는 소리를 반복했다. 그는 자신이 먹는 음식의 질과 양 및 그 음식이 자신의 소화 기관에 미치는 다채로운 영향을 상세하고 장황하게 늘어놨다. 위기에 처한 사람이 자발적으로 입원할 수 있게 하는 것은 중요하다. 그 반대의 경우보다 훨씬 낫다. 자발적으로 입원이 불가능하거나 비자발적인 근거로만 입원이 가능한 경우보다 낫다는 뜻이다. 어쨌든, 빌어먹을, 나는 너무 부러웠다.

유형 3이고 뭐고 간에, 나는 그들이 나를 내보내주기에 충분할 만큼 정상적으로 행동했다고 확신했다. 나는 예의 바르고 이성적이고 침착하게 지내려고 노력하되 의심을 받을 수 있는 지나친 쾌활함은 자제했다. 나는 나 자신의 좌절감이나 무기력이나 피로나 불면증이나 자기혐오 때문에 눈물을 흘리지도 소리를 지르지도 않았다. 나는 규정대로 하루에 여러 번 간호사들과 사회복지사들을 만났다. 완전히 괜찮아졌고 자살은 일회성 일탈 행위였다고 강조하는 작전은 성공할 뻔했다. 나는 입원 일주일 만에 만난 첫 번째 정신과 의사의 승인 아래 후속 검진 예약조차 필요 없이 풀려날 뻔했다.

나는 그 첫 번째 정신과 의사와의 관계가 처음부터 꼬였다는 것을 인정한다. 가족들과 내가 그녀의 농담 취향을 잘못 판단했기 때문일 것이다. 우리 여섯 명(나, 부모님, 동생들, 정신과 의사)은 나뿐만 아니라 가족의 습관과 관계에 대해서도 질문하는 괴로운 집단 상담 시간을 가졌다. (나는 부모님이 이 집단 상담을 나보다 훨씬 유용하게 여겼다는 것을 나중에야 알았다. 두 분은 가족 구성원으로서 사랑하는 사람을 보살피는 방법을 알고 싶어 했고 의미 있는 참여 의식을 느끼고 싶어 했다.)

'정신 활성 물질 사용'이라는 화제가 나왔을 때 아빠가 "우리가 술을 마시냐고요? 아, 그럼요. 느으으으을 마시죠"라는 식으로 말했던 기억이 난다. 우리 모두 낄낄거리며 웃는 동안 의사는 냉랭한 표정으로 메모를 했다. 나는 그 메모가 우리 가족 모두를 알코올 중독자로 낙인찍었다는 사실을 나중에야 알게 됐다. 확실하게 짚고 넘어가자. 우리 가족은 모두 모일 때를 포함해서 자주 술을 마신다. 하지만 우리 중 아무도 해로울 정도로 마시지 않는다. 우리는 외식할 때 술을 마시지 않아도 괜찮다. 의사가 우리 가족 모두를 병적이라고 간주하기 전에, 나는 재치 있는 농담이 넘쳐나던 우리의 정신과 상담을 잠시 중단시키고 오해를 명확하게 풀었어야 한다.

어쨌든.

내 퇴원 일정이 잡혔다. 그 날짜가 신호등처럼 빛났고 내가 처리할 일이라고는 비싼 개인 심리 치료사들과 중독 및 정신건강 센터의 전화번호 목록을 챙겨 연락하는 것뿐이었다. 중독 및 정신건강 센터의 대기자 명단은 자살 기도 뒤 보험이 적용되는 정신과 상담을 받는 사람들로 6주 넘게 꽉 차 있었다. 나는 내 침대의 파란색 커튼 뒤에서 순종적으로 여기저기 전화를 걸었고, 창피하게도 몇 명의 심리 치료사들과 상담 예약을 하면서 우스꽝스러울 정도로 목소리를 낮추어 속삭였다. 나는 소파에 앉아서 누군가에게 고백하는 모습을 상상하는 것만으로 움찔하면서도, 내 고용주가 상담 비용을 보험 처리해주기를 바랐다. 나는 이 진저리나는 경험과 관련 있는 모든 것으로부터 되도록 빨리 거리를 둘 것이었다.

말이 나온 김에 말인데, 정신 장애를 가지고 있고 지속적으로 상담과 치료를 받아야 하는 입원 환자들을 전화번호 목록과 가벼운 격려만 안겨주고 퇴원시키는 것은 최선의 방법이 아니다. 퇴원은 그 사람들을 치료의 사각지대로 내쫓는 지름길이며 (그나마 운이 좋으면) 그 전보다 악화된 상태로 병원에 다시 입원하게 한다. 내가 입원했던 세인트조는 사회로 복귀하면 사망하거나 상태가 악화될 위험이 있는 환자들을 찾아내려는 정신건강 외래 환자 클리닉을 운영하고 있다. 그들이 지속적으로 돌봄 서비스를 받도록 조치하고 그 과정이 순조롭게 이행된다면 훨씬 좋은 결과가 나올 것이다. 그리고 무참하고 비극적인 결과가 줄어들 수 있다. 그런데 이런 체계가 순조롭게 작동하도록 하는 일은 아직도 모든 병원에 적용되는 기본 원칙이 아니라 예외적인 일이다. 이는 병원에 따라 달라지는 도박이다.

(정신 질환자의 가족 구성원이지만 법이 보장하는 사생활 보호권 때문에 무력감과 무지를 억지로 감내하며 돌아버릴 지경이던) 부모님은 자살 시도가 일주일도 지나지 않았는데 나를 자유롭게 풀어주는 것은 좋은 생각이 아니라고 여겼다. 우리는 보호자를 동반하고 정신과 병동에서 일시적으로 벗어나는 너무 짧은 오후 외출 동안 온타리오호 근처의 산책로를 걸었다. 발이 쑥쑥 빠지는 축축한 모래 위를 왔다 갔다 하면서, 우리는 내가 퇴원 후 밴쿠버에서 부모님과 함께 살아야 하는지 여부를 놓고 격렬한 말다툼을 벌였다. 나는 내 집인 아파트로 가고 싶었다. 하지만 나는 내 주장에 설득력이 없었음을 인정한다.

"나는 괜찮아요!"

"네가 자살하려고 하기 전에도 그 말을 했잖아."

"그렇지만 지금은 정말로 괜찮아요!"

어쨌든 부모님이 그 말다툼에서 이겼다. 하지만 부모님이 (혹은 내가) 기대하던 방식대로 상황이 돌아가지는 않았다.

3

정신과 병동
체류

내가 침대 옆을 서성거리며 창문이 없는 병동 밖 생활을 준비하는 동안, 나도 모르는 사이에 부모님은 계속 다른 의사의 소견을 구하고 있었다. 아빠는 새벽 3시에 절박하게 간청하는 이메일을 썼고, 답장을 하나 받았다.

두 번째 정신과 의사는 똑똑하고 냉소적이었으며 나를 많은 단어로 구성한 긴 문장으로 소통할 수 있는 사람으로 대했다. 또한 그는 남들보다 훨씬 나은 헛소리 탐지기를 가지고 있었다. 그는 이 모든 자살 소동이 이례적인 일회성 사건이고 착오로 생긴 일이며 다시 일어나지 않을 것이라는 내 주장을 믿지 않았다. 그는 내가 중증의 우울증이라고 판단했다. 그리고 그는 내가 몹시 혼란스러운 상태이므로 다시는 자살 기도를 하지 않도록 더 오랫동안 가둬놔야 한다고 결론을 내렸다.

내 어리석은 자살 종합 계획은 이것으로 끝이었다. 나를 살려두는 책임을 맡은 사람들을 설득하기란 쉽지 않았다.

몇 년이 흐른 지금도 그때 나를 계속 가둬두기로 한 그 의사의 결정이 여전히 원망스럽다. 비록 그의 개입 덕에 매우 도움이 되는 외래 환자 돌봄 서비스를 받았고, 개선된 삶과 목숨을 구하는 치료 혜택을 몇 년 동안 누리기는 했지만 말이다. 또한 그는 내가 약물 치료를 시작하게 한 장본인이었다. 이후 수년 동안 계속될 상습 복용의 대행진이 시작되었다. 그는 내가 외래 환자로 만나는 의사였고, 수년 동안 가장 기본적인 방식으로 내가 살아 있도록 도왔다. 하지만 여전히 나는 정신 병원에서 더 많은 시간을 보낼 필요가 없었다고 생각한다. 의사와 일대일로 만나는 외래 환자로서 약물 치료나 심리 치료를 더 빨리 시작했더라면, 그리고 정신과 병동의 수용 기간 연장을 생략했더라면, 자체적으로 가하는 또 다른 죽음의 위험 없이 훨씬 많은 이익을 얻었을 것이다. 여전히 그는 나를 정신과 병동에 머물게 한 것이 올바른 선택이었다고 주장한다. 심각하고 계획적인 시도였다고 그가 결론을 내린 그 사건 이후로 내가 높은 확률로 또다시 자살을 시도할 위험에 처해 있었다는 것이다. 그는 집 안이 하루아침에 그런 상태가 되지는 않는다고 말하며, 부동액을 벌컥벌컥 마신 것이 한 번의 충동적 행위였다는 내 주장에 "당신이 평소에 자동차를 운전하는 사람이었다면 훨씬 설득력이 있었을 것"이라고 답했다. 모범적인 환자의 모습을 보여주려는 내 노력은 충동적으로 자살을 시도한 사람들이 보이는 일반적인 행동 패턴이 아니었다. 그 시점에서 나를 내보내는 것은 '시기상조의 퇴원'이었을 것이다. 그리고 어떤 상황에서든 시기상조의 퇴원은 당연히 피해야 한다.

하지만 당시 나는 무너지기 직전이었다. 나는 이미 예정돼 있던 퇴원이, 그동안 만반의 준비를 해온 퇴원이 연기되자 어이가 없었고, 이동의 자유가 없는 시간과 불면의 밤을 더 보내야 한다는 상황을 힘들게 받아들여야 했다. 침대에서 세 발자국 떨어진 공간을 서성거리며 귀중한 면회 시간을 낭비했다. 지나고 나서 생각하니 그것이 과민 반응으로 보일 수 있었겠다 싶다. 하지만 당시 나는 흥분한 나머지 제정신이 아니었고, 스스로의 선택에 따라 마음대로 오고 갈 수 있는 사랑하는 사람들과 함께 있는 것을 견딜 수 없었다.

반갑지 않은 소식을 듣고 몇 시간 안 돼서, 선의를 가진 한 환자 전문 변호사(그 사람의 명함은 받은 즉시 잃어버렸다)가 나를 한쪽으로 데리고 가더니 내가 원한다면 동의 및 수용 위원회에 탄원할 수 있다고 설명했다. 그는 정신과 의사, 변호사, 비전문가로 구성된 그 위원회는 해당 환자가 얼마나 미쳤는지 혹은 환자가 스스로 결정할 수 없을 때 치료에 관한 결정권을 누가 가져야 하는지를 놓고 의견 차이가 있을 때 가는 곳이라고 설명했다. 나중에 나는 10년 전에 비해 2016~2017년에 위원회가 심의한 사건이 두 배 이상 증가했다는 것을 알아냈다.[1] 신청 건수 중 가장 높은 비율(2016~2017년에 46퍼센트)을 차지하는 내용은 강제로 입원당한 환자의 처우와 관련된 요청이었다. 환자가 계속 병원에 있어야 하는 상태라는 사실은 해당 환자의 유형 분류를 담당한 전문의가 증명해야 한다. 나는 억지로 정신과에 수용된 내 상태에 대해 이의를 제기해야 하는지 종일 고민했다. 병원에서 지낸 지 딱 일주일을 조금 넘어선 때였지만, 나는 그때까지도 어떻게든 착하게 행동하면 양호하다는 건강 증명서를 받아서 회사로 빠르게 복귀할 수 있으리라 기대하고 있었다. (게다가 그때쯤 이미 그 변호사의 명함을 잃어버린 터였다.)

그래서 나는 위층의 장기 입원 정신과 병동으로 옮길 준비를 했다. 그동안 너무 많이 늘어난 소지품들(책과 옷뿐만 아니라 엄마가 준 로즈메리 화분, 친구들이 준 괴물 인형과 털이 보송보송한 슬리퍼)을 너무 부족한 비닐봉지 몇 개에 나눠 담았다. 간호사 한 명과 함께 위층으로 걸어가는 나는 어느 모로 보나 부스스한 노숙자 같은, 조용하고 외부와 단절된 곳에 속한 불쌍한 영혼의 모양새였다.

7층 정신과 병동(7M이라고 불렸다)은 수녀원으로 쓰이던 병원 꼭대기의 박공지붕 벽돌 건물을 개조한 곳이었다. 아름다운 여명과 석양을 볼 수 있었고, 남쪽으로는 자동차들이 빙 둘러 가는 반짝이는 온타리오호가 훤히 내다보여 경치가 좋았다. 나는 병원 직원들이 내 소지품들을 샅샅이 뒤져 압수하는 긴 시간 동안 텔레비전을 걸어놓은 벽의 오목하게 파인 공간을 만지작거리다가 우연히 이 경치를 보고 감탄했다. 나는 단조로운 정사각형 탁자와 나무랄 데 없는 청록색 L자형 소파 근처의 창가에 서서, 옆에서 텔레비전을 보거나 책을 보거나 앉아서 빤히 쳐다보거나 더 넓은 옆쪽 활동실에서 게임을 하는 환자들과 눈이 마주치는 것을 피했다. 구석에 있는 바퀴 달린 높다란 카트에는 먹고 난 아침 식사 쟁반이 쌓여 있었다. 직원들은 신발 끈과 이어폰은 가지고 있게 해줬지만 머리 끈과 충전기 코드, 여동생이 준 매니큐어와 엄마가 준 사과 잼 한 병은 압수했다. 사과 잼은 정신과 병동 체류를 집에 있는 것처럼 편안하게 만들려는 엄마의 지속적인 시도 중 하나였다. 무엇으로도 막을 수 없는 둥지 틀기 본능이란! 내가 사형 선고를 받아 형 집행을 기다리고 있거나 독방에 갇혀 있다면 분명히 엄마는 화초를 심은 화분, 요가 매트, 벽에 붙일 포스터, 천장에 걸 유리 조각 모빌을 가져올 것이다.

문에 잠금 걸쇠가 없는 황백색 방으로 나를 안내한 간호사가 소지품을 안전하게 보관하고 싶으면 세로로 기다란 수납장에 넣고 잠가두라고 충고했다. 열쇠는 간호사들이 가지고 있었다.

"여기서 물건들을 많이 도둑맞나요?"

"아, 그럼요."

절도를 막을 수 없다고 암시하는 그녀의 대답에 확신이 담겨 있어 동료 입원 환자들에 대해 즉시 의심을 품게 됐다. 부당한 의심이었다. 내 방에서 도둑맞은 물건이라곤 고작 과일 몇 개 뿐이었다.

내 거처는 간소하고 엄격한 대학 기숙사 방과 정말 비슷했다. 침대, 책상, 의자, 수납장 겸 옷장이 다였다. 벽에는 실망스러울 정도로 창의성이 없는 불평이 낙서돼 있었는데, 대부분이 같은 볼펜을 사용했고 대체로 악마에 대한 찬양과 경고가 뒤섞여 있었다. 나는 많은 시간을 심심풀이로 병적인 필적들을 분석하면서 보냈다. 연필로 쓴 불평들을 볼펜으로 쓴 극악무도한 불평들과 비교했다. 같은 사람, 다른 도구? 다른 사람, 똑같이 미쳐서 창조성이 없나? 창조적인 미친 천재라는 신화는 그럴듯한 이야기를 만들어내지만 내 경험으로 보면 근거 없는 믿음이다. 나는 정신 질환을 가지고 있는 뛰어난 사람들을 알지만 정신 질환은 특성이 아니라 결함이다. 정신의 고통은 사람의 얼굴을 가격하고 무릎을 꺾어 바닥으로 누른다. 멘사 회원이 되는 마법을 부리지는 않는다. 어쩌면 일부 운 좋은 미친 사람은 생산적이고 창조적이며 뛰어난 종류의 미치광이일 수 있다. 하지만 많은 예술 천재가 미친 것처럼 보이는 이유는 우리처럼 평범한 미친 사람의 말을 들어본 적이 없기 때문이다. 고통받는 천재는 고통받는 불쌍한 바보들보다 훨씬 적다. 정신병은 나를 호기심이 없고 정적인 사람으로 만들었다. 나는 내면세계로 도피했다. 나는 글을 쓰려고 발버둥 쳤다. 할머니의 조언에도 불구하고 나는 메모조차 할 수 없었다. 병원 밖에서조차, 첫 번째 자살 기도 전 몇 달 동안과 그 후 몇 년 동안, 자살하고 싶은 절망감이 깊어지면서, 이전에 계속 유지하고 추구하고 갈고닦으려 애쓰던 창조성과 호기심을 다 빼앗겨 버렸다. 내 필체가 원래 읽기 쉽지는 않았지만, 부어오른 조가비핵으로 근육은 작동을 멈추고 반항했다. 종이 위에 말라붙어 가루가 된 모기처럼 제멋대로 뻗어나가 알아볼 수 없는 글씨를 보면 겁이 나고 혼란스러웠으며 무엇인가를 기록하는 것이 더욱더 꺼려졌다.

침대는, 무슨 이유에서인지 아래 절반에만 선팅을 한 동향 창문 쪽에 길게 붙어 있었다. 7층 아래의 자동차들이 지나다니는 경치를 제대로 보려고 침대에 서 있는데, 복도에서 어느 불쌍한 간호사가 방문의 작은 창을 통해 내 몸통의 일부만 보고 기겁해서 허둥지둥하는 소동이 일어났다(목을 매달아 죽으려는 줄 알았을까?). 하지만 이 고립된 수녀원에서 목을 매는 데 쓸 끈을 구할 기회는 거의 없었다. 열심히 찾아보지는 않았지만, 무시하고 싶어도 계속 생기는 사소한 볼일처럼 어쩔 수 없이 그런 도구에 대한 생각이 자꾸 떠올랐다. 이를테면 내가 압수당하지 않은 이어폰의 인장 강도를 시험하는 것에 대해 오마르에게 농담한 것도 같은 맥락이었다. 정말로 농담이었지만 한편으로는 궁금하기도 했다. 이어폰을 이용할 수 있을까?

　모든 문이 잠기지 않았고 사람들은 걸쇠를 제대로 걸지도 않았다. 방과 화장실과 샤워실은 다 그랬다. 샤워실에는 오줌 냄새가 나는 목제 벤치가 있었는데 언뜻 보면 노망난 괴짜 노인의 산속 대저택에나 있을 법한 사우나 같은 분위기를 풍겼다. 샤워실에서는 갈아입을 옷을 젖지 않을 만한 곳에 두려는 시도가 날마다 실패로 돌아갔다. 나는 병원에서 지급하는 수건만 두르고 그 복도를 터덜터덜 걸을 생각이 없었다.

　7층 승강기에서 병동으로 들어가려면 '도주자 경계'라는 표지가 붙은 잠겨 있는 두꺼운 유리문들을 지나야 했고 간호사실에 앉아 있는 사람이 스위치를 눌러 들여보내 줘야 했다. 내가 그 병동에 있는 동안 아무도 도망가지 않았으며, 아예 그런 시도도 하지 않았다. 나는 누군가 도망가기를 계속 바랐다.

　병실들로 이어지는, 타일을 붙인 희끄무레한 복도는 간호사실 건너편 병실에 몸져누워 있으며 실금증이 있는 가냘픈 노부인 덕분에 끊임없이 오줌 냄새를 풍겼다. 그런데도 그 공간은 주위를 무작정 돌아다니거나 전화기를 사용하려 하거나 간호사의 관심을 바라는 환자들로 언제나 바글거렸다. 아침이 오면 우리는 그날 근무하는 간호사에게 각각 배정돼, 회사에서 어색하게 팀을 구성하는 방법처럼 화이트보드에 파란색으로 이름이 적혔다. 각 간호사는 소수의 입원 환자를 담당했고 환자는 무엇이든 걱정이나 불만이나 요청이 있으면 그날 지정된 간호사에게 말해야 했다. 다른 간호사에게 말하려고 하면 "나는 당신의 담당 간호사가 아니에요!"라는 간단한 말과 함께 재

빨리 돌아서는 반응이 돌아왔다. 나는 유니폼을 입은 사람만 보면 아무나 붙잡고 소리치는 환자들의 야단법석을 겪고 싶지 않은 심정을 이해한다. 하지만 이런 분위기는 빌어먹게도 어린애 취급을 당하는 것같이 느껴졌다.

간호사들이 기본 검사를 하거나 약을 투여하거나 걸을 수 있는 환자를 침대 밖으로 나오게 하려고 설득하러 들어갈 때 외에는 병실 문들이 거의 열리지 않았다. 정신과 병동이라고 하면 침대에 누워 절망에 빠져 있어도 되는 곳으로 생각하기 쉽다. 하지만 그렇지 않다. 병원 직원들이 침대 시트를 갈고 쓰레기통을 비웠는데, 적절한 때에 그들과 마주치면 새 수건을 받을 수도 있었다. 한 간호사가 복도 끝에 있는 우르릉거리는 대형 세탁기 겸용 건조기를 나에게 보여줬다. 침대보 등을 세탁하는 곳인데 그곳에서 내 빨래를 직접 해도 된다고 했다. 그 이전에나 이후에나 그것이 특권으로 여겨지지는 않았다.

남쪽 고속도로와 호수 쪽을 향한 발코니에는 철망이 설치돼 있었다. 우리가 간호사들을 설득하는 데 성공하면 하루에 몇 분 정도 개방되었다. 가디너 고속도로를 바라보고 있으면 온타리오호의 빛나는 수면을 따라 동서로 길게 늘어선 반짝이는 자동차들의 행렬 사이에 끼어 있고 싶은 생각이 간절해졌다. 이렇게 맑은 공기를 맛볼 수 있는 짧은 순간들 중 딱 한 번, 나는 이 병원의 정신과 병동을 책임지고 있는 여성과 대화를 나누었다. 그녀는 7층을 잠시 방문한 참이었다. 우리는 병원에서 그녀의 책임, 그녀가 키우는 고양이, 추수감사절 계획에 대해 이야기를 나눴다. 간호사들이 모든 사람들을 안으로 인도하면서 그 대화는 갑자기 끝났고, 그때 나는 내가 독립적인 사람이 아니고 호기심이 많은 기자도 아니며 혼자 있게 둘 수 없는 유형의 미친 사람일 뿐이라는 사실을 새삼 상기했다.

동료 환자들을 열심히 피한다는 내 규칙의 단 한 가지 예외 사항이었던 장기 입원 병동 휴게실에 가서 낱말 만들기 게임 하기는 상대방의 단어가 잠재적인 강간범의 것으로 돌변하면서 사라졌다. 나는 기겁해서 잠금 장치도 없는 내 방으로 도망쳤다. (변명하자면, 나는 입원해 있는 동안 내 안전을 염려할 만한 일을 접하지 못했다. 정신과 병동에 있는 사람 대부분은 나보다 훨씬 더 사교성이 좋고 남을 세심하게 배려했다. 그래서 이건 당황스러운 상황이자 당황스러운 순간이었다. 긍정적으로 보자면 그 덕분에 내가 질 가능성은 아예 없어졌다. 나는 낱말 만들기 게임을 아주 못한다.)

병동의 정신과 의사는 주기적인 담소를 나누기 위해 승강기와 휴게실 사이의 비좁고 밝은 공간으로 우리를 한 명씩 불렀다. "기분이 어떠세요?" 그녀는 매번 이렇게 물었고 나는 내 대답이 거짓이라는 느낌을 주지 않는 정도로만 경쾌하게 들리도록 노력했다. ("오늘 아침에 일출을 봤어요! 아름다웠어요!")

나는 동료 환자들이 어떤 종류의 치료를 받고 있었는지 모른다. 정신과 의사와 나누는 담소 외에도 지나치게 활기찬 만삭의 젊은 여성이 전달하는 영양소 빙고 게임 같은 의무적인 생활 기술 습득 활동들을 해야 했다. 그녀의 쾌활함과 인내심은 우리들 대부분에게는 소용없는 일이었다. 약에 취해 무서울 정도로 정신이 흐릿한 환자들을 두어 명 봤지만 그게 다였다. 무엇보다도 그 장소는 일시적으로 가축을 가둬두는 우리 같았다. 미친 사람용 주정뱅이 유치장이라고 나 할까. 몇 주 혹은 몇 달 동안 지낼 수는 있겠지만 계속 살 만한 곳은 아니었다.

나는 면회 사이에 있는 엄청나게 긴 빈 시간을 방에서 책을 읽거나 발코니 유리문 옆 햇볕이 약간 내리쬐는 구석의 바닥에 처박혀 책을 읽으면서 보냈다. 누군가가 자기 존재를 알아차리고 밖으로 내보내주기를 바라는 슬픈 눈의 사냥개 같은 꼴이었다. (내가 에시 에두지언의 소설에 반해버린 곳이 여기였다.) 물론 내가 해도 되는 일이 없다는 점은 최악이었다. 그리고 사생활 부족도. 그리고 맑은 공기의 부족도. 맑은 공기의 부족은 흡연을 시작할 뻔한 지경까지 나를 몰고 갔다. 간호사를 동반하고 니코틴 외출을 해 조금이라도 야외 활동을 할 수 있겠지 싶은 마음 때문이었다. (이제 니코틴 외출이 더 이상 존재하지 않는다고 들었다. 너무 많은 도망자가 발생했기 때문이다.)

내가 7M으로 옮긴 직후에 신문사 부장이 면회를 왔다. 신문의 편집 기준 같은 무형의 분야를 책임지는 그녀는 보수주의자였고 잘 모르는 사람의 눈에는 엄격해 보였다. 그녀는 오후 늦게였던가 초저녁쯤에 왔고, 나는 패혈증 살균제가 뿌려진 병동 휴게실이 아니라 병원 1층에 있는 작은 커피숍에서 그녀를 만날 수 있도록 외출 허가서에 서명을 해달라고 부모님에게 부탁했다.

나는 극도로 무서웠다. 그런 마음이 분명히 드러났을 것이다. 하지만 다행히 그 방문은 말로 다 표현할 수 없는 큰 의미가 있었다. 그녀는 초콜릿과 편집국의 소문을 가지고 왔고 우리는 커피를 마시며 뉴스와 정치와 누가 임신을 했다는 둥 누가 힘에 겨운 새 일을 맡았다는 둥 하는 이야기를 나눴다. 나는 약 때문인지, 불안감 때문인지, 아니면 둘 다 때문인지 모르겠지만 뚜렷하게 몸을 떨었고 그녀가 알아채지 못했기를, 그리고 내가 너무 미친 것처럼 보이지 않기를 간절히 바랐다(지금 내가 미친 것처럼 보일까? 지금은 어떨까? 지금은 어떨까?). 설사 내가 미친 것처럼 보였더라도 그녀는 드러내놓고 지적하지 않을 정도로 점잖았다. 어느 순간 나는 이유를 구체적으로 밝히지도 않고 서투르게 사과를 하려고 기를 썼다. 우리 둘 다 '자살'이라는 말을 입에 올리지 않았고 당연히 나는 온전한 정신으로 그 말을 대화에 끌어들여 분위기를 위태롭게 만들 사람은 아니었다. 그녀는 그 일을 털어주려 했다. "누구나 한두 번쯤 실수를 하는 법이야." "이번 건은 상당히 큰 실수였죠." 그녀가 소리 내 웃었다. 우리는 망상에 가까운 상상이 아니라 진짜로 당장 닥칠 일이라도 되는 양 직장 복귀에 관해서 이야기를 나눴다. 나는 의사들이 해외 지사로 파견을 가는 것이 치료에 도움이 될 것이라고 생각하더라고 말했다. 그녀가 웃었다. 나는 그 웃음을 터무니없는 야망이라는 뜻으로 해석했고 그로 인해 몹시 실망했지만 그렇지 않은 척했다. 나는 그녀가 무슨 이유로 병원에 찾아왔는지 모르겠다. 하지만 나는 그것을 선물로, 초인적인 선행으로 받아들였다. 덕분에 나는 돌아갈 직장이 있고 야망을 품은 진짜 사람이 된 느낌이 들었다. 나는 그 뒤로 여러 날과 여러 주 동안 어두운 미로 속 밝은 한 줄기 빛처럼 그 느낌을 꽉 붙들고 살았다.

민주주의가 최고다. 나는 온타리오주 선거일에 가슴이 무너지는

여보세요, 제가 지금 죽고 싶은데요

엄청난 슬픔에 잠겨 잠에서 깼다. 원래 나는 이 기사를 정신과 병동에서 곁눈질로 슬쩍 보는 것이 아니라 직접 취재하기로 돼 있었다. 하지만 그런 상황에서도 한 가닥 희망이 있었다. 자유였다. 캐나다의 입원 환자는 교도소 수감자와 마찬가지로 이동의 자유권을 일시적으로 상실한 동안에도 투표권을 그대로 갖는다. 나는 유권자 정보 카드, 필요한 신분증, 주소증명서를 찾아냈다. 정신과 병동 밖으로 나가는 장기 휴가(두 시간 연속!)를 얻어냈다. 그리고 투표하러 투표소로 걸어갔다. 대부분의 병동 사람들이 선거가 진행 중인 것을 몰랐거나(주목할 만한 예외: 다음 날 아침 자기 방에서 "누가 당선됐지?"라고 고함친 놀라운 여성), 투표할 수 있다는 것을 몰랐거나, 어디에서 투표해야 하는지 몰랐고 그저 그들의 운전면허증, 의료 보험증, 우편물이 등록된 거주지에 있을 거라고만 짐작했다. 누구든 외출하려는 사람에게는 보호자가 필요했을 것이다. 나는 운 좋게도 부모님과 동반했고 두 분은 자신들이 맡은 보호자 역할을 아주 진지하게 받아들였다. 부모님은 심지어 길을 건널 때 내 손까지 잡으려 했다.

나는 항상 투표소와 투표를 아주 좋아했다. 하지만 사회가 정상적으로 돌아가고 민주주의가 잘 실현되고 있다는 고양된 기분은 스스로 목숨을 끊을 계획인지, 정해진 약을 먹었는지, 밖에 나가도 된다는 허락을 받았는지 묻는 사람이 아무도 없을 때 훨씬 더 달콤하게 느껴진다. 나는 아주 자세히 봐야 알아챌 정도로 약간 떨고 있었지만 상냥한 온타리오주 선거 운동원들에게는 그저 웃는 얼굴의 수많은 유권자 중 하나일 뿐이었다.

우리는 참여 민주주의의 기쁨에 젖었고 온갖 장벽을 뛰어넘을 태

세로 환하게 웃었으며, 돌아오는 길에 세면도구를 사려고 노프릴스
마트에 들렀다. 컨디셔너를 할인 판매 중이었고(《스타워즈》의 츄바카
처럼 긴 곱슬머리를 가진 사람에게는 훌륭한 구매 기회이다) 나는 양손
에 대형 용기들을 들고 저울질하면서 한 통을 더 살지 말지 고민했
다. "사!" 엄마가 강력히 권했다. "너는 아주 오래오래 살 거야!" 그
순간 엄마의 그 쾌활한 말은 내 마음 속에서 위협이, 올가미가, 쾅
소리를 내며 닫히는 무거운 문이 됐다. 나는 비명을 지르며 달아나
고 싶었고, 내 무기력함을 회피하고 싶었다. 나는 컨디셔너를 움켜쥐
고 계산대로 향했다.

병동으로 돌아오자 7층 환자들 중에서 나와 가장 친한 친구이며
끈으로 졸라매는 헐렁한 파자마 바지만 걸친 채로 지내며 농담을 좋
아하는 반백의 노인이 친절하게도 벽걸이 텔레비전의 채널을 돌려
줬다. 나는 손이 닿지 않아 하키 경기에서 선거 보도로 채널을 돌릴
수 없었다. 그는 나와 함께 서서히 윤곽이 드러나는 선거 결과를 지
켜보면서, 다양한 후보자들의 민족성을 보여주는 이름들에 관해 상
냥하게 인종 차별적 발언을 했다. 그는 죽음의 문턱까지 간 자신의
헤로인 과다 복용 경험, 가라테를 배우는 손자들, 용케 병동에 몰래
들여온 화분을 자랑했다.

나 같은 반사회적 책벌레 은둔자조차 매일 방문자 없이 열두 시간
을 깬 상태로 보내려면 동지가 필요했다. 반백의 남자와 나는 흐릿
한 베이지색의 복도에서 서로에게 "뭐, 당신 미쳤어?"라고 큰소리로
말했고 우리가 명청한 정신과 병동 입원 환자들이 아니라 세계 최고
수준의 코미디언들이라도 된 양 큰 웃음을 터뜨렸다. 우리는 매주

열리는 기이한 토론 모임들을 보고 웃음소리를 죽이려 했지만 실패했다. 그 모임들은 입원 환자들이 생활 환경에 대한 불만 사항을 발표하는 자리로 마련됐지만 사실 켄 키지의 『뻐꾸기 둥지 위로 날아간 새』의 패러디에 더 가까웠다. 내가 아침식사 쟁반을 받으러 나타나지 않으면(사실 매일 아침 안 갔다. 음식은 일관되게 우습게 끔찍했다. 병원 음식 흉내만 낸 아무 맛도 나지 않는 곤죽이었다) 때로 그가 직접 내 방으로 가져다줬다.

그러다가 갑자기 추수감사절이 다가왔고, 우리는 각자 긴 주말 동안의 병동 탈출을 허가받았다. 그는 어머니와 지내면서 추수감사절 기념 만찬에 참석하기로 했고, 나는 내가 약간 망가져 있는 기간 동안 부모님이 임대한 집에서 두 분과 지내기로 했다. 이상한 주말이었다. 나는 여전히 어디를 가든 책임 있는 성인 보호자를 동반해야 했다. 아침에 달리기를 할 때 아빠가 옆에서 뛰었다. 한 무리의 친구들이 나를 차에 태우고 시 외곽에 있는 하이킹 장소로 갔고, 나는 주차장에 서서 광합성을 하려는 것처럼 태양을 향해 얼굴을 쳐들었다. 나는 동료와 커피를 마셨는데 그녀는 내 자살 기도 때문에 너무 상처를 받아서 우리가 더 이상 친구가, 친한 친구가 될 수 없다고 말했다. (그녀를 탓할 수는 없지만 그 선언은 나를 완전히 무너뜨릴 뻔했다.) 나는 지독하게 어색해하며 오마르를 따라 기업 홍보 파티에 갔다.("나랑 여기 갈래?" "뭐? 나 애나야. 다른 사람한테 전화하려다가 잘못 건 거 아니야?")

화재 위험이 다분해 보이는 창고를 개조한 공간에서 빙글빙글 도는 색색의 디스코 조명 아래 밴드들이 시끄럽게 소리를 질러대는 동안, 그 당시 한동안 술을 입에 대지도 않던 나는 서빙 쟁반에서 아주 작은 햄버거들을 집어 들었다. 나는 여덟 살 이래로 그 어느 때보다도 이동의 자유가 없다는 사실을 절감했다. 하지만 나로 인해 삶이 완전히 뒤집힌 사랑하는 사람들 덕분에 나는 정신 병원 생활과 그런 나날들을 버틸 수 있었다.

"우리가 너를 얼마나 사랑하는지, 우리 인생에 네가 얼마나 필요한지 너에게 보여줄 수 있다고 해도…… 네가 더 나아지는 않겠지만, 네가 자살에 대해 신중히 생각하게 할 수는 있을 것이라고 다들 느꼈어." 몇 년 후 아빠가 나에게 말했다.

그 주말의 가을 풍경은 감성적 영화에 등장할 법한 목가적 몽타주 같았다. 사람을 잘못된 방향으로 이끌 정도로 말이다. 외래 환자에게 한가한 시간이란 자신이 사랑한다고 말하는 사람들에게 준 고통, 자신의 극악무도함과 실수를 곰곰이 생각할 좋은 기회이다. 나는 잠들지 못하고 침대 한쪽에 누워서 부동액 다음으로 좋은 자살 방법을 처음으로 궁리하던 때를 생생하게 기억한다. 방광에 가해지는 압박처럼 터질 것 같은 욕구. 그것이 다시 돌아왔다.

늘 멋지고 불쌍한 동생들이 서둘러 학교로 돌아갔기 때문에 추수 감사절 만찬은 조용했다. 부모님은 그때를 틈타 내가 왜 유서를 남기지 않았는지 물었다.

그런 질문에 어떻게 답변해야 할까? 그 행동이 상대에게 줄 고통을 뻔히 알면서도 결국 해버린 나의 행동을 정당화하기 위해서, 무슨 말을 들어도 상대가 납득하지 못할 행동을 설명하기 위해서 애쓰는 것이 주제넘는 것 같았다고 답했다. 나는 유서를 남기는 것은 당

여보세요, 제가 지금 죽고 싶은데요

시 나에게 최대 관심사가 아니었다고 말하지 않았다. 하지만 그 이후로는 그랬다. 스스로 목숨을 끊는 것이 가장 시급한 일처럼 보이는 시기가 오면 며칠 내내 그리고 몇 시간 내내 그것만 온통 생각한다. 누구에게 편지를 남겨야 할까? 무슨 말을 써야 할까? 봉투에 넣어서 집에 둬야 할까? 우편으로 보내야 할까? 내가 편지를 보냈는데 생각이 바뀌거나 죽음이 실패로 돌아가면 어떻게 하지? 그렇게 되면 너무 무례한 일일까? 나보다 병이 깊은 친구들에게 내가 그들에게 편지를 남기는 편이 나을지 물어봤는데 아무도 대답을 할 만큼 뻔뻔하지 못했다. 자살로 당신에게 큰 슬픔을 안긴 사람의 편지를 받는 것이 득이 될까, 아니면 독이 될까? (진심으로 궁금하다. 당신의 답을 알려주기 바란다!)

병원으로 돌아가는 길에 반백의 남자에게 약속했던, 대형으로 포장된 사탕 한 봉지를 사려고 가게에 들렀다. 그는 가슴 아플 정도로 기뻐했다.

장기 입원 병동의 입소자들은 단기 입원 병동의 환자들보다 몇 단계 더 정상이 아니었다. 또 우정을 쌓을 정도로 오래 머물기 때문인지, 더 많이 소통하고 더 친하게 지내는 듯했다. 어쩌면 정신병이 사회적 억제social inhibition♦ 기능을 낮추기 때문일 수도 있다(내 경우에는 정신병 때문에 사회 생활을 정상적으로 하지 못하는 게 아닐 때였

♦ 사회관계 속에서 자신의 행동을 제한하려는 것으로, 사회적 억제가 강력할 때는 감정을 표현하기 어려워지기도 한다.

다). 조현병을 앓는 젊은 남자는 하루에 몇 시간씩 사나운 눈을 하고 작은 소리로 욕을 내뱉으면서 복도를 서성거렸다. 그는 처음에 나를 당황케 했지만 해를 끼치지는 않았다. 방에 있던 허니크리스프 품종의 사과 한 봉지를 도난당했을 때 반백의 환자 친구가 다른 사람에게 전해들은 말만을 근거로 삼아 내가 가장 먼저 의심한 용의자가 그 젊은 남자이긴 했다. 대부분의 환자들은 비교적 순했고 여러 단계의 바른 정신 사이에서 오락가락했다. 대부분은 남자였고 나보다 나이가 많았다. 몇 안 되는 예외 중 하나는 짧게 깎은 검은 머리카락에 삐쩍 마른 몸을 가진 아주 작은 젊은 여자였다. 그녀는 섭식 장애를 겪고 있었고 가족과의 관계가 껄끄러웠다.

공동 구역에 서서 조현병을 선언한("나는 조현병 환자이고, 나도 조현병 환자이다!") 시끄럽고 멀쑥한 남자는 자주 볼 수 있었다. (조현병을 가진 사람들이 일반적으로 다중 인격은 아니라는 점을 분명히 밝힌다.) 그는 매주 열리는 환자 모임에서 신경과민인 비서 역할을 했는데, 병동에 있는 물건들의 전생을 기억했다(듣자하니 텔레비전은 전생보다 향상되었고 베개들은 그렇지 않았다). 그는 자기 발이 곰팡이에 감염돼 특별한 샌들이 필요하다며 모두에게 자세히 말했다. 어느 날 저녁에 그는 면회 온 내 친구와 나를 멈춰 세우고는 동성애자들에 대한 견해(강한 혐오감), 당시의 토론토 시장 롭 포드에 대한 견해(강한 호감. 단, 포드를 주지사로 생각하는 것 같기는 했다)를 큰 소리로 주장했다. 그는 다른 사람의 가슴을 빤히 쳐다보면서 거창하고 장황한 칭찬을 한 다음 아내에 대한 사랑을 세세하게 밝히는 습관이 있었다. 매번 같은 대본이었다. 그는 가끔 간호사실 밖 벽에 고정된 전화기로 십 대 아들에게 전화를 걸었다. 아들에게 면회를 오라고 했고 발에 바를 크림과 다른 필수품들을 가져다달라고 했다. 소년이 병원에 들렀는지 모르겠지만 나는 한 번도 그 아이를 보지 못했다.

나는 장기 입원 병동에서 우리를 돌보는 직업을 가진 사람들, 복잡하고 변덕스럽고 아픈 사람들로 가득한 층을 지켜봐야 하는 그 사람들, 대부분 다른 곳에서 근무하는 것이 훨씬 나을 그 사람들이 전혀 부럽지 않다. 스스로 자신을 돌볼 수 없지만 입원까지는 필요하지 않은 사람들을 위한 중장기 치료용 시설은 수가 부족하다(나중에 더 자세히 다룬다). 그리고 내가 입원한 토론토 서쪽 지역 병원은 파크데일에 인접해 있다. 그 지역에는 새로운 이주자들, 치솟는 임대료, 최신 유행의 식당들, 지저분한 아파트 건물들, 커다란 구형 분양 주택들, 중독과 싸우고 정신 질환으로 제 기능을 못하는 사람들이 몰려 있다(북미 대륙에서 네 번째로 큰 도시에서 정신 병원 방문율이 두 번째로 높은 곳이다).[2]

내가 자살 기도를 하기 몇 달 전인 2011년 봄, 파크데일은 정신 질환 주민들을 무작위로 공격하는 사람(혹은 사람들) 때문에 공포에 떨었다.[3] 나는 그 일이 벌어진 시기에 이미 1년 넘게 그 동네에서 살고 있었다. 집에서 고속도로 몇 차선만 지나면 파란 호수가 있었고, 나는 그 동네가 무척 마음에 들었다. 나는 한 번도 위험하다고 느끼지 않았지만 어린 자녀를 둔 부모들은 놀이터에서 사용된 주삿바늘을 발견했다. 어떤 구역을 정비하면 흔히 가장 힘 없는 주민들이 쫓겨난다. 원래 저렴하게 방을 세놓던 건물들이 몇 년 사이 팔려 새로운 이미지로 변신했고 대학생용 작은 아파트로 바뀌어 한 달에 1,300달러에 임대됐다.[4] 하지만 이 지역에서는 여전히 온갖 편익(지역 진료소, 법률 상담소, 고용과 언어와 기타 사회 서비스)이 제공되고, 여기서 자란 사람들은 이곳을 터전으로 여기기 때문에 생활하거나 자거나 끼어 지낼 수 있는 공간을 구할 형편이 되는 한 떠나지 않으려 한다.

내가 머문 세인트조의 정신과 입원 환자 중에는 노숙자의 비율이 압도적으로 높았다(현재도 그렇다). 많은 이들이 경찰에 의해 그곳에 왔다. 듣자 하니 경찰은 이 병원의 처리가 빠르기 때문에 일부러 다른 곳이 아닌 이 위기 병동에 사람들을 떨구어놓고 간다고 한다. 이 병원은 중독 및 정신건강 센터 같은 다른 유명 시설에 비해 정신과 병상 수가 훨씬 적은데도 경찰이 내려놓고 가는 사람들의 수는 이 도시의 어느 시설보다 많다.[5] 나는 평생 겪은 알코올의존증에서 회복되고 있는 사람과 파크데일에서 이야기를 나눈 적이 있었다. 그는 특히 심각한 금단 증상을 겪을 때(종종 일어나는 일이었다) 구급대원들에게 다른 곳보다는 세인트조로 데려다달라고 조르곤 했다. 그곳은 너그럽게 대우해준다는 것을 알기 때문이었다. 요즘에도 나는 단골로 다니는 외래 정신과 진료소에서 보았던 사람들이 거리를 걸어다니거나, 전차를 기다리거나, 커피나 샌드위치를 사는 모습을 그 동네에서 여전히 마주친다. 그리고 일부 사람들은 계속 다시 병원으로 돌아간다. 그 외에 갈 곳이 없다. 그들은 작성해야 하는 서류가 있을 때면 집 주소 난에 병원 주소를 쓴다. 그들에게 가장 가까운 장소이기 때문이다. 장기 입원 병동 거주자의 많은 수가 이 과정을 끝없이 반복한다. 혼자 살기는 곤란하고 병원에 입원할 요건은 되지 않는

여보세요, 제가 지금 죽고 싶은데요

사람들. 아무도 그들을 대신해서 거주 생활 지원이 필요하다고 주장하지 않고, 입주할 수 있는 주변 지역의 공공 지원 주택은 턱없이 부족하다. 토론토만 해도 수십만 명이 대기자 명단에 올라와 있다.6 공공 지원 주택을 비롯한 각종 주거 지원은 의료, 교정, 사회적 결과를 향상시킨다고 여러 차례 입증되었지만7 정작 가장 필요로 하는 사람들에게는 제공되지 못하고 있다.

뇌에 영향을 미치는 질병을 가진 사람만큼 불쾌한 환자 집단은 없을 것이다. 환자가 매일 아침 깰 때마다 매번 낯선 사람의 보살핌을 받는 것이 기이하겠지만, 위생 관념이 그리 좋지 않은 변덕스러운 정신 이상자들을 돌아가면서 돌보는 책임을 맡는 것도 그리 즐거운 일은 아니다. 야간 근무를 하는 한 다정한 간호사는 중국에서 번역과 집필로 여러 차례 수상한 후 문학계에서 일하기 위해 캐나다에 왔다고 나에게 말했다. 하지만 번역가보다 간호사로 일자리를 구하기가 쉬웠다. 그래서 그는 다시 학교에 들어갔고 애트우드, 리클러, 먼로의 책을 번역하겠다는 꿈을 오줌 냄새가 나는 정신과 입원 환자들을 돌보는 교대 근무와 바꿨다. 그에게 무슨 책을 읽고 있는지 묻지 않은 게 아쉽다. 내가 투표하러 가라고 구슬리려고 했지만 실패한 필리핀계 캐나다인 간호사는 두 자녀가 대학을 졸업해도 취직을 못 할까 봐 걱정했다.

나는 그들 모두의 이름을 잊어버렸다.

유형 3의 입원 기간인 2주가 지나자 늘 "기분이 어때요?"라고 묻는 그 병동 정신과 의사가 나를 내보내도 된다고 결정했다. 나는 이 결정이 내려진 이유가 내 상태가 나아져서인지 아니면 그저 빈 병상이 필요해서인지 잘 모르겠다. 나는 딱히 기분이 나아지지 않았다. 자살이 눈앞의 선택지로 보이지는 않았지만 어차피 다른 무엇도 바로 선택할 수 있어 보이지 않았다. 나는 다시 평범한 삶으로 돌아갈 가망성에 대해 그동안 생각해보지 않았다. 하지만 상관없었다. 이제 정신 이상이 아니라니 기분이 환상적이었다. 부모님이 나를 데리러 오고 있었다. 두 분은 내가 새 아파트를 찾는 것을 도와준 다음에 서둘러 밴쿠버로 돌아갈 터였다. 나중에 엄마가 말했다. "가장 힘든 일은 너를 혼자 토론토에 남겨두는 것이었어. 너는 아주 독립적이고 강했지만…… 나는 너를 돌보고 안전하게 지키고 싶었단다. 그러나 그럴 수 없었지……."

"우리가 얼마나 무력한지 깨달았고, 그것이 우리가 언제라도 너를 잃을 수 있다는 사실을 제외하면 가장 견디기 힘든 일이었어……. 너를 돕고 안전하게 지키는 것이 우리의 책임인데 그러지 못했다는 무력함이."

엄마는 우울증에 대한 책을 읽고 어느 정도 이 병을 이해하게 됐지만 동시에 더 무서워졌다.

"부모는 자식이 자살할 수 있다는 사실을 결코 받아들이지 않으려 한단다." 그녀는 긴 침묵 후 다시 입을 열었다. "그래서 나는 긍정적인 태도를 가지려고 노력해. 그 일에 대해 너무 깊이 곱씹지 않아."

"다시는 안 보기를 바랄게요." 그날의 당직 간호사가 말했다. 화창한 날이었다. 나는 자전거에 올라탔다. 만사가 잘 풀리리라.

4

뭐,
내가 우울증이라고?

당신은 언제인지 알고 싶을 것이고 왜인지도 알고 싶을 것이다.

내 일상의 혐오가 언제 피할 수 없는 절망으로 바뀌었는지.

내가 왜 반복적인 자살 시도로 그 절망을 고치려 하는지.

답은 나도 모른다는 것이다. 절반만 만족스러울 정도로도 모른다. 분명히 두 번째 질문의 답을 모른다. 사실 첫 번째 질문의 답조차 모른다. 아무리 과거의 기억을 되돌려도 추락의 소용돌이가 어디서 시작되었는지 짐작할 수 없다. 어린 시절의 트라우마를 캐내기 위해 지금까지 시도한 모든 상담에서 아무런 성과를 내지 못했거니와 죄책감만 생겼다. 나는 이렇게 정신 나간 불량품이 될 만큼 끔찍한 일을 당한 적이 없었다. 나에게는 늘 든든하고 다정한 가족이 있었고 행복한 어린 시절을 보냈다. 나는 아주 행운아다. 유일한 문제는 나 자신이 지독히 싫고 죽고 싶다는 것뿐이다.

엄밀히 말하면 정신 질환은 우리 집안 내력이 아니다. 혹시 검사를 받는다면 정신과 의사가 불안 장애 같은 증상으로 진단을 내릴 사람이 우리 일가 중에 있을까? 아마도.

그리고 고약한 정신 쇠약에 걸렸다는 사실이 만방에 알려지는 것만큼 남들로 하여금 비밀 이야기를 털어놓게 하는 일도 없다. 내 첫 번째 자살 기도 직후, 한 친척은 누워만 있고 싶은 무기력한 심정을 나에게 솔직히 털어놨다. 다른 친척은 그동안 항우울제를 조금씩 복용하면서 억제해온 불안증에 대해 나에게 말했다. 나는 그 항우울제가 나한테도 마법을 발휘해주면 좋겠다고 생각했다. 또 다른 친척은 몇 년 동안 항우울제를 복용했는데 지금은 의사들을 포함해 아무도 효과와 작용을 납득하지 못하는 기이한 방식으로 각종 약을 섞어 먹고 있다.

그러나 우리 가족 중 누구도 자살하려고 한 적이 없었다. 누구도 정신 착란을 일으킨 적이 없었다. 누구도 정신 질환을 이유로 입원한 적이 없었다. 내가 비전문적인 의미로 무심코 우리 가족을 노이로제 환자라고 부르기는 하지만 내 의학적 고통에 단서를 제공할 어떤 병력도 찾을 수 없다.

내 장애의 시작을 어느 지점으로 봐야 할지 모르겠다. 아침에 일어나는 것을 힘들어하기 시작했을 때?(첫 번째 자살 기도를 하기 2년쯤 전?) 삶의 목적이던(지금도 그렇다) 회사에 가기가 무서워지기 시작했을 때?(18개월쯤 전?) 숨 막히는 실패감으로 이따금 자살하는 상상을 하던 때?(1년 전?) 그런 상상이 끈질기게 계속되고 피할 수 없게 됐을 때?

엄마는 훨씬 더 이전인 내 십 대 시절로 거슬러 올라가 본다. "그게 그냥 갑자기 생기지는 않았을 거야." 엄마가 내 첫 번째 자살 기도가 있고 7년쯤 지나서 말했다. 엄마는 몇 년 동안 혼자 틀어박혀서 음식 섭취를 중단한 십 대 아이를 기억한다. 척추 측만증 때문에 등에 부목을 대서 지독히 불편하게 생활했고 청소년기의 까탈스러움이 극심해졌던 아이. "그러니까 우리가 상대하고 있는 것이 우울증이라는 점을 알아차리지는 못했더라도, 어떤 신호는 있었을 거야. 내가 보기에 너는 그때부터 너 자신을 불만스럽게 여겼어."

나는 인간으로서 스스로를 딱히 좋아한 적이 없었으니, 정신과 의사가 말하는 내 '부정적 인지 편향'은 어린 시절로 거슬러 올라갈 것이다. 그런데 나는 희망을 갖는 능력을 언제 잃어버렸을까?

죽고 싶은 그 순간이 오면 자살 기도가 한참 전에 했어야 할 일로 느껴졌다. 계속 미룰 수 없는 불가피하고 필수적인 단계처럼 여겨졌다.

하지만 나는 내 상태를 우울증이라고 부르지는 않았을 것이다. 죽어야겠다고 결심했고 그 확신이 1년 동안 나날이 강렬해졌을 때조차, 그것을 우울증이라고 여기지 않았을 것이다. 실패한 자살 기도 때문에 정신과 병동에 들어가 정신 상태에 대한 난감한 질문에 답을 할 때도, 그것을 우울증이라고 여기지 않았을 것이다. 낙담, 피할 수 없는 절망, 쓸모없다는 느낌은 명백한 사실이었다. 나는 가치도 희망도 없이 존재한다고 느꼈다.

첫 번째 자살 기도 몇 달 전, 내 자해성 이메일들을 보고 앞날을 걱정한 동료들이 행동에 나서서는 나를 정신과 응급실로 끌고 갔고 신문사의 근로자 지원 프로그램 담당자에게 전화하라고 호통쳤다. 나는 그들의 말대로 했고 심리 치료사와 약속을 잡았다. 예상대로 나는 약속 시간 30분이 지나 도착했고, 접수원이 너무 늦게 와서 치료사를 만날 수 없다고 말하자 예상대로 다시 예약 날짜를 잡지 않았다. 나는 예약이 어긋나서 안도했다. 물론 치료를 받지 못했다. 내 절망은 치료될 수 있는 질병이 아니라 실패로 인해 빠진 함정이었다.

나는 내 문제가 외적 요인으로 생겼다고 생각하지 않았다. 내가 죽고 싶은 이유는 내가 바보고 결코 더 잘할 수 없기 때문이었다. 아파서 세상과 나 자신에 대한 왜곡된 인식에 갇혀 있기 때문이 아니었다.

이렇게 생각하는 사람이 나만은 아니다. 나와 대화를 나눈 사람들은 하나같이 그들이 느낀 고립감에 대한 이야기를 꺼냈다. 그들의 고립감은 다른 사람들에 의해 부딪친 난관이 아니고 고칠 수 있는 것도 아니며, 그저 그들 특유의 개인적 결함이라고 말했다. 잠자리에서 벗어나지 못해 사람들과의 교류가 불가능해지는 심신 쇠약은 자기혐오에 불을 지핀다. 나는 끝없는 정체 상태, 실행하지 못한 프로젝트, 붙잡지 못한 기회 때문에 나 자신을 혐오했다. 나는 모든 에너지를 가장 기본적인 생활 활동에 쏟아붓고 있었고, 그래서는 아무런 소득이 없다고 느꼈다. 그처럼 마지못해 하는 기계적인 생활이 몇 년 동안 계속된 참이었다. 그리고 기분이 저조해질수록, 어차피 효과가 없을 치료에 대한 의욕이 떨어졌다.

그래서 나는 진단을 거부했다. 정신과 진단 경험이 수십 년이나 되는 숙련된 의사가 나와 마주 보고 앉아 내가 주요 우울 장애를 겪고 있다고 알리는데도 거부했다. "당신은 우울증입니다." 이 말은 내 상황을 그럴듯하게 설명해주지 않았다.

여보세요, 제가 지금 죽고 싶은데요

5

진단 때문에
미치겠다

처음에 나는 진단을 거부했다. 정신적으로 장애가 있다는 진단을 받으면 내 의사와 상관없이 병원에 더 오래 입원해 있어야 했기 때문이다. 단기 입원 정신과 병동의 상담실 소파에 걸터앉아 있을 때 병동의 회색 자동문 경첩 사이로 살금살금 들어오는 빛 속에서 자유를 감지할 수 있을 정도로 벗어날 날이 얼마 남지 않았다. 그러니 자살을 시도한 사람들 중에서 가장 적응력이 좋고 건강해 보여야 했다. 당연히 나는 진단을 거부했다. 내 문제가 내가 만들어낸 것이라고 믿었을 뿐만 아니라 그 진단 결과가 입원 기간을 무기한으로 늘릴 것이라고 믿었다.

그리고 내가 진단을 거부한 다른 이유는 그 누구도 미친 사람이라는 꼬리표와 그에 따르는 온갖 시련을 원하지 않기 때문이다. 불쾌하고 변덕스럽고 사회적으로 용인되지 않는 행동에 대한 모든 장황한 이야기. 위험하고 폭력 성향이 있고 해를 끼친다는 인식. 괴상하고 예측이 불가능하다는 선입견. 나는 결함 있고 현실과 동떨어진 정신

이상자로 여겨지기 싫었다. 이런 터무니없는 편견들은 정신 질환에 대한 의료 비용 부담을 낮추면서 그 영향을 받는 사람들에 대한 두려움은 높이려는 사회의 압박을 줄이는 데 도움이 되지 않는다.

하지만 내가 진단을 거부한 가장 큰 이유는 우울증이 심각한 병을 순화한 이름이기 때문이다. (나는 비전문가라 이 책에서 '질환'과 '질병'과 '병'을 어느 정도 섞어서 사용한다.)

'우울증'이라고 하면 나는 편집증을 가진 로봇 마빈을 떠올린다. 더글러스 애덤스의 SF 소설 『은하수를 여행하는 히치하이커를 위한 안내서』에 나오는 대단히 귀엽고 영리한 이 로봇은 흥을 깨는 대사를 자랑스럽게 말한다. "내가 아주 우울하다는 것을 아셔야 합니다."

마빈은 능력 있고 시무룩하고 잘난 체하는 기계이며, 오류를 범하기 쉬운 인간의 특성에 눈을 부라리면서 어리석은 인간의 문제를 척척 해결한다. 그는 무가치함과 실패에 사로잡힌 절망 덩어리가 아니다. 나는 정말로 괜찮아졌으니까 제발 퇴원시켜달라는 말로 진단을 부정하면서 속으로 계속 생각했다. 그게 다야? 이 감정의 공허, 이 끝없고 피할 수 없으며 재미없는 희망 결여 상태가 그저 우울증이라고? 농담하는 거야?

사람들은 항상 우울증이라고 주장한다. 우중충한 날씨, 대중교통에 대한 부족한 투자, 정치적인 외국인 혐오, 생식기를 통해 숨을 쉴 수 있는 메리 리버 거북이의 멸종 위기 상태.[1] 이 모든 것이 '우울'하게 만든다. 정신적으로 아프지 않으면서도 많은 우울증 증상을 경험할 수 있다는 사실은 도움이 되지 않는다. 불안하고, 자기 자신을 의심하거나 비난하고, 체중이 증가하거나 줄어들고, 불면증이 있으면

여보세요, 제가 지금 죽고 싶은데요

서도 우울증이 아닐 수 있다.

공식적인 의학 용어인 '주요 우울 장애'는 딱히 심각한 느낌을 풍기지 않으며, 해를 끼치는 진짜 병이라기보다는 머릿속으로 별의별 상상을 하는 건강 염려증처럼 들린다. 내가 가진 문제가 그저 실패에 대한 타당한 절망이 아니라 진짜 병 때문이라면, 분명히 우울증보다 훨씬 심각한 병이라야 마땅했다.

정신의학 분야에서 계속되는 고민거리이자 20세기 중반에 시작되어 여전히 상승세인 반反정신의학 운동은 정상적인 인간의 감정을 장애로 바꿔놓을지도 모른다는 두려움에 기반하고 있다.

그런데 말이다. 내가 느끼는 기분이 인간의 당연한 특성 중 일부라면 차라리 나에게 죽음을 달라. 나는 이 절망의 구렁텅이가 그저 건강한 감정 스펙트럼에서 맨 끝에 있는 종류라는 주장에 동의할 수 없다. 그 감정은 슬픔과 아무 관계가 없다. 슬픔은 내가 살아 있다는 것을, 내가 감정과 상실감을 느낄 수 있는 동물이라는 것을 상기시키는 고통이다. 낙담은 영혼의 바싹 말라비틀어진 죽음이다. 하지만 그곳에는 아무것도 없다.

아빠는 진단을 다르게 기억한다. 아빠의 기억에 따르면 내가 정신과 병동에 있을 때 우울증이라는 말을 들었다고 아빠에게 이야기했다는 것이다. "네가 아프다고 인정하는 말을 들은 그 순간은 큰 전환점이었단다. 우리에게 그 말을 한 사람이 의사가 아니었고, 판단을 내린 사람이 네 엄마나 내가 아니었으니까. 그 사람은 너였어. 네 건강과 네 상태의 주인이 너라는 점을 네가 받아들인 것이지. 그래서 우리는 더 이상 비협조적인 사람의 보호자가 아니게 된 거야."

"나는 네가 병에 걸렸다는 것을 인정함으로써 회복을 위해 거쳐야 하는 첫 단계에 접어들었다고 봐……. 나는 그 부동액을 봤어. 그 빈 수면제 병도 봤어. 난장판인 그 아파트도 봤지. 의료진이 네 몸에서 독극물을 빼내려고 기를 쓰는 동안 사투하는 너를 봤어. 중환자실에서 종일 열이 오르고 땀을 흘리며 고통스러워하는 너를 봤어. 나는 네가 아프다는 것을 이미 알았단다. 하지만 나는 진단이 일종의 치유로 이어지기를 바랐던 것 같구나. 무엇이 잘못됐는지 알면 회복될 희망이 있었으니까."

절대 그렇게 간단하지 않았다.

기존의 정의에 결함이 있고 진단 방법이 복불복이라면, 우리가 각종 기분 장애에 붙인 이름들은 대체로 큰 대가를 치러야 하는 무지를 가리기 위한 연막처럼 느껴진다. 우리는 증상들을 모아서 질병이라고 부른다. 그 질병을 정의하거나 증상들을 부를 다른 방법을 모르기 때문이다.

정신의학은 로켓 과학과 다르다. 로켓 과학자들은 로켓이 어떻게 작동하는지 속속들이 안다. 반면에 세계 최고의 정신과 의사들도 뇌가 어떻게 병에 걸리고 어떻게 그 병을 치료해야 하는지는 둘째치고 상태가 좋은 날에 뇌가 어떻게 작동하는지조차 거의 모른다. 그들은 우울증이 어디에서 오는지, 혹은 우울증을 뇌에서 정확히 어떻게 배치해야 하는지, 혹은 왜 가끔 어떤 치료가 일부 사람에게 효과가 있는지 모른다.

그렇다면 진단을 받은 사람은 어떻게 될까?

6

자살은
생각보다 어렵다

나는 처음 부동액으로 자살을 기도했다가 수녀원 겸 정신과 병동에
서 의기소침하게 지내게 되었던 때, 나를 풀어줘도 될 만큼 제정신인
지 결정하는 정신과 의사들과 스스로에게 내가 다시 자살 기도를 할
위험이 없다고 말했다. 너무 요란스럽게 실패한 데다가 불쾌한(그렇
지만 그 상황치고는 엄청나게 운이 좋은) 후유증까지 생겼으니 아무리
그때와 비슷한 절망감을 느껴도 다시 자살 충동이 일지는 못할 것
이라고 말했다. 사실상 자살이라는 선택지는 다 써버렸으니 이제 덜
치명적인 다른 방법으로 갈아탈 준비가 됐다고 말했다.

솔직히 나는 이 말이 진실이라고 믿었다. 성실한 의료진이 혈압을
기록하고 감정을 살피는 동안 엉덩이 쪽이 트여 있는 파란색 환자복
을 입고 망쳐버린 자살로 인한 죄책감과 자기혐오에 절어 있는 상황
만큼 그런 시도를 다시는 하고 싶지 않다는 확신을 들게 하는 것도
없다.

그러다가 병원에서 나오면 온갖 끔찍한 문제들이 빠르게 되돌아

온다.

자살 기도를 하고 그 계획이 처참하게 실패하면 중환자실에서 기막히게 좋은 기분으로 깨어나지는 못한다고 아무도 말해주지 않았다. 정신과 병동 두 곳에서 2주 반이라는 힘든 시간을 보내고 그토록 사랑하는 편집국으로 돌아가도 그때 자살에 성공했어야 한다는 생각에만 사로잡힌다고 아무도 말해주지 않았다. 이전에 자신을 혐오하게 만들던 모든 것은 여전히 그대로 존재한다. 다만 이제 자살조차 제대로 하지 못하는, 매일 아침 아무 효과 없어 보이는 약을 먹는, 한 달 동안 결근했다가 회사로 복귀해서 약물 과다 복용으로 쓰러져 있는 자신을 아파트에서 발견한 사람에게 변명을 늘어놔야 하는, 정신 이상자가 되었을 뿐이다. 직업적 사명을 좇는 것은 병을 예방하는 요인이 된다. 그러나 입원 환자 시절에 인식한 자신의 모습과 자신이 되고 싶은 모습 사이의 고통스러운 괴리를 절감하면 예전의 절망으로 다시 내던져진다.

나는 첫 번째 자살 기도 직후에는 자살의 위험성이 높지 않았다. 그렇지만 몇 주가 지나고 몇 달이 지나면 이야기가 달라진다.

분명히 말하는데, 나는 약 1년 동안은 진짜로 다시 자살을 기도하지 않았다. 나는 눈에 띄지 않게 행동했고, 난관을 극복하려 노력했으며, 대부분의 나날을 장악한 무기력증에서 벗어나려고 애를 썼다. 그러다가 몸을 옴짝달싹할 수 없는 또 다른 아침의 결과로 선거 자금 기사를 제출하지 못하자 수치심에 푹 빠져서, 책상 의자로 침실 창문을 박살내려고 했다. 내 의자는 예쁘고 단단한 목재로 만들어졌다. 내 아파트의 창문은 열리지 않는다. 연기가 북향 거주자들에게 미칠 영향을 걱정한 옆 건물 고무 공장의 주인들과 아파트 건물 개발업자 간 타협의 결실이다. 그래도 나는 그 이중 유리 창문을 산산조각 내고 17층 아래 죽음을 향해 뛰쳐나갈 수 있을 줄 알았다.

생각대로 되지 않았다. 현실의 창문은 강하다. 나는 그렇지 않다. 액션 영화는 거짓이다. 나는 긁힌 자국만 겨우 남기며 헛되게 몇 번 휘두르고는, 포기하고 한 달 치 리튬을 삼켰다. 당시에 항우울제 보조제로 처방받은 약이었다. 침대 옆에 쭈그리고 앉아 죽음을 기다리면서 왜 종일 연락이 안 되는지 궁금해하는 친구들의 빗발치는 전화를 무시했다. 지난번과 비슷하게도 만족스러운 효과가 나타나지 않았다. 15분이 안 돼서 위장관의 구토 반사 연동 운동이 다시 나를 배신했다. 나는 접이식 소파에 꼼짝없이 앉아 토사물을 청바지에 쏟아내면서, 우르르 몰려온 불쌍하고 사랑하는 친구들과 스스로에게 내 입장을 변명하려고 애썼지만 실패했다.

나는 비밀을 털어놓아도 될 만한 사람이 누구인지 아주 빠르게 배웠다. 어떤 친구가 비난하고, 달아나고, 부모님이나 경찰에게 전화하라고 고집을 부리는지. 어떤 친구가 나를 곤경에 빠뜨리지 않으면서 내 말을 경청하고, 나를 사랑한다고 말하고, 내가 소파에서 잠들도록 내버려두는지. 때로 속마음을 털어놓을 수 있는 동시에 그 비밀을 듣고도 극단적인 조치를 취하지 않는 사람이 필요한데 아마 너무 무리한 조건일 것이다. 그런데 나는 거듭 그런 상황에 처했다.

그다음에 질식 시도들이 있었다. 나는 머리에 비닐봉지를 쓰고 테이프나 고무줄이나 매듭으로 공기가 들어올 틈을 막으려 하다가 멀쩡한 비닐봉지를 여럿 못 쓰게 만들었다. 한참 기를 쓰다 보면 그 망할 봉지들이 찢어져 구멍이 나 있었다. 한번은 그런 시도 끝에 한밤중에 환하게 불을 밝힌 24시간 영업 슈퍼마켓의 벤치에서 친구의 어깨에 기대 소리 내어 울었고 슈퍼마켓에서 틀어주는 팝 음악을 들으며 머리카락에서 스카치테이프 조각들을 떼어냈다.

나는 독물학에 관해서는 완전히 무지했지만, '목을 매기 위한 끈을 묶었을 때 내 체중을 버틸 수 있는 구조물이 없고 총도 없을 때 집에서 자살하는 방법'을 인터넷에서 노골적으로 검색하는 것에 대해 이유 없는 혐오감을 가지고 있었다. 그래서 나는 우회적으로 찾아봤다. '가정용 독성 화학 물질', '치명적인 X 과다 복용'. X에는 당시에 처방받고 있던 약은 모두 들어갈 수 있다. 나는 종류 불문하고 쉽게 구할 수 있는 물질의 치사량에 대한 학술 논문을 검색했고 내가 삼켜야 하는 물질의 양이 얼마나 될지 계산하기 위해 혈중 농도 측정 결과를 분석하려고 노력했다. 나는 경고문을 자세히 들여다보고, 얼마나 많이 삼켜야 하며 효과가 나타날 때까지 얼마나 빨리 혹은 얼마나 오래 걸릴지 계산하느라고 휑뎅그렁한 철물점 통로에서 수많은 시간을 보냈다. 스스로 느낀 것만큼이나 내가 의심스러워 보였을지 궁금했다. 한번은 대용량 쥐약을 샀는데, 출산 축하 파티용 선물 꾸러미 같은 투명한 비닐에 밀봉된 분홍색과 파란색 알갱이들을 먹을 수는 없었다. 함빡 젖은 시리얼 형태면 삼키기가 더 수월해지기라도 하는 양 나는 쥐약 한 주먹을 물 한 잔에 넣어 물을 빨아들이게 했다. 내가 그걸 와르르 쏟아버리고 컵을 강박적으로 씻으며 아무 일도 일어나지 않았던 척하기 전까지 이틀 동안 쥐약은 주방 조리대에 부풀어 오른 상태 그대로 놓여 있었다.

페인트 시너로도 시도했다. 부디 페인트 시너는 쓰지 말기 바란다. 나는 기름 같은 끈적거림이 너무 버거워지기까지 전 한 잔(알았다, 어쩌면 한 잔 반일지도)을 겨우 들이켰다.

나는 침대에 앉아서 창밖을 바라봤고 한 시간 넘게 마르얀 사트라피의 자전적 그래픽노블 『페르세폴리스』를 읽으려고 노력한 끝에 패배를 인정했다. 눈물을 뚝뚝 흘리다가 산책을 하러 갔다. 끔찍한 소리 같지만, 절실하게 죽고 싶은데도 자살할 수 없다는 확신은 죽고 싶다는 갈망과 자살을 실행하려는 의지보다 훨씬 고약하다. 적어도 자살 계획은 계획할 무엇인가를 안겨준다. 자살 계획이 사라졌지만 자살 경향은 여전히 남아 있을 때, 당신은 아무것도 가진 것이 없다.

나는 이 절망의 구렁텅이에 빠질 때 친구에게 전화를 건다. 페인트 시너를 시도한 후 전화를 받은 첫 번째 불운한 친구인 브렌던은 마침 야구 경기를 취재하고 있었다. 그가 다시 전화를 걸 수 있을까? 나는 여기저기 배회하면서 저녁의 으스름한 빛을 쬈다. 입안은 페인트 시너로 뒤덮여 있었다. 맑은 공기는 내가 종일 아무것도 먹지 않았다는 사실을 일깨웠다. 냉장고에 있던 정크 푸드를 먹고 재개된 위 운동은 페인트 시너를 모두 게워내기에 충분했다. (이 책에는 토한다는 말이 많이 나온다. 나도 안다. 미안하다. 하지만 음독은 북미 여성들 사이에서 자살 및 자살 기도의 주요 방법이다. 음독에는 구토가 따르기 마련이다.)

다시 말하지만 페인트 시너는 시도하지 말기 바란다. 나는 모든 것을 꺼낸 뒤에도 밤새도록, 그리고 다음 날 아침 내내 트림을 했다. 어릴 때 남동생과 아빠와 내가 걸프 아일랜드로 무모한 낚시 여행 갔을 때 탔던, 바다에 적합하지 않았던 변색된 노 젓는 나무 배가 불현듯 떠올라 그 기억에 몇 시간 동안 빠졌다. 우리가 잡은 것이라고는 해초와 돔발상어 한 마리뿐이었지만 감자칩을 실컷 먹었으니 차고 넘치는 보상이었다.

나는 자살 기도들에서 겪은 모든 죽음을 분석해서 언제나 정신과 의사에게 털어놓았다. 이유는 간단하다. 그 과정을 거짓말로 속인다면 자발적인 심리 치료가 도대체 무슨 소용이 있겠는가? 결과적으로 그는 자신의 끝없는 헛고생을 망치려는 내 노력에 아주 관대했다. 그렇지만 그는 철물점에서 유독성 물질을 사면 마시고 토한 후가 아니라 예의상 미리 말해달라고 부탁하기는 했다. 그렇지만 이게 도움이 됐는지 모르겠다.

"욕실 수납장에 아직도 부동액이 있나요?"

"네."

"내가 없애라고 말했는데요?"

"네."

"왜요?"

"가까이 두면 기분이 더 나아지거든요. 그러니까, 그게 필요할 때에 대비해서요."

"……."

페인트 시너 사건으로 나는 병원에 가야 했다. 하지만 나는 이 시도를 무효로 친다. 정신과 의사에게 이메일을 보낸 후 외래 환자이자 지긋지긋한 거짓말쟁이로서 병원에 자진해서 갔기 때문이다. 의사는 독극물 통제 센터에 전화를 하라고 설득했다. 다음 날 아침에 그 말대로 했다. 목구멍에 용액이 조금 남아 있었다. 전화를 받은 사람이 이름과 연락처를 강력히 묻는 바람에 나는 질겁했다. 하긴 독극물 통제 센터가 당신의 목숨을 구해주기를 바란다면 그런 질문을 받는 것이 당연하지만, 당신이 막 자살 기도를 했고 누군가 당신을 찾아내서 가두는 것을 원하지 않는다면 무서울 수밖에 없다. 그 사람은 구토를 하다가 용액이 폐로 들어갔을지 모르니까 검사를 받으라고 충고했다. 용액이 폐포를 파먹어 일종의 화학성 폐렴을 일으킬 수 있다는 것이다. 나는 마지못해 그 말에 따랐다. 부분적인 이유는 폐가 걱정됐기 때문이지만 주요 이유는 독극물 통제 센터 직원이 내 이름과 연락처를 알게 되었고 나는 곤경에 처하는 것이 진저리가 나도록 싫었기 때문이다. 병원에서 태연해 보이려고 노력했지만, 다른 사람들의 코감기 때문에 건강 염려증이 발동해 찾아온, 급할 것 없는 환자들과 함께 응급실에서 기다리면서 태연한 척하기란 쉬운 일이 아니다.

엑스레이 검사 결과는 양호했다.

"척추 측만증이네요." 엑스레이 기사가 사진을 보며 말했다.

"네, 알아요. 고맙습니다."

(전문가의 조언: '우연히' 다량의 페인트 시너를 삼켰다고 말할 작정이라면—"먹었다고요? 코로 들이마셨다는 말이겠죠?" "아니요. 먹었다는 말

입니다."—적어도 그 페인트 시너를 가지고 있었던 데 대한 조금이라도 그 럴듯한 이유를 내놓아야 한다. 그리고 페인트 시너가 사람이 우연히 들이킬 수 있는 유리잔이나 머그잔이나 그릇에 담겨 있던 이유도 찾아내야 한다. 그 이유가 충분히 길어야 병원에서 나올 수 있다는 점을 명심하자.)

그 용액이 큰 피해를 입혔다면 상황이 이상하게 돌아갔을 것이다. 진실하게 답할 수 없는 질문들을 잇달아 받았을 것이다. 하지만 나는 괜찮았고 폐도 괜찮아 보였다. 나는 집에 돌아가서 여전히 살아남았다는 현실을 받아들이려고 노력했다.

당신은 죽기를 기다리면서 무엇을 하는가? 책을 읽거나, 적어도 읽으려고 시도하는가? 당신은 생이 이렇게 끝나기를 너무도 간절히 원한다. 아파트 청소를 하고, 휴대폰을 끄고, 침대에 앉아 있고, 무릎에 책을 내려놓고, 창밖의 빛과 태양과 삶을 내려다본다. 하지만 당신은 초조하고 쉽게 지루해진다. 치명적 출혈을 고대하는 동안 소설에 푹 빠지기란 어렵다. 아스피린 5만 밀리그램을 삼키고 (몇 년 만에 처음 한 심각한 자살 기도이다) 한 시간도 안 돼서, 당신은 포기한다. 기다리려는 욕구가 점점 시들해지다가 사라진다. 당신은 자제력을 잃고 침대에서 일어나 노트북을 열고 휴대폰을 켠다. 당신의 의사, 그 불쌍한 사람에게 이메일을 보낸다. 그가 알아야 할 것 같기 때문이고, 망쳐버린 자살 기도로 진공 상태에 빠져 있노라면 판에 박힌 기계적인 반응조차 간절히 그리워지기 때문이다. 친구에게 전화를 걸고, 그의 근무 시간을 방해하고, 당신이 사랑하는 사람에게 고통을 준다. 절실하게 누군가의 목소리를 들어야 하고, 누군가가 "네가 살아서 기뻐"라고 말하는 소리를 들어야 하기 때문이다. 혈액 검사나 위세척을 위해 병원에 가는 것을 거부해, 사랑하는 사람의 고통을 더욱 깊게 한다.

"나는 괜찮아."

"그렇지만 괜찮지 않으면 어떻게 해?"

"하지만 괜찮다니까."

"네가 기절해서 다시 깨어나지 않으면 어쩌려고?"

그러라지, 뭐. 당신은 말하지 않는다. 그러면 훨씬 좋지. 당신은 기절하지 않는다. 산성 물질이 당신의 혈액 순환을 방해하고, 당신의 귀를 울리게 하고, 당신의 청각을 왜곡해서 이후 24시간 동안 모든 소리가 물속에서처럼 들린다. 당신은 달팽이관이 막힌 듯한 느낌이 고도 때문에 일어난 문제이지 약물로 인한 문제가 아닌 것처럼 코를 막고 숨을 쉰다. 당신은 옆으로 누워 식은땀을 흘리고 구역질에 시달린다. 눈 뒤에서 쿵쿵 울리는 통증은 결국 기력을 떨어뜨리고 탈진시킨다. 귀가 끈질기게 울린다. 하지만 당신은 기절하지 않는다. 여전히 죽지 않는다.

나는 내 모든 시도가 여자들이 많이 쓰는 틀에 박힌 방법이었다는 것을 깨닫고 당황했다. 위에서 언급했듯이, 여성은 음독을 선호하는 경향이 있으며 때로는 질식을 선택한다. 남성은 총을 쏘거나 목을 매거나 높은 곳에서 뛰어내린다. 하루에 두 번, 현재 직장인 《글로벌 뉴스》까지 자전거를 타고 출퇴근을 하는 길에 다리 두 개를 가로질렀다. 나는 매번 다리의 가장자리를 유심히 살펴보면서 뛰어내리면 확실히 죽을 높이인지 계산해봤다. 나는 땅에 곤두박질치게 떨어지는 방법을 궁리하느라 머리를 굴렸다. 서투르게 잘못 떨어져서 심한 부상만 입고 살아남을 공산이 컸다. 내 깊이 감각과 거리 추정 능력은 형편없다. 그리고 나는 높은 곳에서 뛰어내리는 것이 몸이 마비될 정도로 무섭다. 사촌들과 몇 미터 높이의 절벽에서 물로 뛰어내리는 것만으로도 무서워서 벌벌 떨 정도였다.

첫 번째 자살 기도 후 7년 동안 나는 아파트를 한 번 옮겼고 직장을 두 번 바꿨으며, 별개의 시도로 치면 적어도 여섯 번 목숨을 끊으려 했다. 각 자살 기도는 다음 시도를 더욱더 꺼리게 했다. 죽고 싶지 않아서가 아니라 드디어 다 끝이라고 생각했는데 결국 그렇지 않다는 것을 깨닫는 허탈한 감정을 견딜 수 없었기 때문이다.

내가 정말로 절실하게 죽고 싶은 건지 아니면 그저 자신을 괴롭히고 싶은 건지 궁금해지기 시작했다. 어쨌든 자살 욕구는 없어지지 않았다.

여보세요, 제가 지금 죽고 싶은데요

7

네 적을
알라

나는 상상 가능한 모든 것을 미룬다. 그러니 책을 쓰라는 할머니의
강한 권유를 몇 년 동안 들으면서도 별다른 행동을 하지 않았다고
해도 놀랄 일은 아니다. 하지만 어느 때부터인가 나도 모르는 새 밤
에 잠을 잘 수 없거나 아침에 일어날 수 없을 때 대체로 침대에서 계
속해서 반복적이고 강박적으로, 공책을 꺼내거나 워드 문서를 열어
불평 몇 글자나 몇 구절을 휘갈겼다. 우울증과 자살에 관해 구할 수
있는 모든 자료를 읽기 시작했는데 그것으로는 부족했다. 구원의 이
야기와 반정신의학 논쟁과 학술적 장광설 사이의 담론에 구멍이 있
었다. 그리고 내 경험과 다른 많은 사람들의 경험이 그 구멍에 해당
한다는 것을 발견했다. 그래서 전화를 걸기 시작했다. 그저 시험 삼
아서였다. 내가 무엇을 하고 있는지 몰랐기 때문이고 (필사적으로 매
달리고 있는) 본업이 있었기 때문이다. 하지만 멈출 수 없었다. 분명
히 누군가는 나를 뒤덮은 이 절망을 설명할 수 있을 터였다.

　나는 텍사스대학교 사우스웨스턴 우울증 연구 임상 치료 센터의

창립 소장인 마두카르 트리베디Madhukar Trivedi에게 연락했다. 그는 우울증에 걸린 2,000명을 대상으로 10년 동안 수많은 임상적, 생물학적, 사회 인구학적 변수와 결과를 추적해왔다. 그는 그 병이 처음에 어떻게 발생하는지 나에게 전화로 알려주었다.[1] "우울증을 앓는 사람들의 절반이 30세 전에 1단계를 겪습니다. 그때부터 평생 고통을 겪지요." 그는 현재 치료법이 있으며 곧 개선된 치료법이 나올 희망이 있다고 처음 말해준 사람이기도 하다. 고통은 타고난 것이 아니다. 어쨌든 위안이 되는 말이다.

우울증의 경우처럼, 한 인간으로서 한창때에 접어드는 성인기 초기에 발병하는 병에는 굉장히 부당한 면이 있다. 넘쳐나는 계획과 아이디어와 포부를 가지고 기회의 세계로 진격할 태세를 갖췄는데 돌연 끝없는 어둠에 갇혀버린다. 때때로 목적의식이 깜빡이지만 결국 사그라진다. 나는 할 수 없어. 나는 할 수 없어. 막 싹튼 동반자 관계, 교육, 경력을 병이 망친다.

표면상 주요 우울 장애는 여러 증상들 때문에 심각한 지속성 장애가 발생할 때 시작된다. 그 장애가 얼마나 심각하고 얼마나 오래 계속돼야 우울증에 해당할까? 말할 수 있는 확실한 방법은 없다. 가장 중증일 때 우울증을 발견하기가 쉬우며, 가벼운 상태를 진단하기는 훨씬 어렵다.

"우리는 기준점을 설정해 모호한 범위를 나눕니다."[2] 토론토에 있는 중독 정신건강 센터의 정신과 의사이자 성능 개선 의료 팀장인 폴 커디악Paul Kurdyak이 번화한 칼리지가와 스파디나가 근처 오래된 갈색 벽돌 건물의 사무실로 나를 초대했다. 자동차 소음과 늦은 오후의 햇살이 서쪽 창문으로 스며들어왔다. 짙은 갈색 머리의 상냥한 그는 즉시 대화 주제에 빠져들었다.(나는 그의 사무실에서 몇 시간 동안 그에게 이야기를 끌어냈으며, 결국 그가 저녁식사에 약간 늦게 만들었다). 그는 진단·치료와 연구의 균형을 유지하고, 그 와중에 미친 듯이 많은 논문을 쓰고, 정신과 의사는 별로 더 필요하지 않지만 더 나은 치료는 필요하다고 주장했을 때처럼 여전히 동료들을 열 받게 하는 발언을 했다. 나는 정신 질환의 부담에 대한 연구, 의료 제도 붕괴와 이용자들의 실망 양상을 보여주는 연구에 마음이 끌렸다.

"우리는 어딘가에 선을 그어야 합니다. 그것이 임상 연구의 방식이니까요. 우리는 누군가가 우울증인지 아닌지 알고 싶어서 이런 기준점을 만듭니다." 우울증이 심할수록 우울증을 가지고 있다는 점이 분명해지며 치료가 더 효과적인 경향이 있다. "항우울제가 위약僞藥◆보다 비싼 값어치를 하는 지점이 있는데, 이 지점은 심각한 단계에 존재합니다."

기분 장애와 형편없는 기분 상태 사이의 애매한 중간 지대에 있는 사람들이 모든 것이 가짜라고 생각하는 것도 무리가 아니다. 그들이 병에 걸리지 않았을 수 있으며, 이런 경우에 이용할 수 있는 치료법은 병이 극심한 경우에 비해 훨씬 효과가 낮다. 정신의학 반대자들이 항우울제가 위약보다 별로 나을 게 없다고 매도할 때, 그들은 환자 수를 기준으로 삼는다.

◆ 심리적 효과를 위해 주는 가짜약.

누가 우울증의 기준을 결정할까? 보통의 경우 그에 관여하는 문지기는 가정의이다. 정신 질환과 그 환자들을 전문의가 아닌 일반의로서 매일 다룬다는 것이 어떤 일인지 이해하기 위해, 나는 중독 및 정신건강 센터를 통해 연결된 가정의 자비드 알루Javed Alloo와 이야기를 나누러 갔다.♦ 그는 복잡한 정신 질환을 가진 환자들을 열심히 찾아내는 몇 안 되는 일반의 중 한 명이다. 토론토 북부의 한 푸드 코트, 분주한 점심시간의 웅성거리는 소음 속에서 녹아가는 젤라토를 앞에 두고 그와 이야기를 나누었는데 그가 말을 끝맺기도 전에 내 질문이 연달아 쏟아졌다. 그는 정신 질환을 어떻게 다루는지, 심각한 정신병과 가벼운 정신적 고뇌를 어떻게 구분하는지 설명했다. 그는 핵심은 기능과 기간이라고 말했다. 엉망진창인 상태가 얼마나 오랫동안 지속되며, 살아가기 위해 필요한 일과 보람 있는 생활을 누리기 위한 활동이 그 상태에 어느 정도 나쁜 영향을 받는가?

"그들이 2주에 한 번씩 15분 동안 나를 만나러 오고, 이것이 그들의 삶에서 느끼는 불안감의 최악의 표현이고, 그들의 가족이 그들에게 불평하지 않고, 그 상태가 그들이 외출하고 활동하는 것을 막지 않는다면 그들은 치료를 받을 필요가 없습니다. 그 상태는 명백히 나뉘는 흑백이 아니라, 스펙트럼입니다. 하지만 문제는, 어느 시점에서 그것이 기능 장애가 되느냐입니다."3

우울증은 새로운 것일까? 오래된 것일까? 우울증이 갈수록 널리

♦ 캐나다 의료 체제에서는 각 가정을 주치하는 가정의를 배정하며, 1차 진료는 일반의인 가정의가 담당한다. 1차 진료 이후 가정의가 소견에 따라 전문의를 주선한다.

퍼지고 있는 것일까, 아니면 그저 더 쉽게 우울증 진단을 내리는 것일까? 나는 정신 질환을 좀 더 흥미진진하고 인상적으로 묘사할 때는 조증과 정신병을 언급하지만, 성경, 아랍 의술, 그리스 신화, 영적이고 유사과학적인 수세기의 유럽 기록물들에서는 외부 기폭제를 넘어서는 오랜 절망을 언급한다는 사실을 발견했다. 1세기 의사 이샤크 이븐 임란Ishaq ibn Imran은 우울을 "환자는 실제로 존재한다고 생각하지만 사실은 존재하지 않는 어떤 것 때문에 정신에 형성되는 실의와 고립의 감정"이라고 불렀다.4

우울증이 도처에서 증가하고 있다는, 현실적이고 광범위하며 이해하기 쉬운 느낌이 있다. 21세기 초반에 영향력이 컸고 대단히 잘 쓴 우울증에 대한 책인 『한낮의 우울The Noonday Demon』에서 앤드루 솔로몬Adrew Solomon은 그 장애가 현대성으로 인해 극심하게 악화된 병이라고 말했다. 그는 "우울증은 피부암처럼 상당히 명확한 이유로 최근에 증가한 신체적 고통"이라고 썼다. 고갈된 오존층과 발암 물질이 피부암을 훨씬 더 흔한 재앙으로 만든 그곳에서, 현대성의 압박인 "삶의 속도, 기술 혁신으로 인한 혼란, 사람들 사이의 소외, 전통적인 가족 구조의 붕괴, 고유의 외로움, 믿음 체계의 실패"가 점점 더 많은 사람들을 우울증으로 몰아갔다.5

이 모든 것들이 아직 알려지지 않은 방식으로 우리에게 영향을 미치며, 일부는 당황스러울 만큼 새롭다. 하지만 현실과 분리된 극심한 절망은 수천 년 동안 현대성의 압박과 관련돼왔다. 사회학자 앤드루 스컬Andrew Scull은 아리스토텔레스까지 거슬러 올라가, 울병이 '뛰어난 업적'과 연관돼 있었다고 쓴다. 16세기와 17세기에 "울병은 교양 있는 계급들 사이에서 유행하는 장애, 특히 학자와 천재가 겪는 고통"이 됐다. 한 세기가 지나자 '신경병'은 개화하고 세련된 사람 혹은 사회의 표지가 됐으며, 사냥과 노동으로 바쁘고 책략과 스트레스와 탁월함 추구로부터 자유로우며 덜 개화한 사람들은 이 병의 영향을 받지 않는다고 여겼다.[6] 이들 모두가 현대의 기분 장애와 동류이다. 모두가 수천 년 동안 존재했다. 현대성이라는 개념이 존재한 이래로 모두가 정도의 차이는 있지만 현대성과 관련됐다. 따라서 그것은 새로운 것이 아니다.

정신 질환과 우울증의 급속한 확산을 매도하는 문헌이 아주 많다. 하지만 각종 인구 연구는 수치가 변화해도 우울증의 유병률이 상당히 일정한 추세를 유지한다는 사실을 보여준다. 미국의 저명한 정신건강 연구 기관인 국립 정신 보건원에 따르면 어느 시점에서든 미국 인구의 약 7퍼센트가 우울증을 가지고 있으며,[7] 이는 전국 동반 질병 조사가 1990년대 초기에 실시됐을 때의 우울증 유병률과 거의 비슷하다.[8] 항우울제 사용의 증가가 우울증 유병률의 증가나 우울증 진단의 증가를 암시하지는 않는다.[9] 세계 보건 기구 통계는 유병률이 세계적으로 5퍼센트에 약간 못 미친다고 추정한다. 장기적으로 이 수치는 전체 인구와 유병률을 보고할 가능성이 큰 노년층 인구가 증가함에 따라 일정하게 변하고 있다.[10] 평생 유병율은 17퍼센트에 근접하며, 이는 거의 다섯 명 중 한 명이 일생 중 어느 시점에 불행한 절망에 빠질 것이라는 뜻이다.

피해가 크다. 세계 보건 기구는 여러 질병의 유병률에 질병이 사람을 망가뜨리는 단계를 합산해 계산했는데, 우울증이 세계에서 장애에 가장 큰 영향을 주는 요인이고 2015년에만 세계적으로 5천만 장애 생활 연수♦에 달했다는 것을 발견했다.11

세계적으로 1년에 약 80만 명이 자살로 사망하지만 당신이 우울증으로 괴로움을 겪고 있다면 사망을 유발한 위험성이 있는 원인이 자살만은 아니다. "심장병에 대해 이야기해봅시다. 당뇨병에 대해 이야기해 봅시다. 우울증은 심장병에서 살아남은 사람의 사망 위험을 증가시킵니다." 메릴랜드 국립 정신 보건원의 중개 연구 책임자인 세라 리산비Sarah Lisanby는 내가 이 분야를 이해하려고 헤매고 있을 때 했던 여러 차례의 대화 중에서 한번 이렇게 말했다. 그녀는 내 무지에 대해 이해심이 아주 많은 사람이었다. 그녀가 주로 하는 작업은 소수만 이해하는 그림의 떡 같은 최첨단 연구를 의사와 상담사와 간호사가 현장에서 사용할 수 있도록 새로운 도구나 통찰력으로 해석하는 것이다. 그녀는 우울증이 "정신건강뿐만 아니라 신체 건강도 악화시킵니다. 이미 알려진 대로 신경 정신 장애가 신체장애의 주된 원인이지만, 또한 신체장애의 다른 원인들의 주요 동인이기도 합니다. (……) 우울증이 건강에 미치는 영향은 뇌를 훨씬 넘어섭니다."12 라고 말했다.

그렇다면 왜 우리는 이 질환을 더 심각하게 여기지 않을까? 우울증 그 자체가 개념상의 우울증을 희생양으로 삼아 성공했기 때문이라는 것이 부분적인 답이 될 것이다.

♦ 질병 부담을 측정하기 위한 지수이다. '유병률×장애와 관련된 단기 또는 장기 건강 손실(장애 부담)'로 계산한다.

병적인 절망이 새로운 것은 아니지만, 기분 장애로서 '우울증'은 20세기 중반에 등장했다. 정신의학이 정신 병원의 악명과 유사 과학적 평판을 떨쳐내려고 노력하는 와중이었다. 이 무렵 정신과 의사는 정신 병원에 갇힌 사람이 아닌 세상을 돌아다니는 비교적 '정상'인 사람을 치료하는 '진짜' 의사로 여겨지게 됐다. 1980년에 이르자 '우울증'은 주로 경기 침체와 관련된 단어에서, 정신 질환 사전인 『정신 장애 진단 및 통계 편람Diagnostic and Statistical Manual of Mental Disorders』에 등장할 자격이 있는 장애로 바뀌었으며 공개 담론에서 가장 흔하게 등장하는 정신 질환 중 하나가 됐다. 정신과 의사이자 사학자인 로라 허시바인Laura Hirshbein은 1970년대와 1980년대에 "대중 잡지 독자들은 우울증이 자신들에게 영향을 끼칠 수 있는 것이며 우울증 발생율의 증가가 국가적으로 심각한 문제라는 말을 점차 많이 듣게 됐다"라고 썼다(완전 공개: 그녀는 내 사촌이다). 주요 우울 장애는 '소비재'로서 질병의 선봉에 있었다. 말하자면 우울증은 구매할 수 있고 자기 계발에 이용할 수 있었다. 주류 대중 매체에서의 이런 지속적인 반복 노출은 우울증을 치료할 수 있는 흔한 상태로 보이게 만들었지만 동시에 '우울증'을 대화에서 일반적인 불만감을 표현하기 위해 사용되는 말로도 만들었다.13 이는 진단된 병인 우울증을 앓는 것을 대수롭지 않게 여기기가 쉬워졌고, 불편하지만 병적이지 않은 아주 흔한 인간의 감정과 동일시하기도 쉬워졌다는 뜻이다.

그것이 수많은 사람들이 우울증을 의사에게 진단받은 진짜 병으로 생각하지 못하고 인간 감정의 정상 스펙트럼 중 일부로 보는 한 가지 이유이다. 결국 우울증을 실제 존재하지 않는 장애로 여기게 됐고, 아픈 사람을 애정에 굶주려 꾀병을 부리는 사람으로, 그들을 치료한다고 나서는 사람을 사기를 방조하는 돌팔이로 치부하게 됐다. 아직 우울증을 실험실에서 실험할 수는 없다. 그저 주관적 변수를 바탕으로 우울증의 존재를 냄새로 알아낼 수밖에 없다. 이는 더욱더 우울증을 무시하게 만들지만 그렇다고 우울증이 진짜 병이 아니거나 심신을 약화시키지 않는 것은 아니다.

8

질문 목록에
체크하기

수천 년 동안 우리는 '정상적' 슬픔과 치명적 절망의 차이를 인식했다. 하지만 결코 우리는 둘의 차이를 정확하게 표현하지 못했다. 따라서 미국 정신의학회의 『정신 장애 진단 및 통계 편람』은 우울증을 발생 방식이 아니라 증상으로 정의한다. 원인에 초점을 맞추면 우울증에 대한 우리의 이해와 접근에 혁신을 일으킬 수 있었겠지만, 우리가 원인을 전혀 알지 못하기 때문에 그렇게 하지 않았다. 그래서 결국 당신은 병적 증상의 일람표를 갖게 된다.[1] 당신은 거의 날마다 거의 항상 '우울'하거나 짜증이 나는가? 예전에 좋아하던 것들이 덜 흥미로운가? 체중이 적어도 5퍼센트 늘거나 줄었는가? 잠을 훨씬 덜자거나 더 자는가? 평소보다 훨씬 활동적이거나 전혀 활동적이지 않은가? 기운이 없는가? 죄책감이 들거나 자신이 쓸모없다고 느끼는가? 집중이 잘 안 되는가? 자살하고 싶은가?

공식적으로, 의학적으로, 보험 회사가 당신의 약값과 심리 치료비를 부담하려면 당신은 아홉 개의 네모 칸 중에 적어도 다섯 개에 체크 표시를 해야 한다. 그리고 해당 네모 칸의 증상이 당신에게 "사회적, 직업적, 기타 중요한 기능 영역에서 임상적으로 상당한 고통이나 장애를 유발"한다는 사실이 확인돼야 한다.

우선, 위의 모든 질문들은 내가 질병 분류학의 제1규칙으로 삼고 싶은 규칙에서 어긋난다. 그러니까, 정의하는 대상의 이름을 이용해서 의미를 정의하지 말라는 것이다. 내가 날마다 '우울'하다고 느껴왔다면 우울증인 건가? 미국 정신의학회 씨, 이건 신참이나 할 법한 동의어 중복 실수야.

나는 우울증으로 진단받은 후 이 기준을 읽으면서 납작하고 평면적이고 밑바닥 인생을 사는 도다리가 된 느낌이 들었다. 나는 이게 누구에게나 적용할 수 있고 아무에게도 적용할 수 없는 기준이라고 생각했다. 이 기준대로 하자면 완전히 다른 증상들을 가진 두 사람이 동일한 질병으로 진단받을 수 있었다. 때때로 우울증을 성공적으로 치료한 뒤에, 우울증 때문이라고 여겼던 증상들이 사실은 그와 관련 없었고, 동시에 겪고 있는 다른 병 때문에 나타났다는 사실을 알게 된다.

예를 들어서, 불안은 우울증의 증상일 수도 있고 완전히 다른 병의 증상일 수도 있다. 두 가지는 흔히 공존한다. 나는 신경증을 겪으면서 걱정의 성질로 우울증을 구별할 수 있다는 사실을 발견했다. 불안 장애를 가진 사람들은 미래를 걱정하는 경향이 있다. 자신들이 하고 싶은 것, 자신들이 할 예정인 것, 그것을 망칠지도 모르는 상상 가능한 모든 방식을 걱정한다. 우울증을 가진 사람들은 걱정할 미래가 별로 없다. 우울증을 겸한 불안증을 가진 사람들은 과거에 대한 극심한 걱정으로 고통받는다. 과거를 바꿀 수 없음에도 불구하고가 아니라 과거를 바꿀 수 없기 때문에 걱정한다. 우리 우울증 환자들은 오늘 아침 혹은 어제 혹은 지난주 혹은 작년에 한 빌어먹을 행동을 끝없이 되새긴다. 얼마나 용서할 수 없는 일이었는지, 사람들이 그 일을 어떻게 평가하고 우리를 어떻게 판단할지, 그들에게 그 일에 대해서 물어봐야 할지, 아니면 물어봤다가 상황을 더 악화시키지는 않을지, 그들이 그 일로 속상했을 온갖 가능성, 그들이 그 일에 대해 말할 다른 모든 사람들에 대해 곰곰이 생각한다. 불안해하며 반추한다.

또한 체크 리스트는 너무 간단하다. 『정신 장애 진단 및 통계 편람』의 저자들은 정신 질환 진단을 온라인 퀴즈 비슷한 것으로 압축해버렸다. 당신은 어떤 디즈니 캐릭터의 정신 장애에 해당할까? 이런 온라인 진단들이 진짜로 있는데, 이 진단들은 의학적 적합성을 공인받았는지 여부가 제각각이다. 당신은 링크를 클릭해서 스트레스, 불안, 쇠약, 초조, 식욕, 기분의 단계에 대한 질문에 답을 한다. 죽고 싶은 욕구에 대해 질문을 받고 "젠장, 그래"를 클릭하면, 대화 상자가 위기 상담 전화와 함께 뜬다. 나는 그런 퀴즈들을 두 번 클릭해봤다. 둘 다 주로 임상 환경에서 사람들을 진단하는 데 사용되는 질문지를 바탕으로 했고, 둘 다 내가 답변에 어떤 작은 변화를 줘야 다른 판정이 나올지 궁금해하는 동안 납작한 도다리가 된 기분이 들게 했다.

브누아 멀산트Benoit Mulsant는 그런 진단들을 더 많이 보고 싶어 한다. 나는 그가 임상 과학자로 있는 중독 및 정신건강 센터에서 멀산트를 만났다. 그는 정신과 치료를 받을 수 없는 외딴 지역에 사는 사람들을 진단하고 치료하는 방법을 포함한 다양한 연구를 하고 있다. 이는 중요한 일이다. 정신건강 관리 시스템의 대부분이 대도시에 집중돼 있어서, 어떤 치료가 필요하고 누구에게 치료받아야 하는지 알아낼 기초 진단조차 받을 수 없는 사람들이 많다. 기본적으로 위기에 처해 있다. 그는 자신의 계획을 정신건강 관리의 '문지기'로 비유한다. 이 '문지기' 계획은 질환의 심각성과 필요한 치료의 종류를 알아내기 위해서 표준적인 증상 중심 검사를 환자에게 실시하고, 이후 치료를 위해서 가까운 곳에 있는 적절한 의료진에게 환자를 보내는 사람을 육성하는 것이다. 이 누군가는 실제 의료 진단을 하지는 않기에 의사나 간호사일 필요가 없다. 전화나 온라인으로 검사를 진행해도 되므로, 전문가를 직접 대면하지 않는다는 점 때문에 환자에게 도움을 줄 수 있는 사람을 찾고 연락해서 치료를 진행하는 데 어려움이 생기지는 않는다.[2]

이 '문지기'는 아직 광범위하게 활용되고 있지 않다. 현재는 여전히 대부분의 공식적인 진단이 너무 틀에 박혀 있거나 너무 주관적이라고 비판받는 직접 면담을 바탕으로 이루어진다. 앤드루 스컬은 정신 질환의 개념화 역사를 다룬 흥미로운 2015년 저서 『광기와 문명 Madness in Civilization』에서 현대 정신의학의 진단 방법론을 "가능성 있는 임상적 판단을 제거"하고 "빠르고 판에 박히고 반복 가능한 분류"를 조장하는 "'네모 칸에 체크 표시'하기 식 진단 접근법"으로 치부한다.[3] 하지만 이와 동시에 나는 『정신 장애 진단 및 통계 편람』에서 제시하는 진단이 의사의 능력에 지나치게 의지한다고 생각한다.

편람의 설명대로 쉽게 분류할 수 없는 모호한 특징들과, 환자의 보고 능력을 인지하고 파악하는 능력 말이다. 정신 질환에 시달리는 사람은 대체로 그 병에 걸려 있기 때문에 자신의 병에 대한 이해가 부족한데, 이 점은 진료에 전혀 도움이 되지 않는다. 의사는 환자의 정신 상태를 평가하고 말 사이에 숨겨진 의미를 파악해야 한다. 나는 대부분의 의사가 슬픈 사람과 아픈 사람을 구분하고, 더 심각한 문제를 감추려는 사람과 꾀병을 부리는 사람을 구분하는 것에 능숙해졌을 거라고 확신한다. 게다가 해석이 너무 주관적인 평가는 실수의 여지가 많다. 의사가 당신에게 요즘 울적했는지, 일상 활동에 흥미를 잃었는지 물을 때 울적함에 대한 당신의 정의는 의사와 다를 수 있다. 의사가 당신에게 지난 2주 동안 조금이라도 자살에 대해 생각했냐고 물을 때 당신이 아니라고 대답하기 전에 망설인다면 의사가 그 반응을 어떻게 다루느냐에 따라서 당신의 진단 결과와 치료 과정이 달라질 수 있다.

체크 리스트로 병을 정의하는 이 방법은 동일한 분야의 전문가인 두 의사가 각자 다른 진단 결과를 도출하는 곤란한 일을 방지하기 위해 만들어졌다. 이 사실을 고려하면, 이런 일이 계속 일어나는 것은 모순적이다.

나는 같은 병원에서 며칠 사이에 두 명의 정신과 의사에게 두 개의 다른 질환을 각각 진단받았을 때 그 모순을 절감했다. 마침 예정된 퇴원 날짜가 얼마 남지 않은 때였기에, 자칫 나는 어떤 치료 계획도 없이, 진단명조차 듣지 못한 채 퇴원할 뻔했다.

나를 평가한 첫 번째 정신과 의사(우리 가족 모두가 알코올 의존증 환자라는 뜻을 비쳐서 우리 가족의 끝없는 미움을 산 의사)는 나를 경계선 인격 장애로 진단했다. 경계선 인격 장애는 충동성, 정서 불안정, 공감 부족부터 감정적 조종이나 분리 불안을 포함한 대인 관계 문제와 관련된다. 또한 거의 해리성 자해를 특징으로 하며 나중에 정신을 차리면 "무슨 일이 있었지?"라고 궁금해한다. 내리기 쉬운 진단이지만 철저히 검토하기에는 어려움이 있다. 지금은 내가 많은 것을 알게 된지라, 왜 그녀가 심각한 자살 기도를 하고 나서 만사가 괜찮다고 우기는 사람을 그 범주에 넣었는지 이해할 수 있다.

그리고 나는 왜 그 진단이 잘못됐는지도 이해한다. 내가 아주 잘 알게 된 바에 따르면, 대인 관계와 관련해서 내가 겪은 문제들은 우울증의 흔한 증상인 사회적 위축에서 나왔고 나를 성미 고약하고 고집 센 은둔자로 바꿔놓았다. 변덕스럽고 별나 보이는 내 기질은, '절대 우울하지 말고 행복해야 해!' 대응 기제에 혼선이 생길 때 불쾌하고 고통스러운 진짜 상태가 표면으로 나와서 기분이 급격히 변하니까 그렇게 보이는 것이었다.

나는 인격 장애가 아니었다. 그저 계속 겉으로 비집고 나오려는 병을 억누르려고 필사적으로 노력하고 있었을 뿐이다.

나는 운 좋게도 다른 의사의 소견을 받을 수 있었다. 비록 그 진단 때문에 끔찍하게도 2주 더 병원에 갇혀 있어야 했지만 말이다. 그리고 운 좋게도 그 다른 의사의 진단, 즉 주요 우울 장애라는 진단이 옳았다. 나와 이야기를 나눈 다른 사람들은 아주 다른 여러 개의 진단을 받았으며 효과 있는 치료법을 찾아내기까지 몇 년 혹은 몇 달 동안 부작용이 따르는 헛된 치료를 견뎠다. 한 지인은 그녀가 처음에 우울증으로 진단받았으며 그다음에 외상 후 스트레스 장애와 불안증으로도 진단받았다고 나에게 말했다. 수십 년이 지나, 그러니까 그녀가 자신의 정체성을 확립하고 오랜 세월 동안 정기적으로 공개 토론회에서 활동하며 정신 질환과의 싸움에 대한 실상을 알려온 후, 그녀는 인격 장애로 진단받았는데 그 무시무시한 새로운 꼬리표는 그녀를 걷잡을 수 없는 절망에 빠뜨렸다. 우리 두 사람은 텅 빈 일식집에서 증상들의 설명서를 세세히 읽으면서, 번갈아 그 꼬리표를 합리화하고 일축하고 가볍게 보아 넘겼다.

만성 질환은 자신에 대한 관점을 바꿔놓는다. 그것은 직장, 가정, 인간관계보다 더 오래 지속된다. 가장 빈약한 구체화조차 힘을 가진다.

사이먼프레이저대학교 정신 질환 및 중독 응용 연구 센터의 전 소장 엘리엇 골드너Elliot Goldner는 밴쿠버의 악명 높은 다운타운 이스트사이드에서 정신 질환과 중독에 시달리는 사람들을 돕는 일을 하며 사회에 첫 발을 내딛었다. 나는 운 좋게도 그가 2016년에 사망하기 전 그와 이야기를 나눴다. 그는 전화로 우울증은 때로 비슷한 증상들을 가진 다수의 여러 질환들로 간주하는 것이 더 낫다고 말했다. 어떤 사람들은 트라우마(학대, 전쟁, 사별과 이별, 재정적 혹은 직업적 실패 같은 외부 충격)의 결과로 병에 걸린다. 반면에 어떤 사람은 그런 구체적인 경험상의 기폭제가 없다.[4]

내 경우에 해당하는, 경험상의 기폭제가 없는 우울증은 우리의 이해도가 가장 낮고 치료가 가장 어렵다. 그것은 면역과 관련돼 있을 수 있다. 기생충과 관련돼 있을 수도 있다. 유전적이거나 후생적일 수도 있으며, 혹은 앞서 말한 모든 것의 기묘한 조합일 수도 있고 아무것과도 관계없을 수도 있다. 일부 저명한 의사들은 우울증이 위장 내 미생물의 불균형이나 심각한 알레르기 반응이나 흔한 기생충인 톡소플라스마 곤디이Toxoplasma gondii(미친 고양이 여사 기생충으로 더 잘 알려짐)로 인해 생긴다고 말해왔다. (안타깝게도 지금까지 대변 이식의 기분 안정 작용이나 기생충 소거의 항우울 작용에 유리한 증거가 없다.)

진단의 그런 주관성은 이 정신의학 분야의 내력에 회의적인 사람들에게 위안을 주지 못한다. 그리고 비평이 반정신의학 운동가들에게서만 나오지는 않는다. 정신의학계의 거물들이 정신 질환자의 진단에 대한 서로의 접근법을 강력히 비난하는 동안, 『정신 장애 진단 및 통계 편람』의 각 개정 과정은 괴짜 의사들을 위한 음모가 난무하는 멜로드라마처럼 진행된다. 1980년대에 나온 제3판의 공동 저자인 앨런 프랜시스Allen Frances는 이후의 개정판들을 엉성하고 비밀스럽게 제작됐으며 깊은 슬픔 같은 정상 행동을 잠재적인 병으로 간주한다고 혹평했다.5 정신의학계의 가장 저명한 구성원들조차 모욕에 가까운 회의론을 표현했다. 『정신 장애 진단 및 통계 편람』 다섯 번째 개정판이 2013년에 나온 직후에 당시 국립 정신 보건원 원장이던 토머스 인셀Thomas Insel은 『정신 장애 진단 및 통계 편람』의 진단 기준에는 "현실성이 없다"라고 평했다. "단어들만 있다……. 우리는 우울증이나 조현병 같은 용어의 사용을 중단해야 한다. 그런 용어들이 우리를 방해하고 혼란스럽게 만들기 때문이다."6

『정신 장애 진단 및 통계 편람』은 대중과 의학의 상상 속에서 일종의 성경이자 확실하게 정체성을 정해주는 존재로서 중요하게 여겨져왔다. 하지만 토머스 인셀은 『정신 장애 진단 및 통계 편람』을 백과사전이 아닌 단어 사전으로 취급하는 것이 더 유용하다고 나에게 조언했다.7 타당한 말이나 어쩌면 그 이름이 연상시키는 만큼만 권위적인 것으로, 즉 현재 주로 쓰이듯 진단 안내서로만 취급하는 것이 최선일 것이다. 정신의학의 분류 권위자들은 인정하지 않겠지만, 진단 명칭들이 불필요할 정도로 지나치게 임의적일 수도 있다. 우리가 치료를 필요로 하는 사람들을 찾아내서 고통을 완화하는 치료를 받게 하고 아무런 피해 유발 없이 살 만한 가치가 있는 삶이라고 느끼게 만들어주기만 한다면, 우울증 및 다른 기분 장애들의 최선의 정의가 의미가 없을 정도로 너무 모호하다고 한들 그것이 과연 문제일까?

아마 그렇지 않을 것이다. 하지만 내가 알아냈듯이, 우리는 치료에도 상당히 서툴다. 특히 우리가 직면한 가장 치명적인 정신의학 현상의 경우에 더욱 그렇다.

여보세요, 제가 지금 죽고 싶은데요

9

자살
블루스

나는 '최근에' 자살에 대해 생각했냐는 질문을 받으면 뭐라고 말해야 할지 모르겠다. 최근에 눈을 깜박였냐는 질문이나 마찬가지가 아닌가. 죽음에 대한 갈망은 떼 지어 획획 날아다니는 모기와 같다. "내가 왜 살아 있지?" "죽고 싶어." "죽어야 해." 이런 생각들이 하루에 수십 번씩 든다. 강박적인 집착이 도져, 날마다 최소한 한두 번씩 방법을 궁리하고 일주일에 최소한 한 번씩 세세한 계획을 짠다. 밤마다 사고나 살인이 등장하는 소름끼치는 상상을 한다.

자살성 사고는 성적 환상처럼 나타난다. 뜬금없이 생생하게 떠올라 정신을 산란하게 한다. 목이 버쩍 마르는 갈증처럼 그 외에는 아무 생각도 할 수 없다. 레퍼토리는 늘 동일하다. 곧 다가올 구원. 그 해방감이 손에 닿지 않는다는 괴로움. 잔뜩 흥분해 있으면서 사정하지 못하는 욕구 불만의 고통과 같다. 다만 그 대상이 죽음일 뿐이다.

내 몸이 부패하는 과정을 상세하게 상상했다. 어느 부분이 먼저 썩을까? 에어컨 바람을 세게 해두면 사체가 더 오래 보존되지 않을까? 얼마나 지나야 썩는 냄새가 아파트 복도로 스며나가거나 환풍기를 통해 퍼져 다른 집까지 풍길까? 불쌍한 이웃들 같으니라고. 그 사람들에게 미리 꽃이라도 보내놔야겠어. 내 몸을 통째로 기증하고 싶다는 열망이 강해졌다. "나는 아주 많은 장기들을 가지고 있어요!" 들어줄 사람이 있으면 크게 소리칠 텐데 그러지 못하니 하루에 몇 번씩 속으로 중얼거리기만 했다. 평범한 사람들한테는 역겨운 농담처럼 들리겠지만 나는 진지했다. 내가 쓸모없이 버려질 신체 부위들을 독점하고 있다는 사실에 충격을 받았다. 날마다 수십 명의 사람들이 장기 기증을 기다리다가 죽어가는 마당에 나는 그 많은 장기들을 독차지하고 있었다. 미래에 노벨상을 타거나 난민 문제를 해결할지도 모를 사람들을 구할 수 있는 완벽한 상태의 췌장, 폐, 간, 신장. 그 열망이 어찌나 깊어졌던지, 죽어서 병원에 도착하면 안 되고 산소 호흡기를 단 채 안정된 상태로 죽어야만 장기를 기증할 수 있다는 사실을 알게 됐을 때는 사기를 당한 기분이 들 정도였다. (그 사실이 당신에게 충격적으로 들리지 않는다면, 당신은 적어도 30시간 동안 아무도 당신을 찾을 일이 없도록 자살을 설계하고 꿈꾸지 않는다는 뜻이다.)

모든 것이 죽음으로 가는 길로 보인다. 내 체중을 견딜 수 있고 끈을 묶을 만한 구조물을 아파트에서 하나도 찾을 수 없어서 실망했지만, 그렇다고 해서 세로로 문을 빙 두른 끈으로 짱짱한 올가미를 만들어서라도 목을 매달려는 시도를 막을 수 없었다. 나는 집을 돌아다니면서 가까이 갈 수 있는 모든 창턱을 샅샅이 살폈고 처방받은 약 중에서 독성이 있거나 과다 복용할 만한 약이 없는지 미친 듯이 뒤졌다.

2017년에 연달아 무릎 수술(무릎 관절 연골을 수술하고 4개월 뒤에 앞십자인대를 봉합했다)을 받은 후 의사들이 퍼코셋을 처방해줬을 때 머리에는 오로지 과다 복용 가능성만 떠올랐다. 첫 번째 외과 의사가 무심코 똑같은 처방전을 수술 전후에 한 번씩, 총 두 번 썼을 때 나는 아무 말도 하지 않았다. 각각 325밀리그램 60정씩, 내 손에 들어온 약이 소중한 선물처럼 여겨졌다. 나만의 수류탄이 생겼다. 수술 후 지독한 통증에 굴복해서 어쩔 수 없이 약을 하나씩 먹어야 했을 때 내 나약함을 저주했다. 이 귀한 재료를 쓸데없이 나한테 낭비하다니.

그렇지만 자살 충동에 사로잡혔다고 해서 모든 행동이 자기 파괴적이지는 않다. 나는 차에 치여 질질 끌려가다가 트럭 바퀴 축에 끼어 뭉개지는 상상이야 하지만, 자전거를 몰 때 극도로 조심하고 도로에서 차에 치여 죽지 않으려고 별의별 짓을 다 한다. 또한 지하철이나 전차를 떠올릴 때마다 그 앞에 몸을 던지는 상상을 하는데, 하필 지하철 공포증이 있어서 현실에서는 가능한 한 선로에서 멀리 떨어져 벽에 몸을 딱 붙이고 있어야 하는 신세이다.

내가 자기 소멸 직전까지 갔다고 말할 때마다 정신과 의사는 물었다. "무슨 계기로 멈췄죠?" 처음에는 이 말이 비웃음처럼 들렸다. 왜 당신은 아직 자살하지 않았죠? 그렇게 자살에 강박적으로 집착하면서 왜 나는 계속 우유부단하게 굴었을까? 의사의 의도는 자살하지 않은 나를 조롱하는 것이 아니라 죽지 않은 이유를 말로 표현하게 하려는 것이었다. 이 사실을 깨닫고 나서도 여전히 뭔가 부족하다는 생각이 자꾸 들었다. 자살을 하지 않은 이유가 타당하지 않게 느껴졌다. 이유라고 해봤자 이런 식이었다. 겁을 먹고 꽁무니를 뺐다. 피곤했다. 지저분한 집에서 죽기 싫은데 청소할 기운이 없었다. 더럽게 무서웠다. 너무 빨리 발견될까 봐 걱정됐다. 어떤 때는 의사의 그 질문법이 유용했다. 내가 묻고 싶은 질문들과 내가 하고 싶은 일들이 아직 있다는 것을 깨달았다. 대충 해치울 의무(일, 가족, 만나기로 한 사람)일지라도 자살을 잠시 저지하는 역할을 했다. 나는 여전히 나 자신에게 비난조의 질문을 던지지만(너 도대체 왜 그래? 왜 아직도 자살하지 않은 거야?) 죽지 않은 이유를 그럴싸하게 해명하려고 애쓰고 나중에 참고할 용도로 적어놓으면 생명을 구하는 구명줄이 될 수 있다.

자살 충동과 호기심은 서로 배척 관계이다. 죽고 싶다면 알고 싶은 것이 있을 수 없다. 묻고 싶은 질문들이 있는 한 내게는 살아갈 이유가 있었으며, 죽고 싶다는 갈망에 사로잡혀 있었을 때는 삶을 살아갈 가치를 느끼게 하는 호기심을 끄는 일을 시작하지 못했다. 그러다가 자살 충동이 없는 존재를 상상할 수 없을 때, 죽음이야말로 상상 가능한 최고의 결과이다.

기분이 좋을 때면 나 역시 다른 모든 생명체만큼이나 살 가치가 있는 존재라고 나를 설득할 수 있었다. 하지만 나도 날벌레처럼 살아가야 할 타당하고 객관적인 이유가 있다고 나 자신을 설득하는 데 성공해도, 어느새 뇌가 쉽게 묵살할 수 없는 병적인 집착을 휙 떠올린다. 내가 살고 싶지 않다면 어쩔 건데? 내가 만사 다 싫다면 어쩔 거냐고? 내가 그냥 지쳤다면 어쩔 거야? 아무리 심리 치료를 열심히 받고 실천한다고 해도 뇌가 그런 식의 논리로 덤벼들면 당해낼 재간이 없다.

내가 자살 기도 전에 고려하는 사항들은 터무니없어 보인다. 나는 며칠 동안 자리를 비워도 아무도 알아차리지 못할 것이라는 확신이 들 때 주로 자살을 시도하는 경향이 있었다. 역설적이게도 가장 심각한 자살 기도들이 부적절한 순간(직장에 있어야 했을 때나 약속이 잡혀 있었을 때)에 이루어졌다는 것은 자포자기했던 심정을 보여주는 증거이다. 그런 때조차 나는 집을 청소하려는 노력이라도 해야 한다고 믿었다. 이런 이상한 기준 덕분에 자살이 미뤄진 적이 한두 번이 아니다. 쓰레기통을 비우거나 욕실을 청소할 기운이 없었기 때문이다. 두어 번은 내가 죽은 후 집을 청소하는 불쾌한 일을 맡을 사람들을 위해 잘 부패하지 않는 과자와 위스키를 사다놓아야 한다고 고집을 부렸다.

직접 연출한 죽음을 위해 어떤 옷을 입어야 할까? 청바지가 적당할 것이다. 여기에 티셔츠면 제격이다. 단, 구멍 나지 않은 깨끗한 옷이어야 한다. 그럼 브래지어도 차야 하나? 바른 지 몇 주 혹은 몇 달이 지난 매니큐어가 벗겨지고 있다면 아세톤으로 깨끗이 지우거나 다시 칠해야 할까, 아니면 어느 쪽이든 상관없나? 편안함이 그럴싸한 외양보다 중요할까? 어차피 곧 관리와는 거리가 멀어질 테고 사랑하는 사람들이 볼 마지막 모습이라는 점을 감안하면 이런 질문 자체가 어리석을까? 당연히 샤워와 양치는 양보할 수 없다. 치실질과 체취 제거는 딱히 필수가 아니다. 그렇지만 곱슬머리가 눌려 두피에 쫙 달라붙은 채로 죽지 않도록 머리는 꼼꼼하게 말려야 하지 않을까? 곧 죽어 버석해질 피부에 로션을 발라야 하나?

당신은 내가 이런 온갖 집착, 이런 모든 과열된 강박으로 계획을 세우다가 사랑하는 사람들, 내 자멸적인 행위로 고통을 안겨줄 사람들을 위한 약간의 배려로 방에서 나오리라고 생각할 것이다. 가족, 그리고 가족의 의무가 보호 요인이 될 수 있다. 어느 해 봄, 몇 주 동안 내 자살을 막은 것은 자살이 곧 다가오는 남동생의 결혼을 망칠지 모른다는 두려움이었다. 그렇다면 왜 항상 이렇게 자살이 저지되지 않는 것일까? 이에 대한 대답은 별로 달갑지 않을 것이다. 나는 가족, 그리고 가족이나 다름없는 친구들에 대해 생각한다. 나는 그들이 늘 즐겁게 살기를 바라며 내가 그들에게 큰 걱정거리라는 사실을 안다. 가장 아끼는 사람들, 재수 없게 내 곁에 있게 된 그 사람들에게 고통을 초래하는 나 자신이 너무 밉다. 하지만 그로 인한 죄책감이 자살 충동을 이기지는 못한다.

듣기 거북한 소리겠지만, 사랑받는다는 사실이 살고 싶다는 마음의 전제 조건이기는 하나 때로 그것만으로는 부족하기 때문이다. 게다가 가끔은 내가 가족에게 부담을 준다는 죄책감이 죽고 싶다는 갈망을 더 부추기기도 한다. 잘라내지 않으면 몸 전체를 죽음에 이르게 하는 썩은 팔다리가 돼버린 느낌이 들기 때문이다.

믿기 힘들겠지만, 미루기야 말로 자살을 방지하는 최선책이다. 시도한 모든 방법이 실패로 돌아간다면, 약물 치료와 심리 치료와 인지 행동 치료가 모조리 무위로 돌아가 이제 남은 희망이 없다면, 내일이나 다음 주나 다음 달에 자살해도 된다는 깨달음이 지금 당장

여보세요, 제가 지금 죽고 싶은데요

자살하는 것을 막는 가장 확실한 방법이다. 같은 맥락으로, 당신이 모든 기회를 허비했고 모든 시도를 실패했고 결코 실수를 바로잡을 수 없을 것이라는 생각이 더욱 자살을 당장 반드시 해야 하는 일처럼 보이게 한다.

"사람들은 '이것을 오늘 해야 하는지 모르겠어. 그냥 다음 주에 할까' 같은 생각 사이에서 오락가락합니다. 하지만 때로 그들은 해결책이 있어서 안심하게 됩니다. 대부분의 사람들은 그것이 좋은 해결책이 아니라고 이성적으로 말하겠지만요." 국립 정신 보건원의 성인 예방 개입 프로그램 책임자이자 자살 연구 컨소시엄 의장인 제인 피어슨Jane Pearson이 나에게 말했다. 그녀는 친절했고 기꺼이 도움을 줬는데 전화 통화가 끝나고 나서 메일로 내가 확인해야 할 자료와 추가로 만날 사람들에 대한 정보를 보내줬다. 그녀는 사전 대비 분야를 집중적으로 다룬다. 그녀는 자살이 일어나기 전에 응급부나 지역 사회에서 자살을 막을 방법을 연구했다. "당신이 누군가를 진정으로 도우려면, 자살은 그 사람이 찾아낸 해결책이라는 점을 이해해야 합니다. 그리고 항상 '나는 동의하지 않지만 당신은 그런 해결책을 고려하고 있군요……. 일단 우리가 다른 아이디어를 낼 수 있는지 보죠. 당신이 살 가치가 있는 삶을 찾도록 도울게요'라고 말하면 됩니다."[1]

제발 그것을 미루자. 당신이 오늘 간절히 바라는 자기 소멸을 내일까지 연기하자.

자신이 아주 좋아하는 사람이, 자신이 자기혐오에 빠질 만큼 자신으로 인해 갈수록 큰 고통을 받는 사람이, 자신이 깨어 있는 시간의 80퍼센트를 쓰며 생각하는 그 일을 다시는 하지 않겠다고 약속해달라고 애원하면 몹시 괴롭다. 그 사람은 "다시는 그러지 않겠다고 약속해줘"라고 말하고, 나는 내가 그 사람을 얼마나 사랑하든, 그 사람이 행복하고 고통 없이 살기를 얼마나 바라든 간에 "그렇지만 그래야만 한다면 어떻게 하지?"라고 생각한다.

살아서 목숨을 이어가고 싶은 충동은 생명체의 가장 기본적인 본능이다. 자기 소멸은 육체가 진화한 목적인 생존을 무시할 만큼 강한 의지가 필요하다. 구토, 가스 분출, 고통의 한계점, 계속 숨 쉬려는 욕구, 높은 곳이나 굉음을 내며 다가오는 열차에 대한 공포증. 이 모든 것이 부지불식간에 시작되고, 신경계의 곳곳에서 서로 전쟁이 벌어진다. 또한 사람들이 자살하지 못하게 하는 문화적 및 법적 금기도 있다. 대부분의 종교는 자살에 관대하지 않고 때로 (이미 자기 비난으로 고통받고 있다면 쓸모없겠지만) 지옥이 효과적인 제어 기능을 발휘할 수 있다. 영국에서는 1961년까지 자살 기도가 범죄였다.[2] 캐나다에서는 1972년까지 자살 기도가 범죄였다.[3] 인도에서는 2014년까지도 자살 기도를 하면 1년 동안 감옥에 갇힐 수 있었다. 하지만 대부분의 형벌이 그렇듯이 자살을 막는 데 별 효과는 없던 것으로 보인다. 인도의 자살률은 2009년 10만 명당 10.9명에서 2013년 11.4명으로 증가했다. 1년에 7,000명이 늘어난 것이다.[4]

무엇이 사람을 그 지경까지 몰아갈까?

무수히 많은 요소가 작용하지만 햄릿의 실존주의적인 "죽느냐 사느냐"처럼 난해한 것은 거의 없다. (게다가 햄릿은 스스로 목숨을 끊지 않았다. 오필리아가 자살했다.) 대다수의 자살에는 한 가지 공통점이 있는데, 그것은 존재에 관해 이성적으로 고찰해 도출한 결론이 아니라는 것이다. 검시관이나 법의관, 범죄 심리학자가 동기를 밝힐 수 있는 자살 중 90퍼센트가 정신 질환 때문으로 보인다.5 자신이 누구인지 어떤 방법을 이용하는지는 상관없다. 자살을 하거나 그런 결과에 도달하려고 열심히 노력하면, 그 시도를 근거로 해서 공감받고 동정받으며 돌보아질 것이고, 죽도록 벗어나고 싶어하는 그 두려움도 완화될 것이다.

우울증은 자살성 사고를 늘리는 가장 일반적인 정신 질환이지만 유일한 원인은 아니다. 자살 경향성을 별개의 병리학으로 구분하자는 흥미로운 주장이 있다. 자살 경향성을 다른 장애의 증상으로 보는 것이 아니라 그 자체를 장애로 구분하자는 것이다. 미국정신의학회의 전 회장이자 펜실베이니아대학교 페렐만의대 정신과 학과장인 마리아 오퀜도Maria Oquendo는 진단 결과에 합법성을 부여하는 권위 있는 체계인 『정신 장애 진단 및 통계 편람』의 다음 개정판에 자살 경향성을 독립적인 항목으로 올리려고 애써왔다.

"자살 충동을 느끼는 모든 사람들이 우울하지는 않습니다. 우울한 모든 사람들이 자살 충동을 느끼지는 않습니다. 하지만 이 둘은 대체로 함께 보이는 병적 이상 상태입니다." 그녀는 나와 나눈 전화 통화에서 이 둘은 함께 가는 질환이라고 말했다.6 (나는 곤경에 빠질 때 이 둘을 확실히 경험한다.) 자살 경향성을 자체 범주로 분리하는 일이 성공적으로 작용한다면, 자살 충동 완화에 특화된 방법을 환자에게 장려하게 되거나, 아니면 적어도 이 기분 장애를 치료하면 죽고 싶은 욕망이 사라질 거라는 희망으로 자살 경향을 무시하는 경우가 줄어들 것이다.

예를 들어서, 누군가가 계속되는 울적함에 관해 설명하고는 진료실에서 나가기 직전에 자살을 생각하고 있다고 말한다고 치자. 이럴 때 자살성 사고에 해당하는 분리된 진단 코드가 있으면 의사는 자살성 사고를 따로 다뤄야겠다고 생각할 것이다. 그렇게 되면 환자 혹은 전체 인구의 자살성 사고를 추적하기도 수월해질 것이다. 이를테면 응급실이나 검시관실에서 드러날 것이다. 또한 죽고 싶은 욕구를 다루는 연구자들이 자살성 사고가 어느 지역에서 어떤 사람들 사이에서 얼마나 퍼져 있는지 파악하기가 쉬워질 것이다.

의사들과 유행병학자들은 자살 위험 인자, 즉 사람들의 자살 가능성을 높이는 기존 장애 이외의 특성을 발견하려고 노력해왔다. 이런 특성으로는 절망, 구체적인 사항을 건너뛰는 '과일반화' 기억, 지나친 완벽주의, 문제 해결 능력 부족, 흑백 논리나 양자택일적 사고 경향 등이 있다. 절망은 분명히 나에게 해당하는 특징이다. 슬픔이나 자기혐오나 다른 부정적인 감정 상태를 제외하면 희망의 부재는 내가 죽음을 추구하도록 부추기는 결정적인 원인이다. 상황이 엉망진창이 될수록 당신의 세상에서 밀실 공포증을 유발하는 범위가 좁아진다. 어떤 가능성도 없기 때문의 희망도 없다. 그래서 우울증을 가진 모든 사람들이 절망을 느끼지는 않는다는 것은 나에게 금시초문이었다.

"우울해도 여전히 희망을 가지고 있는 사람들은 자살 충동을 느끼지 않는 경향이 있습니다." 휴스턴 메닝거 클리닉의 선임 심리학자였으며 자살 충동을 느끼는 정신 질환자와 자살 충동을 느끼지 않는 정신 질환자의 차이를 연구해온 톰 엘리스Tom Ellis가 말했다. "그들이 와서 이렇게 말합니다. '저는 지금 끔찍한 시기를 보내고 있지만 치료를 받으면 나아질 것이라는 희망을 품고 있어요.' (……) 그러면 나는 치료를 받으려는 의지만으로도 희망이 있다고 말합니다."[7] (나는 여기에 대해 동의하는 한편 동의하지 않는다. 내가 가진 희망은 약을 복용하기에는 충분하지만 자살을 막기에는 부족하다.) 또한 심리적 유연성(자신의 생각과 감정을 세심하게 알아채는 능력이다. 이를 통해 그 생각과 감정이 자신의 것이지만 자신 자체는 아니라는 것을 인식한다.)이 자살을 방지하는 요소가 될 수 있다. "그래서 '나는 부족해' 같은 생각이 든다면 한 발 뒤로 물러서서 '방금 떠오른 생각이었을 뿐이야. 그게 딱히 사실은 아니고…… 딱히 도움이 되지도 않거니와, 막 떠오른 생각을 바탕으로 사느냐 죽느냐 같은 결정을 내리면 안 돼'라고 말할 수 있는 겁니다."

전 세계에서 매년 80만 명이 자살한다[8]는 것은 매일 약 2,200명, 2분마다 세 명이 자살한다는 뜻이다. 당신이 잠자리에서 일어나고 샤워하고 커피를 마시는 동안 통계적으로 24명이 자살했다. 당신이 출근하는 동안 45명이 자살했다. 당신이 저녁식사를 만드는 동안 또 다른 90명이 자살했다. 당신이 나처럼 그런 일들을 하는 데 한정 없이 많은 시간이 걸리지 않는다면, 혹은 너무 무기력해져서 아예 그런 일을 하지 못하는 경우가 아니라면 그렇게 계산할 수 있다. 당신이 어떤 경우에 해당되든, 이렇게 생각해보자. 당신이 자살에 대해 깊이 생각하다가 아직 할 일이 더 있고 삶에 대해 물을 질문이 더 있으니까 지금은 행동에 옮기지 말자고 자신을 설득할 때마다, 소수의 사람들이 그 내면의 싸움에서 졌고 삶을 끝냈다.

매일 11명이 자살하는 캐나다[9]에서는 다른 사람에게 살해당할 가능성보다 자살할 가능성이 거의 열 배 높다.[10] 그리고 미국에서는 매일 약 120명이 자살한다. 미국의 총기 피해자 중 대다수가 자살자이다. 미국인은 타살보다 자살로 죽을 가능성이 두 배 이상 높으며, 다른 사람이 쏜 총에 맞아 죽을 가능성보다 직접 쏴서 죽을 가능성이 거의 두 배 높다.[11] 어린 나이라면 자살이 사망의 원인일 가능성이 훨씬 높다. 2016년에 10~34세 미국인 사망의 두 번째 원인이 자살이었다.[12]

자살자 중에는 남성이 압도적으로 많다. 남성이 우울증을 겪거나 자살 충동을 느낄 가능성이 높아서가 아니라 총 같은 치명적인 방법을 선택할 가능성이 크기 때문이다. (각종 연구에 따르면 자살 기도 후 응급실로 실려 오는 사람 대부분은 여성이다.) 갈수록 많은 사람들이 자살을 기도하고 실패한다. 매년 약 50만 명의 미국인이 스스로 목숨을 끊으려 했다가 응급실로 실려 온다.[13]

유행병학자들은 단기간에 걸친 급격한 변화를 지나치게 신경써서 다루는 일을 경계하지만 미국의 급격한 자살률 증가는 그냥 넘어가기에는 너무 대대적이다. 세계에서 가장 번영한 나라인 미국에서 자살자의 비율이 18년 사이에 10만 명당 10.5명에서 14명으로 33퍼센트나 치솟았다.[14] 이 수치는 남성보다 여성에게서 더 상승했는데 남성과 여성 사이의 차이가 줄어들고 있지만 여전히 남성의 자살률이 네 배 높다. 십 대 소녀의 자살률이 가장 많이 증가해서 그 기간 동안 세 배로 늘었다. (하지만 변화율은 분모가 작을수록 커진다는 점에

여보세요, 제가 지금 죽고 싶은데요

주의하자. 10만 명당 0.5명에서 1.5명으로 증가했다.)[15]

"질병 관리 본부가 1999년과 2014년 사이의 이런 증가 통계를 발표했을 때, 사람들은 '뭐라고?' 하는 반응을 보였습니다." 국립 정신 보건원의 제인 피어슨이 회상했다. 그녀는 대중의 의식에 지속적이고 명백한 충격 이상의 것이 있기를 바란다. "자살이 문제라는 인식이 생겼습니다. 그러나 다른 건강 문제와 비교해보자면, 우리에게는 수전 코멘의 재단* 같이 이 문제를 위해 나설 대형 단체가 없습니다."[16]

피어슨의 국립 정신 보건원 동료인 세라 리산비(중개 연구 책임자. 모르핀의 영향에 관한 연구 담당)는 미국의 자살률이 급증한 원인은 모르지만 그 급격한 증가가 연구계와 의료계에 경각심을 불러일으키기를 바란다. "우리는 신경 과학적 이해라는 측면에서 연구에 진전을 보고 있습니다. 우리는 그 진전을 대중의 건강에 미치는 영향으로 해석할 수 있습니다." 생물 지표와 신경 회로망 연구가 새롭거나 더 나은 정보에 입각한 치료 방법이 될 수 있다며 그녀는 그 중요성을 강조했다. "그리고 사람들이 죽어가고 있기 때문에 우리는 해석의 속도를 높여야 합니다."[17]

자살률이 증가하는 가운데, 실제 현실은 그보다 더 심각할 가능성이 있다. 자살률을 계산할 때 상당한 자살자들의 수를 빠뜨리고 있다는 증거가 있다. 어떻게 추정하느냐에 따라서 많으면 3분의 2가 누락된다. 가족의 자살을 수치스럽게 여기는 경향이 감소하고 있

◆ 미국에서 가장 모금이 잘 되는 유방암 단체.

다지만, 자살에 대한 사회적 두려움은 여전해서 친척은 물론이고 관계자들도 죽음을 자살로 분류하기를 꺼려하기 때문이다. 캐나다와 미국의 검시관이 누군가의 죽음을 자살로 분류하려면 제시해야 하는 증거에 대한 부담이 대단히 크다. 반박의 여지가 없는 증거란 드물다. 대부분의 사람들이 자살하면서 유서를 남기지 않으며 모든 사람들이 자살하기 전에 자살에 대해 이야기하지도 않는다. 설사 그들이 과거 어느 시점에 그런 시도를 했더라도, 이번의 특정한 사건이 자살이었는지 어떻게 알까? 누군가가 우울하고 자살 충동을 느끼는데 약물 남용까지 한다면, 과다 복용이 의도적이었는지 어떻게 확실히 알 수 있을까? 차량 충돌이 단순히 운전 중의 부주의 때문이었는지 아니면 죽으려고 일부러 부딪친 것인지 어떻게 확실히 알 수 있을까? 미끄러진 것인지 아니면 뛰어내린 것인지 어떻게 확신할 수 있을까?

자살을 발견할 가능성은 자살을 찾을 때 더 높아진다. 그러나 대체로 자살의 근거를 찾으려 하지 않는다. 캐나다 공중 보건 기구가 2016년에 실시한 연구에는 "자살 신고율이 실제보다 낮아 캐나다에서나 국제적으로나 우려된다."라고 나와 있다.[18] 또한 자살 사망은 평균적으로 훨씬 덜 철저하게 조사되기도 한다. 미국에서 살인 사망의 92퍼센트를 부검한 것에 비해 자살 사망의 약 55퍼센트만 부검했다.[19]

웨스트버지니아대학교 연구원 이언 로켓Ian Rockett은 국가가 부검을 많이 실시할수록 자살이 많이 확인된다는 것을 발견했다. 사망 조사에 더 많은 시간을 투자하면 고인의 입장에서 그 죽음이 의도적

여보세요, 제가 지금 죽고 싶은데요

이었다고 간주할 가능성이 커진다. 나는 로켓의 논문을 읽고 전화로 그에게 연락을 했다. 그와 동료들이 국가의 자살 분류 비율을 연구한 결과에 따르면, 사망 진단서가 상세할수록, 검시관이 사망 진단서에 쏟은 시간이 늘어날수록, 자료가 많을수록, 자살로 분류되는 사망이 훨씬 증가했다.[20] 오스트리아에서 실시된 다른 연구는 부검률이 높을수록 자살률이 높아진다는 사실을 발견했다. 사망을 면밀하게 검사할수록, 비극적인 사고가 아니라 비극적이고 의도적인 자해의 결과로 일어난 사망을 더 많이 발견하게 된다.

하지만 캐나다와 미국에서 부검을 하는 경우가 늘어나기는커녕 줄어들고 있다. 캐나다에서 부검 대상인 사망의 비율이 2000년과 2011년 사이에 절반 가까이 떨어졌다. 캐나다의 공중 보건 논문에 따르면 부검률이 9.9퍼센트에서 4.8퍼센트로 하락했으며, 그만큼 "분류 오류에 해당하는 자살이 추가"된다.[21] 미국에서 시행된 부검의 횟수는 1972년에서 2007년 사이에 50퍼센트 이상 감소했다.[22]

이는 한동안 공공연한 문제였다. 신고가 적어지면 정확성에 집착하는 공중 보건 전문가 말고 다른 영역도 영향을 받는다. 어떤 사안이 실제로는 덜 심각한 문제이기에 우리의 관심과 돈을 받을 자격이 부족하다는 인상을 주는 것이다. 애초에 자살이 우리를 얼마나 불편하게 하는지 감안하면, 편리한 일이다. 자살을 더 적게 발견하면 자살이 별 문제가 아닌 것처럼 보인다.[23]

"사회는 자살 예방에 그다지 많은 투자를 하지 않습니다." 로켓이 지적했다. "자해로 사망하는 사람들의 현실을 보다 정확하게 보여주면서 '정신건강의 문제'라고 말하면 그 문제에 더 많은 자원이 배정

될 가능성이 있습니다."[24] 사망자의 의중을 꿰뚫어 보기가 특히 어려운 음독 사망을 예로 들어보자. '의도 미확인'으로 분류된 음독 사망이 증가하자 자살로 분류된 음독 사망은 감소했다. 캐나다[25]와 미국[26]에서 실시된 연구에 따르면 사람들은 피우고 흡입하고 삼키고 주사하는 것과 관련된 일은 충동적으로 결정하지 않는다. 우리는 사실 자살을 사고로 잘못 분류하고 있다. 우리는 정신 활성 물질 사용이 자살 위험을 증가시킨다는 것을 안다. 하지만 어떤 사람이 평소에 남용하던 약물을 치사량이 넘게 복용해서 죽는다면 그 죽음이 자살로 분류될 가능성은 낮다.[27]

캐나다 공중 보건 기구도 비슷한 결론을 내렸다. 전체 자살률이 하락했다. 음독 자살률이 하락했다. 사고로 인한 중독 사망이 증가했다. 의도를 알 수 없는 음독 사망이 훨씬 많이 증가해 거의 42퍼센트나 치솟았다. 이 연구 결과 2011년에 일어난 자살 중 많으면 60퍼센트 정도가 스스로 독을 먹었으나 의도를 알 수 없는 사망으로 잘못 분류됐다고 추정된다. (낮은 추정치는 15퍼센트니 가감해서 받아들이기 바란다. 그래도 여전히 두 자리 수나 된다.)[28]

또한 실패한 자살 기도도 실제보다 적게 보고된다. 자살을 기도한 많은 사람들이 의학적 도움을 요청하지 않거나 의학적 도움을 구하더라도 그 이유에 대해 거짓말을 한다. 나는 둘 다 해봤다. 나는 둘 다 다시 할 것이다. 앞에서 말했듯이 자살을 기도했다고 누군가에게 말하면 순간 엄청난 정적이 흐른다. 하물며 모르는 사람이나 이동의 자유를 제한할 수 있는 사람에게 말하는 것은 두말할 필요도 없다. (그렇다고 해서 사랑하는 사람에게 말하기가 더 쉽다는 뜻은 아니다.)

음독으로 병원에 입원한 사람들과 이야기해보면 실상이 잘 드러난다.

화가 나지만 놀랄 것도 없이, 자살 집계 누락은 자살 사망자 수를 줄이고 이는 다시 공중 보건 사안으로서 자살의 중요도를 축소시키며, 결국 소외된 사람들에게 악영향을 끼친다.

2016년에 미국인 중 백인의 자살률은 흑인의 자살률의 거의 세 배였다.[29] "도통 납득이 안 되는 수치였습니다. 나는 흑인에게 더 쉽게 적용될 만한 다른 주요 사망 원인을 하나도 생각해낼 수 없었습니다." 로켓이 말했다. 사실 북미에서 비백인은 어떤 우울증 치료든 받을 가능성이 백인보다 낮고, 증거와 근거가 있을 때 받을 수 있는 돌봄 서비스를 받을 가능성은 그보다도 낮다. 자살했거나 자살했을지 모르는 사람 중에서 사망 전해에 항우울제를 먹은 경우는 흑인이 백인보다 훨씬 적었는데, 정신 질환이 대부분의 자살에서 하는 역할을 감안하면, 흑인이 필요로 하는 정신과 치료를 받을 가능성이 백인보다 훨씬 낮다는 것을 보여준다.[30]

그리고 흑인이 치료를 받을 가능성을 떨어뜨리는 바로 그 소외가 흑인의 죽음을 정확히 분류하게 할 가능성도 떨어뜨릴 것이다. 문서화된 우울증 치료 자료가 부족해서 검시관이 그 죽음을 '의도 미확인 부상'에 의한 사망으로 분류할 가능성이 크기 때문이다.[31] 즉, 이 공중 보건 위기가 지역 사회에 가져오는 피해를 우리가 과소평가하고 있다는 뜻이다. 그러므로 자살 문제에 있어서 예방과 개입의 필요성도 과소평가하고 있다는 뜻이다. 우리가 흑인 자살을 세 배까지 적게 추산하고 있지는 않겠지만 누락한 수치가 상당히 많기는 할 것이다.

그렇다면 어떻게 해야 할까?

자원이 도움이 될 것이다. 보다 철저한, 혹은 보다 빈번한 부검이 도움이 될 것이다. 중환자실에 있는 사람들과의 대화가 도움이 될 것이다. 다소 폭넓은 기준을 사용하더라도 사망자의 의중을 완벽하게 파악해야 한다는 압박을 낮추는 것이 자살 분류를 더욱 쉽고 보편적으로 만들 것이다.

이언 로켓은 분류 방식이 바뀌기를 바란다. 검시관과 유행병학자가 아주 특정한 목적을 위해 죽었을 때의 정신 상태를 조사하는 대신에(이 과다 복용이 우연일까, 아니면 의도적인 자살일까, 아니면 자살 경향성과 자멸적인 체념과 약물 남용이 섞인 결과일까?) 해당 인물이 스스로 목숨을 끊었다는 사실에 초점을 맞출 수 있다.[32] 로켓은 '약물 자가 중독'이라는 용어를 선호한다. 이 용어는 현재 '사고'나 '자살'이나 '미확인'으로 구분된 영역들을 포괄하며, 사망자의 의도를 제외하고, 약을 먹었다는 사실에 초점을 맞춘다. 이런 이상적인 세상에서 검시관은 합법 약물과 불법 약물을 구별할 것이며, 사망자가 자신을 죽인 약물을 입수한 경로를 더 쉽게 파악할 수 있는 처방약 감시 시스템을 이용할 것이다.

로켓이 사고사라는 범주를 완전히 없애자고 주장하는 것은 아니다. 그렇지만 그는 출발 가설을 뒤집고 싶어 한다. 어느 죽음을 사고사라고 결론 내리려면 특정한 의도를 드러내는 증거가 부족하다는 점을 찾을 것이 아니라 사고임을 드러내는 증거를 찾아야 한다는 것이다. 그는 물론 "의도하지 않은 죽음이 있습니다. 이를테면 세 살배기

여보세요, 제가 지금 죽고 싶은데요

가 찬장에 들어갔다가 살충제를 발견하는 경우처럼요……. 하지만 유행병학의 관점에서 나는 다른 방식으로 접근하고 싶습니다"라고 말했다.

죽은 순간의 의도를 알아내는 방법으로 심리 부검이 있다. 과거로 돌아가서 자살자가 무슨 생각을 하고 있었는지, 자살자가 죽기를 바랐는지 파악하는 것이다. 이언 로켓의 제안으로 나는 로스앤젤레스 법의학 심리학자 마이클 펙Michael Peck에게 전화를 걸었다. 그는 자신의 심리 부검 내용을 신상 조사 결과와 비교한다. "고인을 알던 사람들을 면담합니다. 고인의 삶이 어땠는지, 고인의 마지막 2주가 어땠는지, 고인이 누구와 이야기를 했는지, 고인이 무엇을 했는지, 고인이 무엇을 하지 않았는지 알아냅니다. 그리고 사망 방법의 세부 사항들을 검토합니다."[33] 어떤 사망 방법은 다른 사망 방법보다 의도를 파악하기가 쉽다. 머리에 총을 쏜 의도는 명백하다. 반면에 가슴에 총을 쏜 의도는 조금 더 복잡하다. 총을 청소하다가 일어난 사고일 수 있기 때문이다. 약물 과다 복용은 그 사람이 무엇을 먹었는지, 얼마나 먹었는지, 합법적인 목적으로 처방받았는지에 따라서 의도를 알아내기가 훨씬 까다롭다. 너무 멀리까지 헤엄쳐 나갔다가 물에 빠져 죽은 경우에, 의도를 밝히는 작업은 그 사람의 수영 능력, 사망에 이르게 할 만한 기분이나 감정 파악에 의지한다. 펙은 일부 사망을 '간접 고의적 자살'로 분류한다. 예를 들어서 자동차 충돌 사고가 있다. "목을 매단 사망도 애매했어요." 그가 말했다. 질식으로 성적 쾌감을 느끼려고 목을 졸랐다가 잘못된 것일 수도 있다. "고인의 의도를 알아내는 주된 방법은 고인의 유족들을 면담하는 것입니다. 그들이 고인의 교사일 수도 있고, 고인의 가족일 수도 있고, 고인의 직장 친구일 수도 있습니다. 그리고 마지막 일주일이나 이주일의 행적을 파악하려고 노력합니다. 고인에게 무슨 일이 있었는지 알아보는 것입니다."

설사 죽기 전 며칠 혹은 몇 주 동안 다른 사람들과 연락이 없어서 상황이 불분명하더라도 그 자체가 실상을 보여줄 수 있다. "대부분의 사람들은 주변인의 자살에 놀라는 경향이 있습니다. 하지만 그들이 나중에 나 같은 사람에게 자살에 대해 말하다보면 자신의 생각보다 훨씬 많은 정보를 가지고 있었다는 것이 드러납니다. 여러 징조를 봤지만 종합하지 못했던 것입니다." 나는 자살 사망자들의 사랑하는 가족들이나 친구들에게서 이런 뒤늦은 깨달음에 대한 이야기를 여러 번 들었는데 그들은 그야말로 비통해한다.

펙은 사람들의 반발을 상당히 겪는다고 말했다. 특히 고인과 가장 가깝던 사람들은 대체로 사랑하는 사람이 스스로 목숨을 끊었다는 것을 믿으려 하지 않는다. 고인이 어리다면 반발이 더 강해진다. "그들은 보통 이렇게 말해요. '아니야, 자살일 리 없어요. 말도 안 돼요.' 우리의 임무는 그들을 설득하는 것이 아니에요. 우리의 임무는 그들에게 정보를 주는 것입니다."

자살자가 과거에 정신과 진단을 받은 이력이 있을 때가 있다. 하지만 그는 정신과 진단 이력이 없는 사람의 빈칸을 채우려 들지는 않는다. 그는 죽은 사람을 진단하려 하지 않는다. 그래도 사후에 자살에 대해 밝혀내는 일을 오래 해왔기에 일반적인 자살 징후를 잘 이해하고 있다. 그 징후는 바로 사회적 위축과 물질 남용이다. 남용되는 물질은 주로 술이다.

마이클 펙은 훈련받은 전문가들이 올바른 심리 부검을 실시하도록, 시간과 돈을 투입하려는 사회적 의지가 있던 수십 년 전의 평온하던 시절을 떠올렸다. 그 시기가 지나고 그는 노동 집약적 사후 조사와 자살에 대해 정책 입안자들이 요란하고 일시적인 유행처럼 관심을 가졌다 잊는 것을 봤다. "돈이 드는 일입니다. 그러니 기꺼이 돈을 내려는 누군가가 있어야 합니다."

그 사이에 긴급한 문제가 있다. 자살 충동을 가진 사람이 아직 살아 있다면 그 동안 우리는 무엇을 해야 할까?

10

곤경에
빠지다

내가 다시 스스로 곤경에 빠지기까지 거의 4년이 걸렸다. 2015년 봄, 내 나이 스물여덟이었다.

이렇게 시작된다: 아침에 일어날 수 없다. 침대에서 나올 수 없다. 무한한 공허감에서 벗어날 수 없다. 말로 표현하고 싶은 숨 막히는 압박을 떨쳐버릴 수 없다. 나는 하루(목요일) 중 대부분의 시간을 의식이 또렷하지 않은 흐리멍덩한 상태로 보내다가 자리에서 일어날 무렵에 확신한다. 죽어야 해. 무용함과 땀에 전 시트에 전혀 신경을 쓰지 않는 이런 나날이 계속될 거란 사실을 참을 수 없어.

그날 아파트 건물의 외벽에 유리창 청소부들이 있었고, 그들의 존재는 정리하지 않은 침대, 사방에 흩어진 종이, 싱크대에 쌓인 그릇에 대한 내 수치심을 가중시켰다. 시야를 가로막는 높은 건물이 거의 없는 동네의 아주 높은 지대에 아파트가 있었기 때문에 나는 평

여보세요, 제가 지금 죽고 싶은데요

소에 블라인드를 절대 내리지 않았다. 하지만 그때는 블라인드를 내렸고 아파트 창문 너머에서 내가 알아듣지 못하는 말(포르투갈어?)을 하는 얼굴 없는 남자들의 목소리를 엿들었다. 청소부들이 위층으로 올라가자 그들의 몸을 지탱하고 있는 비비 꼬인 밧줄만이 남았다. 분홍색과 노란색 가닥이 섞인 회색 밧줄이 꿈틀거리며 스카이라인을 두 갈래로 나눴다. 나는 황급하게 행동에 들어갔다.

아파트를 청소하고 뒤섞인 쓰레기와 재활용품을 내놓았다. 밀린 고지서를 처리했다. 금요일 아침의 진료와 그날 밤에 다큐멘터리를 보기로 한 친구와의 약속을 이메일로 취소했다. 그러고 나서 항우울제인 파네이트(트라닐시프로민의 상표명)를 집히는 대로 모조리 삼켰다.

수백 개의 사랑스러운 둥근 진홍색 알약을 손바닥에 부어서 목구멍으로 속으로 확 털어 넣었다. 얼마 전에 처방약을 다시 받아서 거의 6주분을 가지고 있었다. 유효성분 약 4.2그램이었다. 내가 통에서 마지막 약을 빼기 전에 구역 반사가 요동쳤지만 치사량에 해당할 만큼 충분히 먹었다(적어도 3그램). 아무튼 내가 온라인에서 찾은 논문에 그렇게 나와 있었다. 이 무렵에 나는 아주 고용량을 처방받고 있었기 때문에 이상할 정도로 약이 잘 듣지 않았다.

1, 2분 동안 기분이 아주 좋았다. 기막히게 끝내줬다. 모든 항우울제들이 그렇듯이, 파네이트는 즉효가 없으며 그래서도 안 된다. 하지만 나는 어마어마한 양을 먹었고 약에 취해 순간적인 황홀경을 느꼈다. 그 기분은 오래 가지 않았다. 급속도로 기분이 안 좋아졌다. 어지럽고 구역질이 나고 몸이 떨려서 시간을 때우려고 침대 옆에 꽂아

둔 소설 중 어떤 것에도 집중할 수 없었다. 나는 코로 숨을 쉬었고 위의 질척한 내용물이 식도를 타고 올라오지 못하게 하려고 계속해서 쿡쿡 눌러 삼켰다. 나는 흐트러진 주의를 창문 밖 청소부들의 밧줄에, 반대쪽 벽에 걸린 세계 지도에 붙은 라벨들에 맞추려고 노력했다.

질문들 때문에 그렇게 했다. 가장 바보 같은 질문들이 마구 흔들리는 정신 속에서 떠올랐다. 높은 곳에 매달려 일하는 사람들을 위한 노동권과 안전에 대한 질문, 한 번도 가보지 않은 장소들에 대한 질문, 직전에 읽기 시작한 책의 기승전결에 대한 질문(이본 아디암보 오우오르의 소설『흙먼지』. 약물로 혼란스러운 와중에 따라가기에는 힘들지만, 훌륭한 책이다). 나는 그런 질문들을 던지기 위해 살고 싶었다. 이는 신기한 계시이다. 막 쓰러지려는 참에 기력을 회복하고 스스로 기회의 문을 닫을 뻔했다는 깨달음까지 얻는 것과 같다. 나는 행복하지 않았다. 나는 희망이 없었다. 하지만 나는 아직 모르는 것들을 알고 싶었다.

나는 욕실로 급히 달려가서 토했다. 물에 젖은 파네이트가 변기 속을 푸크시아꽃의 강렬한 보라색으로 가득 채웠다. 갑작스럽게 사진을 찍고 싶어졌다. 카메라를 가지러 가려 했다. 그런데 나는 움직이고 있지 않았다. 내가 움직이지 못하는 것 같지는 않았다. 그냥 나는 움직이고 있지 않았다. 손을 씻고 세수를 하고 이를 닦으려고 노력하는 동안 멈추지 않는 떨림이 어렴풋이 느껴졌다. 나는 항우울제가 유발하는 미세한 떨림에 익숙해져 있었다. 하지만 그것은 미세한 떨림이 아니었다. 나는 웅웅 소리가 울리는 하얀색 세면대 상판을 붙잡거나 그곳에 기댄 채 아무 걱정도 아무 생각도 하지 않았다.

시간이 정상보다 빠르게 지나갔다. 나는 전화기를 찾아들고 1분씩 흐르는 것을 바라봤다. 배터리가 한번에 1퍼센트씩 떨어졌다. 만나기로 했던 친구와 문자를 주고받았다. 영화표를 가지고 있던 친구가 택시를 타고 영화관으로 오라고 재촉했다. 나는 단어 하나하나를 얼마나 느리게 떠올리는지, 손가락이 얼마나 말을 듣지 않는지 태평하게 인식했다. 나는 문자 자동 완성 기능을 켰는데 어느 순간 내가 한 번에 10분, 15분, 20분 동안 꼼짝 않고 있다는 것을 알아챘다. 내가 무슨 말을 하려고 했더라? 대화에 별 진전이 없었다. 나는 "미안해"라는 말을 많이 썼다. 이때쯤 늦은 시간이 됐다. 아닌가? 어쨌든 어두웠다. 나는 예약을 취소한 정신과 의사에게 이메일을 보내야 한다는 것을 알았지만 노트북 잠금을 해제할 수 없었다. 내가 비밀번호를 바꿨나? 비밀번호를 잊어버렸나? 그때까지도 나는 핫도그 같은 손가락으로 키보드를 지저분하게 뭉개고 있다는 것을 알아차리지 못했다.

나는 그날 밤에 띄엄띄엄 깼다. 왜 바깥 도시의 불빛이 모두 진한 빨간색으로 바뀌었다가 몇 시간 후에 다시 초록색으로 바뀌는지 알 수 없었다. 눈이 욱신거렸다. 시냅스 틈 주변에 섬망을 일으킬 만한 양의 신경 전달 물질이 아직 뇌부터 위장관까지 온몸에 남아 있었다.

이후 14시간은 의식이 몽롱하다. 잠들었을 때 몽유병 증세를 보였거나 약에 취해서 흐리멍덩한 정신으로 돌아다녔다. 나는 사람들을 피하기 위해 충분한 거리를 두려고 노력한 기억만 난다. 반쯤 의식이 있는 동안 나는 여동생에게서 온 문자에 답장하려고 기를 썼다. 동생은 새로 구할 아파트를 그 주말에 나더러 둘러봐달라고 부탁했다. 나는 터무니없는 소리를 알아볼 수 없는 글자로 입력했다. 훨씬 뒤에 나는 카메라의 메모리카드에서 그날의 날짜가 적힌 사진들을 발견하고 충격을 받았다. 어느 순간엔가 내가 침실 창문을 통해 바깥을 찍었나 보다.

그날 저녁에 노크 소리가 들렸지만 무시했다. 그러다가 열쇠가 돌아가고 문이 열리는 소리가 들렸다.

옷을 절반만 걸친 채로 침대에서 벌떡 일어났다가 구급대원 두 명과 그들을 들여보내 준 건물 관리인을 알아보고 극심한 낭패감을 느꼈던 기억이 난다. 나는 누가 그들을 보냈는지 생각해내려고 기를 썼다. 어떻게든 그들을 내보내고 혼자 남을 수 있도록 얼굴 근육과 목소리를 잘 가다듬어서 말하고 싶었다. 그런데 그럴 수가 없었다.

갑자기 소통을 할 수 없게 되면, 발을 내딛는데 아래가 땅이 아니라 허공인 것과 같은 혼란과 공포가 몰려온다. 내가 그들을 설득하기 위해 무슨 말과 행동을 했든지 간에 어차피 나는 입원하게 돼 있었다. 그들이 나가자고 나를 재촉할 때 무슨 물건을 챙겼는지는 기억나지 않지만 그들이 나를 막았을 때 책 한 권을 잡으려 했다는 것은 기억난다.

"책이 필요 없을 겁니다."

거짓말. 뻔뻔한 거짓말. 하지만 나는 말대답을 할 입장이 아니었고 읽을거리를 몰래 가지고 갈 운동 능력도 없었다.

어떻게 구급차로 이동했는지 말하지 못하겠다. 그러니까, 승강기에 서 있다가 로비를 가로질러 문 밖으로 나갔겠지만, 거기에서부터

여보세요, 제가 지금 죽고 싶은데요

기억이 뭉텅뭉텅 사라졌다.

그러고 나서 나는 그곳에 있었다. 세인트조의 정신과 응급실로 돌아가 있었다. 눈을 괴롭히는 형광등에 반사된 베이지색, 팔다리에 달라붙는 플라스틱 의자, 나를 사로잡은 수치심, 가족의 연락을 받고 불려와 내 옆을 지키는 불쌍한 사촌. 컵에 소변을 받아 오라는 지시를 받았지만 약에 너무 취해서 제대로 못했고 그런 무능력한 내 상태를 말로 전달하지도 못하던 창피한 기억. 위기 병동에서 생리가 시작됐는데 '탐폰'이라는 말을 잊어버려서 헤매던 수치스러운 기억(절대로 위기 병동에서 생리를 하지 않기를 바란다). 이어서 몇 시간이 사라졌고 데자뷔처럼 환자복을 입고 정맥에 수액 줄을 단 채 중환자실 침대에서 깨어났다. 가족이 다시 비행기를 타고 왔다. 다들 겁에 질렸고 눈물이 글썽였지만 강하게 버텼고 여전히 분에 넘치는 애정을 줬다.

실패한 자살은 응급실 직원들에게 즐거운 일이 아니지만, 나는 특히 이상한 경우였다. 혈액 채취를 두 번이나 해야 했던 기억이 난다. 내 혈액 순환, 호흡 기관, 신경계의 기능이 그렇게 많은 트라닐시프로민을 삼킨 사람치고는 좋았기 때문이다. 어느 순간 내과의가 뇌 스캔 결과를 가지고 돌아와서(그 전의 14시간 동안 무슨 일이 있었는지 묻지 말아 달라) 뇌졸중을 일으킨 적이 있는지 물었다. 내 뇌에서 보이는 상처 자국이 내 친구 부동액으로 감행한 첫 번째 자살 기도의 흔적인지 의논하느라고 의사들 사이에서 한참 의견이 오고갔다.

사랑하는 사람들에게 고통을 줬으며 외래 환자가 되게 해주고 한 달 치 처방전을 써준 의료진의 신뢰를 배반했다는 죄책감이 계속 쌓여 목을 옥쥈다. 중환자실에서 단기 입원 정신과 병동으로 이송되는 경험은 두 번째로 겪을 때 더 지독하다. 어떤 일이 닥칠지 알고 어리석은 짓을 하지 말았어야 한다는 것을 알기 때문이다. 44개월 전에 입원했던 나를 기억하는 간호사들이 나를 맞았다. 나는 그들을 기억하지 못할 정도로 멍청한 사람은 아닌 척했다.

얼마나 착하든, 얼마나 듣기 좋은 말로 스스로를 설득하든, 막 자살 기도를 했다면 정신 이상자이다.

당신은 내가 이 상황에 익숙해졌을 거라고 생각하겠지만, 정신 이상으로 다시 한번 이동의 자유를 빼앗기는 것은 견디기 힘든 일이었다. 눈이 맞아서 달아난 환자들이 약간 늘고 집중 관찰 대상이어야 했을 입원 환자 한 쌍이 자살을 하자 지역 주민들이 이 병동에 주목하고 격렬히 반응했다. 그 탓에 병동의 생활 규칙들이 변한 것도 내가 상황을 견디기 힘들게 했다. 나는 성인용 옷을 입을 수 없었다. 나는 보호자를 동반하더라도 창문 하나 없는 작은 병동을 떠날 수 없었다. 물론 나는 나 같은 사람들이 보호 시설에 수용돼 있는 동안 무분별한 짓을 할까 봐 걱정하는 보건 당국과 시설을 이해한다. 하지만 독방 입원 환자들이라도 하루에 한 시간씩 맑은 공기를 누릴 권리가 있다. (그들은 어떤 식으로든 그런 권리를 거의 누리지 못하며, 그것은 그야말로 비도덕적인 일이다.)

용케 나는 그 주말에 당직인 인정 많은 정신과 의사를 어찌어찌 설득해서 강제 수용 유형에서 제외됐고 단기 입원 정신과 병동의 자발적인 입원 환자로 머물게 됐다. 이 간단한 조치가 즉각적으로 내 생활을 얼마나 많이 개선했는지 이루 말할 수 없다.

정신과 병동으로 돌아왔다. 절차를 알 것이다. 불면증은 간호사가
준 귀마개와 명상 애플리케이션으로 견뎠다. 아무 맛도 안 나는 곤
죽 같은 하루 세 끼 식사는 옆으로 치워 놓고 동료 환자들과 어색한
대화를 뜨문뜨문 이어나갔다.

나는 이번에는 의료진들의 질문에 더 솔직하게 대답했다. 나는 나
자신을 잘 알았고 온전한 정신을 증명하려고 꾸며댈 만큼 절박하지
않았다. 내 기대치는 낮았다. 당장 빠른 해결을 바랄만큼 어리석지
않았다. 그리고 무엇이 됐든 주어진 치료에 열심히 참여하려고 진심
으로 노력했다. 또한 간호사들과 사회복지사들과 친해졌다. 그들의
삶, 그들의 취미, 그들의 십 대 자녀들의 성장통, 그들이 입양한 아
이들, 혼혈 가족, 직장 내 정치에 대해 그들과 이야기를 나눴다. 대
부분이 개인적으로 정신 질환과 부딪친 경험이 있어서 그 분야에서
일하게 됐지만, 그들이 그 직업을 선택했다는 사실은 여전히 나를
놀라게 한다. 나는 우리 병동에서 돌아가며 근무를 하는 레지던트들
에게 계속 정신과를 전공해달라고 사정했다. 극성스러운 정신 질환
환자의 그 이상한 간청은 자칫 역효과를 냈을 수도 있다.

이번에는 정신과 병동의 동거인들이 훨씬 더 다양했다. 환자복에
서 벗어나 진짜 옷을 입게 되자마자 히잡을 두른(신앙을 바꿨다는 이
유로 너무 미쳤다는 소리를 듣는다고 생각해보라) 젊은 흑인 여자는 기
도를 하려고 어느 쪽이 동쪽이냐고 물었다. 간호사와 내가 그 방향
을 알아내기까지 일이 분 정도 걸렸다. 병동에 창문이 있었다면 훨
씬 쉬웠을 것이다, 빌어먹을. 나는 그곳에서 더 이상 막내가 아니었
다. 공항 보안 검색대에서 일하던 빼빼 마르고 혈색이 나쁜 젊은 남

자는 죽음에 대한 집착을 주체할 수 없게 되자 스스로 입원했다. 그는 병가를 너무 오래 내서 해고당할까 봐 두려워했다. 20대 중반인 다른 남자는 역 주변을 서성거리며 열차 앞으로 뛰어들 준비를 하다가 선로에서 체포됐다. 그는 무단 침입으로 기소됐고(자살 충동이 있는 사람을 범죄자 취급하다니 기막히지 않나?) 책상 위에 놓인 환자용 전화기로 가석방 담당자에게 전화를 해야 했다. 그는 전기 자극 요법을 받는 사이사이에 두꺼운 컴퓨터 프로그래밍 책을 읽었다. 전기 자극 요법 끝나면 직원들이 그를 휠체어에 태워서 데려왔다. 그러고 나면 그는 하루나 이틀 동안 계속 졸려했고 느려졌고 잘 잊어 먹었다. 그 치료가 효과가 있었는지 모르겠다. 나는 무단 침입 건이 어떻게 됐는지도 모르겠다. 나는 이전에 입원 환자였던 때로부터 3년 6개월이 흘렀지만 그보다 훨씬 더 나이가 든 기분이었다. 나는 엄격하고 필사적인 가족들 때문에 흐느껴 울면서 병동에 들어온 20대 초반의 젊은 아가씨들, 간호사들에게 화난 목소리로 딱딱거리고 침대를 가린 커튼 뒤 어둠 속에 스스로를 격리시키는 아가씨들보다 수십 년은 더 늙은 느낌이 들었다. 나는 갑자기 그 병동에서 가장 경험이 많은 사람, 환자 유형마다 다르게 적용되는 규칙을 아는 사람, 정신과 의사들이 얼마나 자주 오고 그들과 대화할 수 있는 시간이 얼마나 되는지 아는 사람이 됐다.

그리고 가족들이 그곳에 있었다. 또다시 나는 쓸모없는 사후 죄책감에 빠졌다. 그들은 과자와 바깥세상 소식을 가지고 왔다. 그 주에 중요한 권투 시합이 열렸다. 듣자하니 가정 폭력범이 이긴 모양이었다. 우리는 너무 시끄럽게 낄낄거렸고, 부적절한 농담을 했고, 신문을 큰소리로 읽으면서 어떤 제목이 진짜고 어떤 제목이 지어낸 것인지 서로 추측하는 놀이를 만들어 즐겼다. 공식적으로 수용된 것이 아닌 상태의 또 다른 멋진 점은 어디를 가든 가족을 보호자로 대동할 필요가 없다는 것이었다. (그 친절한 정신과 의사 덕분이다.) 나는 짧은 기간 동안 병원을 나가서 가족과 저녁을 먹거나 다른 무엇이든 평범한 인간이 하는 것을 할 수 있었다. 나는 직장의 누군가가 나를 발견하고 꾀병 환자라고 소리치면 어쩌나 하는 비이성적인 걱정을 했다. 그래도 혼자 이리저리 돌아다니니 기분이 정말 좋았다.

내가 모범 환자였다는 기록을 공개해보겠다. 나는 세면장 옆 선반에 쌓인 침구류에서 침대 시트를 가져다가 매일 갈았다. 나는 잡담을 했고 다른 사람들과 즐거운 시간을 보내는 것처럼 행동했다. 나는 병동 미경험자들에게 병동 생활 요령을 설명해주려고 했다. 나는 결코 돌려받지 못할 책을 빌려줬다. 나는 원하면 퇴원할 수 있었지만 그다음 주 월요일에 더욱 완벽한 평가를 받으려고 정신과 의사가 권한 기간 동안 머물렀다. 그래서 체류 기간이 주말 이삼일 더 연장되기는 했다. 심지어 나는 떠나기 전, 수련 중인 다정하고 순진한 레지던트들과 이상한 모의 평가까지 했다. 우울증 표본이 되기에는 내가 너무 미쳤거나 덜 미쳤다는 느낌이 들기는 했지만 최선을 다해서 진심을 말했다. 내가 그들의 수련을 도왔는지 아니면 방해했는지 모르겠지만 보답으로 커피숍 선물 카드를 받았다. 그러니 내 승리다.

약을 먹는 것은 싫지만 그렇다고 복약을 중단하면 상태가 더 최악이 된다.

정신과 의사는 내가 파네이트를 과다 복용한 것은 파네이트를 끊을 때가 됐다는 뜻이라고 판단했다. 그래서 그는 새로운 약으로 넘어가기 전에 몇 주 동안 약효 세척 기간(그 전에 먹던 약이 씻겨나갈 때까지 기다려야 한다)을 가지며 항정신병제 올란자핀을 복용하라고 처방했다. 그 약은 병원에서 나온 뒤에 감정적으로 엉망진창이 된 상태에서 벗어나게 해주기에는 역부족이었다. 추락의 악순환이 반복될 때 늘 그렇듯이, 내 인지 능력은 형편없었다. 나는 누군가 지적해주기 전까지, 완전히 쓰레기 같은 이 기분이 항우울제 복용을 중단해서 드는 거라고는 생각도 못 했다. 내가 오리건주 포틀랜드에 있는 친구 오마르의 집에서 며칠 동안 휴가를 보내고 있을 때, 이성을 잃을 정도로 너무 실의에 빠져서 절망 때문에 오마르에게 폐를 끼치기 전에 떠나야겠다고 결정했다. 그는 나를 막았고, 베트남전쟁기념관 방문을 포함한 목적 없고 즉흥적인 관광에 나를 데리고 다니다가 어떻게 된 거냐고 물었다.

"모르겠어."

"여전히 그 의사에게 진료를 받고 있지?"

"응……."

"혹시 약을 바꾸지는 않았어?"

"응, 전에 먹던 약을 끊었어. 새로운 약을 시작하기 전 중간 기간에 이렇게 이상해지는 이유는 세로토닌이-"

"아, 그래, 문제가 뭔지 알아낸 것 같네."

"……."

그러니 즐거운 시간이었다. 나는 2018년에 로이터 통신사의 의뢰로 노스캐롤라이나에서 허리케인 플로렌스(나중에 열대성 저기압으로 강등됐다)의 기사를 취재하는 동안 비슷한 경험을 했다. 편집자들이 체류 기간을 늘려달라고 하자 나는 약이 떨어져가고 있는데도 승낙했다. 나는 원래의 출장 일정에 맞춰 그 주를 보낼 만큼의 약만 가지고 갔다. 나는 노스캐롤라이나의 약국에 전화를 해 달라고 내 의사에게 부탁했고, 응급 치료 진료소에 갔고, 동생에게 약을 우편으로 보내달라고 했지만, 결국 아무 소득 없이 롤리 공항에 앉아서 몸을 떨어야 했다. 갑작스러운 금단 증세를 본의 아니게 3일 동안 겪은 뒤였다. 다행히 약을 다시 먹으면 내 몸의 신경 화학이 빠르게 균형 상태로 재조정됐다. 하지만, 빌어먹을.

진심으로 이야기하는데 약이 아무리 효과가 없어도(혹은 없어 보여도) 지시를 따르지 않고 마음대로 복용을 중단하기 전에 꼭 의사와 상담하기 바란다. 당신의 시냅스 틈이 나에게 감사할 것이다.

제2부

치료 시도

11

상습 복용의
대행진

알고 보니 나는 독성 물질을 처리하는 대단한 신진대사 능력을 가지고 있었다. 의사가 최근 내 약의 복용량을 또다시 늘리면서 그렇게 말했다. (입원했을 때 만난 두 번째 정신과 의사인 그는 목소리가 깊고 달리기와 오토바이 타기를 좋아한다. 그는 나를 외래 환자로 받아줬고 7년 동안 정기적으로 나를 진료하면서 내 비이성적인 반응과 정신 붕괴와 냉소주의를 다뤘다.) 이 기이한 독성 물질 포용력은 안타깝게도 음식이나 술에는 적용되지 않는다.

하지만 장기와 내분비 시스템에 막대한 피해를 입히는 것으로 악명 높은, 신경 전달 물질을 변형한 물질들을 먹으면 그 물질들은 내 혈관을 타고 눈에 띄지 않고 빠르게 지나간다.

나는 마지못해 상습적으로 약을 먹는다. 처음에 나는 약을 사용하는 치료에 완강히 반대했다. 온갖 끔찍한 이야기들을 수없이 들었고 믿었기 때문이었다. 우울증 약이 효과도 없으면서 지독한 부작용만 남긴다거나, 복용자를 완전히 딴 사람으로 만든다거나, 행복도 절망도 느끼지 못하고 그 사이에 있는 안개 낀 장소를 헤매는 감정 없는 로봇 같은 사람이 되게 한다거나 하는 이야기였다. 역효과를 낳아서 오히려 자살을 부추긴다는 이야기도 있었다.

정신과 의사는 이런 두려움에 별로 공감하지 못했다. 하긴 가장 기본적인 약을 시도하는 것조차 꺼리는 주제에, 어떻게 낫고 싶다고 주장할 수 있겠는가?(나는 정신과 의사와 부모님과 모든 사람들이 나를 그냥 내버려두게 하기 위해서, 그리고 정신과 병동에서 벗어나 직장으로 돌아가기 위해서 그렇게 말할 수밖에 없었다.)

그래, 까짓것, 좋다. 나는 정신과 병동에서 해방되기를 바라며, 복약에 반대하고 싶은 마음을 꾹꾹 눌러 참고 날마다 작은 알약을 먹었다.

지나고 나서 보니 내가 그때 상당한 부담을 느꼈다는 점을 분명히 하고 싶다. 나는 퇴원하고 싶었다. 퇴원하려면 의사의 승인이 필요했다. 나는 복직하고 싶었다. 복직하려면 의사의 승인서를 회사에 제출해야 했다. 의사는 내가 약을 먹기를 원했다. 당연히 나는 약을 먹기 시작했다. 몇 년이 지난 뒤 이제 나는 그것이 올바른 선택이었지만 그 선택의 이유들이 최선은 아니었다고 생각한다.

그렇게 해서 끝없이 계속되는 향정신성 약의 복용이 시작됐다.

나는 시프랄렉스(에스시탈로프람의 상표명)라는 작은 하얀색 알약을 소량 복용하기 시작했다. 이 약은 선택적 세로토닌 재흡수 억제제 중에서도 가장 최신 제품이다. 시냅스 틈 주변에 더 많은 세로토닌이 머물게 한다는 특징이 있다. 내가 먹은 대부분의 약과 마찬가지로 시프랄렉스는 '모방' 항우울제로 비난받아 왔다.[1] 같은 목적으로 사용되어온 기존 혼합물의 작은 분자를 변환한다고 해서 약의 효능이 그리 향상되지는 않지만, 일단 승인을 받으면 동종 제약업계에서 경쟁하는 제약 회사들에 비해 수익성 좋은 특허권을 획득하거나 보유하게 된다.[2]

세로토닌은 오랫동안 우울 문제의 해답으로 여겨졌다. 즉, 우울증 치료와 기분 조절과 행복의 열쇠라는 것이었다. 세로토닌은 기본적으로 몸이 생산하는 화학 전달 물질이며 하나의 신경 세포에서 다른 신경 세포로, 뇌에서 위장관과 혈액으로 신호를 전달한다. 선택적 세로토닌 재흡수 억제제는 세로토닌을 신경 세포들 사이의 틈새인 시냅스 틈에 머무르게 하고 신경 세포로 다시 흡수되는 것을 막는다. 세로토닌은 시냅스 틈에 머무르는 동안 행복한 기분을 느끼게 한다. 어쨌든 이론상으로는 그렇다.

그러다가 두 개의 다른 신경 전달 물질들, 즉 도파민과 노르에피네프린과 함께 사용한 세로토닌이 해답일 거라고 여겨졌다. 도파민과 노르에피네프린도 흡수되어 복원 과정을 거쳐 다시 분비되기 전까지는 신경 세포들 사이의 시냅스 틈 주변에 머무는 화학 전달 물질이다.

하지만 사실 항우울제의 원리에 대한 이런 대중적인 설명은 잘못됐다. 이론상으로 우울증은 행복을 무효화한다. 항우울제는 우울증 증상을 완화한다. 항우울제는 세로토닌, 도파민, 이와 비슷한 화학 물질들의 체내 농도를 높인다. 그러므로 세로토닌과 도파민은 행복을 증가시킨다. 틀렸다. 나는 수년 동안 시냅스 틈이 핀볼 기계라고 상상했고, 재흡수 억제제가 내 고장난 감정 반응 기계 속의 구슬이 더 잘 돌아다니고 더 행복한 듯 반짝이고 득점 위치에 더 잘 도달하게 하는 발사 장치라고 상상했다.

항우울제는 그런 식으로 작동하지 않는다. 신경 전달 물질들은 별개의 은색 구슬이 아니라 더 작은 구슬들이 조합된 분자이며 신경 세포로 흡수되면 분해되고 다시 결합된다. 그리고 내가 나중에 배우듯이, 하나 혹은 모든 신경 전달 물질들의 농도가 증가한다고 반드시 행복이 증가하거나 절망이 줄어들지는 않는다.

따라서 수십 년에 걸쳐 답을 찾아온 사항, 첫째 그런 신경 전달 물질들이 우리에게 어떤 작용을 하는가, 둘째 약이 그런 신경 전달 물질들에 어떤 작용을 하는가, 이 두 가지에 대한 가설은 기껏해야 초기 단계에 머무르고 있다. 항정신성 약품이 목표로 삼는 신체 화학 물질들의 대부분이 뇌의 밖에 존재한다. 이를테면 신체 화학 물질들은 위, 창자, 혈소판에서 증가한다. 우리는 그런 물질들이 생화학 수준에서 어떻게 작용하는지에 대해 어림짐작만 하고 있으며, 생화학 반응이 우리의 기분을 어떻게 변화시키는지에 대해서는 전혀 감을 잡지 못하고 있다.

그런 약에 의지해서 살아갈 때, 끝을 알 수 없는 그 불확실성의 깊이는 사람을 극도로 불안하게 한다. 따라서 나는 간단하고 잘못된 설명이 얼마나 유혹적인지 이해한다. 뇌 속에서 일어나는 수없이 많은 이상한 일들을 직면했을 때, 어떻게든 최선을 다해 이해의 공백을 메꾸려고 하는 것이다.

커튼이 쳐진 병원 침대 옆에 서서 작은 타원형 흰색 알약인 시프랄렉스 하나를 처음으로 삼켰을 때, 나는 그 약이 나를 세뇌시키고 내 개성을 없앨 것 같아 겁에 질렸다. 나는 공황 상태에 빠져 바보 같은 문자를 친구에게 보냈다. "이 약이 내 뇌를 완전히 망가뜨린다고 해도 나는 너를 사랑할 거야, 알지?"

나는 기다렸다. 그 약은 뇌를 망가뜨리지 않았다. 약간 졸렸고 잠시 초조했지만 곧 괜찮아졌다. 그 외에 그 첫 번째 약의 부작용은 없었다. 다소 차이는 있었지만 내가 처방받은 모든 약에서 이런 패턴이 반복됐다. 발작이 없었고, 급작스런 체중 증가나 감소가 없었으며, 성욕이 줄어들지 않았고, 자아 상실이 일어나지 않았으며, 감정의 폭이 줄어들지 않았고, 자살 생각이 심해지지 않았다. 그나저나 나는 갈수록 '자살 생각'을 보다 공식적인 느낌이 드는 '자살성 사고'라는 전문 용어로 부르는 데 익숙해지고 있었다. 나에게 만성적인 무기력과 피로는 새로운 약의 부작용이라기보다는 익숙한 우울증 증상이었다. 내가 보기에는 때때로 발생하는 불면증도 약물의 개입 때문에 생긴 것이 아니라 항상 날을 세우게 하는 불안감 때문에 생긴 것이었다. 확실히 불안정한 면은 있었다. 어떤 약들은 내 몸이 떨리게 했고, 어떤 약들은 나를 안절부절못하게 했고, 어떤 약들은 땀이 나게 했다. 한 약은 복용량을 늘리자 의자에서 너무 빨리 일어설 때 현기증을 일으켰다. 한 약은 시야를 흐릿하게 했다(우리는 그 약의 복용량을 황급히 줄였다). 한 약은 끝없이 재채기가 나오게 했다. 어떤 약들은 특히 공복일 때, 특히 공복에 에스프레소를 마셨을 때 구역질이 나게 했는데, 이건 아침 출근길에 결코 유쾌한 일이 아니다. 하지만 소화 근육을 움직이는 약이 위와 창자에 마구 쏟아지는데 소화할 게 아무것도 없으면 이런 현상이 일어나는 것은 당연하다.

최악의 부작용들을 면했다는 것이 말처럼 그리 멋지지는 않았다. 사회적 위축(우울증의 전형적인 증상)이 심해진다는 것은 내가 몇 주 동안 직장, 정신과 예약, 가족과의 통화 외에 누구와도 교류하지 않은 채 지낸다는 뜻이었다. 분명히 나는 누구와도 성관계를 하고 있지 않았다. 자살 충동을 느끼는 동시에 성적으로 욕구 불만일 때 성욕이 그대로 남아 있는 것은 축복이라고 할 수 없다.

뭐가 됐든 나에게 약물 부작용이 없다는 장점은 아무런 효과도 없다는 점 때문에 그리 장점이 아니게 되었다. 나는 위약을 먹고 있는 것 같았다. 정신과 의사는 호전되지 않는다는 느낌이 적어도 부분적으로는 내 상상일 뿐이라고 주장했다. 그 약들이 없었다면 내 상태가 훨씬 더 심했을 수 있고 진짜로 자살을 했을지도 모른다는 것이었다. 그가 옳았을 수 있다. (어쨌든 그의 조건법적 서술은 틀렸음을 입증하기가 불가능하다.) 호전되거나 정체 상태를 유지하는 시기와 악화되는 시기가 분명히 있었고, 약이 그런 변화에서 어떤 역할을 했을 가능성이 있다. 아니면 아무런 역할을 하지 않았을 가능성도 있다. 하지만 나는 기분이 나아지고 싶었다. 행복해지고 싶다거나 절망에서 도망치고 싶다는 것이 아니라 그저 한결같고 추진력 있는 목적의식을 갖고 싶었다. 나는 계속 아침에 일어나서 침대에서 나와 사무실에 가야 한다.

이후 7년 동안 담당의와 나는 14종의 약을 12가지의 조합으로 실험했다. 이 글을 쓰고 있는 현재 우리는 다른 조합을 고려하고 있다. 우리는 효과 있는 조합을 아직 발견하지 못했다.

우리는 동그란 연보라색 알약인 부프로피온을 시도했다. 부프로피온은 웰부트린의 성분명이며, 도파민과 노르에피네프린 조정을 목표로 삼는다. 나는 얼마 지나지 않아 웰부트린이 흔하게 남용된다는 사실을 알게 됐다.[3] 웰부트린은 빻아서 코로 흡입하거나 주사하면 암페타민과 크랙 코카인에 맞먹는 강력한 황홀감을 일으킨다. 그렇게 사용하면 역겨움을 느끼고 잠재적으로는 치명적인 종기나 혈전이나 죽은 조직 덩어리가 생길 수도 있다. 그러니 모험하지 말기 바란다. (그렇기는 하지만 누군가 나에게 달라고 부탁할 때를 대비해서 20여 알을 남겨 뒀다.)

우리는 흰색과 연분홍색이 섞인 리튬 캡슐을 시도했다. 리튬 복용은 처음에 나를 기겁하게 했다. 리튬은 조울증을 가진 사람들에게 주는 약으로 들뜬 조증 상태와 가라앉은 울증 상태 사이의 극단적인 변화를 막고 균형을 유지한다. 드라마 〈홈랜드〉에서 캐리 매시선이 맡은 배역인 클레어 데인즈는 조울증 환자인데 그녀가 평상심을 유지하기 위해 먹는 약이 바로 리튬이다. 이 약은 효과적인 기분 안정제이지만 주의하지 않을 경우에 장기 복용이 신장 손상을 일으킬 수 있다.[4] 가정 의학과에서 일하는 한 친구는 조울증이 심신을 너무 약화시켜서 아주 어릴 때부터 리튬을 다량으로 복용해온 여자 환자가 있었다고 말했다. 리튬은 그녀의 기분을 조절해줬지만 시간이 지나면서 장기에 해를 끼쳤다. 내 친구는 그 사람이 30년 동안 자살을 생각하지 않고 살았으니 그 맞교환이 그만한 가치가 있었다고 말했다. 자살성 사고는 최소한 불치병에 대한 두려움을 없애주는 장점을 지니고 있다.

하지만 리튬 처방으로 내가 내 생각보다 훨씬 미쳤음이 증명됐다는 점이 신부전보다도 나를 무섭게 했다.

"내가 조울증이 아닌 게 확실해요?" 나는 의사에게 수만 번째로 물었다. "확실해요?"

"설마요."

나는 조증 특유의 원기 왕성하고 천하무적이고 충동적이고 무한하게 정력적인 기간을 도무지 이해할 수 없다. 그렇다고 해서 내가 조증이나 경조증의 기간을 경험했다는 의심이 주기적으로 드는 것을 막지는 못했다. 내가 짧고 기이하게 한바탕씩 일어나는 비이성적인 의욕이나 평안에 대해 이야기하자 의사는 눈살을 찌푸렸다.

"음, 아니요, 그것은 조증이 아닙니다. 그것을 정상적인 기분이라고 부릅니다." 내가 하고 있는 일에 의해 기운이 솟고, 그 일에 몰두하고, 희망을 갖게 되는 잠깐 동안의 느낌이 너무 이질적이어서 나는 다른 정신 장애의 징후라고 확신했다.

리튬은 정신 질환 약으로 수천 년 동안 사용돼왔다. 이 광물은 19세기 중반에 발견되어 명명됐지만, 사용은 고대 그리스의 의사 갈레노스Galenos까지 거슬러 올라간다. 갈레노스는 조증 환자들에게 리튬이 함유됐을 법한 알칼리성 물로 몸을 씻고 마시게 했다.[5] 하지만 우리는 리튬이 조울증이 아닌 사람에게 어떤 작용을 하는지 잘 모른다. 우리는 분자 단계에서 리튬이 작용하는 방법을 잘 모른다.[6] 그렇지만 리튬이 자살성 사고를 억제하는 것으로 알려져 있기에 내게 상당히 시급한 필수품이었다.

우리는 세로토닌과 노르에피네프린의 재흡수를 억제하려고 황록색과 감청색이 반반 섞인 심발타를 시도했다. 이 무렵에 나는 물 없이도 한 줌의 알약을 삼키는 것에 결국 능숙해져 있었다. 약을 목구멍 속으로 던져 넣어 꿀꺽 삼키고 장의 연동 운동을 도와 밑으로 잘 내려가게 하려고 축 늘어진 귀의 젖은 개처럼 머리를 좌우로 마구 흔들었다.

우리는 자이프렉사라고도 알려진 항정신병제인 올란자핀을 시도했다. 현실 감각을 잃을까 봐 두려워하며 산다면 복용하라는 지시를 받을 끔찍한 약이다. 나 스스로가 겪고 있다고 생각한 장애와는 다른 종류의 장애를 위한 약들을 계속 먹는 동안 이 두려움은 반복적으로 없어졌다. 다양한 기분 안정제, 항정신병제, 항경련제, 항불안제와 다른 재미있는 약들이 보다 전통적인 항우울제와 함께 조합될 때 치료 저항성이 있는 우울증이 완화될 수 있다는 각종 연구 결과가 있다.[7] 그리고 어차피 이런 약들이 어떻게 몸에서 작용하는지 잘 모르는 건 마찬가지니까, 다른 장애용 약을 먹어도 상관없지 않을까?

우리가 구식 모노아민 산화 효소 억제제인 파네이트를 시도한 것이 그때였으며, 내가 그 약으로 자살을 기도하기 전까지는 효과가 있는 것으로 보였다. 트라닐시프로민이라고도 하는 파네이트는 동일한 신경 화학 경로의 각각 다른 단계를 목표로 삼는다. 파네이트는 신경 세포로 흡수된 신경 전달 물질들의 분해를 방해한다.[8] 따라서 신경 전달 물질들이 신경 세포 속에서 분해되어 다시 만들어지는 것이 아니라 시냅스로 되쏘아져 행복 유발 핀볼들처럼 그 주변에서 통통 뛰며 머문다.

나는 의대에 다니는 친구에게 모노아민 산화 효소 억제제를 처방해본 적이 있냐고 물었다.

"물론 없지. 나는 그렇게 고루한 사람이 아니야."

모노아민 산화 효소 억제제는 1950년대와 1960년대에 인기 있었다. 정신의학의 완벽하지 못한 기준에 따르면 모노아민 산화 효소 억제제는 효과가 좋았다. 하지만 그 이후로 모노아민 산화 효소 억제제를 처방받는 사람이 별로 없었다. 이 종류 약의 수요가 너무 적다보니 생산도 줄었고, 파네이트를 제조하는 글락소스미스클라인 제약 회사의 퀘백 공장은 한때 재고가 없어서 주문이 들어와도 판매하지 못했다. 나는 그 덕에 몇 주 동안이나 그 약을 살 수 없어서 경미한 공황을 겪을 지경이 됐고 그 약을 구하려고 시내에 있는 모든 약국에 전화를 걸었다. 이어서 처방약 조제는 드라마 〈더 와이어〉 속 세상에서 반복될 법한 지루하고 비현실적이고 이상한 장면으로 이어졌다.

흰색 상의를 입은 남자가 흰색 봉투를 계산대에 올려 놓는다.

"세어볼 겁니까?"

접힌 흰색 종이를 펼쳐서 스테이플러 심을 뜯어내고 손을 집어넣어 부드럽게 달그락거리는 알약들이 든 원통을 꺼내 손바닥에 굴려본다.

"맞는 것 같군요. 감사합니다." 일시 정지. "그럼…… 3주 뒤에 오면 다시 받을 수 있죠?"

"음, 일반적으로 복용량의 3분의 2 정도를 예비용으로 재조제하는데, 그것이 4주치 복용량이니, 네, 뭐, 그러셔도 되겠네요……"

"내 말은, 여기에 약이 충분히 있을까요? 또 다 떨어지는 것은 아

여보세요, 제가 지금 죽고 싶은데요

니죠?"

"아, 네. 괜찮을 겁니다. 그리고……." 주변을 흘낏 둘러본다. "약을 가지고 있을 만한 사람을 알거든요. 제가 소개해드리겠습니다."

이 모든 것이 암거래로 구하기가 훨씬 쉬운 진홍색 알약이 든 플라스틱 통 하나 때문에 일어난 일이다. 모노아민 산화 효소 억제제가 다양한 다른 재흡수 억제제들보다 화학적으로 효과가 덜해서 수요가 적은 게 아니다.[9] 모노아민 산화 효소 억제제는 과다 복용하면 너무 위험하다고 여겨지며, 지시대로 복용하더라도 불편한 부작용이 너무 많이 생겨서 환자들이 복용을 중단한다. 내 경우에 이 약은 떨림과 현기증을 일으켰다. 더 큰 골칫거리는 터무니없는 식이 제한이었다. 모노아민 산화 효소 억제제는 티라민을 분해하는 신체 활동을 방해한다. 티라민은 치즈부터 생맥주(하지만 병맥주는 제외이다. 나에게 이유를 묻지 말라), 된장을 포함한 콩 발효 제품, 소금에 절이거나 훈제하거나 식초에 절인 고기에 이르기까지 많은 음식에 들어 있다.

물론 나는 규칙을 지키지 않았다. 대체로 잊어버렸기 때문이다. 그리고 치즈 때문이었다. 그리고 술집에서 친구를 만나는 드문 경우에 다들 생맥주 잔을 들고 홀짝거리는데 나만 병맥주를 주문하는 것이 이상하게 느껴졌기 때문이었다. 대부분은 이처럼 규칙에 어긋나는 섭식이 별로 영향을 주지 않았다. 그러나 산발적으로 몇 시간 동안 지독한 두통이 이어졌다. 두개골 앞쪽 밑의 어딘가에서 지끈거리다 점차 사라지는 통증이었다. 매번 나는 뭐가 됐든 내 불안정하고 미개한 체내 화학 반응을 뒤흔드는 음식을 다시는 먹지 않겠다고 맹세했다. 기껏 하루밖에 가지 못하는 약속이었다.

기분이 엉망이 되거나 보이지 않는 내성의 경계를 넘은 후에는 복용량이 늘어났으며, 나는 지시받은 대로 약을 먹고 나면 열렬한 희망을 품고 그 약이 효과가 있기를 기도했다. 이를테면 인터넷에서 말린 염소 고환으로 만든 부적의 효험에 대한 논문들을 읽고 그 부적을 줄 만한 사람에게 염소 고환에 대한 질문을 하면서, 고환 부적에 기대는 것과 비슷한 열렬한 희망이었다.

하지만 나는 진심으로 약과 과학적 방법을 믿는다. 나는 인과 관계에 대한 허튼 주장과 보다 믿을 만한 주장을 구분하는 것에 점차 능숙해지고 있었다. 나는 정신과 진료 시간에 정보에 바탕을 두고 약의 영향과 효능에 대해 꼬치꼬치 캐묻는 일에 점차 능숙해지고 있었다. 하지만 결국 의료 관계는 신뢰를 바탕으로 해야 한다. 특히 뇌 치료에서는 더욱 그렇다. 우선 나에게 처방되는 모든 약, 시중에 나와 있는 처방 가능한 모든 약이 생화학 단계에서는 거의 비슷한 작용을 했기 때문이었다. 그리고 약이 완화한다는 증상들의 정도를 측정하기가 너무 어렵기 때문이다. 특히 빌어먹을 색유리를 통해서 모든 것을 보는 우울증의 성향이 그 사람의 경과에 영향을 미치기 때문이다. 유난히 심한 우울증을 가진 사람은 자신이 나아지고 있다는 것을 남들보다 훨씬 늦게 깨닫는 경향이 있는데, 그 사실을 안다고 해도 거의 도움이 안 된다. 나는 약을 바꿀 때마다 그 조정이 미세하나마 변화를 일으킬 것이라고 믿어야 했으며, 아주 간단한 일에는 소모적인 노력을 기울이지 않고 삶의 목적을 갖게 해줄 프로젝트를 위해 남은 에너지를 아껴뒀다.

내 친구 오마르는 파네이트를 내 힙스터 약이라고 불렀다. "진짜

구식이야. 너는 한 번도 들어본 적이 없을 거야." 한동안 정신과 의사는 그 약이 효과가 있다고 생각하는 듯했다. 앞서 말한 내 딴에는 극적이던 바보짓이 그 약을 선택할 여지를 없애버리기 전까지는 말이다.

우리는 항불안제인 부스피론(부스파)를 시도했다.[10] 그리고 세로토닌에 영향을 끼치는 졸로프트, 다시 말해 서트랄린(2016년에 미국에서 가장 많이 처방된 정신 질환 약이다)[11]을 시도했다. 우리는 살을 파먹는 부작용이 발생할 수 있는 항경련제 라믹탈(라모트리진)을 시도했다. 이 약의 부작용은 아주 드물게 나타나지만 끔찍하고 치명적인 거부 반응이다. 독성 표피 괴사는 이름 그대로의 현상이다.[12] 고통스러운 자주색 발진이 몸통부터 얼굴과 팔로 퍼지지는 않는지 주의해서 살펴야 한다. 눈, 입, 생식기의 염증을 조심해야 한다. 피부와 점막에 물집이 생기고 허물이 벗겨진다. 이 질환을 치료하지 않고 두면 내부 장기에 치명적인 해를 입을 수 있다. 그런데 놀랍게도 나에게는 괴사 질환이 전혀 나타나지 않았다. 조짐과 달리 피부가 벗겨져 진물이 질질 흐르는 진피가 드러나지도 않았다. 꼭 같은 것은 아니지만, 그렇게 실망한 후 몇 달 동안 나는 피부 괴사가 일어나지 않은 것을 보상이라도 하는 양 내 피부를 더욱 강박적으로 긁어댔다.

의사는 각성제를 쓰면 내 기력 상실이 호전되리라고 생각했다. 그래서 우리는 애더럴과 같은 성분의 일반 약을 시도했다. 애더럴이 밤샘 공부를 하는 성취욕이 강한 학생들 사이에서 인기를 끌어 남용된다고 알려져 있어서, 나는 짙은 파랑과 노랑 두 색으로 된 캡슐을 먹으면 내가 머리에 레이저가 붙은 못되고 집중력 강한 상어로 변할 것이라고 생각했다. 별로 그렇지 않았다. 그냥 평범했다. 나는 일을 할 수 있었고 이는 아주 좋은 점이었다. 하지만 전보다 더 나아지거나 집중력이 오르지는 않았다. 레이저가 나오지도 않았다. 불타는 추진력과 목적의식이 있는 에너지가 생기지도 않았다. 실망이었다.

우리는 최신 제품이자 아직 잘 알려지지 않은 항우울제인 트린텔릭스13를 시도했지만, 분홍색 달걀 모양의 이 약은 아무런 도움이 되지 않는 듯했다.

그런 다음에 또 다른 새로운 약인, 화이자 제약 회사의 항정신병제 젤독스(지프라시돈)를 시도했다. 오직 이 브랜드 약만 구할 수 있었다. 이 무렵 나는 보험에 들지 않아서 약값 청구서가 한 달에 400달러를 넘었다. 나는 저축해놓은 돈을 축냈고, 그다지 성공하지는 못했지만 음식과 책 같은 필수품에 대한 지출을 줄이려고 노력했다. 얼마 동안 나는 항정신병제(지프라시돈), 항경련제(라모트리진), 항우울제(서트랄린), 기분 안정제(리튬)를 모두 한꺼번에 복용했다. 나는 그 모든 약을 제대로 복용하기 위해 14칸으로 나뉜 다채로운 색깔의 약 정리함에 의지했다.

치명적일지도 모르는 약을 매일 내 몸에 집어넣었음에도 불구하고, 내가 여전히 살아 있다는 것이 아주 우습고 적잖이 모순적이다. 하지만 내 무모한 정신 약리학적 사방치기 놀이가 표준적인 상황에서 벗어나지 않다는 것을 알게 되면 암울하게나마 위로가 된다. 우울증이 종래의 항우울제에 바로 반응하지 않는 경우, 이를 보조하기 위해 다양한 약을 섞어 사용하는 방식을 옹호하는 연구가 그동안 있어왔다. 그러나 어떤 약을 어떤 순서로 시도할지 정하는 것은 여전히 모험이다.

이는 신경 약물학 분야의 대가에게도 해당된다.

뉴욕 웨일코넬의과대학 정신약리학과 학과장인 리처드 프리드먼 Richard Friedman은 이 일을 생업으로 삼고 있다.[14] "(의사들 중) 일부는 그저 임상적으로 사용하기에 편하고 익숙한 몇 가지 방법을 갖추고 있습니다. 그들이 그것을 시도하면, 당신은 이렇게 묻겠죠. '왜 B 방법이나 C 방법 대신에 A 방법을 사용하나요?' 대답은 '과학적'이지 않을 것입니다." 그는 기본적인 약으로 호전되지 않는 사람에게 어떤 약을 혼합해서 사용할지 연구한다. (『한낮의 우울』을 쓴 존경받는 작가 앤드루 솔로몬은 프리드먼의 약학적 감각을 깊이 신뢰한다고 나에게 말했다.) 특정한 환자에게서 어느 정도 치료 저항성이 있는 우울증을 발견할 때 그는 이렇게 한다. "나는 그 환자가 과거에 먹은 적이 있는 약, 우울증을 겪은 기간 전에 효과가 있던 약을 줄 것입니다. 그리고 그 약으로 효과를 보지 못하면, 과학적 견지에서, 주머니에서 동전을 꺼내 던지면 됩니다."

그가 이 추측 게임을 더 잘하게 됐을까?

"나는 그 질문에 대해 그렇다고 말하고 싶습니다. 당신이 나에게 증명하라고 한다면, 못합니다. 그러니 그렇다고 말하겠지만, 사실 잘 모릅니다. 이것은 과학이 아니니까요. 이것은 진료를 하며 쌓은 직감입니다."

네 명 중 겨우 한 명이 처음 시도한 항우울제를 먹고 기분이 나아지며, 그들이 지시대로 복용하고 6주 이상 꾸준히 복용한다면 효과가 나타나기 시작할 것이다. 누적 완화율은 두 번째나 세 번째나 네 번째 약 혼합제에 심리 치료를 병행한 사람들을 포함하면 약 70퍼센트까지 상승하고, 나머지 사람들 중 소수는 각 치료 단계에서 점점 호전된다. 국립 정신 보건원의 우울증 완화를 위한 순차 치료 대안 연구는 우울증에 걸린 미국인 3,671명의 치료 순서도를 작성하는 것으로 진행됐다. 1단계나 2단계나 3단계에 반응하지 않고 4단계까지 넘어간 사람들은 약간 더 가난하고 늙은 경향이 있었다. 그들은 남성이고 실업자이고 보험 미가입자일 가능성이 컸다. 또한 우울증이 18세 이전에 시작됐고 최근의 우울증 기간이 2년 이상 지속된 사람들은 4단계까지 넘어갈 가능성이 컸다.[15] 나는 지금 8,000단계인 것 같은 느낌이 든다.

호전에 대한 이야기는 이쯤에서 끝내기로 하자. 좋아진 상태를 유지하는 것은 상태가 좋아지는 것과는 완전히 다른 문제이다.

첫 번째나 두 번째나 세 번째나 네 번째 치료 시도에서 절망에서 벗어난 사람들 중 거의 절반이 1년 내에 다시 절망에 빠질 것이다. 기준점으로 돌아가는 것이다. "그러고 나면 그들에게 그다음으로 좋은 치료법이 무엇인지 알아내려고 씨름합니다." 텍사스대학교 사우스웨스턴 우울증 연구 임상 치료 센터의 마두카르 트리베디는 이 분야의 한계로 고민하고 있는 또 다른 전문가이다. "호전에 필요한 치료 단계가 많아질수록 재발률이 높아집니다."[16]

다시 말해서, 우울증이 빨리 시작될수록 오래 지속되며, 치료를 늦게 시작할수록 효과가 나타나기까지 오래 걸리고, 효과가 있을 방법을 찾기 위해 더 많은 치료 조합을 시도해야 한다. 우울증이 오래 지속될수록, 그리고 효과가 있는 방법을 찾기까지 많은 단계를 거칠

수록, 1년 안에 우울증이 재발되어 결국 처음 상태로 돌아갈 가능성이 커진다. 우울증 기간이 길고 심하고 잦을수록 계속해서 재발할 가능성이 크다. 습관을 좋아하는 뇌가 우울증에 걸린 상태가 정상이라고 생각하기 시작하기 때문이다.

우울증은 신속하고 효과적으로 조치를 취해야 하기 때문에 조기 발견이 더욱더 중요하며, 그렇기에 이용할 수 있는 효과적인 치료 방법이 부족한 상황을 납득하기 힘들다.

효능을 가장 긍정적으로 추정한 수치를 보더라도, 여전히 약 700만 명의 북미 사람들이 만성적으로 이 병에 시달리며 심신이 쇠약해지고 있고, 치료를 받더라도 효과가 없어 고통이 줄어들지 않고 있다.

"의료를 필요로 하지만 공급이 충족되지 않는 사각지대는 계속 있을 것입니다. 정말 끔찍한 일입니다." 하버드-MIT 브로드 인스티튜트 스탠리 정신의학 연구 센터를 이끄는 스티븐 하이먼Steven Hyman이 말했다.[17] 그는 기분 장애의 치료 방법을 찾고 방법의 부족을 해결하려고 수년 동안 씨름해왔다. "설사 자살을 시도하지 않는 사람이라도 그들의 삶은 아주 문제가 많습니다. 그들이 고통받고 있을 뿐만 아니라, 지금쯤은 다들 알겠지만, 그들이 상당히 제 기능을 못하기 때문입니다."

(인터뷰 중 이 지점에서 나는 큰소리로 외치고 싶은 것을 참느라 안간힘을 썼다. "완완완전 동감이에요.")

이 모든 것을 감안하면, 우울증에 걸린 사람들 중에 지시받은 대로 약을 먹는 사람들이 극소수라는 사실은 별로 놀랍지 않다. 약이 당신의 생체 기능을 방해하지 않는다고 해도, 아무런 효과를 보지 못하면서 수년 동안 날마다 약을 먹는 것은 정말로, 정말로 맥이 빠지는 일이다. 평균 약 40퍼센트만이 중기적으로(첫 처방으로부터 3개월) 약을 계속 복용한다. 그에 비해 고혈압 환자의 4분의 3과 2형 당뇨병 환자의 3분의 2가 적어도 80퍼센트의 시간 동안 지시대로 약을 복용한다.[18] 이는 심한 우울증을 가진 사람들이 호전되려는 의욕이 없기 때문이 아니다. 그것도 분명히 문제의 일부이기는 하지만 말이다. 심한 우울증에 빠지면 어떤 일에도 의욕을 가지기가 불가능하다. 그러나 항우울제의 부작용이 견딜 수 없을 정도로 지독해서 약의 부작용이 점차 증가하는 약의 이득보다 크게 여겨지는 경우가 너무 흔하다. 따라서 사람들은 복용을 중단해버린다. 가장 흔한 불평은 약이 소화기관에 입히는 피해이다. 약은 체내에 신경 전달 물질이 넘쳐나게 하고 운동성을 증가시켜 내장을 불안정하게 만든다. 그래서 의사들은 공복에 약을 먹지 말라고 조언한다. 작은 기질*이라도 근육이 가지고 놀 무엇인가를 줄 수 있으니 근육이 덜 까다로워진다. 또한 항우울제의 흔한 부작용인 불안, 동요, 불면증을 겪게 되고 이 세 가지는 우울증의 증상이거나 악화 요인인 경향이 있기 때문에 특히 짜증스럽다.

하지만 가장 많이 언급되는 부작용은 성 기능 장애이다. 누구도 성 기능 장애를 원하지 않기 때문이다. 정신의학이 즐거움의 적이라는 증거가 얼마나 더 필요할까? 이런 약은 성욕을 떨어뜨리거나, 남성들을 발기 불능으로 만들거나, 절정을 지연시키거나, 아예 절정에

♦ 효소와 작용하여 화학 반응을 일으키는 물질.

여보세요, 제가 지금 죽고 싶은데요

도달할 수 없게 한다. 우리는 이렇게 되는 연유를 잘 모른다. 아마 척수의 수용기와 관련이 있을 것이다.[19] 항우울제의 성교 방해 작용이 과하게 부풀려졌을 수 있다. 우울증이 성교 방해 작용을 하는 걸 수도 있다. (이와 동일한 이유로, 나는 개인적으로 항우울제가 자살 충동을 느끼게 한다는 주장에 회의적이다. 이런 주장은 화학 요법이 전이성 뇌종양을 일으키고 경구용 정제가 인후염을 일으킨다고 비난하는 것이나 마찬가지이다. 어떤 치료의 효과가 불충분하다고 해서 치료 대상인 병의 증상에 대한 책임이 그 치료에 있는 것은 아니다. 그렇지만 항우울제가 이전에는 에너지와 수단이 부족해서 하지 않던 자살 계획을 실제로 실행할 수 있을 정도로 당신을 호전시킬 수는 있다. 삶은 잔인한 장난이기 때문이다.)

당신이 먹는 모든 약이 호전을 바라는 당신의 간절한 기대에 미치지 못할 때, 혹은 당신이 그저 부작용에 진저리가 날 때, 약을 먹든 말든 아무 상관없다고 생각하기 쉽다.

틀렸다. 틀렸고, 틀렸고, 틀렸다. 나는 약이 나한테만 더럽게 효과가 없다고 생각하던 때가 여러 번 있었지만 약을 끊고 나면 상태가 얼마나 더 엉망진창이 되는지 깨달았다.

무엇인가의 효과가 충분하지 않다고 해서 완전히 쓸모없다는 뜻은 아니다.

우울증 자체가 꾀병이라는 주장을 뒷받침하기 위해 반정신의학 옹호자들은 우울증의 작용 방식에 대한 대중의 무지와 기존 치료의 한계를 이용하려고 드는데 이 작태가 마두카르 트리베디를 화나게 한다. "나는 치료의 효능 문제가 분명히 있다고 생각합니다. 우리는 그 사실을 인정해야 합니다. 하지만 많은 만성 내과 질환 치료가 동일한 효능 문제를 가지고 있다는 점도 말해야겠군요. 그래도 우리는 그런 병의 존재 자체에 대해 의문을 갖지 않습니다. 그저 병으로 인한 결과를 겸허하게 받아들입니다. 그 논리의 비약이 놀랍습니다. 치료 효능이 그다지 대단하지 않다는 이유로 우울증이 진짜 병이 아니라니요."

그는 두 가지 근본적인 문제를 발견했다. 하나는 정보의 부족이다. 사람들은 항우울제가 무엇을 할 수 있고 할 수 있었으며 하지 않을지 모른다. 다른 하나는 항우울제가 개선하는 질환을 사람들이 별로 심각하게 여기지 않는다는 것이다. "나는 여전히 우울증이 일종의 뇌 장애인지 아닌지 묻는 질문을 받습니다." (공식적으로, 그리고 몇 번째인지 모르겠지만, 그는 뇌 장애라고 말했다.)

다른 종류의 치료를 함께 받으면 효과가 더 좋다는 증거가 있다. 이를테면 복약과 심리 치료를 병행하는 것이 약이나 심리 치료를 각각 시도하는 것보다 낫다. 여러 약의 특정한 조합은 뇌에 다르게 작용한다. 운동은 무엇이든 당신이 겪고 있는 증상을 완화하는 유용한 보조제 역할을 할 수 있다(엔도르핀 혹은 다른 화학 반응과 관계있을 것이다). 하지만 의사들이 그런 방법들을 조합해서 사용하는 경우가 드물다. "우리는 환자가 차도를 보이자마자 만족하고 안주하면 안 됩니다. 우리는 다른 어떤 조치를 더 취할 수 있는지 고민해야 해요. 뇌의 다른 메커니즘을 통해 잠재적으로 효과가 있는 그런 치료들을 추가할 때, 차도가 있을 확률이 더 높아집니다. 이는 정말로 중요하죠."

항우울제의 효능률이 지난 반세기 동안 떨어졌다는 사실은 별로 고무적이지 않다. 하지만 이는 항우울제의 효능이 얼마나 좋은지와 별 관계없으며 우리가 약을 평가하는 방법의 변화와 더 관계있다. 연구자들은 희망적 관측과 통계적으로 타당한 결과 간의 차이를 구분하는 데에 갈수록 능숙해지고 있다. 임상 시험에서 유색인 시험 대상이 지나치게 적었기 때문에, 안 그래도 의료 서비스를 제대로 받지 못하고 있는 사람들에게 약도 별로 효과가 좋지 않다는 결론이 도출되었다. 우리가 우울증을 정의하는 방법이 변화하자 그와 동시에 시험 대상으로 새로운 사람들이 포함되었다. 이는 약물 시험이 장애가 경미한 사람들을 더 많이 대상자로 삼는다는 의미이다. 우리는 이제 병의 심각성이 낮을수록 항우울제가 효과 있을 가능성이 더 낮다는 사실을 안다.[20]

우리는 정신 질환 약의 도움을 받는 사람보다 도움을 받지 못하는 사람들을 더 확실히 알아차리며, 이런 실정으로 실제 효과에 대한 혼란이 가중될 수 있다. "우리는 치료를 받지 않는 사람들을 보고 듣습니다. 신발도 신지 않은 채 길거리에서 괴성을 지르는 심각한 정신병에 걸린 남자나 아직 약에 반응하지 않은 우리의 사랑하는 사람들. 그에 반해서 치료를 받아서 완화된 우리의 동료나 친구의 정신 질환은 눈에 띄지 않습니다." 중독 및 정신건강 센터의 임상 과학자이며 '치료하기 힘든' 노령 인구를 전문적으로 연구하는 브누아 멀산트가 말했다.[21] 또한 그는 항우울제의 효과가 없다는 인식이 너무 이른 복용 중단 때문일 수 있다고 말했다. 복용을 완전히 혹은 너무 빠르게 중단해버리면, 약이 효력을 발휘할 수 없다. 타당한 말이다. 하지만 한 사람에게 최고인 약이라고 해도, 다른 많은 사람들에게 지독한 부작용을 일으키고 아주 장기간 복용해야 해서 병에 걸린 사람들이 굳이 챙겨 먹지 않는다면 그 약은 별로 좋은 약이라 할 수 없을 것이다.

여보세요, 제가 지금 죽고 싶은데요

12

잘
알아챘어요!

나는 다양한 종류의 약들을 복용하며 인지 행동 치료를 병행했다. 내가 보기에 인지 행동 치료는 한없이 서로를 괴롭히는 소크라테스식 논리 연습과 비슷했다.

아론 벡Aaron Beck 박사가 1960년에 개척한[1] 인지 행동 치료는 생각을 지렛대로 삼아 압도적인 감정을 다스리고 완화한다. 세상 속의 자신에 대해 균형 잡힌 시각을 얻기 위해서 감정, 그 감정을 뒷받침하는 생각, 그 생각을 지지하고 반박하는 증거를 기록한다. 인지 행동 치료는 뇌가 스스로 행하는 해로운 확신 공세에 대해 의심을 품게 하고, 새롭고 덜 해로운 자동적 사고를 개척하게 하고, 피할 수 없고 절망적인 무기력 상태의 소용돌이를 피하게 하려는 목적으로 만들어졌다.

인지 행동 치료 및 다른 심리 치료들이 우울증 치료에 효과가 있다는 증거는 상당히 탄탄하다. 근거를 바탕으로 진행되는 심리 치료가 항우울제의 효과를 강화하고[2] 재발의 가능성을 줄이는[3] 것이 발견뒀다. 대부분의 사람들이 어느 쪽을 선호하느냐는 질문을 받으면 약보다 대화를 택하지만, 대체로 의사들은 환자에게 묻지 않거나 아예 신경 쓰지 않는다. 통계에 따르면 약이 훨씬 더 자주 사용되는데 반하여, 심리 치료의 이용은 미국에서 1996년과 2005년 사이에 실제로 감소했다.⁴ 나는 인지 행동 치료의 핵심 활동인 '생각 기록'을 하느라 수년 동안 애를 먹었다. 내가 인지 행동 치료에 애용되는 책 『기분 다스리기Mind Over Mood』를 읽고 글로 쓰는 연습 문제의 개념 구조를 외우고 오랜 시간이 지났는데도, 가장 절실하게 필요할 때 그 것을 제대로 활용할 수 없었다.⁵ 상태가 대체로 괜찮은 동안에는 자기 생각이 틀렸다고 스스로를 설득하기가 수월하지만, 상태가 악화될 때 그런 설득을 할 수 없다면 생각 기록은 그다지 도움이 되지 않는다. 그렇지만 이 방법은 수없이 나를 위기에서 끌어냈다. 내가 이 방법을 잘 활용할 수 있을 때는 효과가 아주 좋았다.

'마음 챙김'이라는 말은 이상한 소리처럼 들린다. 그룹 수업은 더 이상하다. 정신과 의사의 재촉으로 나는 한 강좌에 600달러라는 거금을 쏟아부었다. 그의 입장에서는 간곡한 권고였겠지만 불행하게도 시기가 적절하지 않았다. 내가 보험에 가입하지 않은 때였기 때문이다. 그 강좌는 초저녁에 두 시간 동안 진행하는 수업으로 구성돼 있었다. 두 명의 의사가, 한 명은 공인된 자연 요법을 이용하는 치료사이고 다른 한 명은 의학 전문 대학원을 나온 의사였는데, 그룹으로 나뉜 우리에게 다양한 생각 연습 방법을 보여줬다. 자신을 사로잡는 생각과 감정에 매몰되는 것이 아니라 그런 생각과 감정을 민감하게 자각하는 것이 가장 기본적인 방식이다. 자신을 압도하는 생각과 자아 사이에 거리를 조금 둬 균형감을 높이는 것이다. 나는 참가자들의 고무적인 독백이 짜증나게 감상적이라고 느꼈지만, 다른 사람들의 입을 통해 그들의 정신적 장애에 대해 듣다보니 그들과 나를 이해하는 데 도움이 됐다. 괴로워하는 다른 사람들의 상태 사이에 있는 차이점과 유사점, 일관성을 알게 되니 꽤 유익했다. 더욱 중요한 점은 내 무시에도 불구하고 이 방법이 실제로 어느 정도 효과가 있다는 것이었다.

나는 마음 챙김 강좌의 조력자들 중 한 명이 떠들썩하게 "잘 알아챘어요!"라고 말할 때마다 불만스러운 티를 간신히 억눌렀다. 그렇지만 알아챈다는 것은 무엇인가를 할 수 있게 하는 데 진심으로 도움이 된다. 강력하고 되풀이되는 자동 추정을 인정하는 행동만으로도, 이 방법을 쓰지 않을 때 일어날 두려움의 소용돌이를 억제하는 데 때로 도움이 된다. 적어도 이런 빌어먹을 감정이 되풀이해서 불쑥 나타날 때 이를 알아차리도록 신호를 준다. '어라, 불쾌한 감정이잖아. 이게 뭐지? 아, 자기 비난이구나. 내가 모든 것을 망쳤기 때문에 죽어야 한다고 생각하고 있어. 흥미로운걸. 어제도 똑같은 생각을 했잖아.' 이런 활동이 600달러짜리라니 터무니없이 비싸게 느껴지지만, 자신의 감정을 인식하고 생각과 감정을 구분하고 다시 그 둘을 자신과 분리하는 방법을 스스로 배우는 것은 사실 가치가 있다. 나는 여전히 나 자신과 내 생각 사이에 거리를 두려고 노력하는데, 성공 여부는 매번 다르다. 잘 알아챘어!

치료 방법이 중요하지만 치료의 효과는 치료하는 사람에게 달려 있다. 심리 치료가 효과가 있음을 알고 어떤 형태의 심리 치료가 효과가 있는지 알지라도, 대부분의 사람들은 어느 정도 효과가 증명된 심리 치료를 받지 않는다. 캐나다의 심리 치료 상황이 30년 전처럼 엉망이지는 않지만, 크게 다르지도 않다.6 많은 주에서 아파트 문에 '심리 치료사' 간판을 걸면 사람들에게 그들의 문제에 대해서 말해주는 대가로 시간 당 400달러를 청구할 수 있다. 치유의 수정 구슬 사용료로 50달러를 추가할 수도 있다. 대부분의 심리 치료 규제 기관은 당신에게 필요한 학위나 그 학위를 딸 수 있는 학교를 구체적으로 명시한다. 반면에 거의 어느 기관도 어떤 치료 방법이 합리적이고 어떤 치료 방법이 형편없는지 말하지 않을 것이며, 더구나 치료자가 제대로 일하고 있는지 확인하지도 않을 것이다.7 심리 치료 분야의 자격증 제도가 혼란스럽기에 사람들은 효과적인 다른 치료 방법을 놓치게 된다. 이 분야의 경험이나 지식이 없으면 자신이 무엇을 찾고 있는지 알기 어렵다. 그 결과로 많은 사람들이 효과가 증명되지 않은 치료를 받는다.

설사 비전문가가 자신을 괴롭히는 증상에 어떤 치료법이 효과가 있다고 입증되었는지 알더라도(나는 대부분이 알지 못한다고 장담한다) 마이클 스코엔바움Michael Schoenbaum에 따르면 "그들은 해당 치료사가 실제로 성공할지 못할지 절대 쉽게 알아낼 수 없다."8 그는 국립 정신 보건원에서 정신건강 관리의 전염병학 및 경제학 부문의 수석 고문을 맡고 있다. 정신건강 관리 분야에서 그에게 '중요한 영향을 준 경험'은 한 회의에서 들었던 주요 보험사 의료 실장의 말이었다. 그 의료 실장은 보험사에서 비용을 지급하는 치료사들이 진짜로 치료를 잘하고 있는지 확실하게 말할 수 없다고 한탄했다.

그는 주관성과 불확실성이 특징인 분야에서조차, 사람들이 실제 효과가 있는 치료를 받기 위해(그리고 보험사가 비용을 지불하게 하기 위해) 정보를 확인하고 그 정보에 기반해서 행동하지 않는다는 현실을 믿을 수 없었다. 사람들은 치아에 생긴 염증을 치료하기 위해서 위험을 감수하고 모험해야 한다면 그 접근법을 결코 받아들이지 않겠지만, 세계 제1의 장애 원인인 우울증을 치료할 때는 유독 정보에 신경을 쓰지 않는다.

당신이 탈출 방법을 스스로 생각해야 한다는 말을 듣는다면, 당신의 영혼을 파괴하는 상태가 당신이 통제할 수 없는 병으로 인한 것이라는 사실을 알았을 때 느끼는 안도감을 조금 빼앗길 것이다. 나는 인지 행동 치료를 이해하느라고 짜증나는 시간을 보냈다. 특히 인지 치료의 정서적 구명줄이 가장 절실히 필요하던 저조한 시기에 그랬다. 그리고 때로 정신과 의사의 사무실에서 콧물범벅으로 한바탕 정신없이 울어대다가 당신의 생각 패턴이 '너무 결과 지향적'이라는 말을 듣는 상황은 환자에게 그다지 도움이 되지 않는다.

하지만 맹세하건데 나는 생각 기록을 빠짐없이 작성했고 약을 어김없이 먹었다. 약이 감당할 수 없을 정도로 비싸졌을 때도 복용을 빼먹지 않았고 과다 복용을 하고 싶어 감질날 때도 약을 모아 놓지 않았다. 나는 숨을 죽이고 효과가 나타나기를 기다렸다. 나는 시도해볼 수 있는 약의 종류가 다 떨어지고 있다는 것을 알았다. 그리고 그렇게 되면 내가 더 극단적인 방법에 의지해야 할 것이라는 사실을 알았다.

13

감전, 충격,
태우기로 뇌를 항복시키다

이 약 저 약을 돌아가며 써봐도 원하는 결과를 얻지 못하자, 2018년 가을에 정신과 의사의 제안에 따라 우리는 반복적 경두개 자기 자극술을 시도했다. 아직도 실험적인 방식이고 온타리오 공중 보건 시스템이 비용을 부담해주지 않는다. 총 15회에 걸친 치료비는 기부를 통해 지불됐다.

우리가 우울증 치료에 사용하고 있거나 사용하고 싶거나 사용할 예정인 모든 방법과 마찬가지로, 애초에 경두개 자기 자극술은 다른 목적으로 시작됐다. 자기파로 뇌의 각기 다른 부분을 자극해서 뇌의 활동을 측정하고 신경 세포들이 수축할 때 어떤 일이 생기는지 추적하기 위한 시험이었다.

"뇌의 평가에 사용되는 자기장과 동일한 자기장이 뇌의 치료에 이용될 수 있습니다." 토론토에 있는 중독 및 정신건강 센터의 치료적 뇌 개입 테메티 센터 소장인 제프 다스칼라키스Jeff Daskalakis가 말했다. 그는 나와 함께 테메티 센터의 베이지색 복도를 걷는 동안 5초

혹은 10초마다 뇌를 자기파로 자극하면 신경 세포들을 탈분극화[*]한다고 말했다. 뇌 세포들을 활성화시킨 다음에 억제하는 것이다. 그 과정을 주기적으로 반복하면 무엇인가를 바꿀 수 있을지 모른다.[1]

반복적 경두개 자기 자극술의 기본 발상은 전기 자극 요법과 동일한 방법을 사용하되 손이 덜 가고 덜 자원 집약적이고 덜 기이한 방법을 이용한다는 것이다. 전기 자극 요법은 전기를 흘려보내 뇌 전반에 발작을 일으켜 뇌를 강제로 재부팅시킨다. 반복적 경두개 자기 자극술은 자기장을 통과시켜 뇌의 특정 부위를 강제로 재부팅시키고 발작을 완전히 피하게 한다.

"뇌는 자기장과 전기장을 분간하지 못합니다. 둘 다 신경 세포의 탈분극을 유발합니다. 하지만 서로 다른 방식으로 이루어집니다." 전기장은 호수에 던진 돌멩이처럼 뇌척수액을 맞힌다. 사방으로 잔물결이 퍼져 전기 신호를 뇌 전체로 보낸다. 반면에 자기장은 목표 부위를 맞히고 멈춘다. "따라서 이 크기의 부위를 자극하면, 영향도 이 크기에 머뭅니다." 그가 엄지손가락과 집게손가락으로 동그라미를 만들어 보여주면서 말했다.

반복적 경두개 자기 자극술의 이점은 시행하는 것과 사람들이 접근하고 받아들이고 시도하는 것이 더 쉽다는 것이다. 하지만 지금까지의 연구에 따르면 반복적 경두개 자기 자극술은 전기 자극 요법만큼 효과적이지 않다.[2] 그리고 뉴욕 마운트 시나이 헬스 시스템의 정신과 의사이자 전기 자극 요법의 지지자인 찰스 켈너Charles Kellner는

---

[*] 세포막을 경계로 분리되어 있던 세포 안팎의 전압에 변화가 일어나는 현상.

전기로 발작을 유도하는 시험에 자원할 수 있는 사람에게나 자기 에너지로 자극하는 치료 방법을 실행할 수 있다는 주장을 묵살한다.

"환자들은 무슨 치료법이든 원하는 대로 선택할 수 있습니다. 하지만 전기 자극 요법이 중병일 경우 받는 심각한 치료이고, 반복적 경두개 자기 자극술은 아주 가벼운 우울증을 위한 더 일시적인 치료라고 생각합니다. 두 방법은 비슷하지 않습니다. 두 방법은 동일한 사람들을 대상으로 하지 않으며 혼동되면 안 됩니다."[3]

다시 토론토로 돌아와서, 제프 다스칼라키스를 만나 보자. 그의 의견은 보다 외교적이다. 그는 전기 자극 요법의 쟁점이 두 부분이라고 생각한다. 첫째는 오명이다. 사람들이 전기 자극 요법에 대해 가지고 있는 뿌리 깊은 두려움, 종종 정신과 의사들조차 끊어내지 못하는 그 뿌리 깊은 두려움을 말한다. 둘째는 전기 자극 요법을 받을 수 있는 시설이 제한되어 있다는 점이다. 그는 온타리오주 전체에서 전기 자극 요법을 받을 수 있는 최대 인원이 모두 치료 저항성 우울증을 앓고 있고, 그들은 전기 자극 요법으로 이익을 얻을 사람들의 1퍼센트에 불과할 것이라고 추산한다. "따라서 반복적 경두개 자기 자극술은 그 간극을 메워 사람들을 호전시키길 목적으로 만들어졌습니다. 견디기가 훨씬 수월하지요. 사실상 이 방법에 대해서는 오명이 없습니다. 그래서 반복적 경두개 자기 자극술을 온타리오주 전체에 폭넓게 보급하자는 의견에 힘이 실립니다."

(이 방법은 나한테 효과가 없었고, 정신과 의사는 이것이 불편한 인지 부작용을 일으켰을 것이라고 생각한다. 나는 가장 기본적인 결정조차 내리지 못했으며, 단편적인 정보를 종합하는 데 어려움을 겪는 바람에 공황

상태가 급격히 악화됐다. 하필 기분이 유난히 저조하던 시기에 반복적 경두개 자기 자극술을 시도했는데, 시술을 받으러 가기 위해 침대에서 빠져나오는 것에 간신히 성공할 정도였다. 아마 그래서 효과가 없었나 보다.)

우리가 입수한 자료에 따르면, 영화 〈뻐꾸기 둥지 위로 날아간 새〉(1977)에서 잭 니콜슨을 무기력하게 만들었고, 20세기 중반 뉴질랜드 정신 병원을 묘사한 재닛 프레임의 산문에서 사람들을 공포에 빠뜨렸던 일부 충격 요법이 여전히 치료 저항성 우울증에 효과적이다. 보통 1주일이나 2주일 동안 몇 번 강렬한 전기 자극 요법을 받은 사람들의 즉각적인 치료 만족도는 75퍼센트에 이른다.[4]

그 회복이나 호전의 정도를 유지할 수 있을지 없을지는 완전히 다른 이야기이다. "아주 심한 우울증을 앓는 사람들에게 아주 중요한 방법입니다. 하지만 이것은 너무 적게 사용됩니다." 국립 정신 보건원 원장인 토머스 인셀이 나에게 말했다. 내가 처음 그와 전화로 이야기를 나눴을 때만 해도 그는 온 나라의 공중 정신건강의 중심부를 지휘하고 있었는데 얼마 지나지 않아 그 요직을 그만두고 정신건강 기술 분야의 신생 기업으로 옮겼다.

전기 치료 요법은 어떻게 작용하는 것일까?

과학은 여전히 그것을 알아내려고 노력하고 있다. 일부 이론은 전기 자극 요법이 유발하는 발작이 더 강하고 더 활동적인 새로운 신경 세포를 탄생시킨다고 가정한다. 토머스 인셀은 이를 수동으로 하는 컴퓨터 재부팅, 즉 '리셋 버튼 누르기'와 비교한다.[5] 현재로서 치료 저항성 우울증에는 신경을 강제로 재부팅하는 것이 가장 효과적이다.

IT 전문가가 "음, 껐다가 다시 켜보셨어요?"라고 묻는 경우와 같다.

전기 자극 요법은 지난 반세기 동안 변화해왔다. 이를테면 반복 단파로 바꾸고, 통증에 대비해 전신 마취를 하고, 움직이지 않게 근이완제를 투여하고, 혀를 깨물지 않도록 스티로폼 재질의 물림 보호대를 사용하고, 심장 박동과 호흡과 혈압을 지켜보는 마취 전문의를 포함해서 시술을 진행하는 전문가 팀이 투입된다. 두피에 전극을 붙여 뇌 활동과 뇌의 상태에 적당한 맞춤 전압을 측정한다.[6] 애석하게도 프랑켄슈타인 박사가 그의 창조물에 생명을 불어넣기 위해 사용한 아래위로 젖히는 커다란 레버 스위치가 아니라, 버튼으로 전기를 켠다.

전기 자극은 밀리쿨롱 단위로 측정하며, 한 사람에게 완전한 발작을 일으키는 데 드는 에너지 최저량의 몇 배로 설정된다. 적절한 세기로 4~8초 자극하면 20~60초의 전신 발작이 일어난다. 처음부터 끝까지 전 과정은 약 8분 걸린다. 이어서 회복실로 가서 아침식사를 한다. 시술 전 여덟 시간 정도 아무것도 먹거나 마시지 않기 때문이다. 특히 발작 후 두통이 있을 때 커피가 좋다고 한다. 주의 사항에 따르면 장기적인 효과를 얻으려면 이런 충격을 뇌에 반복적으로 줘야 한다. 처음에는 일주일에 2~3번 실시하지만, 이후 몇 달 동안 '지속적으로' 전기 자극 요법을 실시하면 호전된 상태를 유지할 가능성이 훨씬 높다. 그렇다고 하더라도 가능성이 대단히 높지는 않다. 2016년에 실시한 연구에 따르면 첫 회에 이어 추가 전기 자극 요법 치료를 받은 사람의 37퍼센트가 6개월 내에 우울증이 재발했다.[7] 우려하는 대로, 이 치료를 받고 기억과 인지에 문제가 생기는 경우도 많다. 하지만 인지 장애가 얼마나 오래 지속되고 인지 장애 중 어느 정도가 우울증 때문인지는 논란의 여지가 있다. 시술 후 약 20분 동안 몸을 제대로 가누지 못하는 상태가 될 것이다. 하루 이틀 정도는 운전을 하면 안 된다. 2주 정도 동안 정신이 계속 몽롱할 것이다. 대부분의 사람은 기억을 약간 잃는다. 가장 취약한 기억은 치료 전 몇 주 혹은 몇 달 안에 형성된 불연속 기억들인 듯하다. 이를테면 여행이나 새로운 지인이 여기에 포함된다. 대부분의 사람들은 마지막 전기 자극 요법 후 6개월 내에 대부분의 기억을 되찾는다. 그러나 일부 기억은 영원히 사라진다.

"많은 사람들의 생각처럼 그렇게 크게 우려할 일은 아닙니다." 뉴욕에서 활동하는 찰스 켈너가 전화 통화에서 나에게 장담했다. "부작용이 없는 의료 시술이란 없으며, 많은 환자가 전기 자극 요법의 부작용으로 최근 기억 일부를 일시적으로 상실합니다." 그는 사람들이 전기 자극(전기 충격이라고 부르지 말라고 강조했다) 요법에 대해 기겁하는 것에 진절머리를 냈다. "대부분의 사람들이 인터넷에서 정보를 얻는다는 게 문제입니다……. 많은 사람들이 믿을 만하다고 여기는 위키피디아조차 전기 자극 요법 페이지에 사이언톨로지교♦를 믿는 사람들이 침투했습니다."

또한 그는 전기 자극 요법이 계속 개선되고 있어 부정적인 부작용이 차츰 줄어들고 있다고 말한다. 예를 들어서 초단파는 인지 손상을 최소화하는 듯하다. 머리의 양쪽이 아니라 한쪽만 목표로 삼는

♦ 사이언톨로지교는 반정신의학을 주장한다.

전기 파장도 마찬가지이다. 하지만 이처럼 다소 순한 방법들은 보다 강한 방법들보다 훨씬 덜 효과적이다.

찰스 켈너는 전기 자극 요법을 받은 사람 중 몇 퍼센트가 기억을 잃었다가 다시 되찾지 못하는지에 대해 이야기하기를 거부했다. "오해를 받을 것이다"라는 이유였다. 그는 사람들은 항상 잊어버리기 마련이며, 전기 자극 요법이 잊게 만든 기억을 우울증이 엉망으로 만든 기억이나 어쨌든 잊어버렸을 기억과 구분하기가 어렵다고 말했다. 그는 우리가 걱정을 멈춰야 한다고 생각한다.

"전기 자극 요법을 사소한 이유로 실시하지는 않는다는 점을 이해해야 합니다. 내가 정신과 의사가 아니라 종양 전문이이고 당신이 생명을 위협하는 암에 걸려 나에게 온다고 합시다. 내가 '당신의 생명을 구하기 위해 화학 요법이 필요하고 화학 요법을 받으면 6개월 동안 머리카락이 빠질 것입니다'라고 말하는데 당신이 '나는 머리카락이 빠지는 것이 싫으니까 내 목숨을 구할 화학 요법을 받지 않을 것입니다'라고 답한다고 칩시다. 이것은 심한 우울증 환자가 '기억을 약간 잃을 테니까 전기 자극 요법을 받지 않을 것입니다'라고 말하는 것과 마찬가지입니다. 똑같이 터무니없지요."

어쩌면 이 주장이 일부 환자들을 설득시킬 것이다. 어쩌면 당신이 유난히 굴고 있고 당신의 걱정이 어리석으며 기억이 머리카락보다 더 소중하지는 않다며 철없는 환자라는 소리를 듣고 경계하던 치료법을 신뢰하게 될 수도 있을 것이다. 나를 미치광이라고 부를지도 모르지만, 나는 기억을 잃는 것이 머리카락을 잃는 것보다 훨씬 더 걱정스럽다. 내가 기분 장애의 세계에 들어온 초기에 나는 전기 자극 요법을 받을지 모른다는 사실이 극도로 무서웠다.

하지만 이제 막 깨달은 자신의 병을 치료하기 시작한 지 1주일 정도 지났을 때는 불쾌한 시술들을 받지 않겠다고 맹세하기 쉽지만, 10년간 이 병에 시달려 심신이 쇠약해진 후에는 이렇게 거부하기가 훨씬 어려워진다. 전기 자극 요법에 대한 내 반감은 새로운 약물 치료를 시작할 때마다 약해졌다. 나는 진심으로 사람들이 스스로의 치료에 대해 내리는 결정들을 존경한다.

내 정신과 의사와 나는 전기 자극 요법에 대해 지나가는 말로 상의했지만 우리 둘 다 같은 걱정을 했다. 설령 직장 장애 지원 제도에 따라 내가 몇 주 혹은 몇 달 동안 휴가를 얻을 수 있다고 해도, 설령 내가 향후 언젠가 회사에 복귀할 자신이 있다고 해도, 그 사이에 내가 어떻게 살 것이며 몇 달 혹은 몇 년 동안 지속될 수 있는 위태로운 인지 능력으로 어떻게 일을 할 것인가? 나는 지나치다 싶게 전적으로 일에 의지해 내 삶을 살아가기에 지적 능력을 낭비할 여력이 없다. 내가 전기 자극 요법을 선택지에서 완전히 배제하는 것이 아니다. 그저 사전에 골똘히 고민해봐야 한다고 생각하는 것이다.

뇌에 전기를 의학적으로 사용하는 치료법에 대해 뿌리 깊은 두려움을 느끼는 사람이 나만은 아니다. 뇌 전기 충격이 우울증의 긴장병 상태에 있는 사람들에게 놀라운 효과를 발휘한다고 입증됐으며, 과거에 비해 덜 고통스럽고 더 인간적이고 발작을 일으킬 가능성이 낮은 치료법이라고 이미지를 쇄신하는 작업은 지금까지 부분적으로만 성공을 거뒀다. 정신과 의사들은 수십 년에 걸쳐 문화 콘텐츠와 사실에 입각해서 형성된, 뿌리 깊은 대중의 공포와 힘들게 싸우고 있다.

대중의 공포가 워낙 커서 공립 병원은 전기 자극 요법을 거의 실시하지 않는다.

시중에 나와 있는 다른 방법은 무엇이 있을까? 바로 머리에 구멍을 뚫는 것이다.

뇌는 통증을 감지할 수 없으므로, 두피에 국소 마취만 하면 된다. 이어서 외과의가 머리 위쪽을 초승달 모양으로 절개해서, 조직을 끌어올려, 두개골 양쪽에 구멍을 뚫고, 볼펜 구슬 크기의 금속 팁이 달린 절연 스타일러스를 사용해서 뇌 조직 속 각설탕 크기의 두 거울상 구체들을 태운다.

모든 방법을 다 시도해봤는데 어떤 것도 효과가 없으면(신경 전달 물질 재흡수 억제제, 모노아민 산화 효소 억제제, 기분 안정제, 항경련제, 항정신병제, 심리 치료, 반복적 경두개 자기 자극술, 전기 자극 요법이 모두 실패로 돌아가면) 대상회전 절제술anterior cingulotomy이라는 수술을 받을 대상이 된다. 1950년대와 1960년대에 뇌엽 절리술(노벨상을 받은 수술인데 눈구멍으로 얼음송곳을 넣어 전두엽을 휘젓는 방식이다. 남성과 여성, 주로 여성에게 동의 없이 빈번하게 이루어졌으며 대체로 충격적인 결과를 유발했다)의 영향을 받아 개발된 이 수술은 지름 약 1센티미터로 뇌 조직의 구체 두 곳을 태운다.

나는 이 수술에 대해 알아내기 위해 미국에서 유일하게 정신 질환자를 대상으로 이런 수술을 실시하는 매사추세츠 종합 병원의 정신과 의사인 다린 도허티Darin Dougherty에게 연락했다. 그는 친절했으며 뇌 수술에 대해 전혀 모르면서도 알고 싶어 하는 나를 격려해줬다.

그가 '전두엽 절제술 대실패'라고 일컬은 상황의 여파로, 신경외과 계는 정신 질환을 가진 사람의 뇌를 보다 정확하게 자르는 방법을 찾고 있었다. 신경외과 의사들은 어디에서 시작할지 몰라서 임의로 한 지점을 골랐다. "이런 크고 무차별적인 병소에서…… 작고 다른 부위와 구별되고 목표로 삼은 병소로 이동하자는 의도였습니다." 다린 도허티가 나에게 설명했다.[8] 듣자 하니 우리는 이 방법이 어떻게 작용하는지, 왜 배측 전대상 피질이라고 하는 뇌의 전방 안쪽 주름을 겨냥하는지, 그 피질이 무슨 역할을 하는지 여전히 모른다. 하지만 우리는 그것이 우울증과 관련된 네트워크의 일부라는 것은 안다. "이 수술이 1960년대에 시작됐고…… 이제야 효과가 나타났다는 점을 명심해야 합니다."

비슷한 수술들이 대략 같은 시기에 전 세계의 몇몇 장소에서 개척되고 있었다. 하지만 일부 추측은 운이 덜 좋았다. "독일에서는 뇌 표면의 회색 피질 일부를 잘라내는 방법을 썼습니다. 네, 피질을 그냥 제거해버렸고 그 방법은 효과적이지 않았습니다." 도허티가 말했다. 20세기 중반에 수십 명의 사람들이 다루기 힘든 우울증을 치료하기 위해 실험적인 개두술에 자원했다가 결국 머리에 두 개의 구멍만 남긴 채 끝내 낙담의 늪에서 벗어나지 못했다. "상상이 됩니까?"

이런 외과적 처치는 뇌 수술을 대상으로 임의 대조 시험을 할 수 없다는 점이 어렵다. 대조 시험을 한다면 가짜로 두개골에 구멍 뚫고 뇌 조직을 태우는 수술을 해야 할 것이다. 그러나 할 수 있는 일은 수술을 받은 환자들에게 무슨 일이 일어나는지 추적하는 것뿐이다. 지금까지의 증거에 따르면 뇌의 작은 구체 두 개를 태우는 절제

술이 다른 방법으로 효과를 보지 못한 사람들에게 무엇보다 효과가 좋다.9

대상회전 절제술은 어떤 과정을 거칠까? 환자가 병원에 간다. 수술할 곳을 정확히 알아내기 위해서 MRI를 찍는다. 리도카인으로 두피를 국소 마취하고, 이어서 두개골을 안정적으로 고정시키기 위해서 프레임(척추 골절인 사람들에게 사용하는 금속 비계처럼 생김)이 뼈에 닿을 때까지 나사를 피부 속으로 돌려서 끼운다. 또한 불안을 감소시키기 위해 미다졸람 같은 벤조다이아제핀계 마취제를 사용할 수 있다.

이어서 고해상도 컴퓨터 단층 촬영을 하고 그것을 자기 공명 영상에 덧씌워서 목표 지점의 영상을 확보한다. "기본적으로 3차원 공간 기하학 구조입니다." 환자를 수술실로 데리고 가서 머리를 전혀 움직이지 못하도록 금속 프레임을 침대에 나사로 고정한다. 외과의가 두피를 가른다. 양쪽 구멍을 원하는 위치에 한 번에 절개하고, 이는 머리 앞부분의 양쪽을 가로지른다. "당신이 누군가의 머리 양쪽에 뿔 두 개를 그린다고 칠 때의 바로 그 자리에 해당됩니다." 수영 모자 같은 보호용 경막을 통과해 뇌에 도달할 때까지(뇌를 뚫지는 않는다) 정밀한 드릴로 두개골에 구멍을 뚫는다. "이 드릴은 실수를 걱정하지 않아도 됩니다. 원래 이 목적으로 제작됐으니까요." 도허티는 나를 안심시켰다. "'이런, 내가 너무 세게 눌렀네' 같은 말을 하는 상황이 일어나면 안 되지요."

그러고 나면?

"음, 그러고 나면 구멍이 하나 생깁니다."

외과의가 뇌에서 태우고 싶은 둥근 구멍의 정확한 좌표가 입력된 금속 프로브를 사용한다. 영상을 바탕으로 프로브를 지정된 위치까지 밀어 넣어 제자리에 고정시킨다. 이어서 프로브를 켠다. 프로브는 끝 부분을 제외하고 절연 처리가 돼 있으며, 약 85~90℃까지 가열된다. 외과의는 약 60초 동안 프로브를 제자리, 즉 병소에 남겨둔다. 그러고 나서 꺼내서 반대쪽에 같은 작업을 한다. "그런 다음 꿰매면 끝입니다."

봤나? 쉽다. 처음부터 끝까지 한 시간 정도 걸린다. 환자는 48시간 내로 집에 돌아간다. 결국 뇌에 구운 미러 볼이 박혀 있게 된다. 나는 한쪽만 수술한 적이 있는지 물었다. "흥미로운 연구가 되겠군요." 그가 골똘히 생각했다. "잘못된 쪽을 골라서 수술할 때 만약 양쪽을 다 실시해야 한다면, 뇌 수술을 한 번이 아니라 두 번 해야 한다는 문제가 있습니다. 그래서 우리는 그것을 탐구해보지 않았습니다."

그는 수술을 직접 집도하지는 않는다. 그는 외과의가 아니라 정신과 의사이다. 두개골에 구멍을 뚫은 후 조직을 태우기 전, 그의 팀은 환자의 사전 동의에 따라 각기 다른 작업을 할 때 신경 회로에 어떤 일이 일어나는지 연구한다.

그들은 수술실에서 특정한 작업을 하는 동안 발화하는 신경 세포들을 측정한다. 사람 머리카락 굵기인 전극을 나중에 태울 곳과 같은 지점에 삽입한다.

정말로 하나의 신경 세포에 관심을 집중하고 싶다면 아주 주의 깊게 들어야 한다.

"신경 세포의 탁탁 소리를 들을 수 있습니다. 우리는 항상 볼륨을 높입니다. 그것이 가장 좋은 신경 세포 발견 방법입니다." (그 탁탁 소리는 기본적으로 라이스 크리스피 시리얼 소리와 같다.) "그때 신경 세포를 발견했다는 것을 알게 됩니다. 전자 점화가 일으키는 소리로요. 귀에 들리는 그 소리는 세포 간의 전압 차이가 변했다는 것을 뜻합니다." 그 소리는 신경 세포가 메시지를 보내고 있다는 의미이다. 연결을 하고 지시를 내리는 것이다. 그와 동료들은 소리 패턴의 변화와 뇌의 반응 방식을 집중해서 들은 다음, 그 소음들을 기록한다. "그 소리는 곡선으로 변환되어 그려집니다. 이어서 그 곡선의 정량 평가, 측정, 계산 같은 작업을 합니다."

환자는 수술대에 누워 있는 동안 컴퓨터로 과제를 풀어야 하며 사용하기 쉬운 위치에 키보드가 놓여 있다. 그들은 환자의 주의력, 집중을 방해할 때 일어나는 일을 측정한다. 도박 과제를 줘서 환자가 결정을 내릴 때, 이기거나 질 때 뇌가 어떻게 반응하는지 살핀다. 도허티와 그의 팀은 환자가 그런 과제를 잘 하는지의 여부보다 과제를 하는 동안 뇌가 무엇을 하는지에 더 관심이 있다. 그 결정을 어떻게 내리는지 보는 것이다. "어떤 사람들은 높은 위험성을 드러내면서 '나는 많이 잃지 않게 돈을 조금만 걸 거예요'라고 말합니다. 그리고 어떤 사람은 '나는 항상 돈을 많이 겁니다'라고 말하죠. 그런 다음 이겼거나 졌다는 말을 들으면 사람들이 각기 다르게 반응하고 그들의 뇌가 각기 다르게 반응합니다. 그래서 우리는 도중의 여러 지점에서 어떤 일이 일어나는지에 관심이 있습니다."

수술 전후의 뇌 활동을 비교할 수는 없다. 태운 부분이 더 이상 아무 활동도 할 수 없기 때문이다.

여보세요, 제가 지금 죽고 싶은데요

대상회전 절제술을 받은 환자 중 약 4분의 3이 6~12개월 내에 호전된다. 우울증 치료의 결과로는 좋은 반응률이다. 도허티는 이 수술이 인지 기능을 손상시킨다는 증거가 없다고 말한다.

그래도 약은 계속 먹어야 한다.

"환자가 '나는 수술을 받았어. 그러니까 더 이상 약을 먹을 필요가 없어'라고 생각하는 것은 일어날 수 있는 최악의 상황입니다."

"재발률은 낮지만, 0은 아니에요." 치료로 호전된 사람 중 약 10~20퍼센트가 다시 상태가 나빠질 것이다. (그렇지만 원점으로 되돌아가는 경우는 매우 드물다.) 재발하거나 애초에 차도가 없다면, 뇌의 일부를 태워서 없앤 후에도 나아지지 않는 운 없는 25퍼센트에 속한다면, 하미상부 신경로 절제술subcaudate tractotomy을 받을 수 있다. 이는 기본적으로 같은 수술이되 다른 위치, 즉 뇌의 하부에서 이루어진다.

("이런, −otomy◆가 들어간 말이 너무 많지요?" 내가 이런 모든 용어들을 또다시 제대로 발음하지 못하자 도허티가 말했다. "괜찮아요. 아주 잘 하고 있습니다." 당신이 다음에 술집에서 이야기하다가 이런 용어를 만나면 나에게 고마워할지도 모른다.)

현재 거의 모든 우울증 치료와 마찬가지로, 당신이 직접 시도해보기 전에는 당신의 뇌에 태운 구멍이 우울증을 완화할지 알 수 없다.

매사추세츠 종합 병원은 우울증을 두고 이런 수술을 1년에 2~6회 실시한다. 수술을 받으려면 다른 모든 치료 방법들을 다 써봤어

◆ 절제·절개를 뜻하는 접미사.

야 한다는 조건이 있기는 하지만, 그럼에도 도허티는 이 방법이 충분히 이용되지 않고 있다고 생각한다. 많은 환자와 의사가 이런 수술을 선택할 수 있다는 것조차 모른다. 뇌엽 절리술에 관한 추악한 역사도 도움이 되지 않는다. 하지만 그는 "이 수술은 과거에 했던 수술 방식과 완전히 다릅니다"라고 다시 나를 안심시켰다. 물론 그럴 것이다. 그렇지만 외과의들이 시술 목표로 삼는 부위가 원래 무작위로 선택됐다는 것을 알면 (비록 지금은 정밀하게 선정하지만) 당연히 기겁하게 된다.

우울증 치료의 황금 비율은 심리 치료와 다양한 약물 치료의 조합에서 나온다. 심리 치료의 효과는 거의 보장할 수 없으며, 약은 초기 약들이 우연히 발견된 이래로 50년 동안 그럭저럭 괜찮은 수준으로 개선됐지만 더 이상 효과적이지 않다. 이 조합이 효과가 없을 때 선택할 수 있는 최선의 대안은 기억 손실을 일으키는 두뇌 발작으로, 이는 70여 년 전에 정신 병원 환자들을 공포에 떨게 했다. 한때 인기 있었지만 완전히 금지된 치료로는 인슐린 혼수 요법과 뇌엽 절리술이 있다. 발열 요법이 유행하게 될지도 모른다.[10] 이는 모두를 위한 치료용 사우나라고나 보면 된다.

자신의 삶을 망치고 있는 병을 치료하기 위해 시도해볼 수 있는 방법이 떨어지고 있다는 것을 알면 걱정스럽고 불안정해지고 비이성적인 죄책감이 생긴다. 무엇보다도 나는 우울증 치료에서 실패자가 된 기분이 들기 시작했다. 내가 이 약들을 잘못된 방법으로 먹었나? 내 신진 대사에 근본적인 결함이 있나? 약품 선택의 방법이 너무 적

여보세요, 제가 지금 죽고 싶은데요

어 보인다는 것도 도움이 안 됐다. 나는 조증이 없었는데도 리튬을 먹었고, 복용을 중단했다가, 4년 후 다시 복용했다. 우리는 각기 다른 여섯 종의 세로토닌, 노르에피네프린, 도파민 재흡수 억제제를 시도했다. 항정신병제, 항불안제, 항경련제를 시도했다. 인지 행동 치료를 받으며 생각 기록을 너무 많이 해서 자면서도 적을 수 있을 정도였다. 나는 아직 하지 않은 생각조차 기록을 했다. 사람을 마비시키는 절망에서 벗어날 수 있으리라는 희망을 잃었는데도 나는 모든 지시를 따랐다.

우리는 기존 방법의 한계에 계속 부딪친다. 뇌에 대한 우리의 접근법, 기존의 승인된 모든 우울증 치료의 바탕이 되는 방법론은 딱 〈스페이스 오디세이〉에서 돌기둥을 찔러대는 유인원들만큼의 수준이다. 여전히 우리는 수세기 동안 사회의 레이더에 잡혀 있던 병을 이해하기 위해, 공공 의료 부문에서 세계적으로 가장 부담이 큰 병에 사로잡힌 사람들이 효과 있는 치료를 받게 하기 위해 어둠 속에서 더듬거리고 있다.

14

뇌
분석하기

포르말린 용액에 피클처럼 담긴 뇌는 만화에나 나올 법하다. 고동치는 자주색 이모티콘 심장을 찾기 위해 누군가의 가슴을 여는 것처럼 말이다. 뇌는 미끌미끌해서 잡히지 않는 해양 생물처럼 느껴진다. 으레 신체 기관에 대해 상상하는 것보다 더 단단하고 덜 스펀지 같다. 불룩한 주름들이 만드는 핏기 없는 회백색의 미로는 매혹적이지만, 내가 들고 있는 뇌는 인간의 세포 수십억 개로 구성되는 중앙 통제 센터의 비활성 복사판이다.

나는 과학이나 의학에 대해 하나도 모르지만 나의 적, 즉 내 병에 대해 가능한 한 모든 것을 배울 작정이라면 뇌 연구의 중심지로 가야 한다는 사실만은 알았다. 그래서 나는 주요 뇌 은행 중 하나인 메릴랜드주 베데스다에 있는 국립 정신 보건원 인간 두뇌 수집원에 갔다. 용액에 절인 뇌 조각을 장갑 낀 손에 들고 근본적인 질문에 답을 얻기 위해서였다. 죽은 뇌에서 무엇을 배울 수 있을까?

포르말린 용액은 시큼한 요거트와 액화된 고무 냄새를 풍긴다. 옷

여보세요, 제가 지금 죽고 싶은데요

이나 피부에 튀면 안 된다. 라텍스 장갑 착용이 필수이다. 이렇게 뇌를 절이는 보존 방식은 갈수록 사용이 드물어지고 있다. 절임 방식은 후생적으로 발생하는 기형을 알아내는 데 필요한 리보 핵산을 분해한다. 그러나 뇌세포의 수많은 연결에 대해 알아내기 위해 불가사리 팔 모양의 신경 세포 돌기를 세어야 한다면, 포르말린은 세포를 물리적으로 온전하게 보존하기에 유용하다. 뇌를 급속 냉동하면 세포 내용물이 팽창해서 세포막을 뚫고 나온다. 냉동실에 와인을 넣어 놓고 잊어버리면 와인이 팽창해서 유리병을 뚫고 나오는 것과 마찬가지이다. 따라서 뇌로 어떤 연구를 할 계획인지에 따라서 때로는 용액에 절여 보존하고 때로는 냉동한다.

나는 뇌의 표면에서 불룩하게 솟은 주름이 뇌회이고 움푹 들어간 회색 홈이 뇌구라는 것을 알게 되었다. 두개골 속에 있는 뇌는 정맥이 얼룩덜룩 비치고 보호용 수영 모자 같이 생긴 경막에 둘러싸여 있지만, 보통 해부 과정의 초반에 경막을 벗겨낸다.

장갑 낀 손가락으로 뇌회를 만지고 바퀴 달린 테이블 위에 놓인 뇌 조각들을 들여다보자 내가 미친 과학자가 된 기분이 들었다. 또한 배가 고프기도 했다. 얇게 자른 뇌 조각들은 콜리플라워를 수직으로 잘라놓은 모양이었다.

뇌 분석에서 가장 중요한 과정은 비전문가의 눈에는 별로 매력적이지 않다. 급속 냉동한 뇌의 각 부위는 작은 조각으로 해체된다. 때로 분쇄하지만 대체로 정밀 연구실에 보내서 개별 세포를 분리한다. "특정 세포가 특정 유전자를 어떻게 표현하는지 알고 싶다면, 분쇄는 최선의 방법이 아닙니다." 바버라 립스카Barbara Lipska가 나에게 충고했다.[1] 그녀를 믿어도 좋다. 인간 두뇌 수집원 원장인 그녀는 모든 것을 안다. 키가 작고(그래도 나보다 크다) 외유내강형이며 짧은 머리카락 위에 반다나를 두르고 있는(뇌종양을 앓았으며 현재 회복 중이다. 투병 생활과 마음의 상처에 대한 책을 썼다) 그녀가 나를 연구실로 안내해 작업 과정을 보여줬다. 그녀는 매우 작은 조각들을 추출해서 작은 병에 넣어 전 세계의 연구자들에게 보낸다. 세계에서 가장 차갑고 비싸고 귀중한 햄 슬라이서처럼 생긴 마이크로톰♦으로 뇌의 얇고 반투명하고 좁은 부분들을 절편으로 잘라서 염색 혹은 현미경 검사를 위해 슬라이드에 올린다.

뇌 은행을 운영할 때 가장 어려운 작업은 기증을 요청하는 것이다. 조직이 냉각된 금속에 닿기 훨씬 전, 뇌가 연구소에 들어가서 동결되고 냉동되고 절개되고 분석되기 전, 누군가가 고인이 사망한 직후 몇 시간 안에 슬퍼하는 유가족에게 전화를 걸어 사랑하는 사람의 뇌를 과학을 위해 기증해달라고 부탁해야 한다. 나도 직업상 전화로 곤란한 요청을 많이 하게 되는데, 기증을 권유하는 전화는 거기에 비교도 안 되게 힘들 것이다.

나는 작은 사무실에서 조너선 시로바트카Jonathan Sirovatka를 만났다. 그 옆 실험실에는 수천 개의 뇌 표본을 수십 개의 변수로 분류하는 데 사용하는 컴퓨터들이 길게 늘어서 있는데, 거기에 비해 이 사무실은 복고풍이다. 나는 그를 숙련된 의학 실험실 기사로 소개받았다. 그는 뇌 입수 절차의 모든 과정에 대한 전문 지식을 발휘해서

♦ 현미경 관찰용 표본을 만들기 위해 시료를 자르는 기계.

여보세요, 제가 지금 죽고 싶은데요

통화를 대비한 다양한 대본들을 순서도처럼 작성한 다음 업무용 전화기 근처의 책상 파티션과 선반에 꽂아놨다.

그는 매일 아침 여기에서 사체를 검사하는 전문가인 검시관들과 이야기를 나눈다. 검시관들이 그에게 전화를 하거나 그가 검시관들에게 전화를 걸고, 그들은 어떤 사체가 들어왔는지 그에게 알려준다.

"검시관들이 사망자가 죽은 상황, 사망자의 역사를 나에게 읽어줍니다. 나는 들은 내용을 바탕으로 그들이 좋은 뇌 기증 후보인지 아닌지 빠르게 판단하죠. 대부분은 좋은 후보가 아니에요."[2]

연구용으로 아무 뇌나 받을 수는 없다. 많은 병과 의료 사고가 뇌를 연구에 사용하는 것을 불가능하게 만들 수 있다. 공룡조차 뇌는 워낙 다차원적이기에 연구소들은 되도록 많은 교란 요소를 제외하려고 최선을 다한다.

물론 신선해야 한다. 일반적으로 죽은 지 72시간 정도가 지난 사람의 뇌를 원하지는 않을 것이다. 하지만 모든 사람은 다른 속도로 부패한다.

"어떤 사람이 워싱턴의 골목에서 총에 맞아 한여름에 37℃인 날씨 속에 열 시간 동안 그대로 방치돼 있었다고 가정해봅시다." 바버라 립스카가 뇌로 가득한 과냉각 아이스박스들과 같은 층에 있는 사무실로 들어가 앉으면서 나에게 말했다. "다른 사람은 겨울에 같은 골목에서 총을 맞아 눈 속으로 곤두박질쳤다고 해보죠. 어떤 뇌가 분자 연구에 더 적합할까요? 당연히 두 번째 뇌이죠."

조녀선 시로바트카가 검시관에게 제공받는 뇌의 10~20퍼센트가 그런 기준에 충족된다. 이어서 어려운 부분이 나온다. 사람들의 약

4분의 3이 그가 써 놓은 대본의 두어 문단을 말하기 전에 그의 말을 중단시킨다. 이제 고인이 된, 사랑하는 사람의 의식을 담았던 기관을 달라고 요청하는 바로 그 부분에서이다.

"대부분의 가족이 충격을 받습니다. 기증 요청은 보통 사후 24시간 내에 이루어집니다. 나는 온갖 종류의 반응을 받아봤어요. 대부분의 사람들이, 85~90퍼센트라고 보면 되겠네요, 예의 바릅니다. 하지만 가끔은 욕을 하거나 소리를 지르거나 전화를 끊어버려요. '어떻게 감히 이런 때에 나에게 전화를 하나요?' '상중입니다.' '존경심이라고는 없는 사람이군요. 나는 지금 사랑하는 사람의 명복을 빌고 있는데 그 사람의 일부를 내달라고 하는 건가요? 어떻게 감히.' 이런 말을 듣지요."

그는 한쪽 편을 들면 안 된다. 그는 유가족이 평생 만날 일이 없을 사람들, 어쩌면 아직 태어나지도 않은 사람들의 삶을 변화시킬 연구를 위해 시신을 기증해달라는 감언이설로 유가족을 구슬리면 안 된다.

고인의 직계 친족은 보통 두 시간 안에 결정을 내려야 한다. 때로는 더 짧은 시간 안에 결정해야 한다. 그들이 승낙하면, 그들이 직접적인 이익을 얻지 않으며 모든 개인 정보가 기밀로 유지된다는 점을 아는 상태에서 자의로 기증 결정을 내리고 있음을 확인하는 대화를 녹음한다. 이어서 조너선 시로바트카가 정부 차량을 몰고 검시관 사무실로 가서, 소풍을 가거나 여섯 개들이 맥주 캔을 담을 때 사용할 법한 얼음이 든 단열 아이스박스 속 비닐봉지에 뇌를 담아 운송한다. 그는 한 번도 교통경찰에게 정지 지시를 받은 적이 없었고 사고에 휘말린 적도 없었지만 만일의 경우에 대비해서 주 경계선을 넘어 장기를 운송할 수 있는 허가증을 가지고 다닌다. 검시관 사무실과의 첫 통화 후 여섯 시간 내에 국립 정신 보건원 구내에서 뇌 해부가 준비된다. 때로는 더 빨리 이루어진다. 그런 다음 해부를 한다.

도구는 믿을 수 없을 정도로 단순하다. 메스, 긴 직사각형 칼, 표본 시료를 담는 냉동 트레이를 다룰 때 주로 사용되는 집게. 뇌를 45개의 조각으로 꼼꼼하게 잘라, 휴지로 살짝 눌러 대부분의 피를 제거하고, 앞과 뒤와 옆 각도 사진을 찍는다. 뇌 이상을 기록한 후 뇌 조각들을 지퍼락처럼 밀봉할 수 있으며 라벨과 바코드가 붙은 비닐봉지 45개에 담아, -74℃에서 -80℃ 사이로 온도가 유지되는 커다란 최첨단 아이스박스에 넣는다.

시로바트카가 처음에는 약간 충격을 받았다고 말했다. 열여섯이었던 그가 처음 뇌 해부 분야에 입문했을 때 관리자는 "이리 와서 이것 좀 봐. 여기에 아름다운 뇌가 있어"라고 말했다. 그는 여러 번 겪어도 무신경해지지 않는다고 말한다. 그가 한쪽 발은 감정적인 가족에게, 다른 한쪽 발은 임상 해부에 걸치고 있다 보니 이 조직 덩어리들이 인간의 생명 유지에 필수적인 부분이었음을 늘 명심하게 된다. 그가 기증 요청 전화를 걸기 전에는 자신이 해부하고 있는 것이 한때 어느 사람에게 속해 있던 일부임을 잊기가 쉬웠다. "한때 나는 그 사실을 망각할 뻔했습니다. 하지만 지금은 가족들과 직접 이야기를 나누니 그럴 수가 없어요. 전에 한 아버지에게 그의 아들에 대해 말할 때였어요. 내가 검진 질문지에나 나올 만한 내용을 그에게 이야기하는데 그가 말하더군요. '네, 우리는 기증을 하게 돼서 기쁘지만,

당신이 어떤 진료 기록에서도 알아내지 못할 것이 있어요. 내가 당신에게 꼭 알리고 싶은 것이죠. 내 아들은 대단히 사랑받았답니다.'"

멜라니 보스Melanie Bose는 뇌 기증의 개인적 측면을 잘 안다. 그녀는 뇌를 기증하자고 죽어가는 아버지를 설득했다.

보스가 애리조나로 그를 만나러 갔을 때 그 문제가 대두됐다. 그는 부분적으로는 종교적 이유로 거절할 작정이었다. 보스는 다른 사람의 생명을 구하는 것이 옳다는 랍비의 가르침을 끄집어냈다. "그리고 나는 '아버지, 아버지는 돌아가실 거예요. 어차피 그 일에 대해서 아실 수가 없어요'라고 말했습니다." 그가 웃었다. 그가 기증에 동의했다.3

멜라니 보스는 사랑하는 고인의 뇌를 기증하라고 가족을 설득하는 업무를 맡지 않았다. 그녀는 사망 직후에 조사를 하는 사람이다. 그녀는 친척들, 친구들, 의사들에게 전화를 걸어 기증자가 죽기 전 몇 주, 몇 달, 몇 년간 어떤 삶과 정신건강 상태를 유지했는지 파악해서 상세하게 기록한다. 진료 기록의 질은 다양하다. 여전히 멜라니 보스가 받는 대부분의 기록은 의료진들이 손으로 쓴 글이고 대충 복사돼 있다. 그들의 손 글씨를 판독하기가 너무 어려워서 때로 돋보기가 필요하다. 세부 사항이 부족할 때는 특히 짜증난다. 환각? 시각적 혹은 청각적? 머릿속 혹은 밖? 누구 목소리라는 거지, 무슨 말을 하는 거야?

고인의 정신과 병력에 서로 상반되는 진료 기록들이 포함돼 있으면 더욱 혼란스러워진다. 예를 들어서 어떤 사람이 각기 다른 시기에 네 명의 정신과 의사를 만나서 네 개의 다른 진단을 받았다면,

해당 뇌를 어떤 진단 범주에 배치할지 알아내는 것은 멜라니 보스와 동료 정신과 의사들의 몫이다. 이는 사소한 일이 아니다. 뇌 연구는 큰 범주의 분류(단극성 우울증 표본, 양극성 우울증 표본, 제어 표본)에 의지하는데, 각 범주들에 대한 정의는 명확하지만 그에 따른 분류에는 애매함이 있기 때문에 모순이 일어난다. 이런 사후 범주화, 즉 고인의 증상에 대한 다른 사람들의 평가를 소급적으로 다시 평가하는 일은 우리가 얼마나 추측에 근거해서 임의로 정신 질환을 분류하는지를 보여준다.

인간의 각 뇌는 여러 면에서 서로 아주 달라서(우리가 그 관련성을 완전히 이해하려면 한참 멀었다) 개별적인 뇌를 보면서 어떤 뇌가 기분 장애를 가졌는지 구분하는 일은 여전히 불가능하다. 같은 병으로 진단받은 세 사람의 뇌가 서로 완전히 달라 보일 것이다. 정신 질환을 한 번도 앓지 않은 세 사람의 뇌가 서로 완전히 달라 보일 것이다. 그렇다면 건강한 뇌들과 구별되는 아픈 뇌들의 유사점을 어떻게 알아낼 수 있을까? 과학에서는 표본 크기가 중요하다. 다른 진단 범주의 뇌 조직 사이의 형태적, 생물학적, 후생적 차이를 알아내기 위해 몰두하는 사람들은 불확실성을 제거하기 위해 엄청난 수의 표본을 이용한다. 분류된 범주별로 수백에서 수천 개의 분석 결과가 필요하며, 일반적인 결론을 도출하기 위해 모든 연구 결과를 이용해야 한다. 대체로 실행이 가능한 일이다. 범주 사이의 경계가 너무 애매하지만 않다면 가능하다. "표본을 분류하는 게 너무 불분명해요. 이게 문제예요. 우리는 이런 질환들을 어떻게 분류할지 몰라요." 내가 그녀의 뇌 은행을 여기저기 살펴보도록 너그럽게 허락해준 바버라 립스카가 한탄했다. "그리고 분류할 수 없다면, 무엇이 남겠어요?"

2015년 이래 국립 정신 보건원은 증상과 행동에 더 집중해왔다. 한 무리의 증상들이 들어맞는 질병 범주가 아니라, 예를 들자면 환각, 자살 경향성, 조증에 초점을 맞춘다는 뜻이다. 하지만 죽은 뇌에서 행동 증상을 측정하기가 어렵다.

바버라 립스카가 종사하는 분자 생물학에는 아주 최근까지만 해도 뇌와 관련된 영역이 존재하지 않았다. 대체로 연구자들은 뇌를 찌르거나 커다란 회색 덩어리를 잘라낼 때 무슨 일이 생기는지 관찰할 수 있도록 살아 있는 뇌를 사용할 것을 고수했다. 당시에 사전 동의서 작성은 그리 중요하게 여겨지지 않았기에 환자 H.M.처럼 살아 있는 인간 실험 대상이 있었다. 환자 H.M.은 윤리에 대한 부주의한 접근법을 가진 저명한 신경외과 의사가 해마를 제거하는 바람에 기억을 상실한 남자로 유명하다.[4] 그리고 그때조차 행동을 결과와 연결시키거나 인과관계를 추측하는 것 이상의 연구를 하기가 어려웠다. 뇌는 너무 복잡하다.

우리는 생화학적 분화가 실제로 일어나는 단계에서 뇌를 검사할 수 있는 도구를 이제야 개발하기 시작했다. RNA 염기 서열이 그중 하나이다. 이는 긴 일련번호를 정렬하고 패턴을 찾는 과정이다. 바버라 립스카와 그녀의 팀은 특정한 유전자의 전사체가 다양한 정신 장애에서 어떻게 달라지는지 보기 위해 RNA 염기 서열을 분석해 왔다.[5] 그녀는 "그것은 서명 같아요. 암호 같아요. 내 일은 암호를 푸는 작업이에요"라고 말했다.

나는 바버라 립스카의 동료인 암호 해독자 마리 웹스터Maree Webster를 만나러 갔다. 그녀는 국립 정신 보건원에서 단 몇 킬로미터 떨어진 미국 메릴랜드주 켄싱턴에 있는 스탠리 의학 연구소를 이끌고 있다. 원래 오스트레일리아 출신인 그녀는 예전에 국립 정신 보건원에서 바버라 립스카와 함께 근무했다. 현재는 뇌 680개를 보유한 자신의 실험실을 운영하고 있는데, 이 실험실은 표본이 너무 꽉 차서 새로운 표본을 받는 것을 중단해야 했다.

웹스터의 팀은 전 세계의 협력 단체들이 찾고 있는 표본을 복제하고 검증한다. 또한 정신 질환을 가진 사람들이 건강한 대조 집단과 나뉘는 지점을 정확히 찾아낼 수 있으리라는 희망을 안고, 인간의 신경 발달을 연구하면서 단백질이 유아의 성숙에서 하는 핵심적인 역할을 추적하고 다양한 뇌 집단 내 발달을 비교하고 있다.

수백 개의 뇌를 무기한으로 보존하려면 많은 작업과 에너지와 돈이 든다. 마리 웹스터의 실험실에는 55개의 대형 냉동고가 있다. 그녀는 한숨을 쉬었다. "그래서 임대료와 전기료만 해도 엄청나게 많은 돈이 들어갑니다."[6] 나는 한 연구원이 신경 세포가 모인 부분이며 운동과 보상 체계에서 중요한 역할을 하는 선조체의 반투명하고 얇은 표본을 냉동 코르다이트로 자르는 것을 보았다. 이는 납작하게 누른 나비 날개나 심한 화상으로 벗겨진 피부 조각처럼 얇은 부분이다. 실험실의 다른 장소에서 본 아주 작은 튜브의 끝 부분은 냉동 조직 표본으로 벌새처럼 들어가서 현미경으로 봐야 하는 크기의 뇌 조각을 뽑아낼 수 있도록 설계돼 있다.

바버라 립스카의 실험실과 마리 웹스터의 실험실은 뇌 조직을 전 세계의 연구자들에게 보낸다. 웹스터의 실험실에서 만든 조직 패키지는 드라이아이스를 채워 택배로 보내진다. 이 실험실은 원하는 뇌 부위와 보존 방식에 대한 요청을 받아준다. 대신 연구자들이 시험 결과를 그녀의 실험실로 보내야 한다는 것이 조건이다. 실험실 직원들이 모든 표본을 암호화해 놓아서 연구자들은 어떤 것이 정신 질환이 없는 사람들의 대조 표본이고 어떤 것이 그렇지 않은지만 알 수 있다. 이 말은 웹스터의 뇌 은행이 보유하고 있는 모든 뇌의 모든 조직으로 진행된 모든 연구의 모든 데이터를 가지고 있다는 뜻이다.

문제없이 세관을 통과하게 하는 것은 아주 힘든 일이다.

내가 햄처럼 꼼꼼하게 잘리는 과정을 지켜본 선조체 표본은 운송에 대략 이틀이 걸리는 오스트레일리아로 갈 예정이다. "오스트레일리아는 섬이고 모든 생물학적 물품의 반입과 반출이 금지되기 때문에 아주 골치 아파요. 다른 나라들은 테러를 걱정합니다. 이를테면 이스라엘은 드라이아이스 반입을 싫어하죠." 마리 웹스터가 말했다. "(뇌 조직을 규정이 까다로운 나라에 보낼 수는 있지만) 훨씬 많고 복잡한 절차를 거쳐야 해요. 모든 서류 작업을 제대로 마치기만 하면 통과시켜 줄 거예요."

바버라 립스카는 뇌 과학에 관련된 과장된 보도를 믿을 정도로 어리석지 않다. 이 분야에 혁신을 일으킬 발견을 빠르게 알리려는 열정적인 제목을 단 기사들이 여기에 해당된다. 설사 자신에 관한 기사라도 믿지 않는다. "그저 발표하기 위해서 아주 적은 수의 실험 대상으로 아주 **빠르게** 이루어진 논문과 연구를 많이 봤어요. 나는 그

여보세요, 제가 지금 죽고 싶은데요

것을 과학 공해라고 부릅니다." 모두가 추구하는 제대로 된 결과는
특히 정신의학 연구에서 도출해내기가 거의 불가능하며 그만큼 정의
하기도 어렵다. 너무 많은 변수가 작용한다.

이런 모든 실망스러운 불확실성에도 불구하고, 다른 많은 사람들
이 같이 걸을 때까지 올바른 방향으로 가고 있는지조차 확신할 수
없는 걸음마 단계의 모든 한계에도 불구하고, 그녀는 놀랄 만큼 평
온해 보였다. 그리고 상당히 확신하는 듯했다. "나는 우울증이 신경
생물학적 기능 장애에 바탕을 둔 뇌 질환이라고 전적으로 확신합니
다. 신경 생물학적 기반에서 뭔가가 제대로 작동하지 않는 거예요."

내가 찾아간 다음 뇌들은 캐나다에 있다. 나는 퀘벡을 향해 북쪽
으로 갔다. 구스타보 투레키Gustavo Turecki는 퀘백주 몬트리올의 더글
러스 정신건강 대학 연구소에서 보존(일부는 급속 냉동되고 일부는 용
액에 담가 보존하고 있다)된 뇌를 조사한다. 그는 RNA 가닥을 추적하
는 데 집중해왔다. 또한 아픈 사람과 건강한 사람의 비교, 어린 시절
트라우마를 겪은 자살자와 트라우마를 겪지 않은 자살자의 차이에
집중해왔다.

구스타보 투레키는 운 좋게 우연히 뇌 은행을 가지게 됐다. 그는
자살한 사람들의 뇌를 조금, 아마 열댓 개 정도 가지고 있는 동료들
과 공동으로 작업하고 싶었다. 그 동료들은 생화학 조사를 위한 연
구를 할 계획이었다. 한 상업적 계약이 불발로 끝났고 뇌 은행을 소
유하던 동료들이 다른 분야의 연구로 눈을 돌리면서 그의 손에 뇌가
남았다.

현재 그의 몬트리올 뇌 은행은 약 3,000개의 뇌를 보유하고 있다. 자살한 사람들의 뇌, 파킨슨병이나 알츠하이머병을 앓던 사람의 뇌, 그리고 자살하지도 파킨슨병이나 알츠하이머병을 앓지도 않던 사람의 뇌이다.[7]

투레키는 자살이 아주 다루기 힘들지만 해결이 시급한 문제라고 여겼기 때문에 자살에 연구 초점을 맞추기로 결정했다. "자살은 임상적 관점에서 보면 흥미로운 문제입니다. 치명적인 정신 질환일 뿐만 아니라 이해하기 어렵기 때문이에요. 그리고 우리 모두는 자살을 막으려고 계속 노력하지만 자살을 막을 객관적인 수단을 갖추고 있지 못하죠." 우리는 그의 사무실에서 이야기를 나눴다. 유리 커피 테이블을 사이에 두고 건너편에 그가 앉아 있고 창밖으로 몬트리올 서부의 잔디 깔린 캠퍼스 안뜰이 보였다. 8월이었고 에어컨의 뒤쪽과 창가의 먼지에서 온기가 느껴졌다. 그는 1990년대까지만 해도 사람들은 자기 소멸에 생물학적인 이유가 있을 것이라는 단순한 발언조차 혐오스럽게 여겼다고 말한다. "자살의 생물학을 연구할 수 있다는 생각만으로도 충격을 받는 사람들이 조금 있었습니다. 그들은 본능적으로 그것을 반대했어요. 그들은 자살이 뇌 때문에 일어난다는 생각이 환원주의라고 말할 거예요. 그들은 자살이 사회적인 문제라고 생각합니다. 하지만 자살 원인은 분명하지 않아요. 당신이 아무런 탈출구를 찾을 수 없을 정도로 아주 슬프다면, 너무 심하게 절망적이어서 현실의 모든 것이 예전과 달라진다면, 뇌가 문제입니다. 우리는 뇌의 어디가 망가졌는지 정확히 알지 못하지만 망가졌다는 것은 알아요."

그 망가진 부분이 구스타보 투레키와 그의 동료들이 찾는 것이다. 그들은 아직 찾지 못했다. 많은 면에서 그들은 무엇을 찾고 있는지 혹은 어떻게 찾기 시작해야 하는지 제대로 모른다. 하지만 일단 지금은 후생 유전학에 의존하고 있다.

획기적인 유전자 편집 기술이 존재함에도 불구하고, DNA는 변하지 않는다. 사람이 타고난 유전적 청사진은 당신이 자라고 늙고 죽는 동안 계속 가지고 있는 것이다. 변하는 것은 그 청사진이 해석되는 방식이다. RNA는 전달자, 번역가, 복사기 역할을 한다. 여러 형태의 RNA는 당신의 몸 속 모든 세포에게 무엇을 언제 할지 말한다. RNA의 지시는 삶에서 어떤 일이 벌어지고 있는지에 따라 달라진다. 그것이 후생 유전학이다. 후생 유전학은 유전학의 '위' 혹은 '밖'이라는 뜻이며, 우리가 유전학만으로 밝혀지지 않는 것들을 설명하려고 노력하는 가운데 갈수록 매력적인 분야가 됐다.

구스타보 투레키는 자살 경향성의 비밀이 후생 유전학에 있다고 생각한다. RNA가 일부 유전자들을 너무 많게 혹은 너무 적게 전사*한다면, RNA가 일부 지시를 내리고 다른 지시를 내리지 않는다면 그 결정 방식은 기분 장애와 관련 있다. 그것이 인과관계를 암시하지는 않는다. 하지만 우울하거나 자살 충동을 느끼는 사람의 유전적 해석과 건강한 사람의 유전적 해석을 구별할 수 있다면 그것만으로도 대단한 성과가 될 것이다.

어떻게 죽은 뇌를 검사해서 그 뇌가 살아 있었을 때 무슨 일이 있

◆ DNA의 유전 정보를 RNA로 옮기는 과정.

었는지 이해할 수 있을까?

그는 죽은 뇌를 하드 드라이브가 사라져 작동을 멈추어서 고칠 수도 없는 컴퓨터라기보다는 시간 속에 고정된 화석으로 간주한다. "죽음이란 기본적으로 책이 어느 특정한 시간에 어느 특정한 페이지에 펼쳐진 채로 남겨졌다는 뜻입니다. 그래서 그 사람이 죽은 그 특정한 시간에 어떤 일이 벌어졌는지 읽을 수 있습니다."

나는 그의 실험실에서 RNA 단백질의 활동 수준을 비교하고 특정 유전자들의 전사 비율의 변화를 살피기 위해 각기 다른 뇌 조각에서 RNA 단백질을 추출하는 젊은 여성과 마주쳤다. 그녀는 자신을 메건이라고 소개했다. 그녀가 "급속 냉동한 뇌의 단백질이 여전히 활동적이기를 바라고 있어요"라고 작게 중얼거렸다. 불쑥 끼어든 내가 짜증스러울 수도 있겠지만 그녀는 그런 티를 내지 않았고, 오히려 자신이 하고 있는 일을 나에게 설명하게 되어 기쁜 듯했다. 메건은 뇌 조직의 약 20밀리그램을 뽑아내서 작은 튜브에 넣어 "어떻게 보면 뇌 곤죽이 될" 때까지 갈아버린다. 약간의 완충제를 넣고 빙빙 돌리면 바닥에 단백질이 분리된다.

투레키는 어린 시절에 트라우마를 겪은 사람들의 뇌에서 작용하는 병리 생리학적 특징을 발견했다고 말했다. 그들은 감정을 통제하는 데 어려움을 겪는다. 그들은 다른 사람들이 일상적으로 겪는 문제에 대처하는 것을 힘들어한다. 그리고 그에 대한 분자의 증거가 있다. 스트레스 호르몬인 코르티솔의 수치를 감지하는 해마 수용체가 더 적으며, 이는 음성 되먹임 고리*를 방해한다. 그래서 투쟁이나 도피 모드가 절대 꺼지지 않는다. "생각해보면, 역경을 겪었던 사람이

　　　　　　　　여보세요, 제가 지금 죽고 싶은데요

정서적 안정을 찾기 위해 노력하는 것이나 마찬가지입니다. 이런 사람들은 환경을 믿을 수 없다는 메시지를 받습니다. 따라서 언제 어려움이 닥칠지 모르기 때문에 차분하고 느긋하고 편안하게 있을 수 없어요. 스트레스 조절 체계가 작동하지 않습니다."

뇌는 몹시 복잡하다. 우리가 이제야 겨우 뇌의 복잡성을 이해하기 시작했을 정도이니, 하물며 뇌의 기능을 정밀하게 변경하는 것이야 더 말할 것도 없다. 트라우마가 후생 유전학적으로 표현되는 방식을 아는 것도 임상 활동을 거의 변화시키기 못했다. 나는 더 큰 보상을 위해 지금 당장의 작은 보상을 기꺼이 포기하는 일에 서툴다. 엄청난 연구 진척에도 불구하고 정신건강의 미래는 여전히 향후 수십 년 동안 이런 실험실들의 최첨단 냉동실에 동결되거나 용액에 담긴 채 쌓여 있을 듯하다.

기다리기 싫거나 기다릴 수 없는 사람들에게 어떤 대안이 있을까?

♦ 자극에 대한 반응이 자극을 감소시키는 현상.

15

메마른
제약업계의 수송관

끊임없이 약을 먹는 미칠 듯한 악순환을 반복하는 사람들에게는 분한 노릇이지만, 제약 회사의 수송관에는 새로운 제품이 없다.

우연한 발견이라는 정신의학의 저주 때문이다. 사실상 우울증 치료의 획기적인 돌파구가 된 약리학적 발견은 모두 뜻밖의 행운으로 이루어졌다. 우울증 약들은 과학자들이 다른 문제를 해결하려고 노력하던 와중에 우연히 발견한 것들이다.

1950년대 초반의 연구자들이 기대했던 것과 달리 이프로니아지드는 결핵을 치유하지 않았다. 하지만 의사들은 이프로니아지드가 우울한 결핵 환자들을 훨씬 행복하게 만든다는 사실을 알아차렸다. 결국 연구자들은 이프로니아지드가 보통 때는 신경 전달 물질을 분해하는 모노아민 산화 효소(앞에 나왔는데 기억하는가?)의 작용을 방해해서 신경 전달 물질을 주변에 더 오래 머무르게 한다는 사실을 알아냈다. 비슷한 시기에 의사들이 모노아민 산화 효소가 체내의 거의 모든 곳에 존재하며, 뇌에서 모노아민 산화 효소를 억제한

여보세요, 제가 지금 죽고 싶은데요

다는 것은 그것이 담당하는 다른 모든 역할을 억제한다는 의미임을 알아냈다. 이는 되풀이되는 주제이다. 약리적으로 실시하는 정신 장애 치료는 전기톱으로 외과 수술을 실시하는 것과 정밀도가 비슷하다.

19세기에 실패한 직물 염료로부터 두 세대 떨어져 있는 이미프라민은 스위스의 한 병원에서 정신병 환자를 대상으로 실시한 실험적 치료에 사용됐다. 이 약은 누구의 정신병도 고치지 못했다. 하지만 아주 좋은 항우울제로 밝혀졌다. 결국 무수히 많은 모방 약과 200억 달러 규모의 항우울제 산업을 탄생시켰다.[1]

수십 년에 걸친 연구 개발이 이어졌고, 몇 번의 행운이 되풀이됐다. 하지만 치료제 개발의 행운은 바닥나고 있다. 스티븐 하이먼은 혁신적이지 못했지만 대단히 수익성이 좋았던 반세기 동안의 정신 질환 약 제조가 "초기에 있었던 뜻밖의 발견들로 생긴 헛된 희망"이라고 본다.[2]

하버드–MIT 브로드 인스티튜트 스탠리 정신의학 연구 센터를 이끌고 있는 스티븐 하이먼은 전 하버드대학교 학장이며 전 국립 정신보건원 원장이다. 그는 내가 이 무모한 프로젝트에 착수한 후 초반에 이야기를 나눈 사람들 중 하나이다. 그는 전화로 이렇게 말했다. "처음에 모든 사람들이 이런 약들이 시작일 것이라고, 약들이 무슨 작용을 하는지 역설계하면 우울증의 구조를 알아낼 수 있을 것이라고 생각했습니다. 그런 아찔한 희망은 1950년대에 그다지 타당하지 않았습니다."

상황은 그들의 희망대로 풀리지 않았다.

대신에 제약 회사들은 처음의 행운을 바탕으로 '모방' 약들(다른 약과 거의 동일한 작용 원리를 가졌지만 수익성이 좋은 환자를 감안해 약간 변경한 약)을 개발하면서 수십 년을 보냈다. 이런 약들은 항우울제의 초기 동물 실험이 우울증 증상을 실제로 누그러뜨리는지 여부가 아니라 기존 항우울제처럼 작용하는지 여부에 바탕을 두고 제작하고 평가할 정도로, 초기 약들의 의학적 원리를 출발점으로 삼았다. 그들이 창조한 약들은 부작용 면에서 보다 나아졌고 과다 복용이 덜 위험해졌다. 이는 나처럼 계속 심각한 자살 충동을 느끼는 환자들에게는 장점이다. 하지만 그 약들이 원래 가져야 하는 기능, 즉 우울증을 완화하는 기능은 결코 개선되지 않았다.[3]

오히려 초기의 요행들이 우울증 자체에 대한 왜곡된 이해를 불러왔다. 사람들은 우울증이 신경 전달 물질의 불균형에서 기인한다고 생각했다. 여러 가지 오해 중에서 한 가지를 예로 들자면 기분을 조절하는 화학 전달 물질들의 수치가 불안정해서 우울증에 걸린다는 것이다.

이제 우리는 우울증이 훨씬 더 복잡하다는 사실을 안다. 그리고 우울증이 실제로 어떻게 작용하는지 알아내기란 요원한 일이다. 암은 조직 검사를 해서 작은 종양 조각을 자세히 관찰할 수 있지만, 누군가의 뇌 덩어리를 잘라내는 것은 행운을 바랄 수밖에 없다. 설사 잘라낼 수 있다고 해도 도움이 되지 않는다. 뇌를 잘못 건드리면 그 영향은 신경 세포가 밀집되어 있는 회백질의 작은 주름 하나에 국한되지 않는다. 그런 실수는 우리가 아직 이해를 시작도 못한 기관의 입체 미로에 영향을 미친다.

　여보세요, 제가 지금 죽고 싶은데요

구매자들과 규제 기관들이 각성해서 시중에 나와 있는 정신 질환 약보다 낫다고 입증할 수 있는 새로운 정신 질환 약을 만들라고 요구하지 않았다면, 약물 개발은 1950년대에 발견된 약들과 거의 동일한 형태의 약들을 계속해서 대량으로 찍어내는 수준에 머물렀을 것이다. 유럽이 먼저 2013년에 행동에 나서, 위약보다 나을 뿐만 아니라 이미 시장에 나와 있는 약학적으로 비슷한 기존 약들보다도 나은, 새로운 치료 저항성 우울증용 약을 요구했다.[4] 왜 이런 조치가 더 빨리 이루어지지 않았을까? "구매자들이 바보였습니다." 하이먼이 말하고 나서 정정했다. "이렇게 말하면 안 되겠군요. 마케팅 때문입니다. 하지만 구매자들이 더 현명했어야 합니다." 그리고 규칙이 변하자 파티가 끝났다. "나는 어떤 면에서 정말로 그것이 기업 철수의 시작이었다고 생각합니다……. 아직 이 사업에 종사하는 회사들이 조금 남아 있지만, 여전히 상당수의 프로젝트를 진행하고 있는 회사들조차 사실상 프로젝트당 투자비를 훨씬 줄이고 있습니다."[5]

사실 제약 회사들은 새롭고 더 효과적인 우울증 약을 만들 방법을 알지 못한다. 어차피 아무도 알지 못한다. 그리고 비밀 재료가 어떻게 작용하는지 모르면 돈을 벌기가 어려운 법이다.

그래서 많은 회사들이 이 분야의 사업에서 빠져나가고 있으며 정신의학 연구 개발팀을 완전히 해체하고 있다. 연구 개발은 돈이 많이 들고 진행이 더디다. 인간과 비슷한 뇌를 가진 동물을 실험 대상으로 이용할 수도 없다. 갈수록 성공의 척도를 파악하기 힘들고 수량화하기 어려워진다. 그리고 적어도 10년은 지나야 수익성이 있는 진짜 진전이 생긴다. 글락소스미스클라인 제약 회사는 신경 과학 연구 시설을 2010년에 닫았고, 아스트라제네카 제약 회사도 마찬가지였다. 노바티스 제약 회사는 뇌 연구 시설을 2011년에 닫았다. "신경 전달 물질을 바탕으로 한 연구는 느리고 점진적으로 진척되었습니다." 당시 노바티스 생명 과학 연구소 소장이던 마크 피시먼Mark Fishman이 《네이처》에 했던 말이다.[6] 화이자, 머크, 사노피도 정신 질환 부문의 연구 개발 비용을 거의 같은 시기에 줄였다.[7]

내가 앤드루 솔로몬에게 추천받은 뉴욕 웨일코넬의과대학 정신약리학과 학과장인 리처드 프리드먼도 같은 의견을 내놓았다. "지난 몇 년 동안 제약 회사들이 뇌 과학 분야의 연구를 완전히 중단했거나 사실상 중단하기 시작했습니다. 향정신성 의약품의 개발이 대단히 위험하고 돈이 많이 들며 온갖 복잡한 이유로 효과적 약품을 만들 가능성이 낮기 때문입니다. 그러니 제약 회사들은 안전한 선택을 했어요. 갑자기 일어난 일이 아닙니다. 상당한 기간 동안 조금씩, 조금씩 진행돼왔고 제약 회사들은 손해를 막기로 결정했습니다." 그는 너무 오랫동안 새로운 통찰이나 성과 없이 같은 일을 반복한 뒤에 이렇게 말했다. "새로운 목표를 가진 새로운 혼합물을 개발하기란 벅찬 일입니다."[8]

그리고 그는 "행동 측정은 타당하고 믿을 만하지만, 대신 많은 사람에게 '질척거린다는' 느낌을 줄 수 있습니다"라고 덧붙였다. 불확실성을 싫어하고 영리사업을 하는 사람들은, 약물 효과를 측정할 때 수년 동안 억누르고 감추고 무시해온 뿌리 깊은 감정과 고통스러운 자아 개념에 대해 말해야 하는 분야에 호의적이지 않다.

좋다. 그렇다면 제약 회사들은 이처럼 방치된, 매력 없는 분야에 대해 어떻게 말할까? 나는 왜 우울증이 관심을 받지 못하는지 의견을 듣기 위해 일부 대형 회사들에게 연락했다. 심발타 같은 유명한 신제품뿐만 아니라 우울증 약물 요법의 대명사가 된 프로작의 제조사인 릴리는 이야기를 나누고 싶다는 내 요청을 거절했다. "우리에게 연락해주셔서 고맙습니다. 우리는 현재 인터뷰에 응할 수 없지만, 제가 알기로 이 주제를 다루는 다른 자료가 많이 있습니다. 도움이 된다면 릴리닷컴에 방문해서 발견 연대표를 참고하셔도 됩니다." 릴리의 대변인이 이메일로 보낸 내용이다.[9]

이펙사와 졸로프트의 제조사인 화이자도 인터뷰를 하고 싶지 않아 했다. 졸로프트 2013년까지만 해도 미국에서 가장 인기 있는 약이었으며 나는 이 약의 복제 약을 수년 동안 복용했다. "그것은 현재 저희 회사의 집중 분야가 아닙니다. 인터뷰를 제안해주셔서 감사하지만 저희는 그냥 넘어가겠습니다." 대변인이 이런 답장을 보냈다.[10]

사노피는 내가 인터뷰를 요청하자 "우울증과 자살성 사고 치료는 사노피가 주력하는 분야가 아닙니다"라는 이유로 나와의 대화를 거절했다.[11] 머크도 마찬가지였다. "우울증은 머크가 현재 화합물을 개발 중인 분야가 아닙니다. 이 연구 분야와 관련된 업계의 다른 회사들을 알아보시는 게 좋겠습니다."[12]

새로운 우울증 치료제를 만드는 몇 안되는 대형 회사 중 하나인 엘러간은 인터뷰를 요청하는 이메일에 처음에는 답을 했지만 내가 이어서 다시 연락하자 회신을 보내지 않았다.[13]

스티븐 하이먼이 지적했다. "당신이 제약 회사의 CEO이고 당신의 일자리가 매출과 수익에 달려 있다면, 분명히 뇌는 너무 어렵고 너무 위험해 보이는 분야예요. 나는 조현병과 관련된 제품을 계속 개발하도록 몇몇 회사들을 설득하려고 노력했는데, 한 개발 책임자가 '이봐요, 이게 내 후임자의 후임자에게 도움이 될지는 모르겠지만, 나에게는 무슨 도움이 되겠습니까?'라고 말하더군요."[14]

제약 업계의 상업적 책무는 우울증 약품의 연구 같은 것이 아니다. 주주들은 그것을 안다. "그들은 회사의 포트폴리오를 봅니다." 터프츠 약물 개발 연구 센터의 대표인 켄 카이틴Ken Kaitin이 말했다. 나는 우울증 치료 분야의 신약이 그토록 적은 이유를 명확히 알아내기 위해 그녀에게 조언을 구했다. "주주들이 그 회사가 항우울제에 초점을 맞추고 있다는 것을 발견하면 '팔자. 나는 이 주식을 더 이상 원하지 않아. 나는 잘 팔리지 않을 약을 개발하는 회사에 관심이 없으니까'라고 말할 거예요."[15]

현재 제약업계에서 현명한 투자 분야는 암이다. 암 분야는 연구가 훨씬 앞서 있으며 빠르게 발전하고 있다. 연구 목표로 삼을 실제 유전자들이 있다. 엄청난 대중의 지지로 효과적으로 기금이 조성되고 인식이 확산되었다. 그리고 새로운 항암제는 아주 비싼 값에 팔린다.

항우울제가 항암제와 견줄 만한 한 가지 가능성은 시장의 잠재력이다. 충족되지 않은 수요가 크며 전반적인 질병 부담이 암보다 높다. 하지만 수요만으로는 충분하지 않다. 새로운 우울증 약을 수년 혹은 수십 년 동안 구매할 수백만 명의 사람들 자체는 누군가가 그약을 만드는 데 필요한 시간과 돈을 투자하고 싶게 할 동기가 별로되지 못한다.

켄 카이틴은 약물 연구를 둘러싼 판이 정신 질환, 특히 우울증에 불리하게 짜여 있다고 말한다. 특정한 질병 분야에서 제약 연구 개발을 추진하려면 과학 지식, 강력한 경영 활동을 뒷받침하는 경제 환경, 새로운 화합물이 성공할 것이라고 믿을 수 있는 시장 수요와 위험도가 필요한데 우울증 약은 그런 모든 영역에서 장벽에 부딪친다. "요점은 경쟁 전망과 과학 지식과 기술적 위험, 이 모든 부정적인 점들이 긍정적인 시장 환경의 긍정적인 요소들보다 크다는 것입니다." 그리고 정신 의약품은 다른 의약품보다 임상 시험을 거치는 시간이 더 오래 걸린다. 다른 의약품이 평균 5년 혹은 6년인 것에 비해 정신 의약품은 9년이다. 이는 번거로운 일과 비용은 늘고 해당 제품에 대한 독점 소유권 기간은 짧아진다는 뜻이다. 그것도 승인을 받는다는 가정 하에 하는 말이다. 그는 정신 의약품은 승인을 받지 못할 비율이 다른 의약품보다 훨씬 높다고 말한다. 정신 의약품의 승인 성공률은 제약업계 평균의 절반 정도이다.

리처드 프리드먼은 우울증 약품 개발의 기존 모형을 찢어버리고 다시 시작할 때라고 주장했다. 그는 제약 회사들이 재미있고 새로운 무엇인가를 찾아내기를 마냥 기다리는 것이 아니라, 정부 보조금을 받는 연구자들이 새로운 화합물을 발견하고 기업들이 그런 화합물을 시장성 있는 약품으로 바꾸어 놓는 것을 보고 싶어 한다. 하지만 모든 사람들이 같은 생각을 하지는 않는다. 켄 카이틴은 정부 및 다른 정부 지원 기관들이 상업적 약품 개발에 너무 깊이 개입하는 것에 회의적이다. 그는 새로운 치료법을 개발하는 다자간 협력을 보고 싶어 한다. 투자 위험에 대한 기업의 관심보다 발전에 대한 대중의 관심이 중요한 질환을 연구하기 위한 공조 말이다. 일본과 오스트레일리아와 브라질에서 이루어지는 다자간 알츠하이머병 신경 영상 연구가 있다. 그리고 미국 국립 보건원은 낭창, 류머티스성 관절염, 당뇨병, 알츠하이머병을 치료하는 약품의 개발을 목표로 의료 협력을 시작했다.

이 모든 것이 우울증과 상관없다.

"알츠하이머병이나 암 같은 질환의 정서적 피해는 많은 관심을 불러일으킵니다. 그것은 피해자로 전락한 사람들 사이에서 많은 두려움을 일으킵니다. 우울증 같은 분야에서는 그런 현상이 안 보입니다." 카이틴이 말했다.

"더 나은 표현을 찾을 길이 없어 하는 말인데, 우울증은 그런 면에서 매력적이지 않습니다."

팩트 체크: 사실. 우울증은 주목받을 만큼 매력적이지 않다. 우리가 (다른 정신 질환을 등한시하는 것보다도 더) 우울증을 등한시하는 주된 이유는 그 병이 총 질병 부담이라는 면에서 세상에서 가장 파괴적이면서 뭐라 말할 수 없이 멋진 매력은 부족하기 때문이다.

적어도 지금까지 정부는 기업의 투자 철수로 인한 현금 손실을 보조하기 위해 나서지 않았다. 미국 국립 보건원은 연구 역량을 잃고 있다.[16] 캐나다 연방 및 지방 정부는 뇌 연구 기금 조성을 두고 거창한 공약을 했지만 이제야 그 약속이 실현되기 시작하고 있다. 세계 보건 기구에 따르면 정신 질환의 질병 부담이 암보다 더 높은데도, 정부가 지원하는 정신건강 연구 기금은 암 연구 기금의 3분의 1에 불과하다.[17] 그리고 뇌 연구에 전념하는 단체들 내에서조차, 우울증은 인기 있는 주제가 아니다. 2014년에 지원을 받은 캐나다 뇌 연구 기금 프로젝트 32개 중 하나만이 우울증 관련 연구였다. 경두개 자기 자극술을 치료 저항성 우울증 치료에 적용하는 연구였다.[18]

따라서 현금 유동성이 주요 쟁점이다. 온갖 요란한 오명에도 불구하고, 최근 정치권에서 나오는 정신건강에 대한 열렬한 지지 표명에도 불구하고, 재정 지원이 없다면 공허한 미사여구에 불과하다.

더 나은 우울증 약을 기다리는 사람이라면(내가 말했던가? 그런 사람이 100만 명에 달한다) 아주 오래 기다려야 할 것이다. 이 분야에 인생을 바친 연구자나 의료계 종사자에게는 10년 후 획기적 발전이 있으리라는 전망이 고무적으로 느껴질 것이다. 하지만 분기별 수익과 성장을 평가해야 하는 사람, 혹은 매일 아침에 일어날 때마다 차라리 깨지 않았기를 바라는 사람에게는 그런 전망이 그다지 고무적이지 않다.

"우리가 운이 좋을 수는 있습니다." 스티븐 하이먼이 행운에 의존하면 안 된다는 뜻이 넌지시 담긴 투로 나에게 말했다. "하지만 사실상 진짜로 새롭고 중요한 치료는 10년 이상이 지나야 나타날지도 모릅니다. 가슴 아픈 일이죠. 절망적이지는 않지만 힘들기는 합니다."

그렇다. 멋지고 새로운 약 없는 10년은 힘들다.

16

오래된 병, 새로운 방법—
뇌에 삽입된 전극

따라서 현재 상황은 형편없다. 치명적인 질환의 더 나은 치료법을 생각해내는 것에 관한 한 우리는 오히려 일을 망치고 있다. 하지만 오래된 병을 다루는 새로운 묘책을 제시할 수 있는 연구 분야들이 있다.

헬렌 메이버그Helen Mayberg는 정신의학에 관심이 있었지만 심리학 분야에는 끌리지 않아서 신경학에 입문했다. 그녀는 우울증에 관련된 뇌 회로의 형태를 알아내기 위해 수십 년 동안 우리의 버팀목이 던 신경 화학 모형 외의 영역에 주목했으며, 우리가 뇌를 읽을 수 있게 해주는 영상 기술에 뇌 연결 구조를 접목시키는 일에 집중했다. 그녀는 신경학이 대체로 우울증을 무시한다고 느꼈기 때문에 우울증에 끌렸다고 나에게 말한다.

메이버그는 자신의 분야에서 선두에 선 사람답게 조용하지만 단호하게 말한다. 에모리대학교에서 맡은 연구에서, 그리고 내가 그녀와 이야기를 나눈 후 뉴욕 마운트 시나이 헬스 시스템의 고등 회로

여보세요, 제가 지금 죽고 싶은데요

치료학 센터의 설립 이사로서 새로 맡은 연구에서, 그녀는 뇌의 어떤 이상 활동이 우울증을 앓는 사람에게 나타나고 우울증을 앓지 않은 사람에게 나타나지 않는지, 그런 이상 현상이 치료로 호전된 사람들에게서 어떻게 변하는지, 치료로 호전된 사람과 호전되지 않은 사람을 어떻게 구분하는지를 정확히 찾아내려고 노력한다. 기술이 발전하면서, 연구는 단순히 뇌 기능을 관찰하는 것에서 뇌 기능에 개입하는 주제로 넘어갔다. 한 부분을 자극할 때 무슨 일이 일어나는지 보는 것에서, 다른 환경에서 다른 부분을 자극할 때 다른 이상을 가진 사람들에게 무슨 일이 일어나는지 보는 것으로 바뀐 것이다.

헬렌 메이버그는 환자가 치료를 시작하기 전에 뇌를 스캔하고 그 결과를 이용해서 그 사람에게 어떤 치료가 가장 효과적일지 결정할 수 있는 날이 언젠가 오기를 바란다.

"치료가 필요하지만 약 근처에도 가면 안 되는 사람이 있습니다. 어차피 약의 효과가 없을 테니까요. 마찬가지로 약 없이 치료하기를 아무리 절실히 원해도 약이 꼭 필요한 사람이 있습니다." 그녀는 현재의 시행착오 방식에 대해 이렇게 말한다. "의욕을 대단히 떨어뜨립니다……. 사람들의 뇌가 필요로 하는 치료를 제공해야 합니다."[1]

그녀는 뇌 영상과 뇌 자극이 더 나은 우울증 진단과 치료의 열쇠를 쥐고 있다고 생각한다. 하지만 "모든 사람은 편견을 가지고 있습니다. 당신이 유전학자라면 유전학이 답이라고 생각합니다. 당신이 화학자라면 화학이 답이라고 생각합니다. 나는 신경학자입니다. 그래서 나는 뇌 공략이 효과적일 것이라고 생각합니다. 하지만 나는 내가 틀렸음을 증명하도록 실험을 설정합니다."

우울증에서 불안정한 회로의 역할에도 불구하고, 신경 영상 과학은 SF소설 속 뇌 스캔에 대한 신문 보도처럼 그렇게 믿을 만하지 않다. 2009년에 실시한 연구에서 연구자들은 대서양 연어에게 다양한 사회적 상황에 처한 인간의 사진들을 보여줬다. 연어는 사진 속의 사람이 어떤 감정을 경험하고 있는지 결정하는 역할을 맡았다. 그 연어는 죽었다. 어쨌든 연어의 스캔은 연어에게서 신경 활성화가 일어났다는 결과를 보여줬다. 거짓 양성[*] 중에서도 제일 거짓이었다. 연구자들은 13만 개에 달하는 별개의 정보가 관련된 스캔에서, 불규칙적인 잡음이 잘못된 결과를 초래했을 가능성이 있기 때문에 다중 검증을 통제해야 한다는 결론을 내렸다.[2] 신경 영상에 대한 열정을 억제해야 하고, 소음의 가능성을 계산해야 하고, 화면에 보이는 예쁜 색들이 그저 죽은 생선의 뇌파가 아닌지 확인해야 한다.

극심하게 우울한 사람들의 뇌 속에서 일어나는 현상을 수년 동안 연구한 헬렌 메이버그의 연구는 기존 치료에 반응하지 않는 사람들을 치료하는 방법에 대한 새로운 아이디어로 이어졌다. 뇌에 전극을 삽입하고 쇄골 밑에 소형 조율기를 삽입하는 뇌 심부 자극술이다. 뇌 심부 자극술은 우울증 치료에 대해 미국 식품의약국FDA의 승인을 받지 않았지만, 이미 파킨슨병과 극심한 치료 저항성 뇌전증에 사용되고 있다. 메이버그는 대상회전 절제술처럼 뇌의 좌우를 태우는 것이 아니라 전극을 뇌에 삽입하고 배터리로 작동하는 자극 발생기에 연결시켜 스위치를 켜고 체내에 그대로 두는 치료 방법을 개발

◆ 건강한 사람을 환자로 판단하는 것처럼 양성이 아닌데 양성으로 나온 현상.

여보세요, 제가 지금 죽고 싶은데요

했다. 그녀는 지속적인 전기 자극이 뇌 활동을 바로잡기를 바랐다. 이 방법은 대단한 효과가 나타난 뒤에는 별 효과가 없었고, 연구자들은 그 이유를 알아내려고 노력하고 있다.

뇌 심부 자극술의 수술은 대상회전 절제술과 비슷하게 MRI 검사로 시작한다. 두피의 감각을 없애는 국소 마취를 한다. 수술실에 옮겨지면 머리와 목과 두개골이 움직이지 않도록 머리에 금속 비계 프레임을 부착하고 나서 침대에 고정한다. 다시 스캔을 한다. 정밀한 드릴로 두개골에 구멍을 뚫되, 메이버그의 팀은 대상회 피질(머리 양쪽에 뿔이 난다면 있을 만한 자리에 있다)이 아니라, 우울증의 경우에 활동이 비정상적으로 증가하는 경향이 있는 브로드만 영역 25에 작은 전극 한 쌍을 끼워 넣는다.

이어서 작은 전극들은 거미줄 얇기의 선을 통해 배터리로 작동되는 자극 발생기에 연결된다. 이 기구는 다른 수술에서 쇄골 밑에 삽입된다.

메이버그와 동료들은 뇌 심부 자극술이 효과를 보인 환자들에게 그 효과가 얼마나 빨리 일어나는지에 놀랐다. 2004년에 처음으로 기구를 삽입하고 켠 첫 번째 환자들 중 한 명은 우울증 스위치를 끈 느낌이었다고 메이버그에게 말했다. 그 환자는 디애나 콜-벤저민이었다. 그녀는 수술실에 누워 외과의들이 그녀의 두개골에 구멍을 뚫는 냄새를 맡고 그 소리를 들은 날로 십여 년이 지난 11월의 어느 날 아침에 온타리오 킹스턴에 있는 커피숍에서 나와 이야기를 나눴다.

"의사들이 구멍을 뚫을 때 시끄러워요." 치과 의사의 드릴 소리와 집수리를 할 때 쓰는 드릴 소리의 중간쯤이다. "진동을 느끼고 냄새

를 맡아요. 타는 냄새 같아요."³

그런 후에 그녀는 뇌의 소리를 엿들었다.

처음에 그녀는 자신에게 연결된 많은 기계 중 하나가 오작동하고 있다고 생각했다. 하지만 그것은 청각으로 표현되는 뇌 활동이었다.

"뇌 속에서 전기 소리가 들려요. 시냅스 소리가 들려요. 라디오 잡음이나 텔레비전 화면 조정 중에 나는 소리랑 비슷해요. 내내 '지지직'거려요……." 그녀가 당시에 들은 소리에 대해 말했다.

"그러니까, 뭐랄까, 좀 멋졌어요."

디애나는 그때 토론토의 수술실에 있었고 전 세계에서 여섯 번째로 우울증 때문에 뇌 심부 자극술을 받은 사람이 됐다.

그녀는 온타리오 킹스턴에서 산 4년 중 대부분을 어느 여름 난데없이 그녀를 짓누른 우울증에 빠져서 정신 병원에서 보냈다. 그녀는 필사적인 심정으로 수술대에 올랐다. 어떤 것도 효과가 없었기 때문이다. 수년 동안 시행착오와 착오와 착오를 되풀이한 후, 그녀의 담당의는 새로운 외과적 우울증 치료를 시도하고 있던 토론토의 동료에게 전화를 했다. 그의 환자가 좋은 대상이 될까?

미친 소리 같겠지만 오히려 수술 절차가 완전히 이질적이어서, 연상되는 긍정적이거나 부정적인 문화적 이미지가 없어서, 수술에 대해 상상하는 것이 덜 무서웠다. "정말로 막다른 길에 다다른 기분이었어요……. 더 이상 다른 방법이 없다면 그 수술을 해야 한다고 생각했어요." 그래서 그녀는 두피를 마취하고 정위적 금속 비계의 나사로 머리를 고정시킨 채 수술실에 있었다. 그녀는 수술실이 사람들로 가득 차 있던 것을 기억한다. 워낙 새로운 수술이라 구경거리였다. 외과의들이 두피를 절개해서 피부 조각을 벗기고 두개골에 드릴로 구멍을 뚫어 끝에 아주 작은 전극이 박힌 머리카락 두께의 가는 전선을 뇌 조직에 끼워 넣었다. 그들은 전기 자극을 켜고 다른 위치로 전극들을 움직이고 다시 전기 자극을 켰다. 그녀가 각기 다른 장소에서의 전기 충격에 어떻게 반응하는지 보기 위해서였다. 그들은 그녀의 머리 안을 만지작거리면서 그녀의 인식 능력이 고스란히 남아 있는지 확인하기 위해서 '바깥 날씨가 화창한가요?' 같은 질문을 그녀에게 계속 던졌다. 디애나는 특정 위치에 전극이 위치했을 때 마치 처음인 것처럼 헬렌 메이버그의 눈("엘리자베스 테일러와 같은 눈")을 본 것을 기억한다. 그리고 갑자기 환각을 일으키는 온갖 색깔들이 시각을 공격했다. 캔자스에서 오즈로 날아간 것 같았다. 너무 강렬해서 구역질이 날 것 같았고 선글라스가 필요하다 싶었다.

"정말로, 진짜로, 전등 스위치가 켜진 것 같았어요. 나는 4년 동안 한 번도 제대로 인식하지 못했던 색을 인식했어요."

전극을 이동시키거나 전류를 끌 때는 그 설명하기 힘든 감각이 사라졌지만 의사들에게 그것은 치료에 효과적인 부위를 발견했다는 신호였다.

그런 다음에 다른 수술을 위한 전신 마취를 했다. 이번 수술은 자극 발생기를 쇄골 아래에 넣고, 이전에 뇌로 밀어 넣었던 전선을 오른쪽 목 안쪽으로 내려서, 새로운 배터리 팩에 연결하는 것이었다. 그녀는 킹스턴의 커피숍에서 오른쪽 가슴 위쪽에 불룩 튀어나온 피부를 내가 만져보게 해줬다. 수술 기념품이었다.

그들은 스위치를 바로 켜지 않았다. 디애나는 회복을 위해 머무르고 있던 토론토의 호텔로 돌아갔다가, 얼마 뒤에 전류 스위치를 켜기 위해 병원에 다시 갔다. 그런 다음에 어느 강도의 전기가 가장 효과적인지 알아내기 위해 몇 달 동안 병원을 들락날락했다. 결국 상태 변화를 일으키는 적당한 설정값을 찾았고 디애나는 킹스턴의 집으로 돌아갈 만큼 호전됐다. 그런 다음 '약간의 조정'을 위해 그녀가 직접 운전해서 토론토의 병원으로 갔다. "그들은 그저 배터리 위로 리모컨을 들고 있었어요……. 시작과 종료 버튼이 있고 증가와 감소 버튼이 있었어요. 전화기 화면처럼 생겨서 전압을 볼 수 있었어요."

그리고 어떻게 된 일인지 무감각이 사라졌다.

그녀는 4년 만에 처음으로 자식들을 안아줄 수 있었고 그 포옹을 느낄 수 있었다.

그녀는 놀랍게도 직장에 복귀했다. "복귀는 기대도 못 했었어요." 여러 면에서 그 변화는 그녀 자신보다 동료들에게 더 이상했다. "동료들은 '그녀는 어디로 튈지 모르는 사람이에요. 그녀를 신뢰할 수 없어요'가 아니라 '그녀에게 너무 부담 주지 맙시다. 스트레스를 주면 안 되니까요'라는 식이었어요. 사람들이 내가 괜찮다고 확실할 때까지 어느 정도 시간이 걸렸어요."

그때 이후로 디애나는 뇌 속에 윙윙거리는 전극을 달고 있다. 몇 년 뒤 할머니가 돌아가셨던 때처럼 기분이 저조해지는 시기들이 오면 힘들었지만, 두려워하던 것만큼 비참하지는 않았다. 그녀는 가슴 속에서 자극 발생기를 빼서 배터리를 교체하기 위해 2년에 한 번씩 수술을 받는다.

여보세요, 제가 지금 죽고 싶은데요

"꽤 아파요. 하지만 효과가 있어요⋯⋯. 나는 살아서는 다시 정신 병원에 가고 싶지 않아요."

뇌 심부 자극술의 초기 성공에 쏟아진 관심과 흥분은 상업용 의료 장비 제조사들에게 옮겨갈 만큼 전염성이 있었고 제조사들이 임상 시험을 추진했다. 두 번의 실험이 이루어졌다. 한 실험은 최첨단 수술, 심혈관, 위장, 신경 도구를 만드는 메드트로닉이 진행했고, 다른 실험은 1970년대에 제작되어 현재 아주 흔하게 사용되는 기계식 심장 판막 등을 만든 세인트 주드 메디컬이 진행했다. 메드트로닉의 연구는 16주 후 가짜 치료와 비교해서 현저한 향상을 보여주는 데 실패하고 나서 "헛된 노력임을 인지해서 중단"됐다. 세인트 주드 메디컬의 연구는 성공적인 결과가 나올 가능성이 기껏 17.2퍼센트라고 분석한 후 중단됐다.[4]

세인트 주드 메디컬은 인터뷰 요청을 거절했다. "유감스럽게도 우리는 우울증용 뇌 심부 자극술 제공에 대한 미국 식품의약국 승인을 받지 않았습니다. 우리는 수년 전에 실험을 했지만 그 정보를 가지고 있지 않으며 연구 외의 목적으로 그 내용에 대해 말할 수 없습니다." 대변인은 이메일로 이런 내용을 보내며 헬렌 메이버그와 이야기해보라고 제안했다.[5] 메드트로닉도 인터뷰를 거절했다. 대변인은 미국 식품의약국 승인 없이 나에게 이야기하는 것은 "정식 인가를 받지 않은 용도를 홍보하는 것으로 여겨질 것입니다"라고 적힌 이메일을 보냈는데 여기에는 메드트로닉의 다른 홍보 담당자가 보낸 기분 좋은 전달 메모가 포함돼 있었다. "나는 평소에는 책 쪽 문의를 다루지 않는데 (⋯⋯) 관심 있을까 싶어 요청을 전달함. 이 사람이 누군지 전혀 모르겠음."**6**

두 연구의 실패는 메이버그에게 충격이었다. 1년이 훨씬 지난 2016년 초에 그녀와 내가 이야기를 나눌 때도 여전히 속상해했다.

"(그들에게 한) 내 충고는, '당신들은 (임상 시험을 진행할 정도로는 아직) 알지 못한다'는 것이었어요. 그들은 자신들이 충분히 안다고 생각했지요…… 효과가 있다는 것을 내가 분명히 아는데 시험에서 결과를 얻지 못하는 것을 보면 아주 실망스럽습니다……. 속에서 열불이 나요. 어떻게 효과가 없을 수 있을까? 그저 내 임상 시험 결과를 발표하고 내가 사용한 효과적인 방법을 제시함으로써 본보기를 보이고, 사람들이 그대로 따라하기를 바랄 수밖에 없습니다. 그래요. 나는 여왕이 아니니까요."

메이버그는 당시 연구자들이 시험 대상이 정서적 낙담 상태에서 벗어나면서 일어나는 불안정한 변동을 나쁜 징조로 잘못 판단했을 것이라고 추측했다. 실상은 정신이 스스로 흔들리며 깨어나는 징조였을 것이다. 혹은 연구자들이 애초에 잘못된 환자들을 골랐을 것이다. 그녀는 바른 후보를 고를 수 있는, 믿을 만한 생체 지표를 갖기 전에는 아무도 이런 종류의 임상 시험을 다시 추진하지 않을 것이라고 예상한다. 하지만 이 중 무엇도 자신의 치료 방법에 대한 그녀의 믿음이나 그 방법을 계속 고수할 계획을 꺾지 못했다. 그녀에게 남은 질문은 개개의 경우에서는 효과가 있다고 드러났지만 임상 시험에서는 효과가 없었던 치료를 진행하는 것이 윤리적인지, 다른 치료 방법을 다 써봤고 더 이상 방법이 없는 절망적인 사람들에게 그 방법을 쓰지 않는 것이 윤리적인지이다.

여보세요. 제가 지금 죽고 싶은데요

메이버그는 300명 이상의 환자들이 우울증 치료로 뇌의 각기 다른 세 곳에 뇌 심부 자극술을 받았을 것이라고 판단한다. 그녀는 대부분의 경우 이 방법이 장기적으로 효과가 있다고 말한다. "이는 단순히 그들이 저조한 날이나 우울증을 겪지 않는다는 뜻이 아니라 우울증이 더 이상 예전처럼 치료 불가능한 병이 아니라는 뜻입니다."[7]

분명히 뇌 심부 자극술의 수요가 있다. 물론 자신들의 뇌에 전극을 삽입해 달라고 헬렌 메이버그에게 부탁하는 사람들 중 대부분이 그 수술 대상으로 적합하지 않기는 하다. 그들은 아직 기존의 승인된 모든 치료에서 실패하지 않았다. "내 실험실로 수천 통의 전화가 걸려왔고, 우리는 300명 중 한 명꼴로 받아들입니다. 300명 중 299명이 그 기준에 맞지 않기 때문입니다. 아직 전기 자극 요법을 시도하지 않았고, 다른 효과적인 치료를 받지도 않았으면서, 뇌 수술을 받겠다고 전화를 하는 것이니까요."

뇌에 전극을 삽입하는 방법은 여러 가지이며, 매사추세츠 종합 병원의 정신과 의사이자 신경 치료학 책임자인 다린 도허티는 건강을 위해 보다 정확히 신경 세포에 충격을 주는 방법을 개발하려고 노력하고 있다. 상냥하고 인내심이 많은 그는 우울증을 치료하기 위해 뇌 속 각설탕 크기의 구체를 태우는 방법을 설명할 때 '-otomy'가 붙은 용어들을 하나하나 자세하게 나에게 알려준 사람이다.

지금까지 우울증 치료용으로 시도한 전극 장치(헬렌 메이버그의 전극 장치 포함)은 전극이 기본적으로 첫날부터 '작동' 모드로 돼 있는

'개회로'이다. 도허티는 '폐회로' 시스템에 공을 들이고 있다. 그는 이 시스템이 다른 것들보다 약간 더 복잡하고 정교하다고 말한다. 뇌 활동을 관찰하는 민감한 전극을 삽입하는데, 전극이 치료 목표인 병과 관련된 이상을 감지하면 자동으로 신호음이 울리고 뇌 활동이 다시 정상으로 돌아오면 꺼진다.

그렇다면 어떤 의심스러운 신경 활동이 전극 신호음을 울리게 할까? 다린 도허티는 그것을 알아내려고 노력하고 있다. 뇌 조직에 깊이 들어가지 않고는 이 방법을 측정할 수 없다. 따라서 그는 심한 뇌전증을 가진 사람들을 '기회의 환자'로 이용하고 있다. "그냥 길에서 아무나 데려와서 뇌에 전극을 삽입할 수는 없기 때문입니다."[8]

뇌전증 입원 환자가 그의 발작 활동을 측정하는 여러 전극을 뇌에 삽입한 상태로 병원에 있는 동안, 도허티와 그의 팀은 다양한 상황에서 어떻게 반응하는지 보기 위해 그 환자를 대상으로 여러 행동 검사를 시행하고, 연구자들은 이를 통해 그들의 정서적 처리 과정을 파악한다. 도허티가 연구하는 뇌전증 환자 중 일부는 우울증 같은 정신 질환을 가지고 있고 일부는 정신 질환을 가지고 있지 않다. 따라서 그는 각 과업에 대해 건강한 집단과 건강하지 않은 집단의 신경 활동의 차이를 비교할 수 있다.

도허티의 연구 팀은 우울증, 외상 후 스트레스 장애, 외상성 뇌손상, 알코올과 마약 등의 물질 사용에 해당하는 퇴역 군인들을 대상으로 폐회로 뇌 심부 자극의 활용을 연구하기 위해 국방부에서 3,000만 달러의 연구 보조금을 받았다. 그들이 지금까지 만든 것 중 가장 멋진 장치는 뇌 속에 삽입해서 모든 신경 활동을 측정하는

여보세요, 제가 지금 죽고 싶은데요

작은 상자이다(이 장치가 없었다면 옷장 크기의 기계를 사용해서 추적해야 했을 것이다). 이 장치는 잘못된 점을 알아채면 뇌의 뇌회 사이로 구불구불 지나가는 다양한 전극 노드에게 켜지거나 꺼지라고 지시한다.

우리가 우울증이라고 부르는 병의 징후에 일관성이 없다는 사실에 진저리가 난 국립 정신 보건원이나 다른 단체들과 마찬가지로, 다린 도허티는 두루 적용되도록 만든 우울증의 꼬리표가 아니라 근본적인 증상들을 다루는 연구에 초점을 맞추고 있다. 그는 우울증 진단이 『정신 장애 진단 및 통계 편람』 기준의 아홉 개 중 다섯 개를 만족시켜야 하지만, 설령 특정한 증상들이 연관성이 있을지라도(아침에 일어날 수 있는가? 죽고 싶은가?) 같은 병을 가진 두 사람이 아주 다른 징후를 보일 수 있다고 지적한다. "그들의 전기 회로망이 동일하다고 추정하는 것은 다소 무모하며, 돌이켜 생각해보면 왜 개회로 뇌 심부 자극술이 효과적이지 않았는지 설명할 수 있습니다……. 따라서 우리는 그것을 다시 시도하지 않을 것입니다. 이미 겪어봤고 다 압니다."

17

오래된 병, 새로운 방법-
환각제부터 스마트폰까지

제라드 사나코라Gerard Sanacora는 "우리가 아는 한", "태반은", "이는 모든 뇌 영역에서 같지 않을 것이다" 같은 수식 어구가 섞인 학구적인 말씨와, 그에 어울리지 않는 열정적인 태도로 자신의 일에 대해 이야기했다. "그것은 지난 50년 동안 기분 장애 분야에서 있었던 발견 중 가장 흥미롭습니다. 나는 정말로 그것을 판도를 뒤바꿔놓을 중요한 사건으로 여깁니다……. 그것은 치료 분야에서 완전히 새로운 앞날을 열 것입니다."[1]

'그것'은 케타민이다. 광란의 파티에서 인기 있는 환각 유발성 불법 약물인 '스페셜 케이'로도 알려져 있다. 최근까지 케타민은 의학적으로는 대부분 마취약 용도로 쓰였다. 이제 케타민은 가장 빠르게 효능을 발휘하는 항우울제로 밝혀졌다. 케타민은 다른 어떤 약에도 반응하지 않는 사람들에게 효과가 있는 것으로 드러났다. 케타민은 남용되는 경향이 있는 해리성 환각제이기도 하며, 항우울제 효과가 빠르게 사라진다. 우리는 케타민의 반복적이고 빈번한 사용이 인지

여보세요, 제가 지금 죽고 싶은데요

를 심하게 손상시킨다(그리고 기분 장애를 악화시킨다)는 것을 알지만, 다량을 장기간에 걸쳐 투여하는 것이 임상적으로 안전한지 혹은 어떻게 사용해야 하는지 알지 못한다. 그리고 지금까지 케타민의 효율성 연구들은 표본 크기가 아주 작은 실험 집단으로 이루어졌다. 표본 크기를 모두 합한다고 해도 상당히 소규모이다. "우리는 이제 겨우 수박 겉핥기식으로 연구를 시작하고 있습니다." 사나코라가 예일 대학교 우울증 연구 프로그램의 책임자를 맡고 있는 코네티컷주 뉴 헤이븐의 검소한 사무실에 있는 탁자 앞에 앉아서 말한다.

이 수박 겉의 밑에 있는 열광적인 기쁨의 일부는 연구자들이 처음으로 우울증이 신경 화학 단계에서 어떻게 작용하는지 더 잘 이해하게 하는 치료법을 찾아낼 수 있다는 것이다.

하지만 사나코라와 동료들이 더 많은 발견을 할수록, 모든 것이 더 복잡해진다. 이런 저런 화학 물질을 너무 많이 혹은 너무 적게 복용하는 것 같은 간단한 문제가 아니다. 그보다는 신호나 유연성이 한 부분에는 과하지만 다른 영역에서는 부족하다는 문제이다. 되먹임고리가 엉망이 됐다는 것이다.

그는 우울증이 화학 물질의 과다와 부족보다는 환경에 적응하는 뇌의 활동과 관련이 있고 생각한다. 당신이 겪은 모든 경험이 뇌의 구성을 변화시킨다. 이는 신경 세포 활성화, 즉 당신이 이 글을 읽고 있는 이 순간 형성되고 있는 새로운 연결을 말한다. 신경 가소성은 뇌가 새로운 정보를 저장하고 검색하는 방식이며 바뀌는 환경이나 상황에 맞게 변화하는 방식이다. 당신의 뇌가 적응에 어려움을 겪고, 새로운 연결을 하거나 관련 없는 연결을 끊는 데 어려움을 겪는다면 그건 문제이다.

우울증이 부분적으로는 신경 가소성 문제이고 케타민이 그 문제를 일시적으로나마 바로잡을 수 있다면, 사나코라는 인지 행동 치료 등을 통해서 뇌에게 새로운 대처 방법을 가르칠 때 최적의 유연성을 이용할 수 있기를 기대한다.

여전히 아주, 아주, 아주 시기상조이다.

케타민의 첫 투여가 효과적임을 보여주는 증거가 늘어나고 있다. 하지만 사용 효과를 여러 차례 검사하는 장기 연구로 말하자면, 연구에 참여한 사람들의 숫자가 훨씬 적어진다. 일반적으로 약이 특정한 용도로 승인을 받으려면(이 경우에서는 항우울제) 지정된 기간 동안 지정된 복용량으로 효과가 있는지는 물론이고 안전한지, 부작용이 무엇인지, 안전성과 효험이 사람에 따라 달라지는지를 알아내기 위해 수천 명의 사람들을 대상으로 한 결과가 필요하다. 이를 위해 많은 사람과 많은 시간이 필요하다는 뜻이다.

인간의 남용과 동물 실험 덕에 우리는 케타민을 너무 자주 혹은 너무 오랫동안 너무 많이 사용하면 뇌가 망가질 수 있으며 이상적인 유효 용량과 극심한 피해를 주는 용량이 종이 한 장 차이라는 사실을 이미 안다.

제라드 사나코라가 열정을 가라앉히기 위해 잠시 멈추었다가 다시 말했다. "임상 연구에서 정말 걱정스러운 점은 케타민을 항상 투여하는 사람들의 상태예요. 케타민을 남용하거나 정기적으로 사용하는 사람에게 인지 장애가 생긴다는 상당한 증거가 있습니다. 구조적인 문제가 있다는 증거가 있어요."

여보세요, 제가 지금 죽고 싶은데요

미국 식품의약국은 2019년 3월에 케타민을 우울증 치료용으로 승인했다.[2] (이 책을 쓰고 있는 현재, 캐나다 보건부는 케타민을 승인하지 않았지만 일부 개인 병원에서 제공하고 있다.) 하지만 그 전부터 수많은 환자들이 승인되지 않은 용도로 케타민을 이미 처방받아왔다. 예를 들어서 사나코라는 연구 외에 예일대학교에서 아주 잘 선별한 환자들에게 케타민을 임상적으로 사용했다. 그리고 그는 위험과 이익 비율이 케타민의 사용을 정당화한다고 느꼈다. 단, 집에서 마음대로 케타민을 이용하면 안 된다. "나는 절대로 그것을 권장하지 않습니다. 그것으로 끝. 이론의 여지가 없습니다."

한 달 분량의 케타민을 받으면 환자가 집에서 코로 흡입할 가능성이, 남용되거나 빼돌려서 길에서 불법으로 팔릴 가능성 못지않게 높다. 또한 지시대로 투여해도 위험할 수 있다. 케타민을 임상적으로 사용하는 사나코라의 환자들조차 매번 주의 깊게 지켜봐야 한다.

"케타민은 비교적 안전하지만, 수천 명 혹은 수만 명을 이걸로 치료하기 시작하면 죽는 사람이 나올 것입니다."

케타민은 우울증의 사업성이 없음에도 불구하고 일부 솔깃한 제약 회사들이 이 분야의 사업에 다시 뛰어들게 할 정도로 흥미롭다.

특히 지난 반세기 동안 제약업계에서 실패해온 것을 감안하면, 향상된 새 우울증 치료제 발견이 중요하다는 기업의 진부한 이야기에 회의적으로 반응하기 쉽다. 하지만 얀센 제약 회사의 신경 과학 치료 부문의 책임자인 후세이니 만지Husseini Manji는 내가 전화를 하자 정말 흥분한 목소리로 케타민에 대해 말했다.

"우울증은 많은 사람들을 극도로 망가뜨립니다. 그리고 많은 사람들이 기존 치료에서 적절한 반응을 보이지 않습니다. 설사 반응을 보인다고 해도 (효과가 나타나기까지) 대체로 4~8주가 걸립니다."[3]

만지는 얀센의 케타민 연구를 이끌고 있다. 그의 연구 중 하나는 적어도 3년 연속 우울증을 앓았으며 여섯 종 이상의 항우울제를 써본 치료 저항성 우울증을 가진 사람들을 대상으로 했다. 그중 많은 사람들이 전기 자극 요법도 실패했다. 절반은 케타민 정맥 주사를 맞았고, 절반이 식염수 정맥 주사를 맞았다. 결과는 아주 놀라웠다. 케타민을 주사한 환자의 60퍼센트가 두 시간 이내에 반응을 보였고, 70퍼센트가 하루 안에 반응을 보이기 시작했다. 이는 어떤 병 연구에서도 대단한 반응 결과이다. 만지가 언급하듯이, 대부분의 치료가 효과를 보이기까지 운이 좋아도 최소 6주가 걸리는 우울증에서는 더욱 대단한 반응이다. "믿기 어려웠습니다." 만지가 흥분한 목소리를 억누르고 진지한 어조로 말했다. 마법은 오래가지 않았다. 우울증 증상이 1주일 내에 돌아왔다. 어쨌든 중요한 성과였다. "모든 사람들이 아주 흥분했습니다."

그와 동료들은 비강 투여에 초점을 맞췄다. 막힌 코를 뚫을 때 약을 뿌리는 것과 같은 방법이다. 그는 이 방법은 정맥 주사보다 훨씬 간단하며 필요한 인원이 더 적으면서도(예를 들어서 정맥에 주사를 놓는 훈련을 받은 사람이 필요 없다), 알약보다 훨씬 효과적인 전달 체계라고 말한다. 알약은 소화관을 지나 혈류로 들어가기 때문에, 유효 성분을 통제하고 일괄로 방출하기에 더 좋다. 만지는 케타민은 뇌에 가급적 빨리 들어가는 것이 좋다고 말한다. "사실 코와 뇌가 직접 연결돼 있기 때문에, 우리는 비강 내에 투여하면 뇌로 즉시 들어갈 거

여보세요, 제가 지금 죽고 싶은데요

라고 생각했어요."

또한 그들은 케타민의 거울상체*, 즉 에스케타민 이성질체**로 전환했다. 이는 이론상 효과가 더 강하며, 몇 방울로도 충분한 투여량을 확보할 수 있다. 업계 전문가들은 수십 년 동안 다양한 형태로 사용돼 온 약품과 아주 조금 다른 약품의 특허를 받는 것이 훨씬 쉽다고 말한다. 그렇게 제약 회사는 모두가 사용할 수 있는 싼 분자가 아니라, 비싸고 특허받은 분자를 갖게 된다(특허는 중요하다. 제약 회사들이 선행을 하자고 사업을 하는 것은 아니다).

만지는 케타민의 작용 원리가 우리가 오랫동안 시도해온 방법의 몇 단계 아래에 있다고 생각한다. 그는 세로토닌과 도파민 같은 신경 전달 물질이 신경 세포로 흡수되는 것을 억제하는 방법보다 케타민을 쓰는 게 훨씬 직접적이라고 말한다. 그래서 그는 우리가 생화학적인 직선로를 선택하면, 종전의 치료법들로 실패한 사람들에게 케타민이 효과가 있는 이유와 케타민의 빠른 효과를 설명할 수 있다고 판단한다.

그렇다. 케타민은 특히 처음 사용하는 경우에 사람을 황홀감에 빠뜨린다. "방이 빙빙 돌아가거나 자신이 진짜 같지 않은 느낌이 들 것입니다. 공중에 둥둥 떠다니는 느낌이 들 것입니다." 그렇지만 그는 지금까지의 연구에 따르면 적어도 중기적으로는 의료진의 주의 깊은 관찰 아래 인지 손상 없이 케타민을 만성적으로 사용할 수 있

◆ 거울에 비춘 상처럼 분자구조의 좌우가 바뀐 물질.

◆◆ 분자식은 같지만 원자 배열이나 구조가 다른 분자.

다고 주장한다. "오히려 인지 능력이 향상되는 현상을 발견하게 됩니다. 우울증 자체가 인지 손상과 관련돼 있으니까요."

병이 호전되고 괜찮은 상태가 그대로 유지되기까지 얼마나 오래 혹은 얼마나 자주 에스케타민을 코에 뿌려야 하는지 아직은 분명하지 않다. 만지는 에스케타민을 약 4주 사용한 후 전통적인 항우울제와 심리 치료를 추가하는 방법이 케타민의 개선 효과는 유지하면서 케타민 투여의 빈도를 점차 줄여주기를 기대한다. 하지만 이 역시 어떻게 진행되는지 관찰하기 위해 훨씬 더 많은 사람들을 대상으로 한 장기적인 연구가 필요하다.

2018년 초에 발표한 얀센의 연구에 따르면 평상시에 복용하는 항우울제에 에스케타민을 추가(처음에는 격주 1회, 그다음은 주 1회, 이어서 주 2회 코로 투여)한 사람들이 위약을 투여한 사람들보다 평균적으로 우울증 점수가 좋았으며, 그들 중 대부분이 8주간의 연구 동안 상당한 차도가 지속됐다.4 여기에서도 표본 크기가 비교적 작았다(총 67명, 첫 단계에서 개입 대상은 그중 34명). 나는 에스케타민 맛이 나는 쓴 물질을 첨가한 물을 위약으로 쓸 때 그게 황홀감을 일으키지 않는다면 과연 블라인드 테스트가 얼마나 효과 있을지 의문이 든다. 분명히 참가자는 그것이 위약이라는 것을 아주 빠르게 알아차렸을 것이다. 어느 쪽이든, 비전문가에게는 고무적이다. 그들이 환자들에게 어떻게 지독한 증상들의 완화를 기대하라고 제안하는지 지켜보면 즐거울 것이다.

또한 얀센은 자살 충동을 느끼는 입원 환자들에게 에스케타민을 실험했다. 이들 중 일부는 케타민 투여에 평상시의 치료(항우울제나

여보세요, 제가 지금 죽고 싶은데요

심리 치료, 또는 둘 다)를 병행했고, 일부는 위약에 평상시의 치료를 병행했다. 이 실험에서 케타민은 입원 환자들이 사용하는 어떤 치료법보다 현저히 효과가 있다는 것이 발견됐다.

나는 제라드 사나코라와 그의 대학 건물의 계단을 내려가서 뉴 헤이븐의 햇살 아래로 나가면서 물었다. 누군가의 죽고 싶은 억제된 욕망을 즉각적으로 완화할 수 있다고 해도(내 말을 오해하지 말기 바란다. 물론 이것만으로도 대단한 일이다), 당신이 환자에게 방금 준 마법 약의 효과가 입원 기간 며칠 안에 차츰 사라지리라는 것을 알면서도 그 사람을 응급 부서나 정신과 병동에서 기꺼이 내보내주고 싶을까? 그는 자신도 망설일 것이라고 동의했다.

얀센 제약의 후세이니 만지는 자살과 우울증이 공중 보건의 위기를 초래함에도 거기에 쏠린 관심이 불충분했다고 인정한다. "이 분야는 너무 복잡하고 불확실해서, 대부분의 회사들이 더 자신 있는 부문에 집중하기로 결정했습니다. 아주 유감스러운 일이에요. 정신 질환 부문의 요구가 엄청난데 충족되지 못하니까요. 일단 우리가 더 자신감을 갖게 되면 서서히 나아갈 수 있습니다. 그렇게 되면 (연구 개발 투자가) 물밀 듯이 되살아날 것입니다. 에스케타민이 그 새 시대의 일부라는 희망을 품고 있어요."

항우울제로서 스페셜 케이는 황홀감이 결함이다. 항우울제로서 환각 버섯은 황홀감이 특징이다.

실로시빈 캡슐(환각 버섯의 유효 성분을 포함하고 있다)의 사용에 대한 초기의 소규모 연구들은 대부분 환자의 '신비로운' 경험과 우울증 증상 감소 사이의 긍정적인 상관관계에 근거를 둔다. 이쯤에서 솔직히 말하건대 의학적 신비주의는 내 취향이 아니다. 하지만 가망 없는 우울증을 치유하기 위해 버섯을 사용했는데 그 뒤에 숨겨진 마법이 있다니 어디 한번 살펴보자.

데릭 메이Darrick May는 환각제를 보조로 사용하는 치료 전문가가 되고 싶지만 지금까지는 그저 여러 예비 연구에서 사용하는 수준에 머무르고 있다.

메릴랜드주에 자리 잡은 존스홉킨스대학교의 정신과 의사인 그는 치료 저항성 우울증을 치료하는 실로시빈의 효험 및 안전성을 검사하는 미국 최초의 실험을 기획했다(유사한 소규모 연구가 한 해 전 영국에서 유망한 결과를 얻었다). 다양한 치료에서 실패했으며 심한 우울증을 앓는 스물네 명을 열두 명씩 두 집단으로 나눈다. 두 집단 모두 일주일 간격을 두고 실로시빈을 2회 투여하되, 한 집단은 이 과정을 10주 후에 시작한다. "이런 방식으로 모두에게 실로시빈을 투약합니다."5

약에 취해 황홀해지는지 아닌지 모든 사람들이 알 수 있을 때는 이중맹검법(혹은 단순 맹검법을 비롯한 맹검법) 실험을 할 수 없다. 플라시보 효과가 너무 분명하게 드러난다. 데릭 메이는 대조 집단에 사용하기에 적당한 가짜 치료 방법이 없다고 나에게 말한다. 따라서 두 집단에 시차를 두는 것이 최적의 방법은 아닐지라도 아무것도 없는 것보다는 낫다.

그가 나와 이야기를 나눌 때는 시험이 연구 대상자를 모집하는 초기 단계에 있었다. 그는 사람들이 연구에 참여하기 위해 병력에 대해 거짓말을 할까 봐 걱정돼서 참가자 기준(예를 들어 참가 대상이 되려면 아무런 효과 없는 우울증 치료를 얼마나 많이 시도해봤어야 하는가)을 별로 언급하지 않았다. 무료로 마법의 버섯과 참가자의 감정에 대해 말해주는 전문 의료진과의 귀중한 시간을 가질 수 있으니 인기가 있을 수밖에 없었다. 그는 우울증으로 극심한 절망에 빠진 전국의 사람들에게 수많은 전화와 이메일을 받았다. 그중에서 24명을 골라야 했다. "많은 사람들을 실망시키는 일이었지요."

데릭 메이는 마법 버섯의 작용 원리가 무엇인지 아직 모른다. 그는 마법 버섯의 가능성에 대해 열광하는 듯했지만 동시에 임상적 관점에서는 현실적이었다. 그는 여러 연구들이 참가자들의 우울증 증상의 감소가 "그들이 한 신비로운 경험의 등급과 긍정적인 상관관계가 있다는 것을 보여줬습니다"라고 말한다.

나는 주관성의 정도가 확증 편향을 결정하지 않느냐고 물었다. 신비롭고 몽롱한 경험이라는 발상을 좋아하는 사람은 실로시빈의 복용을 아주 마음에 들어 할 것이며, 신비로운 경험을 할 것이고, 실로시빈을 복용하고 상태가 호전됐다고 보고할 것이다. 그는 그런 사람들이 실험에 자원했을 것이라고 인정한다. "이 치료를 받으려는 사람들은 실로시빈 시도에 관심이 아주 많기에 긍정적인 연상을 할 것이고 실로시빈이 도움이 된다고 진심으로 믿을 것입니다…… 따라서 그것이 편향입니다. 하지만 실로시빈을 전혀 믿지 않거나 자신들에게 피해를 주리라고 생각하는 사람들에게 실로시빈을 주는 것은 비윤리적이거나 불가능할 일입니다." 버섯이나 환각제나 아야와스카♦ 등 자신이 선호하는 환각제로 스스로 치료하고 있는 사람들이 이미 많다. 그리고 그는 환각제 연구계에서 환각제의 권장 혹은 금지에서 임상의의 역할에 대해 많은 토론이 이루어지고 있다고 덧붙인다. "심리에 긍정적이고 부정적인 영향을 깊이 미칠 치료를 권하는 것이 윤리적일까요?"

그는 환경 통제를 권장한다. 그는 환각 치료를 진행할 작정이라면, 보건 기관에서 분자 구조의 안전성을 입증한 약을 사용해야 하고 의사와의 상담을 거쳐야 한다고 강조한다. 숲속 천막에서 내키는 대로 사용하면 안 된다.

메이는 환자들이 임상용 버섯 환각 체험 전에 자신에 대해 탐구하는 시간을 많이 갖는다고 말한다. 의사들이 체험 과정을 당신에게 자세히 안내하고(그렇다. 그들은 '안내인'이라고 불린다), 당신의 삶과 희망과 꿈과 환각 경험에 대해 당신과 이야기한다. 당일 아침식사를 할 때는 과식을 피하고(과식은 실로시빈의 흡수를 방해한다), 소변 검사를 받고, 기본 질문지를 작성하고, 소파와 명상용 방석과 백열등이 있고 요가 수행자의 집에 있는 사무실 같은 분위기인 안락한 방에서 물 한 잔으로 실로시빈 캡슐을 삼킨다.

"보통 처음 30분은 환자들에게 자연이나 만다라 같은 모습을 담은 사진집을 보게 합니다. 그 시간 동안 그들이 느긋이 쉬게 합니다." 그러고 나서 누워서, 눈가리개와 이어폰을 착용하고, 여섯 시간

♦ 식물의 줄기에서 추출하는 환각성 액체.

동안 음악을 들으며 '내적 경험'을 한다.

　일부는 불쾌한 환각을 보지만, 모든 준비를 철저히 하고 통제된 환경에서 실시하면 그런 경우는 드물다. 안내인들이 그들에게 말한다. "나타나는 모든 것을 반갑게 맞이하고 그것에 대해 궁금해하세요. 무서운 것이 있으면 물어보세요. '왜 이것은 나를 겁나게 할까?' 그리고 괴물이 있으면, 괴물의 눈을 들여다보고 말하세요. '너 여기는 어쩐 일이야? 내가 너에게 무엇을 배울 수 있을까?'"

　누가 이 약을 먹어야 할까? "어떤 사람이 이 약을 먹어야 한다고 말하기에는 너무 이릅니다. 이 약이 실제로 효과가 있는지 아직 증명되지 않았으니까요. 아직 예비 연구들만 이루어졌습니다." 메이가 말했다. 장기간에 걸쳐 우울증을 약화시키는 신비로운 경험의 힘을 믿는 메이조차 곧 약국에서 환각 버섯을 조제하게 되리라고는 여기지 않는다. 그는 합성 실로시빈 캡슐이 담긴 약병을 환자들에게 줘야 한다고 생각하지 않는다. 실행은 그의 연구에서 제공하는 방식으로 제한해야 한다. 즉 환자를 보살피는 전문 안내인의 보호 아래 안락한 방에서 여섯 시간 동안 진행돼야 한다. 그는 "그렇지 않으면 안 좋은 결과가 나올 가능성이 너무 많습니다"라고 말했다.

　사람들은 개별 맞춤 치료라는 발상을 좋아한다. 누구나 특별한 대접을 받는 사람이 되고 싶어 한다.

　생체 지표가 그것을 가능하게 할 수 있다. 연구자들이 검사로 당신의 생물학적 꼬리표를 발견할 수 있다면, 그 꼬리표가 당신이 지닌 특별한 이상 징후는 무엇이고 어떤 치료에 반응할 가능성이 큰지를 보여준다면, '어설픈 추측'이라는 현대 우울증 치료의 특성은 사라질 것이다.

하지만 누가 어떤 치료에 반응할 가능성이 가장 높은지 밝히기 위한 노력이 잘 풀릴지라도, 우리가 기존 치료법에 반응하지 않는 사람들에게 효과적인 대안을 가지고 있지 않다면 별로 쓸모가 없다. 축하해요, 환자 8473번! 혈액 분석 결과 당신은 항우울제에 반응할 가능성이 적은 것으로 밝혀졌습니다. 우리가 다른 치료법을 개발하고 그런 치료법이 당신에게 효과가 있을지 실험할 방법을 찾는 동안 가만히 대기하세요. 당신의 예상 대기 시간은…… 약 10년입니다. 전화를 끊지 말고 기다리세요. 당신의 건강은 우리에게 중요합니다.

텍사스대학교 사우스웨스턴 우울증 연구 임상 치료 센터에서 이 분야의 최첨단에 서 있는 마두카르 트리베디에게 생체 지표는 연구할 가치가 없다고 말하지 말라. 그는 치료 개입의 한계 속에서도 희망을 가질 이유를 제시한다.

"요즘 내 연구의 핵심 목표는 생체 지표를 개발하고 입증하는 것입니다. 그래서 짧은 답은 '그렇다'입니다. 분명히 우리는 특정한 개별 환자들의 특정한 생체 지표를 밝혀야 합니다."[6] 트리베디는 환자가 기분 장애를 가졌는지 알아내기 위해, 생각, 감정, 기분, 일상적인 일을 해내는 능력에 대해 일련의 질문 던지는 것 대신, 혈액이나 뇌, 구강세포, 대변을 검사할 수 있기를 바란다. 그는 그 검사 결과들이 각 환자에게 맞는 치료법을 찾는 데 도움이 될 것이라고 기대한다.

그는 우리가 어느 정도 확신을 가지고 그렇게 할 수 있기까지 한참

여보세요, 제가 지금 죽고 싶은데요

멀었음을 인정했다. 그가 낙관적인 것일까? "그에 대한 답은 당신이 나에게 묻는 요일에, 또한 미래를 예측하는 내 능력에 달려 있습니다."

트리베디는 우울증의 절망에 깊게 빠져 있는 사람에게는 정확한 생체 지표를 알아내는 일이, 몇 년 동안 여러 형태의 치료법들을 시도하는 것과 단 몇 주 내에 정곡을 찌르는 것 만큼의 엄청난 차이를 만들어낸다고 열렬히 주장한다. 그러나 징글징글하게 많은 약, 수년에 걸친 심리 치료, 반복적 경두개 자기 자극술을 겪어본 사람으로서, 언젠가 전기 자극 요법을 받을지 모를 사람으로서, 내가 생체 지표에 대한 장기적인 연구와 더 나은 치료법에 대한 연구 중 자금을 지원할 연구를 하나 이기적으로 선택해야 한다면 나는 생각해볼 것도 없이 당장 후자를 선택할 것이다.

그는 양자택일할 문제가 아니라고 말했다. "우리는 새로운 치료법을 발견하는 연구를 계속 해야 합니다……. 하지만 새로운 치료법을 발견하기 위해서 해야 하는 작업이 많이 있습니다. 그리고 생체 지표의 경우에 적어도 우리는 시행착오가 아니라 보다 과학적이고 철저한 방식으로 연구할 수 있을 것입니다."

생체 지표는 우울증 연구의 실패율이 너무 높고 검사와 호전의 측정 방법이 아주 애매해서 우울증 연구를 중단한 제약 회사들에게 유혹적이다. 우리가 치료법을 개발할 적절한 로드맵을 가지고 있지 않기 때문이다. 트리베디는 생체 지표가 그 로드맵을 향상시키고 검사를 보다 정확하게 만들고 우울증의 작용을 밝혀내서 제약 회사들을 다시 우울증 치료법 개발에 복귀시키기를 바란다. 또한 터프츠 약물 개발 연구 센터의 대표인 켄 카이틴이 나에게 말했듯이, 생체 지표는 우울증 약들이 미국 식품의약국 승인을 받을 가능성을 키울 수도 있다.[7]

그 외에 알고리즘 접근법이 있다. 이는 과학의 혁신적 발전이라는 성가신 요구를 건너뛰며 우리가 거대 기술 회사들을 위해 대량으로 찍어내고 있는 제품에 주력한다. 바로 개인 정보이다. 오늘날 사람들은 사회 각 방면에서 당신과 수많은 사람들의 개인 정보를 이용해서 맞춤식 우울증 치료법을 개척하고 있다. 임상적으로 입증된 질문지에 대한 답변을 취합해서 어떤 치료 과정이 가장 효과가 있을지 정할 회사들이 있다. 일상 행동 같은, 보다 자동적인 정보 입력을 이용해서 정신 상태를 평가할 회사도 있다.

휴대폰이 정신과 의사가 돼서 정신건강(혹은 정신건강에 대한 자각)을 실시간으로 추적한다면 데이터 마이닝의 가능성이 더욱 커 보일 것이다. "진단하고 나서 치료하는 이 패러다임에서 벗어나야 합니다. 우리는 예측하고 미연에 방지하기를 원합니다. 누군가의 우울증이 악화되고 있거나 자살 충동이 커지고 있다는 징후를 조기에 파악할 수 있다면 얼마나 좋겠습니까?" 얀센의 후세이니 만지가 말했다.

실리콘 밸리는 빅 데이터와 주머니 속 정신과 의사를 갖고 싶은 사람들의 마음에 기대를 걸어왔다. 구글의 건강 과학 부문 회사인 베일리는 데이터 중심의 정신 질환 해결책을 발견하기 위해 국립 정신 보건원 원장 토머스 인셀을 영입했다. 그 후 인셀은 마인드스트롱이라는 신생 기업에서 유사한 작업을 하기 위해 베일리를 떠났다.[8]

여보세요, 제가 지금 죽고 싶은데요

이런 회사들의 기본 목표는 스마트폰 및 스마트폰이 수집하는 풍부한 정보를 이용해 정신 질환을 다루는 것이다. 이런 정보에는 어디를 가고, 무엇을 검색하고, 누구에게 문자나 메시지를 보내고, 누구와 이야기하고, 누구의 전화를 무시하고, 소통할 때 무엇을 말하거나 입력하는지가 포함된다. 인셀이 아직 베일리에서 근무하던 2015년에 이는 "디지털 표현형, 행동을 객관적으로 측정하기 위해 디지털 정보를 이용하는 방법"을 제공할 것이라고 나에게 말했다. "그 데이터를 이용해서 조증의 시작, 우울증의 시작, 정신병의 시작처럼 흐름에 따라 일어나는 사건들을 예측할 수 있습니다."[9] 마인드스트롱의 웹사이트에 따르면, 이 회사는 기계 학습을 이용해서 각종 연구를 면밀이 검토했고, 손가락을 두드리고 움직이는 터치스크린과의 상호작용을 이용해 사람들의 정신 상태를 평가하는 '디지털 생체 지표'를 개발하는 일에 도전했다.[10]

정신건강 관련 애플리케이션이 빠르게 급증해서 1만 개를 넘어섰다.[11] 이런 애플리케이션들은 효과를 뒷받침하는 증거를 갖추지 못했다. 이런 애플리케이션들은 자신들의 정신건강 관리 시스템이 얼마나 잘 작동하는지 검사하는 무작위 대조 시험을 거치는 경우가 별로 없다.[12] 하지만 애플리케이션의 잠재적인 가능성은 여전히 엄청높다. 잠재적인 피해도 엄청나다. 존 토러스John Torous와 로라 바이스 로버츠Laura Weiss Roberts는 《미국의사협회 정신의학회지》에서 그 단점 중 하나로 "바탕이 되는 근거가 없는 애플리케이션들이 환자들에게 혼란을 줘서 치료법을 찾는 일을 지연시킬 수 있다"라고 지적했다.

내 의문은 이것이다. 그 데이터를 어떻게 사용하고, 누가 사용할까? 그 데이터를 어디에 저장하고, 어떻게 안전하게 유지할까? 누가 그 정보에 접근할 수 있을까? 환자? 의사? 어떤 입력이 어떤 종류의 반응을 촉발시킬까? 특정한 건강 상태가 당신이 자율성을 **빼앗긴** 채 정신 병원에 보내져야 한다는 뜻이라면, 당신은 당신의 휴대폰이 그런 평가를 해서 관계 당국과 보험 회사에 알리도록 두고 싶을까? 당신의 고용주에게까지 알리도록 두고 싶을까?

나는 내 휴대폰이 내가 미쳤다고 생각할지 아닐지 모른다. 내 이메일과 트위터 사용 패턴, 취재원과의 전화 통화, 친구와 주고받은 문자, 입력하고 밀고 두드린 패턴을 병적이라고 판명할지 아닐지 모른다. 그러나 나는 모든 데이터가 수집되고 분석되는 것이 꺼림칙하리라는 점은 분명히 말할 수 있다. 그리고 내가 털어놓은 비밀이나 내 휴대폰이 내린 결론 때문에 경찰이 집에 들이닥쳐서 나를 위기 병동으로 데리고 가게 된다면, 나는 신중히 생각할 것이고 어쩌면 휴대폰 사용을 아예 삼갈 것이다. 하지만 이는 그저 내 생각이다.

길에서 낯선 사람이 당신에게 애원조로 "웃어요, 아가씨!"라고 외친다고 해서 당신을 괴롭히지 않는다. 그는 그저 당신의 정신건강을 신경 쓰고 있을 뿐이다.

바로 그것이 (짜잔) 보톡스로 하는 우울증 치료의 기본 발상이다.

전제는 유혹적일 정도로 단순하다. 찡그린 표정을 거꾸로 돌려놓는다. 그 일이 실패하면 찡그리게 하는 얼굴 근육을 완전히 마비시킨다. 당신이 슬픈 표정을 지을 수 없으면 우울하지 않을 것이다.

다국적 제약 회사이자 보톡스 제조사인 엘러간은 주요 우울 장애의 치료용 보톡스에 대한 미국 식품의약국 승인을 받겠다는 희망으로 임상 시험을 실시하고 있다. 하지만 피부가 전문의이자 『감정의 얼굴: 보톡스가 우리의 기분과 관계에 어떤 영향을 끼치는가The Face of Emotion: How Botox Affects Our Moods and Relationships』의 작가인 에릭 핀지Eric Finzi는 2003년부터 우울증 환자에게 보톡스를 주사했다. 이는 원래 승인된 보톡스의 용도를 벗어난 것이다. "보톡스는 당신의 정신, 뇌에 영향을 줍니다. 당신은 아무것도 할 필요가 없습니다. 내가 부정적인 얼굴 표정에 영향을 줄 것이니까요." 그가 나와의 전화 통화에서 말했다.13

이것은 주름을 없애고 싶은 사람에게 놓는 보톡스 주사와는 완전히 다르다. 그는 보톡스를 눈썹 주름근, 즉 찡그릴 때 세로로 주름이 지게 하는 눈썹 사이의 근육에 주사한다.

얼굴 표정은 단순히 뇌가 일으킨 정서적 신호를 외적으로 표현한 것만이 아니다. 핀지는 얼굴 표정이 동물에게 내장된 반응 조절 체계의 일부라서 곧장 신호를 보낸다고 말한다. 그 반응 회로를 합선시켜 지속되는 우울증을 끊어놓는다. "슬픈 생각을 하면, 눈썹 사이의 근육들이 활성화됩니다. 그리고 그런 근육들이 활성화되면 생각이 더 슬퍼질 것입니다. 따라서 순환 회로라고 보면 됩니다. 보톡스가 하는 일은 일종의 클립을 끼워서 이 신경 세포의 순환을 일시적으로 중단시키는 것입니다……. 얼굴을 찌푸리지 않으면 뇌에 계속해서 신호를 보냅니다. '이봐, 너는 지난 한 달 동안 인상을 안 썼어. 요즘 상당히 살 만한가 봐.'"14

핀지는 우울증을 완화하기 위해 보톡스를 맞는 우울증 환자가 일주일에 몇 명 정도 된다고 말한다. 그들은 정신과 의사, 심리학자, 주치의에게 권유를 받고 핀지에게 온다. 그들이 자기 돈으로 지불하는 인가되지 않은 용도의 약품이 1회 투여 당 약 400달러이기 때문이다. 대부분의 사람들의 경우에 보톡스의 효과는 약 3달 동안 지속되며, 그 기간이 지나면 다시 보톡스 주사를 맞아야 한다. 그는 얼굴 근육의 하나를 부분적으로 마취하는 것이 우울한 사람들의 자살까지 막으리라고는 별로 확신하지 않는다. "(자살 충동을 느끼는 사람들이 눈썹 사이에 보톡스를 맞는다고 해서 자살을 하지 않을 것이라고는) 말할 수 없습니다. 그것은 상당한 비약이잖아요." 하지만 그는 보톡스를 맞고 며칠 후 자살을 하고 싶은 생각이 사라졌다는 환자가 한 명 있었다고 말했다.

나는 물었다. 누군가가 찡그리지 못하게 하는 것이 더 이상 우울하지 않게 한다는 뜻이라면, 웃음을 짓게 하는 것도 같은 효과를 발휘하지 않을까? 그는 "(그것을 증명하는) 자료가 없다"라고 말했다. 하지만 이렇게 덧붙였다. "나는 우울한 사람이 더 많이 소리 내어 웃고 더 많이 웃는 표정을 지으면 좋다고 생각합니다…… 나는 내 우울증 환자들에게 더 많이 웃으라고 말할 것입니다. 그렇지만 나는 그것이 효과가 있을지 없을지 전혀 모르겠습니다. 나는 모릅니다."

나는 과학자나 의사가 아니고 보톡스에 대해서 아무것도 모른다. 하지만 당신이 나에게 자살하고 싶은 마음을 멈추기 위해 더 많이 웃으라고 말한다면, 나는 당신의 얼굴에 주먹을 날리지 않으려고 안간힘을 써야 할 것이다.

그렇다면 이런 방법들(뇌 심부 자극술, 케타민, 실로시빈, 생체 지표, 보톡스, 스마트폰 정신과 의사) 중 무엇이 현실 세상의 진짜 사람에게 실제로 효과가 있다고 증명될까? 내가 계속 다시 전화해서 바보 같은 질문을 해도 친절하게 다 받아준 메릴랜드 국립 정신 보건원의 세라 리산비는 한 통화에서, 어떤 새로운 치료법이든 평가 과정이 동일해야 한다고 말했다.

치료법의 작용 원리가 무엇인가(무슨 작용을 하고, 어떻게 그 작용을 하는가? 목표로 삼은 병적 측면에 어떤 효과가 있는가?), 증상에 무슨 역할을 하는가, 그리고 다른 방법이 아닌 이 방법이 해당 역할을 한다는 것을 우리가 어떻게 아는가? 그녀는 이것이 일부러 높게 설정한 기준이라고 말했다. 기존의 많은 항우울제에서도 아직 충족되지 못한 기준이다.[15]

"그 분야는 해결책을 고심하고 있어요." 그녀가 헬렌 메이버그의 연구를 바탕으로 한 뇌 심부 자극술 임상 시험들이 왜 실패했는지 말했다. 그녀는 그것이 네트워크 정밀성의 문제일지도 모른다고 의심한다. 전극이 들어가는 위치만이 아니라 전극이 자극하는 지점이 어디에 연결돼 있는지도 중요하다. 위치만이 아니라 조정이 중요하다는 것이다. 1초당 펄스 10회가 적당할까? 아니면 100회가 적당할까? 바로 그것이 매사추세츠 종합 병원에서 다린 도허티가 실험으로 답을 찾고자 하는 질문 중 하나이다. "뇌는 복잡하게 분산된 네트워크, 복잡한 시스템이에요. 우리는 초반의 시도들이 제한적인 성과만 올렸다고 놀라면 안 됩니다. 그 결과를 개선해야 하니까요. 우리는 더 영리해져야 해요. 적절하지 않은 비유이기는 합니다만, 다들 GPS

시스템을 사용하다가 제대로 작동하지 않아서 애를 먹은 경험이 있을 것입니다. GPS가 어느 출구로 빠져 나가라고 말하는데 그것이 잘못된 출구입니다. 그래서 우리는 외과의들에게 더 나은 GPS를 줘야 합니다. 외과의들이 가까운 고속도로와 목표로 삼을 출구가 어디인지 알 수 있도록 하자는 것입니다."

이 모든 치료법들이 바로 이 순간 빌어먹을 우울증과 씨름하고 있는 사람에게는 비현실적이고 먼 미래의 일처럼 여겨질 것이다. 하지만 세라 리산비의 열정은 전염성이 있다. 뇌 속에서 스스로 길을 찾아가는 스마트 전선에 대해 이야기할 때도 그렇다. 기존의 전선은 잘 휘지 않는다. 그런 전선을 뇌에 삽입하면 혈관을 찔러서 조직을 손상시키기 십상이다. 그녀는 연구자들이 "혈관 주변으로 구불구불 나아가서 조직을 파괴하지 않고 통과할 수 있는" 유연성 있는 스마트 폴리머의 연구에 집중하고 있다고 말했다. "자동으로 삽입돼서 뇌 구조를 따라 이리저리 돌아다니는 전극이 있으면 좋을 것입니다. SF 소설 같지요? 하지만 현실의 과학입니다."

제3부

실망스러운 현실

18

낙인과
헛소리

나는 '낙인'이라는 말에 아주 진절머리가 난다. 한때는 공감을 일으키는 말이었을 것이다. 한때는 그 말을 입 밖에 내는 것이 명확하게 기술된 구체적인 개념을 떠올리게 했을 것이다. 하지만 반복된 사용이 그 말을 무의미하게 만들었다. 욕설을 너무 많이 늘여놓으면 그 욕설의 날카로움이 사라지는 것과 마찬가지이다. 낙인이라는 말은 내가 이 책을 쓰려고 의사들, 연구자들, 우울증과 자살 충동과 씨름하는 사람들, 그들의 가족들과 진행한 모든 인터뷰에서 나왔다. 하지만 때와 장소를 가리지 않고 대화에 늘 존재한다는 특징이, 그 말이 뜻하는 고통스러운 모욕감을 우리가 숨기게 한다.

그러니까 중증 정신 질환을 가진 사람들에게 지울 수 없는 낙인이 무엇을 뜻하는지 분명히 알아보자.

당신은 꾀병을 부리는 것이다.
당신은 과대망상에 사로잡혔다.

당신은 약하다.

당신은 믿을 수 없는 사람이다.

당신은 이기적이다.

당신은 자기 연민에 빠졌다.

당신은 불안정하다.

당신은 위험하다.

당신은 결단력이 없다.

당신은 멍청하다.

당신의 기여는 덜 가치 있게 여겨지고 더 쉽게 무시된다.

당신은 개인적으로나 직업적으로나 사회적으로나 골칫거리이다.

당신은 친구나 애인이나 동료나 직원으로 삼을 만한 사람이 아니다.

당신은 다른 사람들이 당신을 적극적으로 피할 정도로 그들을 불편하게 만든다.

당신은 덜 사랑스럽다.

당신은 다른 병을 앓는 사람들만큼 효과적이고 이용하기 쉬운 치료를 받을 자격이 부족하다.

당신은 당신의 병에 대해 알아내기 위해 필요한 시간과 자원을 누릴 가치가 없다.

사람들은 당신이나 당신의 문제를 다루고 싶지 않다.

이것이 낙인이다. 아주 역겹고 대단히 해롭다.

여보세요, 제가 지금 죽고 싶은데요

직장 의료 보험사의 대리인인 불쌍한 스테이시가 전화를 해서 한 직원에게 갑작스러운 장기 결근에 대해 질문했을 때 스테이시는 자기 일을 하는 것이었다. 스테이시는 침대에 누워 영화를 네다섯 편 연속으로 보다가 걸린 꾀병 환자가 아니라, 나를 붙잡았다. 단기 입원 정신과 병동에서 사용이 금지된 휴대폰을 몰래 움켜쥐고, 커튼이 쳐진 침대 옆을 서성거리고 있는 미친 여자인 나를 말이다. 그때 나는 일주일 넘게 그곳에 있었다. 그 병동의 기준으로는 평생처럼 긴 시간이었다. 나는 퇴원하지 못하고 곧 위층 장기 병동으로 보내질 참이라는 것을 알았다. 나는 안절부절못하는 구제불능이었다.

"안녕하세요, 애나? 당신이 결근한 이유가 궁금해서요……"

"아, 네. 병원에 입원했어요……"

"그렇군요. 무슨 이유인지 이야기해줄 수 있나요?"

"자살하려고 했어요."

내가 그런 말을 입에 올린 것은 처음이었다. 현기증이 날 정도로 무서우면서도 동시에 대담했다. 내가 스테이시를 기겁하게 한 만큼 나도 기겁했다.

"아." 긴 침묵. "알겠어요. 보험으로 보장될 것 같군요."

나는 나중에 두 곳의 직장에서 병가 세 번을 내는 동안 내 봉급의 약 70퍼센트에 해당하는 단기 장애 보험 보장이 있어서 얼마나 행운이었는지 깨달았다. 두 번 다 자살 기도 후 중환자실과 정신과 병동에 있었다. 한 번은 갑작스럽게 병가를 쓰는 바람에 실직될 위기에 처했으며 3주간의 휴가를 적극적으로 권유받았다.

맹세하건데 우울증은 내가 맡은 업무를 개판으로 만들지 않는다.

나는 기사를 쓰고 특종을 터트리고 기삿거리를 쫓으면서 꽤 여러 날 동안 극도의 행복감에 취할 수 있고, 아편 남용이나 신생아 금단 증후군이나 힉스 입자에 대한 인터뷰에 몰두할 수 있다. 상태가 안 좋은 날들이 있고 최악인 주들도 있다. 화장실 칸막이 안에서 가벼운 신경 쇠약이 도지는 바람에 치명적인 총격 사건에 대한 기자 회견을 거의 놓칠 뻔했다. 망각이 아닌 다른 것에 집중하려고 안간힘을 쓰는 바로 그 순간에도 붕괴한 쇼핑몰에서 특종을 찾아다니면서 공황 상태로 일주일을 보냈다. 좀비 같은 상태로 출근하면서 몇 주를 보냈다. 기사들은 목적의식을 줬지만, 그 사이에 있는 기간이 문제였다. 집에 가면 잠을 잘 수도 일어날 수도 옷을 갈아입을 수도 아파트에서 나갈 수도 없던 빌어먹을 때였다. 다시, 또다시, 반복해서. 나는 설명할 수 없는 결근을 설명하려고 발버둥쳤다. 정신병자나 거짓말쟁이나 짜증나는 자기 연민처럼 들리지 않게, "자기혐오로 무너져서 회사에 가지 못했고 자기혐오로 무너져서 미리 결근을 통보하지 못했다"라고 말하려면 어떻게 해야 할까? 나는 일 중독자처럼 아득바득 일하던 사람이 열한 시에 출근한 이유를 티 나게 궁금해하는 두 명의 관리자들과 회의할 때 울음을 터뜨리지 않으려고 펜을 물어뜯었다. 그들 중 한 명이 책상 너머에서 사정했다. "우리가 납득할 수 있는 무슨 말을 좀 해 봐." 나는 자포자기하고 진실을 말했고 그 즉시 말하지 않아야 했다고 생각했다. 1년 뒤에 있었던 다른 회의(다른 관리자, 같은 이유)에서는 자제력을 잃고 우리 둘 다 당황할 정도로 펑펑 울어버렸다. 어느 누가 그런 일을 벌인 후에 평범한 직업적 관계를 바랄 수 있을까? 그런 상황을 직업적 타격 외에 무엇으로 바꿀 수 있을까?

내가 직장의 골칫거리가 아니라고 나 자신을 설득하는 것이 가능할지 모르겠는데 하물며 다른 사람이야 말할 것도 없다. 적어도 내기분 장애에 대해 누군가에게 말할 때마다 그런 말을 한 것을 후회하게 된다는 점만은 분명히 안다.

(그러니 이 책을 쓰고 있는 것이 이상할 것이다. 이렇게 비밀을 공개적으로 털어놓는 것을 후회하게 될까 걱정하지 않았다고 말한다면 거짓말일 것이다. 하지만 때로 알리지 않기에는 너무 중요하다고 느껴지는 것이 있는 법이다.)

우리는 입만 살아 있다. 온라인 해시태그 문화가 고백 열풍을 만든다. #약한게아니라아픈#sicknotweak(정신 질환은 약점이 아닌 병이다)라는 해시태그가 있다. 캐나다에서 '벨 말합시다Bell Let's Talk'라는 기업 후원 캠페인이 매년 개인의 정신 질환 공개 열풍을 일으킨다.[1] 영국 왕자들을 비롯한 다양한 유명인들이 인식 제고를 위한 캠페인에 열광한다. 솔직함을 숭배하는 분위기에도 불구하고, 토론토 중독 및 정신건강 센터의 심리학자 도나 퍼거슨Donna Ferguson은 사람들이 가장 가까운 사람들에게조차 정신 질환을 공개하기 전에 주저한다고 말한다. 나는 《글로벌 뉴스》의 온라인 기사를 쓰면서 그녀와 인터뷰를 했다. "우리는 사람들의 인간관계가 어떤지…… 사람들이 얼마나 힘을 주는지 진정으로 알고 싶어해요. 우리는 (정신 질환을 가진 누군가가) 사람들에게 털어놓고 나서 수치심을 느끼거나 비난받는다고 느끼거나 따돌림을 당한다고 느끼는 것을 결코 원하지 않아요." 직장에 관해서라면, 그녀의 의견은 분명하다. "솔직히 나는 고용주들이 상관할 일이 아니라고 생각합니다. 병가를 내고 쉰다면, 병가를 내고 쉬는 거예요. 계속 직장에 다니는데 상태가 별로 좋지 않으면 어떤 사람은 '나는 이러이러한 증상을 겪고 있습니다'라고 직속상사에게 편하게 말하죠. 그리고 말하지 못하겠다면 말하지 않으면 돼요. 꼭 말해야 하는 것은 아닙니다. 말할 의무가 없어요……. 정신 질환은 개인적인 문제예요. 비밀입니다."[2]

열린 마음이 핵심이다. 대화가 가장 중요하다. 그녀의 말을 옥상에서 외치고 싶은 날들이 있다.

사실 법적으로 따지면 많은 지역에서 상사가 직원에게 그런 질문을 하는 것조차 허용되지 않는다는 점을 알아두기 바란다. 하지만 그 사실을 아는 것과 비밀을 밝혀야 한다는 압박감을 느끼다가 결국 나중에 자기 발등을 찍게 되는 것은 별개의 문제이다. 나는 불안정한 정신병이라는 인상을 대수롭지 않게 여기려고 발버둥치는 동시에, 이상한 결근이나 의욕 부족을 정당화할 만큼 충분히 내 기분 장애를 심각하게 들리게 하려고 기를 쓰는 내 모습을 깨달았다. 어차피 둘 다 실패하고 있다.

나는 이 책을 쓰기 위해서 우울증과 자살의 공격을 (직접적이고 개인적으로) 겪은 사람들과 이야기를 나눴다. 그들은 나를 믿고 가장 개인적인 이야기를 해주었으며 일부 경우에 나는 그들의 정보를 부분적으로만 공개하겠다고 약속했다. 우울증과 싸운 사람으로 알려지면 여전히 수많은 측면에서 부당한 대우를 받을 수 있기 때문이다. 말도 안 되는 소리지만 현실이 그렇다.

여보세요, 제가 지금 죽고 싶은데요

나는 토론토 댄포스가에 있는 어둡고 북적거리는 카페에서 메리와 이야기를 나눴다.

메리

솔직함은 메리에게 큰 대가를 치르게 했다. 솔직함은 죽음이나 병이나 부상에 부딪칠 때의 재정적 안정을 완전히 파괴했다. 결근이 길어지면 그녀와 십 대 딸은 재정적 위기에 빠질 것이다. 메리는 담배를 피우거나 스카이다이빙을 하거나 마약을 사용하지 않는다. 그녀의 건강과 혈압은 보통 사람들보다 좋다. 하지만 우울증이 있고 직장 의료 보험사에게 질문을 받았을 때 사실대로 말했다. 그래서 그녀가 받을 수 있는 생명 보험 금액에 한도가 생겼다. 그녀는 사유를 막론하고 단기 혹은 장기 장애 수당을 받을 자격을 얻을 수 없다.

"내가 여기에서 나가다가 발목이 부러진다고 해도 보험금을 받을 수 없어요. 내가 암에 걸릴 수 있고 독감에 걸릴 수도 있겠죠. 온갖 병에 걸릴 수 있겠지만 보험으로 보장받지 못해요. 우울증이 있기 때문입니다. 그것이 단 하나의 이유였어요. 그것이 내가 거절당한 유일한 이유라는 것에 의문의 여지가 없어요."[3] 공공 부문은 물론 민간 부문에서도, 직장을 옮길 때 우울증이 있냐고 묻는 입사 서류를 두고 망설인다. "나는 '아이고, 그것을 진짜 써야 하나?'라는 생각에 정말로 고민해요. (하지만) 나는 내가 솔직하지 않다는 생각을 참을 수 없어요. 솔직하게 적지 않았다는 것을 들키면 모든 보험 혜택이 무효가 될 수도 있죠. 나는 배우자 없이 혼자 아이를 키우기 때문에 보험 혜택이 일부라도 필요합니다."

생명 보험의 목적은 마음의 평안을 얻는 것이다. 그런데 미쳤다는 이유로 보험 보장을 거절받는 것은 평안의 정반대에 있는 일이다. 치유할 시간이 필요한데도 그런 시간을 낼 여유가 없다는 것을 알면 끊임없이 불안한 상태가 된다.

그래서 나는 캐나다의 보험 회사들을 대변하는 목소리들을 찾아냈고(미국의 거대 기업 카이저 퍼머넌트는 내 요청을 거절했다) 그들은 경우마다 다르다고 강조했다. 하지만 나와 이야기를 나눈 대변인들은 어쨌든 한 가지 질환 때문에 모든 보장을 거절 받는 일은 흔치 않다고 말했다.

보험 회사들은 자선 단체가 아니다. 그들은 재정적 위험으로부터 스스로를 보호하는 사업에 종사한다. 잠재적 비용이 너무 크다고 간주되면 생명, 건강, 장애, 소득 상실 보장이 거부당할 수 있다.

그리고 대체로 정신 질환은 감수하기에 너무 큰 위험이다.

보험 회사들은 그것을 역선택이라고 부른다. 캐나다 생명 및 건강 보험사 협회 퀘벡 지부 전 부회장이자 정신건강 부문 책임자인 클로드 디 스타시오Claude Di Stasio의 말대로 설명하자면, "보험업자에게 피해를 입히면서 이득을 얻기 위한 의도로 택한 보험"이다. 대표적인 예는 당신이 주택 보험에 가입한 후 집에 불을 지르는 것이다. 하지만 당신이 주는 피해가 당신에게 가해지는 경우는 어떻게 될까? 당신이 건강 보험이나 생명 보험을 신청해서 가입한다고 해보자. 당신은 우울증으로 진단받은 적이 없거나 당신이 말한 진단 내용에 대해 보험 회사가 흔쾌히 넘어간다. 가입 후 2년 동안 자살은 생각도 하지 말기 바란다. 수혜자가 한 푼도 받지 못할 것이다. 보험 회사는 사람들이 자신들을 속이고 가족에게 돈을 남기려는 계략으로 자살할까 봐서 걱정한다. (여담이지만, 이런 생각은 사람들이 자신의 내면을 좀먹고 있는 병에 대해 절대로 말하지 않게 하는 아주 좋은 방법이다.)

"우리는 정직하게 운영하고 차별하지 않으려고 노력하고 있습니다. 하지만 정신건강에 문제가 있는 사람들이 다른 사람들에게 피해를 주면서 자격 없는 보험금 청구로 이익을 얻는 것을 원하지 않아요." 디 스타시오가 말했다.[4]

또한 자살 기도나 자해를 했다가 죽지 않는 것도 재정적으로 현명하지 않은 일이다. 많은 보험 증권이 스스로 초래한 부상을 제외하므로, 당신에게 공공 제도로 보장되지 않는 소득 대체나 보살핌이 필요하다면 당신의 운은 다한 것이다. 당신이 보험 보장을 받고 싶다면, 스스로 초래한 부상이 정신 질환의 결과일 뿐만 아니라 진짜로 그럴 의도는 없었다는 것을 증명해야 한다. 당신이 뭘 하는지 몰랐다는 것을 증명해야 한다는 말이다.

캐나다의 다국적 보험 회사인 매뉴라이프의 수석 손해 사정인인 카렌 커틀러Karen Cutler는 나와의 전화 통화에서 매뉴라이프가 현재 우울증에 빠져 있거나 과거에 우울증을 겪은 사람들 중 대부분에게 보험을 제공한다고 말한다. 이 회사는 가입자가 우울증을 극복하고 있으며 안정적(이상적으로 2년 이상 동안)이라는 증거를 찾아내려고 하며, 전화 면담이나 자기 소개서나 질문지를 통해 조사한다. "당뇨병이나 고혈압이 있는 사람을 살펴볼 때와 다르지 않습니다. 어느 정도 지났습니까, 약을 먹고 있습니까, 증상을 관리하고 있습니까?

이런 질문을 합니다."5 모든 보험과 모든 상황이 제각기 다르다. 나는 (만성 질환 덕분에) 직장 의료 보험이 약값을 지불한 작은 약병을 쳐다보면서 이 글을 쓰고 있다. 하지만 항우울제를 처방받은 전력이 있으면 그 항우울제에 대한 보장을 받지 못할 가능성이 크다고 카렌 커틀러가 말했다. 우울증의 결과로 결근하거나 직장을 옮기거나 휴가를 얻은 전력이 있다면 장애 보장을 받지 못할 것이며, 받는다고 해도 제한될 것이다.

"그건 상식이에요. 기업의 관점에서는 타당해요." 커틀러는 말했다. 수년 전일지라도 우울증으로 입원한 적이 있으면 불리하게 작용할 것이다. "우리는 보험을 인수할 때 '신의 은총이 없다면 나도 저렇게 될 것이다'라는 렌즈를 통해 보면서 진행합니다. 우리의 목표는 보장을 제공하지 않을 이유를 찾으려고 노력하는 것이 아니라 제공하려고 노력하는 것입니다."

디애나

킹스턴 카페에서 그녀의 이야기를 나에게 들려줬던 디애나 콜-벤저민은 자살 생각과 정신과 입원이 그녀의 건강 보험뿐만 아니라 자녀들의 건강 보험까지 위태롭게 했다고 말했다. 우울증을 이겨내려는 수년간의 고된 치료 끝에 차도를 본 후에도 그랬다. "나는 '너무 위험성이 큰' 사람이었어요. 그들은 그저 '우리가 당신과 보험 계약을 하지 않는다면, 당신 가족 중 누구와도 보험 계약을 할 수 없습니다'라고 말했어요."6 디애나는 정신 질환을 털어놓고 싶지 않다는 충동을 느꼈다고 말했다. 하지만 그녀의 고용주가 이미 그녀의 정신 질환을 알았다. 단기 및 장기 장애 수당이 만료되고 나서 심한 장애로 수년 동안 일하는 것이 불가능했기 때문이다. 그녀는 모든 보험을 잃었고 다시 보험을 신청했을 때는 이전의 병이 이미 알려져 있었다.

보험 가입 거절은 디애나가 다른 직장을 알아보게 하는 데 한몫했다. "정말 끔찍해요. 그리고 나 스스로 그 모든 낙인에 기여하고 있어요. 친구에게 말하면 누구에게 어떻게 말이 퍼질지 모르니까 친구에게 말하기도 싫어요. 그러면 안 되잖아요."

메리

메리는 보험 회사들 말고도 개인적 혹은 직업적으로 아는 누군가에게 비밀을 공개하면 어떻게 반응할지 짐작하는 데 점점 능숙해졌다. 그럴 수밖에 없었다. "'내 생활의 이 특정한 면을 당신과 공유하지 않을 거야'라는 식의 사람이 항상 있어요. 사람들을 접하다 보면 그들이 남들의 다름과 정신 이상에 어떻게 반응하는지 느낌이 와요. 뉴스에서, 길에서, 사무실에서요. 그런 다름을 감당할 수 있다고 생각하는 사람들, 옳은 말을 하는 사람들조차 때로는 약간 기겁해요." 그녀가 말했다. 나도 그런 일을 겪었다. 공감한다고 말하는 사람들, 미친 여자라도 상관없다고 나와 자신들을 설득하는 사람들, 그런 친구들과 고용주들이 갑자기 나를 없는 사람 취급하거나 경계한다. "그들은 이 병이 어떻게 나타나는지 모르고 어떻게 대처할지도 몰라요. 그리고 더 어려운 부분은 이런 거예요……. '당신이 연쇄 살인범으로 변하나요?' 같은 말이요."

메리의 연애 상대들은 우울증을 구실로 그녀를 괴롭혔다. "이를테면 '당신은 약해. 여기에서 약자는 당신이야. 당신은 미쳤어. 문제는 바로 당신이야……. 만사가 잘못되는 것은 당신이 이렇게 미쳤기 때문이야'라는 식으로 넌지시 말하죠. 내 뇌도 같은 말을 하고요."

그녀가 일상생활의 도전과 좌절을 다루기에는 너무 예민하다고 말하는 동료들이 있었다. "너는 그때그때 처한 상황에 맞춰 처리하는 상황 대처 능력이 없어. 너는 그 힘든 싸움을 감당하지 못해……. 그 사람의 목소리가 여전히 생생해요. 20년 전에 들은 말인데도 말이죠. 그렇게 오래 상처로 남는 모욕이랍니다." 이런 말이 자기혐오를 부추기는 방식은 최악이다. "우울증은 사람을 극도로 고립시켜요. 그리고 우울증은 자기혐오를 일으키죠. 당신의 뇌가 아무도 이해하지 못할 것이라고 말하기 시작해요."

그런가 하면 다른 면도 있다. 여전히 사람들은 충고를 구하거나 그저 우울증의 실체를 아는 사람과 이야기하고 싶어서 메리에게 다가간다. "그들은 자신들이 나와 같은 문제를 안고 있다는 것을 알아주기를 바라요. 알아준다는 것은 정말로 중요해요. '당신은 내 상황을 이해합니다. 나는 당신이 그 문제를 해결할 수 없다는 것을 알지만 어쨌든 당신은 나를 이해합니다.' 그들을 이해해주는 사람이 주변에 아무도 없을 수도 있어요."

메리는 우울증과 싸운 수십 년 동안 "특별한 지원망"을 쌓았다. "나에게는 도움이 필요하다면 곁에 있어줄 만큼 열린 마음을 가진 사람들이 많이 있어요." 하지만 그녀는 그 열린 마음을 시험해본 적이 없다. 그녀는 나약하게 보이는 게 몸이 굳을 정도로 무섭고, 그들이 그녀를 다르게 생각할까 봐서 두렵다.

거부당할지도 모른다는 두려움, 당신의 존재 자체가 당신이 가장 소중히 여기는 사람에게 피해를 준다는 느낌은 정서적 고립을 확산시킨다. 그리고 외로움은 당신을 미치게 만든다. 당신은 누군가 꽉 죄는 포옹에 대해 언급할 때까지 외로움을 알아차리지 못한다. 그러고 나면 당신은 사소한 일에 대한 현실 도피적인 대화를 바라며 어느새 마구잡이로 아무에게나 의미 없고 무게 없는 메시지를 보내고 있었음을 깨닫는다. 당신은 인간의 접촉을 세분화해 인지해왔다. 움켜잡은 두 손에서 서로 얽힌 손가락들. 소파에서 누군가의 옆으로 기대는 느낌. 괴상하게도 당신은 개와 아기와 보내는 시간을 바라기 시작한다. 그들의 사회적 기대는 더 단순해 보인다. 그들의 애정 표현 방법은 더 솔직해 보인다. 독립을 아주 자랑스러워하고 고독을 아주 소중하게 여기는 내가 이야기를 나눌 사람을 그토록 탐욕스럽게 바라다니 얼마나 멍청한가?

내가 어릴 때 우리 가족은 찰리라는 개를 키웠다. 아름다운 초콜릿 색 래브라도였다. 창피라고는 모르고 놀아달라 졸라대는 축 처진 눈. 믿기 어려울 정도의 어리석음. 찰리는 으레 산책하다가 찾은 역겨운 것들을 게걸스레 먹었다. 주로 부패한 동물, 그리고 왠지 모르겠지만 해초였다. 찰리는 규칙적으로 몇 시간 후 그것을 앞으로나 뒤로 배출했다. 그리고 다음 산책에서 정확히 똑같은 짓을 했다. 시냅스 연결이 기억을 창조한 다음에 미래의 의사 결정에 정보를 제공하는 기억을 되찾아오도록 형성돼 있을지라도, 그런 일은 일어나지 않았다.

병적인 고통에 관한 한, 찰리와 같은 일이 나에게 일어났다. 나는 자살 기도를 한다. 끔찍하다. 다시는 그러지 않겠다고 맹세한다. 시간이 지난다. 그리고 아니나 다를까, 분출하고 싶은 욕망이 너무 강해서, 위안을 주는 조치라는 가능성이 너무 유혹적이어서, 모래투성이의 죽은 게가 너무 맛있어서, 나는 비밀을 털어놓는다. 나는 모든 것을 담고 있는 부서지기 쉬운 껍질을 깬다.

그런 방법이 효과가 있을 리 없다. 사람들은 말한다. "내가 도울 일이 있으면 말해." "언제든지 나한테 전화해도 되는 것 알지?" 그렇다고 해서 내 말을 오해하지는 말기 바란다. 사람들에게 연락을 하고 정말로 이해받는다는 느낌을 받을 때가, 난생 처음으로 단단한 무엇인가를 움켜쥐고 있는 느낌을 받을 때가 있다. 그리고 나는 당신과 가까운 누군가의 심각한 만성 질환을 대하는 것이 얼마나 괴로운 일인지 진심으로 이해한다. 하지만 그런 만큼 나는 많은 충동적인 고백을 후회했다. 대게 그런 고백이 달갑지 않은 결과로 이어졌기 때문이다. 이를테면 자유의 상실, 또는 내가 요청하지 않은 개입의 시작, 또는 버스에서 코를 훌쩍이는 사람을 피하는 것처럼 갑작스런 사회적·직업적 거리 두기가 있다. 내가 가장 이기적인 순간에 나에게 위안을 가져다줄 그 고백이 상대방에게 어떤 영향을 줄지 고려하지 않았기 때문이다. 설사 그들이 나를 피하거나 경찰을 부르지 않았더라도, 나는 그들을 괴롭혔으며 그들이 자신의 책임이 아닌 일을 바로잡아야 한다는 의무감을 느끼게 했다. (정신과 의사는 나에게 마음을 편하게 먹으라고 말하곤 했다. 삶에서 극심하게 고통스러운 지점에 있는 사람을 돕는 것 자체가 자신감을 느끼게 하고, '자아 동조적'(당신이 되고 싶은 사람과 동일시)이 될 수 있다는 것이다. 하지만 나는 내 고통으로 사람들에게 부담을 준다는 생각에 주눅이 든다. 어쩌면 그러지 말아야 할 것이다.)

사람들은 자신의 정신 질환을 나서서 밝히는 이가 별로 없다고 한탄한다. 하지만 당신의 끝없는 낙담, 절망의 나락, 소멸되고 싶은 끊임없는 욕구에 대해 친구, 동료, 친척에게 솔직하게 말하려 해본 적이 있는가? 정신과 의사 이외의 누군가에게 당신의 정신 상태에 대해 말하는 것을 방해하는 요인은 무궁무진하다. 나는 예방적으로나 자신을 고립시켰다고 처음으로 인정하는 사람이다. 사람들이 나를 유령 취급하는 것보다 1조 배는 나았기 때문이다. 이를테면 사람들이 대화를 하다가 점점 짜증을 내거나 간결하게 말하거나 침묵을 지킨다. 전화와 문자와 이메일에 답장을 보내지 않는다.

공평하게 말하면 이 중 대부분 혹은 모두가 어쩌면 내 상상일 것이다. 부정적 인지 편향이 그런 식으로 작용한다. 하지만 상상이든 아니든, 삶을 고통스럽게 한다.

결과는 세 가지로 나뉜다.

가급적 다른 사람들과 별로 교류하지 않게 된다.

다른 사람과 교류할 때는 자신의 감정 상태에 대해 가능한 한 털어놓지 않는다.

신뢰감 혹은 의무감에서 비밀을 털어놓을 때는 절망을 보다 안전한 표현으로 돌려서 말한다. 간결한 분노가 효과가 좋다.

따라서 어색한 분위기가 누그러지지 않는다. 오히려 더 어색해진다. 그리고 당신이 다른 사람들에게 지긋지긋한 존재라는 확신이 자기 소멸에 더 큰 근거를 부여한다.

나는 창문 하나가 달린 46제곱미터짜리 아파트에 혼자 사는 그 누구보다도 아파트 안에서 찍은 사진을 많이 가지고 있다. 나는 라디오와 팟캐스트 진행자에게 말을 건다. 집 안의 물건을 떨어뜨리거나 넘어뜨리면 사과한다. 반항적인 하드 드라이브, 인터넷 연결, 가전제품을 꾸짖는다. 고양이가 없는 미친 고양이 여사이다. 이는 다른 곳에서 다른 사람들과 함께 있는 것을 더욱 불편하게 만든다. 혼잣말을 하고 컴퓨터에게 말하고 전화기에게 말하는 버릇을 떨쳐버릴 수 없기 때문이다. 동료들이 "애나, 당신 옆에 앉으면 정말 재미있어요"라고 소곤거릴 때 나는 웃어넘기면서, 속으로는 '나는 인간들 주변에 있으면 안돼'라고 생각한다.

또한 스스로를 가두면 경계가 정해진 구역에서 걸음으로 거리를 계산하며 다니기가 편리하다. 내가 움직임이 적은 생활 방식 때문에 심혈관 질환에 걸리지 않는다면, 순전히 그런 걸음 측정 덕분이다. 그리고 손 비틀기를 빼놓을 수 없다. 둘 다 신경증 올림픽에서 주요 메달감이다.

수치심은 내 최악의 순간을 더욱 악화시키고 절망의 나락을 도망칠 수 없는 함정으로 만드는 지독하게 강력한 요인이다. 자기혐오와 납으로 만든 것 같은 내면 상태가 아침에 내가 일어나지 못하고 침대에 늘어져 있게 했다면, 수치심은 내가 상사에게 이메일을 보내 병가를 내야 한다는 생각에 도달할 때 전화기에 손을 뻗지 못하게 했고 직장을 무서워하게 만들었다. 수치심은 이런 결근을 만회하기 위해 야근을 하게 했으며, 이는 다시 밤을 엉망으로 만들었고 아침을 암울하게 했다. 게으름뱅이로 보일 것에 대한 두려움과 수치심이 내가 오후에 병원에 예약돼 있어서 급하게 출발해야 한다는 말을 상사에게 못하게 했고, 그래서 나는 늦거나 아예 예약을 취소했다(변명하자면 후자는 한 번만 발생했다). 수치심은 내가 집에서 고통에 빠져 있을 때 의사나 친구들을 귀찮게 하는 것을 막았다. 수치, 다시 세상을 마주봐야 한다는 가능성에 대한 공포, 세상을 마주봐야 하는 것은 말할 것도 없고 몇십 년 동안 나 자신을 되풀이해서 직시해야 한다는 가능성에 대한 공포가 무엇보다도 더 나를 죽음에 가깝게 몰고 갔다.

유용한 조언: 세탁기로 빨 수 없는 것 위에서 흐느끼지 말자. 사방에 콧물을 묻히지 않으면서 코를 풀고 눈물을 닦는 방법을 배우자.

미셸

어떤 사람들은 가장 가까운 사람들의 도움에 의지해서 최악의 시기를 통과하는 것에 강하다. 하지만 미셸 옌Michelle Yan은 사촌들에게 우울증이라고 말하는 것보다 동성애자라고 말하기가 훨씬 쉬웠다.

"아주 오랫동안, 나는 그것을 말할 수 없었어요……. 무슨 일이 벌어지고 있는지 사촌들에게 인정하기가 어려웠어요." 그녀가 토론토 북부의 쇼핑몰 카페에서 나에게 말한다. 그리고 그녀가 그들에게 말할 용기를 끌어 모았을 때 거의 모든 가족 구성원들에게서 마음의 상처를 발견했다. "하지만 결코 말하지 않는 상처였죠."7

그녀의 가족 중 누구도 그런 이야기를 하지 않았다. 낯선 사람들에게도, 친구들에게도, 유전자 풀과 집을 공유하는 사람에게도 말하지 않았다. 그녀는 침묵을 지켜서 화목한 분위기를 유지했다. 미셸은 침묵을 지키는 것에 능해졌다. 그녀는 고등학교 때 성적性的으로 불확실해 보였던 미심쩍은 부분이 동성애 성향이었다는 것을 대학에서 깨달았지만, 가족에게 말하지 않았다. 그녀는 오랜 애인과 동거에 들어가기로 한 날을 몇 주 앞두고서야 엄마에게 자신이 동성애자라고 말했다.

"나는 엄마에게 그 말을 했던 장소를 아주 생생하게 기억해요. 엄마의 침실이었죠. 엄마는 처음에 내가 무슨 말을 하는지 제대로 이해하지 못했어요. 그러다가 이해가 되자 엄마가 보인 반응은 '그럴 리 없어'였어요……. 엄마는 엄청난 충격을 받았어요."

커밍아웃과 이사는 미셸이 사랑하는 가족과 사랑하는 여성 사이에서 느끼는 고통을 조금도 줄여주지 않았다. 그녀는 자신의 성적 지향에 대한 엄마의 반응을 고민했고, 부모님에게 애인을 받아주지 못하면 꺼져버리라고 말하지 못하는 이유를 애인에게 설명하느라고 씨름했다. "애인은 '네 엄마한테 말했잖아. 네 엄마는 이제 혼자 힘으로 감당해야 해'라고 했어요. 그리고 나는 '이해해. 하지만 우리 문화에서는 부모님을 아주 공경해야 해'라고 말했죠."

미셸은 엄마의 고통, 애인의 불만, 이제 통제 불능이 돼서 난데없이 울어대거나 소리를 지르는 자신의 변덕스러운 감정이 모두 자기 탓이라고 자책했다. 애인이 더 나은 직장을 찾는 동안 미셸은 생계비를 버는 가장이자 부양자였지만, 그녀는 자신이 아끼는 사람들을 모두 실망시키고 있다고 느꼈다.

"우리는 종종 싸웠어요. 나는 스스로를 위태롭게 했어요……. 자해를 하고 싶었냐고요? 여러 번 그런 생각을 진지하게 했죠."

그녀와 애인은 헤어졌다. 미셸은 엄마 집으로 돌아갔다. "나는 완전히 무너졌어요……. 우리는 함께하기 위해서 수많은 어려움을 겪었고, 내 부모님과 그녀의 부모님에게 동성애자라고 밝히기까지 아주 오래 걸렸어요. 그래서 나는 그저 생각했죠. '이제 끝이야. 이제 다 끝났어, 완전히.' 그리고 이제 내 삶의 목적이 무엇인지 모르겠다 싶더군요. 그녀와 함께 하는 것이 내 삶이었어요. 방향을 잃었어요……. 미래가 보이지 않았어요." 미셸이 말했다.

그녀는 심리 치료사를 만났고, 심리 치료사는 그녀가 우울증을 겪고 있다고 말했다. "처음에는 인정하고 싶지 않았어요. 대체 그게 무슨 말이지? 누가 이런 문제를 가진 사람을 상대하고 싶겠어요? 자기 비난이라는 부담감 위로 죄책감이 쌓였어요." 결국 비슷한 불안에 시달리던 친구가 그녀의 고통을 있는 그대로 보게 해줬다. "그는 내 머릿속에서 일어나는 생각을 실제로 말하게 만들었어요." 두 사람은 서로에게 의지했으며, 각자의 자기 비난을 서로 현실적으로 점검해줬다. "내가 우울증에서 벗어나는 데 엄청 도움이 됐어요."

설상가상으로 우울증은 젠더 문제와 얽혀 있다. 정신과 의사들은 우울증을 기분 장애로 기술했을 때 역설계 방법으로 우울증을 구체화했다. 우울증이 있다고 여겨지는 사람들을 모아서 그들의 증상이 우울증의 증상이라고 결정했다. 그런데 정신과 의사들이 우울증이 있다고 여긴 사람들은 대부분 여성이었다. 부분적으로는 그들이 중독 문제(많은 남성들이 가진 문제)가 있는 사람들을 제외했기 때문이고, 부분적으로는 그들이 우울증에 대한 견해를 남성보다 여성과 연관 지어 생각했기 때문이다. 악순환이었다. 의사들이 우울증을 규정하는 연구를 할 때 연구 대상에 포함된 사람에는 압도적으로 여자가 많았다. 그런 다음에 그들은 우울증이 압도적으로 여성에게 영향을 미치는 질환이라고 결정했다. 그들은 여성들에게서 본 특징을 가지고 일련의 증상을 정리했고 여성이 사람들과 어울릴 때 자주 사용하는 정서적인 언어를 이용해서 그것을 구별했다.[8]

여성을 병적으로 간주하는 질환을 만드는 것은 남성을 간과하고 진부한 성별 규범을 고수하게 한다. 여전히 우울증으로 진단받는 사람들의 대부분이 여성이다. 우리는 아직도 이 격차 중 얼마나 많은 부분이 우울증을 처음 규정했을 때의 왜곡된 방식, 우울증을 진단할 때 환자가 스스로를 표현하는 형식, 기분 장애가 각기 다른 사람들을 공격하는 방식 때문인지 알지 못한다. 여성이 남성보다 절망의 구렁텅이에 더 취약한 게 아니면 우리가 절망에 사로잡힌 사람들을 발견하는 과정에 뭔가 잘못된 점이 있다. 병적으로 간주되는 여성과 남성의 균형이 맞지 않는 것은 나쁜 징조이며, 우리는 확실히 과거에 그것을 지배 방식으로 이용했다.

여보세요, 제가 지금 죽고 싶은데요

하지만 아마도 더 해로운 점은 21세기에 위기에 처한 남성이 치료를 받지 못한다는 뜻일 수 있다는 것이다. 우리는 남성의 우울증을 보지 못하는 경향이 있다. 나는 이 책을 위한 취재를 하면서 우울증과의 싸움에 대해 나에게 기꺼이 말할 남성들, 그중에서도 특히 유색인 남성들 찾느라 힘들었다. 문제가 많은 젊은 흑인 남성들을 평생 보살핀 토론토의 사회복지사 게리 뉴먼Gary Newman은 나와 이야기하고 싶어 할 사람을 아는지 묻자 잠시 말을 멈추고 생각했다. 그는 그토록 오랜 세월 동안 지역 공동체에서 활동했는데도 우울증으로 진단받은 사람을 한 명도 접하지 못했다. "참 이상하군요. 많은 점을 시사합니다." 그가 말했다.[9]

남성이 여성보다 자살할 가능성이 크다는 사실은 본질을 흐릴 뿐이다. 사회는 성별을 반영한 해로운 이분법을 만들어냈으며 그 이분법은 막다른 절망에 대한 인간의 실제 경향과 거리가 멀다.

마이클

우리가 가장 소외될 때와 가장 성공할 때 우울증은 우리의 얼굴을 빤히 응시하고 있지만 우리는 못 보고 지나친다.

당신이 누군가 "그는 모든 것을 가졌어"라고 말하는 것을 듣고 상상하는 전형적인 모습은 리사의 오빠 마이클과 아주 비슷할 것이다. 마이클은 애틀랜타에 있는 아름다운 집에서 아름다운 부인과 아름다운 세 아이와 아름다운 개와 함께 사는 대단히 유명한 변호사였다. 중독된 것이라고는 휴대폰뿐이었다. "오빠는 운동을 잘했어요.

스키를 탔고 달리기를 했죠. 아주 착한 아들이었어요. 존경스러운 오빠였고요……. 오빠는 자신이 맡은 모든 역할을 뛰어나게 해냈어요. 그래서 이 일이 믿기 어려운 충격이었어요." 리사가 말했다. "오빠는 두려움을 몰랐어요."10

그가 생활력을 상실할 정도로 심한 우울증에 빠질 수 있으리라고는 아무도 진정으로 믿지 않았다. 마이클 자신이나 그가 만난 의사들과 치료사들도 믿지 않았다. 자신이 알던 남자와 우울증을 일치시킬 수 없는 그의 아내도 믿지 않았다. 마이클은 치료사들과 의사들과 약들('각기 다른 모든 기분 안정제') 사이를 오갔고, 그중 무엇도 효과가 없는 듯했다. "오빠는 좋은 치료를 받았어요. 좋은 보험이 있었어요. 돈이 있었어요." 그는 거주형 치료 프로그램들에 직접 들어갔다. 휴스턴 메닝거 클리닉. 중서부의 목장, 로스앤젤레스 근처의 시설 등이었다. "오빠는 사람들에게 공감하지 못했어요." 리사가 말했다. 이런 장소들에서도 마이클의 높은 성취와 성공은 그에게 불리하게 작용했다. 우울증과 더불어 중독과 고립으로 고통받는 사람들에게 둘러싸여 있는 것은 그가 그곳에 속하지 않으며 그런 종류의 돌봄이 필요하지 않다는 느낌을 갖게 했다. "때로 그들은 이런 다른 사람들과 동질감을 느낄 필요가 없다고 여기는 것 같아요. 같은 문제를 가지지 않으니까요."

마이클이 메닝거 클리닉에서 정해진 기간보다 빨리 돌아왔을 때를 두고 리사는 이렇게 말했다. "기분 좋게 집에 왔어요. 그곳에서 다른 사람들을 돕기라도 한 것처럼요. 조증의 특징인데 오빠는 자신이 다른 사람들을 돕고 있고 그곳에 있을 필요가 정말로 없다고 생각했어

　　　　　여보세요, 제가 지금 죽고 싶은데요

요. 자신이 건강하다고 생각했어요. 그리고 내 생각에 왠지 의사들조차 그가 퇴원해도 된다고 생각했던 것 같아요. 오빠는 매력적이었을 거예요. 그리고 말재주가 좋았고 아주 설득력이 있었어요. 그러니까 내 생각에 오빠는 사람들을 속였을 거예요……. 항상 옷을 잘 차려입는 사람이었어요. 출근할 때는 양복을 입고 타이를 맸어요."

"모든 사람들이 그를 문제 해결사로 여겼어요. 무슨 문제가 있나? 그럼 마이클에게 가봐. 축구 경기 표가 필요한데 못 구하겠어? 마이클이 그쪽의 누군가를 알 거야……. 때로 가장 성공한 사람들이 치료에 성공하지 못해요. 승자가 되는 것에 익숙해져 있고 상황을 바로잡는 것에 익숙해져 있는 사람이 이제는 무엇인가가 잘못됐는데 그것을 바로잡을 수 없어요. 그래도 해야 하는 것을 다 해요. 약을 먹고 진료 시간에 맞춰서 병원에 가죠. 그런데도 나아지지 않아요. 그러니 좌절감이 들죠."

리사는 마이클이 약물 과다 복용으로 급하게 정신과 응급실로 실려 갔던 때를 그의 '치명적이지 않은 시도'라고 부른다. 아무도 그를 가두어놓지 않았다. 단 하룻밤도. 그녀는 마이클과 몹시 놀라 어쩔 줄 모르는 그의 가족이 적어도 자살과 우울증의 위험성을 알리는 책자라도 받았으면 좋았을 것이라고 생각한다. "차라리 내 강아지가 치아 세척을 받으러 갈 때 받는 유인물이 더 나을 거예요. 오빠는 고위험군이었는데, 아무도 그것을 말해주지 않았어요……. 오빠가 처음 응급실에 실려 갔을 때, 약을 무더기로 삼켰을 때, 어떻게 그들은 그 기회를 놓쳤을까요? 오빠가 가족과 함께 병원에 갔는데 왜 그들은 아무런 정보를 받지 못했을까요?"

이런 일이 한동안 반복됐다. 마이클의 절망 수준이 오르락내리락 했다. 그러다가 심각한 자전거 사고를 당하고 변호사 사무실까지 닫는 바람에 그의 삶이 훨씬 더 고통스러워졌다. "변호사 사무실은 오빠의 정체성이었어요⋯⋯. 오빠가 창조한 것이었죠." 마이클의 삶에서 마지막 나날들은 특히 그의 상태가 나빴다. 그는 의사에게 전화했고, 의사는 항우울제 복용량을 늘렸다. 하지만 그는 병원에 가지 않아도 된다고 고집을 부렸다.

마이클의 마지막 아침에 그의 아내가 잠에서 깨보니 그가 없었다. 그는 얼마 후 다시 나타나서 산책을 다녀왔다고 말했다. 그는 "마치 아무것도 보고 있지 않은 것처럼" 이상하고 흐리멍덩한 눈으로 아내를 빤히 쳐다봤다고 리사가 말했다. 마이클의 아내가 개 목줄을 가지러 욕실에 갔다 온 사이에 그가 사라졌다. 그녀가 산책을 하려고 개를 데리고 문을 열고 나갈 때 그의 흔적이 보이지 않았다. 그가 뛰어내린 10층 창틀은 높은 난간이 설치돼 있어서 그 위를 타고 넘으려면 혼신의 노력이 필요하다. "단 몇 초라도 다른 생각을 할 수 없는 위험한 가장자리가 아니에요."

리사는 조카의 아내에게 전화를 받았다. "그저 발걸음이 우뚝 멎었어요. 대화의 나머지 부분은 제대로 기억나지 않아요⋯⋯. 내가 비명을 지르기 시작했다는 것만 알아요. 비명을 지르고 또 질렀어요." 그녀는 그 주말에 그와 이야기를 하지 않았다. 그가 불쌍한 사람 취급한다고 그녀를 비난한 후 그녀는 그에게 혼자 있는 시간을 주려고 노력하고 있었다. "나는 말했어요. '아니야, 난 안 그래. 그냥 속상한 거야⋯⋯. 오빠를 불쌍하게 생각하지는 않아. 오빠는 승리자야. 오

여보세요, 제가 지금 죽고 싶은데요

빠는 괜찮아질 거야.' 나는 그가 숨 막히게 하지 않으려고 노력하고 있었어요."

리사는 우울증이 어떤 모습인지 안다. 그녀는 우울증을 겪었다. 그녀의 아버지가 몇 시간 동안 꼼짝 않고 거실 의자에 앉아 우울에 잠겨 있는 것을 지켜봤다. "나는 마이클이 그러는 것을 결코 보지 못했어요. 인간으로서 마이클의 성격 때문에 그 일은 내 삶에서 가장 큰 충격이었어요……. 일반적으로 외로운 사람, 돈이 없는 사람, 삶의 목적이 없는 사람이 자살한다고 생각하겠죠. 오빠는 모든 것을 가진 사람이었어요."

19

틈새로
추락하다

브라이언 데이비드 가이스하이머는 프레이저강이 로키 산맥에서 태평양으로 흘러가면서 로어 메인랜드를 굽이져 지나는 길의 강둑 근처 열차 선로에서 죽었다. 12월의 그날 밤, 그가 넓은 부지에 자리 잡은 주택들과 근처의 나지막한 모텔을 지나 드문드문 늘어선 나무들을 끼고 달리다가 선로와 만나는 2차선 고속도로를 건널 때는 어둠이 완전히 내려앉아 있었을 것이다. 하지만 그는 느지막한 아침부터 정신과 병동에서 사라졌다.

우리는 그가 저녁 9시 3분에 죽었다는 것을 안다. 몇 시에 기차가 그에게 도달했는지 확실히 보여주는 화물 운송 시간표 덕에 정확한 시간을 알 수 있었다. "다수의 둔기에 의한 부상"은 기관차가 빠른 속도로 사람과 충돌해 일어난 그 사망을 표현한 말이다.

세바스티안 파비트 아브디의 사망 시간은 덜 정확하다. 19세의 이 남성이 가족의 집에서 목을 매달고 질식해서 죽음에 이르기까지 두 시간이 빈다.

4월 말의 같은 날, 몇 시간 전, 세라 루이즈 찰스는 자신의 아파트 10층에서 몸을 던져 죽었다.

세 사람은 2014년과 2015년 네 달 사이에 죽었다. 셋 다 브리티시컬럼비아주 밴쿠버 근처 아보츠포드 지역 병원의 같은 정신과 병동에서 의사의 만류에도 퇴원했고, 퇴원 후 몇 시간 내에 자살했다. 그들은 병원에서 보살핌을 받았어야 했고 압도적인 자살 욕구로부터 보호받았어야 했다.

그들의 사인을 밝히기 위해 조사한 결과, 자살 위험도를 평가하고 자살 위험이 유난히 높을 때 거기에 맞는 조치를 취하도록 더 나은 병원 규정을 갖춰야 한다는 점이 발견됐다. 보건 당국이 코드 옐로 규정을 개선할 필요가 있었다. 코드 옐로는 환자가 무단이탈할 때 사용하는 응급 코드로 더욱 빠르게 소통하고, 긴급성을 위험 수준으로 조정하고, 보안 요원들과의 협력을 높이고, 경찰이 실종자의 휴대폰 위치 추적을 당장 시작하게 하는 것을 목표로 한다. 퇴원 시 "환자가 애초에 급성 환자 치료를 받도록 유발한 바로 그 스트레스 요인들이 모두 포함된 환경으로 다시 돌아가지 않게" 해야 한다.[1] 이 규정은 직관적인 동시에 까다로워 보이며, 입원에서 외래 진료로 치료 방식을 전환할 때 효과적으로 이행돼야 한다. 이 규정은 절차상 당연히 이행되어야 하지만 현실적으로 좀처럼 지켜지지 않는다. 또한 이 조사는 정신건강 전문가들이 자살 위험 평가를 의무적으로 '훈련 및 재훈련' 해야 한다고 권고했다. 2018년 가을에 검시관에게 보내진 답변에 따르면, 브리티시컬럼비아주의 프레이저 보건 당국은 이런 권고 중 몇 가지를 시행했다. 여기에는 표준화한 자살 검사 실시,

가족과의 정보 공유 정책 개발, 환자의 퇴원 및 이행 과정을 향상할 자금 요청이 포함된다.[2]

환자들이 병원에서 걸어 나가 자살하지 않는다고 해도, 입원에서 외래 진료로 전환할 때 환자들을 잃는 것은 드문 일이 아니다. 온타리오의 정신 병원에서 퇴원한 사람들의 약 3분의 1이 퇴원 후 한 달 내에 주치의도 정신과 의사도 만나지 않는다. 자살 기도 후 별다른 후속 진료 조치도 없이 퇴원하는 그런 사람이 나였을 수도 있다. 그에 반해서 울혈성 심부전으로 진단받은 사람은 대부분이 한 달 내에 주치의나 심장병 전문의나 다른 전문의를 만난다. 폴 커디악이 스파다이나 전차 노선이 내려다보이는 시내의 사무실에서 나에게 한 말이다. 그러니 우울증으로 입원한 사람 열 명 중 한 명이 퇴원 후 한 달 내에 같은 이유로 병원으로 돌아간다는 것도 놀랄 일이 아니다. "환자에게 끔찍한 결과입니다"라고 말하는 그는 마치 보살핌을 받지 못한 이 모든 사람들을 마음의 눈으로 보고 있는 듯했다. "우리는 수천 달러를 입원에 지출하고 있고 서너 명 중 한 명을 절벽에서 떨어뜨리고 있어요. 터무니없고 낭비가 심한 시나리오입니다. 하지만 꽤 흔한 일입니다."[3]

멜라니 보스는 국립 정신 보건원 뇌 은행에서 뇌 기증자의 병에 의한 정신적 변화를 파헤치는 사후 조사 작업을 진행할 때 그들과 병원의 연결이 끊긴 상황을 부분적으로나마 엿보게 된다. 후속 진료를 예약하지 않은 퇴원 기록, 지속적인 치료가 이루어지지 않는 간헐적 투약 기록 등을 통해서이다. 그녀는 거의 20년 전 정신 병원에서 근무할 때 그런 틈새를 자세히 봤다. 환자가 퇴원할 때 후속 진료 예약 일정을 잡는 것(이마저 모든 병원에서 실시하지는 않는다)으로는 부족하다. "당사자가 치료를 받겠다는 의욕이 얼마나 강한지, 병원이 집에서 얼마나 가까운지, 기운이 없을 정도로 우울증이 심하지는 않은지에 달려 있습니다." 어느 정도의 자극이 필요하다. "일정한 시간이 지난 뒤에 환자에게 우편으로 짧은 편지를 보내는 것만으로도 자살 위험을 낮추는 진료를 받게 할 수 있습니다."[4]

그렇다. 피자집과 부동산업자와 체육관 회원권 광고 전단지와 함께 발송되는 편지는 간단한 내용을 담는다. "안녕하세요? 우리는 귀하가 건강하게 잘 지내시기를 바랍니다. 그렇지 못하거나, 질문이 있거나 이야기를 나누고 싶다면 전화를 하시거나 방문해주세요. 전화번호, 주소, 진료 시간은 다음과 같습니다. 오시는 길은 다음과 같습니다."

나는 몇 주 전에 퇴원한 병원으로부터 기부해달라고 요청하는 우편물을 받았다. 그들이 할 수 있었던 최소한의 성의는 말 그대로 작은 쪽지를 넣은 것이었다. "자살을 생각하고 있나요?"

막을 수 있었을 죽음으로 세상을 떠난 사람들이 사회의 보호로부터 멀리 떨어져 있었다고 상상하기 쉽다. 안전망의 도달 범위 밖, 도움이 닿지 않는 곳에 있었다고 여기는 것이다. 위로가 되는 거짓말이다. 사람들이 자살하기 전에, 그들이 악화되고 스스로 고립되고 정상적인 생활을 하지 못하는 하찮은 사람이 되기 전에, 그들에게는 가족과 친구와 동료가 있다. 그들의 병이 뇌를 장악하고 괴롭힐 때조차 그들 중 대부분은 그들을 호전시키는 것을 목표로 삼은 기관들과 교류를 한다. 디트로이트에 있는 헨리포드 헬스 시스템의 행동

건강 서비스 연구 책임자인 브라이언 아메다니Brian Ahmedani는 똑똑하고 친절했으며 내게 너그럽게 시간을 내줬다. 그는 자살한 사람들의 이력을 살펴보기 위해 각종 기록을 수집하며 그가 10년 동안 추적한 여덟 개 주의 5,894명 중 83퍼센트가 자살하기 전 해에 의료 기관과 접촉했다는 것을 발견했다. 50퍼센트는 자살하기 전 마지막 28일 내에 접촉했다. 5분의 1이 자살하기 전 4주 내에 정신건강과 관련해서 방문했지만, 대부분은 해당 기간 동안의 방문에서 정신건강 문제의 조짐을 전혀 보이지 않았다. 이 연구의 모든 대상자가 건강 보험을 가지고 있었다. 모두가 "자원이 풍부한 의료 기관의 환자"였다. 모두가 스스로 목숨을 끊었다.[5]

아메다니를 놀라게 한 점은 절망에 빠진 사람들이 의료 기관과 가까이 지내며 빈번하게 접촉했다는 것이 아니라("대체로 사람들은 자살 기도를 하기 직전에 도움을 청합니다") 의료 기관이 그들을 어떻게 놓쳤는지이다. 그리고 그들이 바로 눈앞에 있을 때, 그 사람과 치료할 수 있는 그들의 질환을 놓친 경우가 가장 흔하다. 사람들이 치료되지 않는 것은 그들이 치료를 받지 않아서가 아니라 의사들이 환자를 진정으로 보고 있지 않아서이다. 아주 중요한 점이다.[6]

그가 전화 통화에서 나에게 말했다. "나에게는 그 점이 가장 놀랍습니다. 그들은 도와달라고 손을 뻗고 있습니다. 거의 모두가 어떤 식으로든 의료 기관에 방문하고 있습니다. 사람들이 죽기 직전까지 아무 낌새를 보이지 않다가 아주 충동적으로 자살을 시도하는 것이든가, 그게 아니면 우리가 그 자살의 낌새를 놓치고 있는 겁니다. 나는 둘 다 조금씩 해당한다고 생각합니다."

여보세요, 제가 지금 죽고 싶은데요

여기에서 자살 제로 전략이 나온다. 아메다니가 획기적인 연구를 하고 있는 헨리포드 헬스 시스템에서 2000년대 초에 수립한 이 전략은 이미 의료 과정에 포함되었으며 자살 위험이 있는 사람들을 찾아내는 작업에 집중한다.

현재 전 세계에서 도입되고 있는 전략은 일곱 가지 요소로 구성돼 있다. 진심으로 이끌기, 자살 위험을 발견하고 완화하는 인력 훈련하기, 기회가 생길 때마다 위험을 검사하고 그 결과를 자신의 작업 흐름에 병합하기, 위험에 처한 사람들이 증세가 정말로 심해질 때 어떻게 할지 간결하게 정리한 안전 계획을 실행하게 하기, 효과가 검증된 방법으로 자살 경향성을 치료하기, 입원 환자와 외래 환자 사이의 틈 및 의사들 사이의 틈에 빠지지 않는 방법으로 사람들을 이행시키기, 경과를 추적하고 그것을 바탕으로 향상하기이다.[7]

모두 당연한 소리 같겠지만 그렇지 않다.

"내 견해로는 해당 부서가 보살핌에 대해 생각하는 방식이 상당히 바뀌었습니다." 헨리포드 정신 및 행동 건강의 책임자인 캐서린 프랭크Cathrine Frank가 말했다. "우리가 목표를 설정할 때 직원들의 반발이 있었어요······. '어떻게 불가능한 목표를 설정할 수 있습니까?' 사람들은 소송을 걱정했습니다. 목표를 이루지 못할까 봐서 걱정했습니다. 그런데 정말로 잘 살펴보면, 0이 아니라면 무엇이 목표가 돼야할까요? 그들은 내 친척, 당신의 친구, 당신의 선생님이에요. 우리가 그것에 대해 이야기하는 과정에서 변화가 생겼습니다."[8]

또한 브라이언 아메다니는 모든 종류의 의료 활동에서 우울증과 자살 충동을 검사해야 한다고 강조한다. 자살하는 대부분의 사람이 죽기 전 해에 정신건강 관리를 받지 않겠지만 다른 종류의 건강 관리는 받을 것이기 때문이다. 그는 다른 건강 분야에서 그들을 찾아내지 못하면 그들을 잃는다고 말했다.

이런 생각은 자살 검사를 받는 환자가 죽고 싶은 욕망에 대해 말하고 싶어 한다고 가정한다. 하지만 내 첫 자살 기도 전과 이후 몇 주 동안을 생각해보면 분명히 나는 아무에게도 말하지 않았을 것이다. 나는 의사들을 믿지 않았다. 나는 나를 믿지 않았다. 나는 소멸되고 싶다는 소망이 치료 가능하다고 믿지 않았다. 솔직히 말해봤자 병원에 갇히기만 할 판에 내가 왜 선의의 개입을 겪어야 할까? 나는 죽고 싶은 욕구와 그 욕구를 실현하려는 시도들에 대해서 알아차리고 그에 대해 말하는 것을 갈수록 잘하게 됐지만, 자살 충동에 단단히 사로잡혀서 다 끝내려고 열중하는 동안에는 그 어느 때보다 열심히 자살 충동을 부정했다.

아마 정신과 응급실에서 그 첫 토요일 아침에 나를 평가한, 내가 나의 의사에 반하여 병원에 왔다는 것을 몰랐던, 바로 다음 날 내가 과다 복용했던 수면제를 처방하고 나를 퇴원시켰던 그 피곤한 눈의 정신과 의사는 그녀 앞에 있는 자살 충동을 느끼는 사람을 보고 있지 않았나 보다. 아니면 내가 감정을 너무 잘 숨기고 있었나 보다. 병원에서 나가는 데에 너무 열중하다 보니 내가 괜찮다고 나 자신까지 설득했나 보다.

"치료하기 가장 힘든 사람은 이미 자살을 결정하고 자신의 고통에 대해 어떤 실마리도 주지 않는 사람입니다." 국립 정신 보건원 성인 예방 개입 프로그램 책임자이자 자살 연구 컨소시엄 의장인 제인 피어슨이 전화 통화에서 나에게 말했다. 그녀는 미국인 자살의 기이한 급등과 씨름하면서 자살 증가 속도를 늦추거나 수치를 낮추려는 활동의 선두에 서 있다. "다행히 대다수의 사람이 그렇지는 않습니다."9

모든 곳에서 검사가 이루어져야 한다는 그녀의 주장은 진심으로 하는 말이다. 설사 그 이야기를 꺼내는 대상이 어린이일 때조차 그렇다. "사람들은 아이들이 자살에 대해 말할 때 정말로 겁을 먹습니다. 그리고 그들은 이런 생각을 합니다. '이 아이가 자기가 무슨 말을 하는지 제대로 알고 있을까?' …… 따라서 그 위험성을 인정하고 더욱 이해하도록 노력하는 것이 어려운 점입니다."

가정의들은 다른 병과 마찬가지로 우울증과 관련해서 처음 찾는 사람이 돼야 한다. 그래서 1차 진료라고 불리는 것이다.

따라서 가정의들은 정신 질환을 진단하고 치료하는 방법, 환자에게 특별한 치료가 필요할 때를 평가하는 방법, 환자에게 그런 특별한 치료를 연결시켜주는 방법을 반드시 알아야 한다. 하지만 중증 정신 질환에 관한 한, 그들이 필요한 지식과 이해가 부족할 수 있다. 이것은 내가 여러 질문으로 귀찮게 할 때 컬럼비아대학교 정신과 의사 마크 올프슨Mark Olfson이 한 말이다. "1차 진료 의사들에게 설문조사를 하면서 어떤 전문 분야가 환자에게 치료법을 제시하거나 자원을 파악하기 가장 힘든지 물으면, 정신건강이 목록의 꼭대기에 옵니다. 그들은 이처럼 보다 복잡한 문제들이 요구하는 집중적이고 전문적인 수준의 치료를 제공할 준비가 돼 있지 않습니다."10

게다가 돈 문제도 있다. 대체로 가정의들이 복잡하고 힘들고 비참한 환자들을 다루는 데 시간을 들이기에는 자금이 부족하다.

캐나다와 미국의 의료 기관 대부분은 진료별로 수입을 지불한다. 의사가 될 수 있는 대로 많은 환자를 진료해야 혜택을 얻는다는 뜻이다. 환자가 많을수록, 혹은 별개의 진료가 많이 이루어질수록, 돈을 더 벌게 된다. 또한 코감기부터 패혈증까지 다양한 병을 자랑하는 환자들로 넘쳐난다. 심리 치료를 시도할 시간은 고사하고 누군가의 정신을 살필 시간을 내기도 힘들다.

브라이언 아메다니가 그것은 그럴싸한 변명이 아니라고 나에게 말한다. 누군가가 감기 때문에 병원에 왔는데 자살 검사에서 양성 결과를 받는다고 가정해보자. "무엇이 가장 중요한 질환일까요? 4일 뒤에 그 사람이 더 이상 살아있지 않게 된다면 정말로 우리가 감기에 대해서 그렇게 걱정해야 할까요?"

그리고 당신이 임상적 질문을 했을 때 누군가 우울증이나 자살 위험 검사에서 양성 반응을 보인다면, 그때는 어떻게 해야 할까? 많은 관할 구역에서, 당신은 곤경에 처할 것이다. 환자를 도울 자원을 제대로 갖추지 않은 병원이기 때문이다.

자비드 알루는 민족적·문화적·언어적으로 다양한 토론토 북부 환자군의 정신건강 관리에 대한 접근성이 지난 15년 중에서 현재 가장 열악하다고 생각한다. 나는 가정의로서 복합적인 환자를 어떻게 치료받게 하는지에 대해 그와 이야기를 나눴고, 대체로 치료받게 하지 못한다는 걱정스러운 말을 들었다.

"솔직하게 말해서 지금 상황이 아주 나쁩니다. 무서울 정도입니다. 최악입니다." 그의 좌절감이 뚜렷이 느껴졌다. "10여 년 전에, 나는 필요하다면 환자가 2주 내에 정신과 의사를 만나게 할 수 있었습니다." 지금은 그가 전문의를 만나게 해야 하는 환자가 있으면 이렇게 말해야 한다. "당장 당신과 만날 수 있는 전문의가 아무도 없기 때문에 향후 8개월 동안 내가 당신을 만나겠습니다."[11] 혹은 정신과 입원 환자로 보냈는데 그에게 다시 돌아오는 환자들이 있다. "내 치료 능력에서 한참 벗어나는 환자들입니다⋯⋯. 정신과 의사가 적은 메모만 읽어봐도 그들이 직면한 상황을 절감할 수 있습니다. 메모는 '자, 지금 나는 이 환자를 당신에게 되돌려 보냅니다'라는 식이죠."

그의 환자 중 약 절반이 적어도 일부 민간 심리 치료를 보장하는 보험에 가입되어 있다. 나머지 절반은 기본적으로 운이 없다. 그는 "(전문의들은 환자를 모두) 수용할 능력이 없기 때문에" 환자들에게 외래 환자로 정신과 의사나 상담 전문가를 만나라고 말하지 않는다. 환자들의 문제가 그의 능력 밖이지만, 이번 혹은 다음 회계 연도에도 환자를 다른 병원으로 보낼 수 없을 때, 그가 다룰 수 없는 전문적 대응 대신에 그가 제공할 수 있는 안정감을 활용한다. "그들이 무엇인가 기댈 것이 있다는 사실을 알면⋯⋯ 심적으로 안전하다고 느낍니다."

자비드 알루는 정신 질환을 가진 환자들에 대한 자신의 관심이 의사 시절 초기에 온타리오 킹스턴에 있는 정신 병원에서 근무한 경험과 나중에 응급 치료 병원에서 몇 년 간 근무한 경험 덕분이라고 본다. 그런 경험은 직업적 성공에 대한 그의 생각을 바꾸었다. 만성 질환을 가진 사람을 돌볼 때 가장 속상한 점은 절대 이길 수 없다는 것이다. 환자가 차도를 보인다고 해도 우울증이라는 유령이 결코 완전히 사라지지 않는다. 대부분 그저 회복할 수 없을 정도로 악화되는 것을 막으려고 노력할 뿐이다. 어쩌면 의사가 한순간의 고통을 완화해줄 수 있을 것이다. 어쩌면 의사가 절대 호전되지 않을 사람을 상대해야 하는 가족에게 도움을 줄 수도 있을 것이다. 따라서 목표는 (의사들이 좋아하는 두운법을 써서 말하자면) "치유cure가 아닌 돌봄care"이 된다. 알루는 아주 어린 나이의 모든 손자들과 죽음에 대해 이야기하던 할아버지를 기억한다. 그리고 그런 이야기를 통해 그가 바꿀 수 없는 문제를 일찌감치 받아들이고 바꿀 수 있는 모든 문제와 씨름하는 법을 배운 것을 기억한다.

"당신이 달성한 것에 대한 기대치가, 당신이 바라는 승리가 바뀝니다. 승리를 다르게 인식할 수 있는 한, '이것은 내가 노력할 가치가 있다'고 말할 수 있습니다."

그는 대부분의 가정의가 "비교적 간단한 우울증과 자살 경향성의 환자"를 다루는 것을 수월하게 느낀다고 생각한다. 그가 보다 전문 지식을 지닌 의사에게 지원을 받아야 하는 때는 사람들이 1차, 2차, 심지어 3차 치료에도 반응을 보이지 않을 때, 일상적인 기능이 손상될 정도로 반복해서 재발할 때이다.

그리고 대체로 그 지점에서 만사가 엉망이 된다.

여보세요, 제가 지금 죽고 싶은데요

20

정신건강은
부자의 전유물이다

맹목적인 애국심을 지닌 캐나다 국민들은 보편적 의료 보장 제도를
자랑스러워한다. 하지만 당신의 병이 뇌에 있다면 그 보편성은 거짓
말이다.

　원칙적으로 캐나다에서 의사(가정의나 정신과 전문의나 이에 준하는
전문가)에게 심리 치료를 받으면 공공 자금으로 치료비가 지불된다.
내가 지금의 정신과 의사를 만나서 얼마나 운이 좋은지 모른다. 나
는 처음 입원 환자로 그를 만났고 외래 환자가 돼서도 계속 진료를
받고 있다. 그 매우 유용한 정신과 의사와의 상담 비용은 온타리오
공공 의료 제도에 의해 지불된다. 실제로 이런 일은 거의 일어나지
않고, 심리학자와 치료사와의 상담 비용도 지불되지 않는다. 사보험
을 가지고 있지 않거나 자비로 지불할 수 없는 사람은 운이 없는 안
타까운 상황을 맞는다.

　미국 건강 보험 개혁법 시행 이후 몇 년 동안, 충분한 약물 및 심
리 치료 보장을 받은 미국인의 비율이 캐나다인의 비율보다 높았

다.[1] 세계에서 가장 길고 경비가 느슨한 국경의 북쪽에서, 대단히 나이가 많거나 대단히 가난하거나 보험(예를 들어서 직장 의료 보험)이 있지 않는 한, 약은 보험으로 보장되지 않는 경향이 있다. 심리 치료도 보장되지 않는 경향이 있으며, 설사 된다고 해도 보장을 받기가 거의 불가능하다. 공공 자금은 위기 치료만은 유일하게 지속적으로 비용을 지불한다. 이는 어떤 종류의 정신 장애를 치료하든 비용이 가장 많이 들고 효과는 가장 작다. 위기 후, 퇴원 후에는 환자가 비용을 혼자 감당해야 하며 얼마 지나지 않아 다시 긴급히 개입해야 할 가능성이 다분하다.

캐나다와 미국 둘 다에서, 현금이 없다면 정신건강 관리도 없는 상황이 너무 많이 일어난다.

보험을 가지고 있다고 해도 대체로 마찬가지이다. 사려 깊은 컬럼비아대학교 정신과 의사 마크 올프슨은 환자가 보유한 보장 보험의 종류가 당신이 응급실에 갈 때 받을 대우를 결정한다고 말한다. 저소득층 미국인에게 제공되는 보험인 메디케이드에 가입된 사람들은 퇴원이나 귀가 조치가 취해질 가능성이 크다. 사보험을 가진 사람들은 응급실에서 정신건강 평가를 받고 입원이 허락될 가능성이 크다.[2]

하지만 이는 가진 돈을 바탕으로 사람들에게 각기 다른 관심을 주는 의사의 폐단을 보여주는 것이 아니라, 사람들이 치료를 받으려고 의료 서비스에 접근하는 곳에서 이용할 수 있는 자원을 보여주는 것이다. 올프슨은 이렇게 말했다. "메디케이드에 가입된 사람들은 입원 환자 침상이 극히 적고 대기자 수가 아주 많은 지역의 병원에 갈 것입니다. 그리고 때로는 정신건강 평가조차 받지 못한 채 집으로 돌려보내질 것입니다. 따라서 그들은 표면상 동일한 병에 대해 더 낮은 수준의 보살핌을 받습니다. 나는 개개의 의사가 '음, 당신이 메디케이드를 가지고 있다면 나는 정신건강 평가를 당신에게 제공하지 않을 것입니다'라고 말한다고 생각하지 않습니다. 의사는 그런 식으로 일하지 않습니다. 하지만 제한된 시간에 수많은 일을 해야 하는 환경에서 일하기는 합니다. 의사들은 결국 각각 아주 다른 방법으로 일하게 됩니다."³

불공평한 보험 보장은 당신이 외래 환자일 때도 부당하게 적용될 수 있다. 미국에서 정신과 의사는 다른 전문의에 비해 (사보험이든 공보험이든) 보험을 받아들일 가능성이 대단히 낮다. 당신의 재정 사정이 어려울수록 당신과 가장 가까이에 있는 정신과 의사가 당신이 가진 보험 보장을 받아들일 가능성이 적어진다. 미국 정신과 의사 중약 절반가량이 사보험을 받아들인다. 43퍼센트만이 메디케이드를 받아들인다. 비정신과 전문의에 비해 훨씬 낮은 비율이다. 그리고 정신과 의사가 보험을 받아들일 확률이 10년 전에 비해 낮다.⁴ 당신이 현금을 내거나 다른 곳으로 가야 한다는 뜻이다.

"정말로 엄청난 문제입니다." 내가 명확한 상황을 알고 싶어서 전화하자 미국 정신의학회의 전 회장이자 펜실베이니아대학교 페렐만 의대 정신과 학과장인 마리아 오퀜도가 말했다. 그녀는 많은 경우에 보험 회사들이 행동 건강 관리를 경시하고 정신과 의사에게 지불하는 비용이 너무 적어서 시간을 들일 가치가 없기 때문이라고 덧붙였다. "이곳 필라델피아의 보험 회사는 상담할 때 10분에 44달러를 지불합니다. 그 돈으로는 배관공도 부르지 못합니다. 무슨 말인지 알겠죠? 그래서 의사들이 곤경에 빠집니다."[5]

정신건강 관리는 경제학자들이 '가격에 민감'하다고 말하는 분야에 해당한다. 아주 작은 변화라고 할지라도 비용 변화가 그것을 구매할지 말지 결정한다. "흥미로운 역학입니다." 유행병학자이자 공중보건학 교수인 팀 브루크너Tim Bruckner가 캘리포니아대학교 어바인 캠퍼스의 사무실에서 말했다. 그는 공중 보건 정책에 따라 돌봄의 대상자와 종류가 변하는 양상을 연구한다. 나는 이 연구 때문에 그를 찾아갔다. "팔이 부러진다면 엑스레이 비용이 얼마인지가 별로 중요하지 않습니다. 일단 (엑스레이를 찍으러 병원에) 갈 것입니다. 항우울제의 가격이 10퍼센트 내려가거나 정신과 치료의 가격이 감소하면, 사람들은 치료를 더 적극적으로 받을 것입니다."[6] 그 가격에는 이동과 대기 시간, 무수히 많은 모욕과 불편이 포함된다. 이런 점들은 사람들이 자신의 정신을 위해 치료받는 것을 단념하게 한다.

정신건강 관리의 가변적인 질은 공공 제도에서도 쟁점이 될 수 있다. 브리티시컬럼비아대학교 교수 조지프 푸얏Joseph Puyat의 연구에서 브리티시컬럼비아주 주민 10만 8,000명 중 거의 절반, 즉 우울증으로 진단받았고 공공 의료 지원을 받은 모든 사람들이 '최소한으로 적당한' 치료를 받았다. 설사 치료 기회를 얻는다고 해도, 가난한 사람일수록 '어떤 공식 기준에 비추어 봐도 빈약하거나 저조한 치료'를 받을 가능성이 크다.[7]

그러니 나쁜 상황이라고 할 수 있다.

설상가상으로 당신은 소란을 피우는 법을 배워야 한다. 치료비가

여보세요, 제가 지금 죽고 싶은데요

어떻게 지불되든 간에(사보험, 공보험, 당신의 돈), 당신이 소란을 피우지 않는다면 당신에게 치료가 더 필요한데도 치료 대상에서 제외되거나 서둘러 처리될 것이다. 부모님이 다른 의사의 소견을 강하게 요구하지 않았다면 나는 자살 기도 후 변변치 않은 후속 치료 예약만 한 채 퇴원 지시를 받았을 것이다. 강하게 밀어붙이려면 투지, 시간, 의료 제도 및 그 속에서 당신의 위치에 대한 어느 정도의 신뢰가 필요하다. 삶의 다른 여러 측면(인종, 수입, 언어, 체류 신분)에서 소외된 사람은 그런 신뢰를 얻을 가능성이 낮다.

그리고 심한 정신 질환을 앓는 사람은 효과적으로 실랑이를 벌이는 능력이 가장 떨어진다. 그렇게 실랑이를 벌일 돈과 기술이 없거나, 무엇을 하든 호전될 수 없다고 생각하거나, 그저 자신이 치료를 받을 자격이 없다고 생각하기 때문이다. 혹은 그들의 흥정이 지금까지 효과적이지 않았기 때문이다. 아무리 정당해도 미친 사람의 불평은 묵살당하기 쉽다. 나와 이야기를 나눈 수많은 사람들이 자신들의 우려를 알릴 때 다른 사람들이 경청하지 않는다고 느꼈다. 나도 그런 입장에 처해봤고, 멀어져가는 간호사의 등에 대고 말해봤다. 그것은 단기간에 의미 있는 보살핌을 거부하는 확실한 방법이고 장기간 쓰기에 적당하지 않다.

그러니 포기하게 된다. 병이 더 악화된다. 자신을 치료해줄 사람과 예약을 잡을 수 없을 때 누구에게 전화해야 할지, 어디에 도움을 청해야 할지 알지 못한다. 결국 정신과 응급실에 들어갈 정도로 상태가 나빠지면 어느 정도 유용한 치료를 받을지도 모르지만 후속 치료를 받지 못할 가능성이 다분히 높다.

더 많은 정신과 의사가 돕겠지만 그것으로는 부족하다. 폴 커디악이 2014년에 토론토에서 실시한 연구 결과에 따르면 (정신과 의사가 가장 많이 모여 있는) 도심 지역의 정신과 의사는 새 환자를 받기보다는 소수의 같은 환자들을 계속 진료하는 경향이 있다. 토론토의 정신과 의사는 1인당 정신과 의사의 공급이 훨씬 적은 지역에 비해 새 외래 환자를 57퍼센트 더 덜 받는다.[8] 그는 "소수의 사람들만이 (도심 지역의 정신과 의사가 제공하는) 그런 종류의 집중 치료를 이용하며, 훨씬 많은 사람들이 아무 치료를 받지 못하거나 1차 진료만을 받습니다"라고 말했다.[9]

부끄럽게도 나는 이런 불공평한 의료 서비스의 수혜자이다. 토론토에 살면서 매주 외래 환자로서 정신과 의사를 만난다. 분명히 내가 누리는 이 호사는 의사를 만나려고 몇 주 혹은 몇 달을 기다리는 아픈 사람들에게 갈 시간을 빼앗는 것이리라. 하지만 나는 정기적으로 정신과 의사를 만나는 것을 좋아한다. 상담의 목표가 환자가 죽지 않고 계속해서 기능하고 일하게 만드는 것이라면, 나는 상담이 필요하다. 이런 상담 예약이야말로 유일하게 끊임없이 나에게 희망을 준다.

방문 빈도 제한이 있어야 할까? 다른 지불 시스템이 있어야 할까? 정신과 의사가 새 환자를 위해 상주 의사로 지정돼야 할까? 정신과 의사가 병원과 더 밀접하게 연관돼 있다면 도움이 될까? 그것에 대한 평가는 아직 이르다. 온타리오는 최근에 퇴원했거나 자살을 시도한 환자를 진료할 정신과 의사에게 상여금을 제공해서 정신과 의사가 응급 환자를 더 많이 만나게 하는 장려책을 시도했다. 하지만 결과는 엇갈렸다. 그리고 커디악의 말에 따르면 "우리 모두는 수요를

여보세요, 제가 지금 죽고 싶은데요

충족하기 위해 책임을 다해야" 한다.

그는 서로 다른 분야의 의사들이 함께하는 건강관리팀이 생기기를 바란다. 누가 어떤 관리를 받기 위해 어디로 가야하며 이후 후속 관리를 위해 어디로 가야 하는지 결정하도록 삼각형 구조를 가진 조직이 있어야 한다는 것이다.

미국 국립 정신 보건원에서 정신건강 관리의 경제학 분야 수석 고문을 맡고 있는 마이클 스코엔바움은 협력 관리를 추진해왔다. 나는 국립 정신 보건원 제인 피어슨의 제안으로 그에게 전화했다. "모든 사람들이 협력한다고 말해요. 우리가 말하는 협력은 그런 뜻이 아닙니다."[10]

스코엔바움은 경제학자의 입장에서 정신건강관리에 접근하며, 왜 우리가 기본적이고 필수적인 개입을 필요로 하는 사람에게 그런 개입을 하지 못하는지 이해한다.

"기존 치료가 우리가 바라는 수준에는 못 미치지만 없는 것보다는 훨씬 낫습니다. 하지만 우울증을 앓는 사람들 중 대다수가 아무런 치료도 받지 못합니다."

바로 지금, 가정의가 누군가를 우울증으로 진단하고, 항우울제 처방전을 쥐어 주고 집에 돌려보낸다고 치자. 그 사람은 악화되면 다시 병원에 오라는 지시를 받을 것이다. 그런데 얼마나 악화돼야 악화된 것일까? 악화가 그 악순환을 멈추고 상황을 바꾸게 도와달라고 사람들을 괴롭힐 의지를 잃어버린다는 뜻이라면 어떻게 할까? 스코엔바움은 개입을 시작한 다음에 개입을 받은 사람이 마음대로 하도록 내버려두는 것은 건강 관리의 모든 분야에서 옳지 않지만, 고립되어 허우적거리고 구조 요청을 주저하거나 도움을 구할 능력이 없는 것이 특징인 질환에서는 특히 더 옳지 않다고 말한다. "환자에게 무엇을 하라고 말한 다음에, 병원에 다시 갈지 말지 환자 마음대로 정하게 하고, 자신에게 문제가 있는지 혹은 다른 치료를 요구할지를 환자 스스로 판단하게 하는 이 전통적인 의료 모델은 효과가 형편없습니다." 그의 의료 모델에서는 누군가가 후속 관리를 한다. 건강 관리 코디네이터(의사나 건강 전문가일 필요는 없다)가 첫 번째 진료에 이어 몇 주 뒤에 전화해서 안부를 묻는다. 처방전대로 약을 지었는지 혹은 처방받은 다른 조치를 취했는지 확인한다. 지시대로 약을 복용하고 있는지, 약의 효과가 있는지, 부작용은 견딜 만한지 확인한다. "환자가 호전되고 있지 않다면, 다시 환자에게 연락해서 '우리가 당신에게 이 약을 복용하게 했습니다. 더 나은 결과가 나와야 하는데 이 약은 당신에게 효과가 없습니다. 다시 병원에 나오셔야겠습니다'라고 말합니다."

그리고 환자와 의사 사이의 연락보다 더 중요한 것은 의사와 의사 사이의 연계이다. 서로 이야기를 나누는 의사들. 이것이 협력 관리의 기본 개념이다.

원칙적으로는 일반의가 특정한 환자의 병을 치료하는 것이 자신의 힘에 벅차다고 느끼면 상담을 위해 그 환자를 전문의에게 보낼 것이다. 때로 의사는 힘에 벅차다는 사실 자체를 알지 못하기 때문에, 혹은 환자가 그 상담을 위해 몇 달을 기다려야 한다는 것을 알기 때문에 그렇게 하기를 망설일 것이다. 많은 비전문가가 대답이 긍정일 경우에 어디로 보내야 할지 모른다면 죽고 싶은지 물어보는 것조차 주저한다. 쉽게 말해서 협력 관리는 일반의가 동료 정신과 의사에게 전화해서(어쩌면 복도를 걸어가 직접 이야기를 나눌 수도 있다) 환자의 사례에 대해 물어보는 것이다. 약을 바꿔야 하는지 혹은 다른 방법을 시도해야 하는지, 단극성 우울증이라고 생각했던 것이 양극성 우울증은 아닌지 물어볼 수도 있다. 이렇게 하면 문제가 빨리 포착된다. 돈이 절약되고 결과가 향상된다. 이런 의료 모델이 캐나다의 일부 지역에 가족 건강 팀, 협력 관리 유닛 등 다양한 명칭으로 존재한다. 온타리오에서는 다른 의사에게 조언을 구하려고 전화를 한 경우나 그런 전화를 받고 조언을 제공한 경우에 청구서를 보낼 수 있다. 정부는 그런 모델을 혁신적인 의료비 지출로 홍보하기를 좋아하지만 여전히 원칙이 아니라 예외로 남아 있다.

현재 동료에게 전화하는 것은 많은 의료비 지불자들의 청구 가능 항목에 올라와 있지 않다. 마이클 스코엔바움은 이렇게 말했다. "대부분의 보험 회사들이 1차 진료를 맡은 팀과 정신과 의사 사이의 이런 전문 상담에 대해 비용을 부담하지 않습니다."

그렇지만 이는 시작할 수 있는 일이다. 의사와 환자, 의사와 의사 사이가 긴밀히 연결된 의료 시스템이 될 수 있다. 우리는 보다 복잡한 문제를 가진 사람들을 위해 전문 지식을 제공하고 치료를 제공하기 위해, 접근하기가 더 쉬운 정신과 의사가 더 많이 필요하다.

그리고 정신적인 행복이 특권층만의 권리로 남기를 원하지 않는다면, 가난 때문에 심신을 쇠약하게 하는 고통에서 벗어나지 못하는 불평등을 원하지 않는다면, 약물 치료와 심리 치료가 보험 보장을 받게 해야 한다. 보편적으로. 모두를 위해서.[11]

21

아이들의 마음을
치유하기 위한 노력

사회는 어린이를 아주 좋아한다. 어린이는 미래를 불러오는 소중한 존재이며 우리의 모든 근심의 근원이다. 부모가 너무 많이 혹은 너무 적게 신경 쓰고 있나? 교사가 너무 지나치거나 부족한 요구를 하고 있나? 우리는 어린이가 자유 시간을 활용하거나 활용하지 않는 방식을 살피고, 그들이 비디오 게임이든 컴퓨터든 스마트폰이든 쓸 수 있는 최신 기술로 무엇을 하고 하지 않는지 조바심낸다. 무엇인가가 한 세대를 망치고 있다고 말한다.

정신 질환이 여기 한몫을 해, 미친 아이들에 대한 불안이 대두되고 있다. 매년 3,000명 이상의 북미 어린이, 십 대, 청소년이 자살한다. 수만 명이 자살을 시도한다. 미국 질병관리본부가 고등학생을 대상으로 실시하는 연례 조사에 따르면, 십 대 중 8.6퍼센트가 자살 기도를 한 적이 있다. 여학생의 자살 기도율이 남학생의 경우보다 두 배 이상 높다(11.6퍼센트 대 5.5퍼센트).[1]

그리고 청소년의 사망자 수가 증가하고 있다. 20~24세의 자살률

여보세요, 제가 지금 죽고 싶은데요

이 35퍼센트 상승했다. 25~29세 사이의 자살률이 34퍼센트 상승했다. 15~19세의 자살률이 75퍼센트 상승했다. 10~14세의 자살률이 2007년과 2017년 사이에 두 배 이상 늘었다. 미국의 전체 자살률은 2007년과 2017년 사이에 약 26퍼센트 증가했다. 확실히 대폭 올랐다. 하지만 어린이 자살률에서 보이는 것처럼 급증한 것은 아니다.[2]

청소년 자살의 증가는 전 세계의 자살 연구자들과 자살 충동을 느끼는 사람을 보살피는 이들에게 충격을 주고 있다.

"솔직히 말하자면 우리는 아주 당황스럽습니다." 오하이오주 콜럼버스 전국 어린이 병원의 연구원인 아리엘 세프탈Arielle Sheftall은 전화 통화에서 인정했다. "10~14세의 비율을 보면, '와, 심각하네' 소리가 절로 나올 정도로 아주 현저히 증가했습니다. 여자 어린이의 자살률이 두드러지게 급증했습니다."[3]

특히 충격적인 점은 가장 어린 자살 기도자들 사이에서 발견된 결과이다. 12세 어린이가 스스로 목숨을 끊는다는 생각만 해도 애간장이 타고 등골이 서늘해진다. 그러니 5세나 6세에 불과한 어린아이가 자살한다는 말을 소화하기란 도저히 불가능하다. 가장 어린 연령대의 자살률이 아주 낮기는 하지만 그래도 믿기 어렵다. 이 연령대의 자살은 다른 연령대의 자살을 10만 명을 기준으로 계산하는 것과 달리 100만 명당으로 측정된다. "여기에 대해 이야기할 때마다 가슴이 찢어져요. 우리는 그 나이의 아이들이 건강하게 잘 자라고 있다고 생각하고 싶어 합니다. 이제 학교에 입학할 것이고, 한 인격체가 되어가는 시기이니까요."

하지만 실제로 벌어지는 일이다. 아이들이 자살한다.

세프탈의 연구는 백인 아이들의 자살률이 감소하고 있는 동안 흑인 아이들의 자살률이 급격하게 증가하고 있다는 점을 발견했다.

그녀는 우리가 이유를 정확히 알지 못하지만 가설을 세울 수는 있다고 말한다. 흑인 어린이가 자살 위험을 증가시키는 폭력이나 트라우마에 노출될 가능성이 더 높기 때문일 수 있다. 지원 기관이 과거에 믿음을 저버린 적이 있어 다시 도움을 구하는 것을 보호자가 망설이기 때문일 수도 있다. 하지만 이 분야는 연구에 필요한 자원이 아직 갖춰지지 않아서 알 수 있는 것이 없다.

모든 사람들이 어린이와 청소년 자살 증가의 배경에 대해 나름대로의 의견을 가지고 있다.

컬럼비아대학교 정신의학과의 유행병학자인 매들린 굴드Madelyn Gould는 규범의 변화가 걱정된다고 나에게 말한다. 과거와 달리 요즘 아이들은 자살을 하나의 선택으로 본다. "(수십 년 전에는) 우울증을 앓는 사람들이 있었고 심한 정신적 문제를 가진 사람들도 있었지만 그들이 마구 자살하지는 않았어요. 물론 자살이 발생하긴 했지만, 아직 드물었습니다."[4]

대중 매체의 탓으로 돌리기 쉽다. 소셜 미디어의 탓으로 돌리기 쉽다. 한 고등학생의 자살을 파헤치는 〈루머의 루머의 루머〉(나는 한 번도 보지 않았고 보고 싶지도 않다) 같은 드라마의 탓으로 돌리기 쉽다. 굴드는 이 드라마가 "구조 요청은 도달하기 어렵지만 자살에 의한 죽음은 도달하기가 아주 쉽다"라는 내용을 담았다고 말했다.

규범은 중요하다. 그녀의 연구에 따르면 또래가 자살을 고려하거나 시도한 적이 있다고 생각한 청소년은 직접 자살을 고려하거나 시도할 가능성이 크다.

선택지는 중요하다. 그녀는 도움의 손길이 있다는 것을 어린이와 보호자에게 강조하지 않는 방송에 불만이 많다(앞에서 봤듯이, 실제로 도움을 받을 수 있는지의 여부가 관건이다).

하지만 사실은 아무도 어린 자살 피해자들에게서 특히 두드러지는 전반적인 상승률을 부추기는 요인이 무엇인지 확실히 알지 못한다고, 아리엘 세프탈이 지적한다.

"사람들은 여러 말을 할 겁니다. 소셜 미디어 탓이다, 이것 탓이다, 저것 탓이다. 그리고 사람들은 이런 것들을 꽉 붙잡고 범인이라고 믿을 테지만, 우리는 알지 못해요. 정말 몰라요. 나는 '다 페이스북 탓이야'라고 말하고 싶지 않습니다. 그것이 딱 들어맞는 사실은 아니니까요."

그녀가 확실히 이해시키고 싶은 한 가지 명제, 우리의 대화 동안 그녀가 두어 번 반복한 한 가지 명제는 바로 자살 충동을 느낀다고 털어놓는 아이들의 이야기에 관심을 가져야 한다는 것이다. 그게 아무리 농담 같고 경솔해 보일지라도 말이다. "다시 말하자면, '아, 그냥 죽고 싶어' 같은 소리가 그저 '우스워' 보이겠지만, 그 말을 한 아이는 진심일지도 모릅니다. 우리가 그것을 진지하게 다루지 않는다면, 아이들이 필요로 할 때 어떻게 도와주겠어요?"

사람들은 어린아이는 물론이고 누구하고라도 이런 대화를 나누기를 두려워한다. 나라면 그런 말을 꺼내는 것조차 무서울 것이다. 아리엘 세프탈은 그렇게 무서워하면 안 된다고 말한다. 누군가에게 죽고 싶으냐고 물을 때 대답이 긍정인 경우에 어떻게 대처해야 할지 안다면, 내가 그런 말을 꺼낼 가능성이 더 많아질 것이다. 국립정신 보건원의 자살 예방 전문가인 제인 피어슨은 1차 진료를 맡은 의사들이 자살 충동을 느끼는지 묻는 질문에 환자가 그렇다고 대답할 경우에 그 환자를 어디로 보낼지 안다면 그 질문을 할 가능성이 더 많다고 말했고, 나는 비전문가도 마찬가지라고 믿는다.[5]

　자살 충동은 청소년에게 해롭고, 특히 유색인 청소년에게 해롭지만, 성 소수자 청소년에게 더욱 해로워 보인다. 고등학생 동성애자 열 명 중 세 명이 지난 한 해 동안 자살을 시도한 것으로 드러났다. 이성애자 학생의 자살 기도보다 네 배 이상 많다. 열 명 중 한 명은 자살 기도 결과가 너무 심각해서 치료를 받아야 했다.[6] 질병 관리본부의 연구에는 성전환 청소년에 대한 언급이 없으며, 이는 시사하는 바가 많다. 우리는 성전환 청소년이 자살을 시도할 위험도 상승하고 있다는 것을 알며, 증거에 따르면 거부와 차별을 둘러싼 요인들이 작용한다.[7]

　성 소수자가 자살로 죽을 가능성이 더 높은지는 확실히 알기가 더 어렵다. 그런 종류의 자료가 검시관 차원에서 수집되지 않는 경향이 있으며, 개인 차원의 심리 부검과 관련된 연구들은 결론을 내리지 못했다. 하지만 성적 지향, 성 정체성, 치명적이지 않은 자살 행동 사이의 관계는 훨씬 분명하며, 북미, 유럽, 오스트레일리아 등지에서 알려졌다.[8]

　한 집단이 자살을 시도할 위험이 분명히 높아지고 있는데 그들의 자살 위험성에 대해서는 거의 알지 못한다는 일이 어떻게 있을 수 있는지 궁금해서 노련한 자살 연구원 앤 하스Ann Haas에게 전화했다. 그녀의 목소리는 당신의 인생을 줄줄 들려주고 싶은 마음이 절로 들 정도로 깊이가 있다. 미국 자살 예방 재단에서 그녀와 동료들은 사망 보고서에서 개인의 성별과 성적 지향성을 알아내고 기록하는 방법을 만들었지만, 개별 사망 하나하나에 대해 그 작업을 해야 하고 그렇게 하지 않으면 기록이 쓸모가 없다는 게 문제였다. 그리고 활용도도 낮았다.

그녀는 미국은 여전히 성과 젠더에 대해 해로울 정도로 지나친 결벽증이 있다고 말했다.

동성애자인 하스는 자신의 공동체에서 본 모습 때문에 특히 젊은 성 소수자 자살 경향성의 연구에 절로 마음이 끌렸다.

"나는 아주 많은 사람들이 고군분투하는 모습을 봤고, 그런 모습에서 색다른 패턴을 발견했습니다. 다른 집단들에 대해 우리가 아는 형태와 전혀 들어맞지 않았습니다. 그리고 이 사람들을 연구할수록 자살 행동을 부추기는 아주 독특한 요소들이 있다는 확신이 강해졌어요. 하지만 동시에 우리가 여기에 대해 아는 것은 거의 없지요."[9]

그런 요소들 중 차별, 그리고 차별이 안정감과 자아를 없애는 방식이 있다. 미국에서 차별을 막는 보호 제도가 없는 주에 사는 성 소수자는, 동일한 주에 사는 이성애자나 더 나은 보호 정책이 있는 주에 사는 동성애자에 비해 기분 장애, 불안 장애, 물질 장애에 빠질 확률이 높다고 보고됐다.[10] 유사한 경향이 1996년의 결혼 보호법에 이어 연방 정부가 동성혼 금지법을 제정했을 때 있었다. 동성애

금지법을 제정하지는 않았지만 동성애 혐오 발언이 득세하는 주에서도 마찬가지였다.[11]

뉴욕시의 동성애자와 양성애자를 대상으로 연구를 실시한 결과, 백인 참가자는 기분 장애의 발병률이 높은 반면에 흑인과 라틴계 참가자는 자살 기도율이 높은 것으로 발견됐다. 이는 유색인 동성애자 사이의 자살 기도가 내부 장애보다 외부 스트레스 요인과 더 관련 있기 때문일 것이다.[12] 혹은 백인이 아닌 사람의 기분 장애를 파악하는 것에 미숙해서일 수도 있다.

우리는 아이들을 정신 이상으로 만드는 것을 두려워하며 아이들에게 정신과 약을 주는 것도 두려워한다. 2004년에 미국 식품의약국이 아이들의 자살을 유발할 수 있다는 경고문을 항우울제에 부착하라고 지시했을 때, 큰 파문이 일었다. 항우울제를 복용하는 어린이가 위약을 복용하는 어린이에 비해 자살할 확률이 거의 두 배 높다는 연구 분석을 적은 작은 활자[13]는 아무 가치가 없다. 이 분석에서 인용한 시험들은 자살 위험을 측정하도록 계획되지 않았다. 그리고 실제 자살 기도나 성공한 자살이 아니라 자살 생각에 초점을 맞췄다.

경고 문구와 무서운 제목은 막대한 영향을 끼쳤다.[14] 이전의 몇 년 동안 아이들과 청소년에 대한 항우울제 처방은 상승세였지만 이후 몇 년 동안 뚝 떨어졌다. 그동안 향정신성 약물의 자가 중독률이 증가했고 다른 종류의 우울증 치료법 이용과 개발이 침체 상태였는데도 말이다.[15]

여보세요, 제가 지금 죽고 싶은데요

청소년 자살의 급등을 15년 전의 경고성 주의 사항의 책임으로 보는 것은 지나치게 단순화한 생각일 것이다. 하지만 그런 주의 사항이 의사가 청소년 우울증을 치료하는 것을 망설이게 하는 데 아주 작은 역할이라도 했다면 해를 끼쳤다고 할 만하다.16

그렇지만 우리가 확실히 아는 몇 가지 위험 인자가 있다.

어린이 트라우마가 위험 인자 중 하나이다. 정신 질환의 가족력도 위험 인자이다. 그리고 우울증이 어린이에게 발현하는 방식이 따로 있으며, 그 어린이 주변의 성인은 그것을 알아차리지 못할 가능성이 크다.

어린이는 어른에 비해 환경에 더 빠르게 반응한다. 어린이와 그 주변 사람에게 벌어지는 일이 어린이의 정신 질환을 일으킬 수 있다는 뜻이다. 그리고 어린이의 정신 질환이 일반적으로 우리가 생각하는 방식으로 발현되지는 않는다는 뜻도 된다. 즉, 눈에 띄지 않고 넘어가거나 다른 것과 혼동될 수도 있다. 텍사스대학교 사우스 웨스턴 외래 환자 정신 서비스의 연구원이자 소장인 벳시 케너드Betsy Kennard가 전화 통화로 알려준 내용이다.

"우울한 아이가 있다고 가정해보죠. 컴퓨터실에 보내니 컴퓨터 게임을 재미있게 해요. 그래서 선생님 눈에는 우울해 보이지 않아요. 아이가 웃으면서 소통하고 있으니까요. 혹은 짜증을 내고 저항하는 아이가 있다고 해보죠. 교사는 그 아이가 우울하다고 여기지 않을 거예요. 고집 세고 비협조적이고 어쩌면 버릇없는 아이로 보겠죠."17

"우울한 어른은 정서적 표현이 결여되는 (모든 환경에서 슬플 것이다) 경향을 보이는 반면에, 어린이는 좋아하는 활동을 할 때는 긍정

적인 감정을 드러내다가 판에 박힌 일상으로 돌아가면 다시 우울해
해요."

그리고 대체로 많은 성인들이 자녀가 우울하다는 가능성을 받아
들이는 데 어려움을 겪는다. 특히 자신이 부양하는 아이가 객관적으
로 과거 자신의 어린 시절보다 훨씬 수월하게 어린 시절을 보내고 있
을 때 그렇다.

"어린이 우울증에 대해 수년 간 연구가 진행됐지만, 여전히 사람
들에게 어린이도 우울해할 수 있다는 사실을 제대로 이해시키기가
힘들어요⋯⋯. 자기 자식의 우울증을 알아차리기는 어려워요. 거기
에 어떻게 대처할지도 모르고요."

"당신은 생각보다 강하다"라는 진부한 문구가 옳다고 느껴지는 사
람들이 있다. 유타주에 있는 나바호족 보호 구역에서 딸들을 키우며
사는 마르셀라는 이제 그것을 안다. 나는 킥복싱이 그녀에게 도움이
됐기를 바란다.

마르셀라와 브리애나

마르셀라가 딸의 방에 들어갔을 때, 열여섯 살인 브리애나는 청회색
의 얼룩덜룩한 반점으로 덮여 있었다.[18]

브리애나가 갑자기 격렬하게 화를 내면서 쿵쿵거리고 방으로 들어
가서 문을 잠그는 것은 흔한 일이었다. 하지만 브리애나의 여동생이
문을 두드리면서 소리를 지르고 오스트레일리언 셰퍼드인 제이크가

방 밖에서 우는 소리를 내면서 불안해하고 슬퍼하는데도 아무 반응이 없는 것은 이상한 일이었다.

"제이크가 계속 브리애나의 방문을 긁었고, 문 밑으로 기어들어가려고 했어요. 계속 낑낑거리면서 복도를 왔다 갔다 뛰어다녔어요. 그러다가 결국 바닥에 엎드려서 움직이지 않았어요."

그들이 커다란 쿵 소리를 들었던 건 정오경이었을 것이다.

"우리는 그때로 돌아가요. 항상 돌아가요. 나와 딸들은 그 쿵 소리를 듣던 순간으로 계속 돌아가요. '우리가 이렇게 해야 했어. 우리가 저렇게 해야 했어. 왜 우리는 그렇게 하지 않았을까' 하고 생각하죠. 우리는 이미 일어난 일을 되돌릴 방법을 계속 떠올려요."

마르셀라는 마침내 진저리가 나서 브리애나의 방으로 쳐들어갔다. 브리애나가 문을 잠그고 틀어박힌 지 몇 시간이 지난 뒤였다. 브리애나는 3시부터 맥도날드에서 일했는데, 지나치다 싶을 정도로 성실한 그녀가 일터에 지각하는 것은 전례가 없는 일이었다. "나는 진짜로 아주 화가 났어요. '딸, 도대체 왜 그래?'라고 말했어요. 문을 부수고 싶지 않기 때문에 결국 나는 손잡이를 돌려서 **빼냈어요**. 70달러나 주고 새 문으로 바꿀 여유가 없었거든요. 그런 걱정이나 하고 있었다니 정말로 어리석었어요. 그냥 문을 깨부쉈어야 했어요. 그깟 70달러가 뭐라고. 나는 계속 그 순간으로 돌아가요."

"문을 열자 브리애나가 보였어요. 아이는 바닥에서 2.5센티미터도 떨어져 있지 않았어요. 조금만 더 가까웠다면 어쩌면, 어쩌면 살았을지도…… 조금만 꼼지락거렸으면 바닥에 닿았을 텐데 싶어요."

브리애나는 마르셀라가 처음 보는 허리띠로 옷장에 목을 맸다.

"나는 그 허리띠가 어디에서 났는지 궁금했어요……."

"내가 브리애나를 발견했을 때 처음 느낀 감정은 분노였어요. 브리애나를 향한 분노요. 내 머리는 브리애나가 죽었다는 사실을 받아들이지 못했으니까요." 그녀는 딸의 방에 있는 물건들에 분노를 쏟아냈다. 옷장 속 모든 물건에, 벽에 붙은 밴드 포스터에. "포스터를 붙여 놓는 게 무슨 소용이 있겠어요? 이런 짓을 할 것이라면 그게 다 무슨 소용이 있겠어요?"

큰 딸이 자살하고 5년이 흐른 후, 마르셀라의 고통이 서서히 사그라지기 시작했지만 여전히 그때의 모습이 불쑥불쑥 떠오른다. "허리띠를 잘라내고 아이를 끌어내리는 것이 가장 힘든 일이었어요. 그 장면이 자꾸 되살아나요."

마르셀라가 보지 못하던 모든 것이 이제는 분명하게 보여 가슴을 친다. 어린 시절의 트라우마, 분노의 대홍수, 브리애나가 스스로의 높은 기준을 충족할지 못할 때 가하는 엄격한 자기 질책. 브리애나는 다섯 살 때 성폭행을 당했다. 그녀는 열 살 때부터 칼로 자해하기 시작했다. "브리애나가 늘 팔찌로 가리고 다녀서 나는 그 상처들을 보지 못했어요."

적신호는 눈에 띄지 않고 묻혀버리기 쉽다. 마르셀라의 가족 내에서 기능 장애는 일반적인 것이었다.

"가정 폭력이 아주 많았어요. 내 생각에 북미 원주민들은 그런 문제 가정을 아주 흔하게 볼 거예요. 그뿐만 아니라 술도 관련돼 있어요. 우리에게는 평범한 일이었어요. 무슨 말인가 하면 내가 어릴 때

여보세요, 제가 지금 죽고 싶은데요

는 늘 그랬거든요. 그런 다음에 뭐랄까, 그게 세대에서 세대로 전해 졌죠."

마르셀라는 사춘기 시절에 달리는 차에서 뛰어내렸을 때나 나중에 약을 과다 복용했을 때 그것이 자살 기도라는 생각조차 하지 않았다. "그것은 그렇게 나쁜 일처럼 여겨지지 않았어요." 그리고 십 대 때의 마르셀라는 '반사회적인 행동'을 했다. "나는 경찰에게 많이 잡혔고 소년원에도 갔어요……. 나는 마약 거래나 약탈이나 공공 기물 파손, 지금 내 아이들이 하리라고는 꿈도 못 꿀 짓으로 재판을 받았습니다."

마르셀라는 열다섯 살 때 겪은 브리애나의 탄생이 그녀를 구했다고 말했다. "현실과 책임을 확 절감했어요."

스무 살도 되기 전에 두 아이의 엄마가 된 마르셀라는 아파트 월세 300달러를 내려고 종일 일했다. 그녀는 십 대인 딸들이 그렇게 사는 것을 상상할 수 없다. "작은 딸이 지금 열여섯 살인데 만일 그 아이가 그 나이에 어린 아기를 키운다면 제 심정이 어떨지 짐작도 안 되네요."

마르셀라의 애인은 수년 동안 그녀를 학대했다. "감정적으로뿐만 아니라 신체적, 정신적, 모든 면에서요……. 상당히 가혹했어요." 그는 아이들을 때리지는 않았지만 아이들은 모든 것을 봤다. 항상 아버지와 친하던 브리애나가 특히 갈등했다. 마침내 마르셀라는 "안 돼요. 더 이상 이렇게 못 살아요"라고 말했다. 그가 집을 나가자 수입의 대부분이 끊겼다. "그가 버는 돈으로 생활비의 대부분을 감당했어요. 그래서 주택 대출금, 자동차 할부금……. 내야 할 돈이 많았어요. 결국 나는 두 군데서 일해야 했고, 바로 그때 브리애나에게 동생들을 돌보는 일을 맡겼어요. 나는 아침 6시에 출근해서 오후 3시 30분에 퇴근했다가 다시 3시 45분에 다른 직장으로 가서 밤 12시에 퇴근했거든요. 그래서 아이들을 볼 시간이 아예 없었어요."

그들이 유타주에 있는 나바호족 보호 구역 내에서 2년 동안 서너 번 이사를 했을 때, 동생들이 자는 동안 브리애나는 새벽 2시에 마르셀라의 옆에서 가구를 옮겼다. "브리애나는 아주 큰 부담을 지고 자랐어요. 내가 브리애나에게 의지했기 때문이죠. '그래, 브리애나. 동생들 밥 만들었어? 브리애나, 동생들 학교에서 데려왔어? 브리애나, 그거 했어?' 끊임없이요. 어느 순간 브리애나는 자기 삶이 없다고 느꼈을 거예요……. 내가 그 아이의 나이에 너무 많고 버거운 책임을 지워줬어요."

브리애나는 고등학교 시절 내내 '아주 착한 아이'였다. 성적이 좋았고, 마약을 하지 않았고, 술을 마시지도 않았다. 한 남자친구와 오래 사귀었다. 그녀는 고등학생 대상의 군사 교육인 학군 장교 후보생 예비 과정을 좋아했다. "브리애나에게는 갈 길이 있었고…… 그 아이는 자신이 원하는 목표를 정확히 알았어요. 그 아이는 미술 대학에 가고 싶어 했어요. 세계를 여행할 계획이었어요."

이제야 그녀의 엄마는 그 강한 완벽주의를 불길한 징조로 본다. "브리애나는 실수를 조금도 용납하지 않았어요……. 항상 완벽해야 했어요……. 하고 싶은 것이 아주 많았어요. 그리고 그 모든 부담을 속에 쌓아놨어요."

그러다가 거센 분노가 난데없이 폭력적으로 터져 나왔다. 브리애나는 별로 화를 낼 일도 아닌데 난데없이 칼을 들고 동생들에게 덤벼들었다.

"나는 브리애나에게 '너 괜찮아? 우울한 거야?'라고 물었어요……그러면 그 아이는 그냥 무시했죠." 분노 폭발은 그녀의 생에서 마지막 몇 달과 몇 주 동안 더욱 심해졌다. 학생 무리가 브리애나를 집단으로 폭행해서 마르셀라는 브리애나를 다른 학교로 전학시켜야 했다. 브리애나는 가장 친한 친구와 가슴이 미어지는 말다툼을 벌였다.

브리애나가 죽은 여름날 아침에는 아주 사소한 일로 일어난 싸움이 커졌다. 브리애나의 학교에 가을 학기를 등록해야 하는데 전날 밤에 마신 술로 숙취에 시달리던 마르셀라가 늦잠을 잤다. 브리애나는 고생해서 번 돈을 자동차의 새 타이어에 써야 할까 봐서 불안했고 화가 났다. "브리애나는 그 모든 것을 생각하다보니 더 속상했나봐요. 그래서 우리는 말다툼을 했고 브리애나는 내 앞에서 문을 꽝 닫았어요." 너무 세게 닫아서 벽에 걸린 액자가 떨어질 정도였다.

브리애나의 마지막 문자는 오전 11시 50분경에 남자친구에게 보낸 것이었다. "지금 죽을 거야."

그는 놀라지 않았다. 브리애나는 이전에도 그렇게 말한 적이 있었다. 그는 나중에 "진심이라고 생각하지 않았어요. 저번에도 두어 번 그랬는데 진짜로 하지는 않았거든요"라고 마르셀라에게 말했다. 마르셀라는 그런 일이 있었다는 것을 전혀 몰랐다.

마르셀라는 브리애나 자살의 여파를 이렇게 설명한다. "어떻게 살았는지 기억나지 않아요. 나는 몇 시였는지, 몇 시간이 지났는지, 며칠이 지났는지 기억나지 않아요……. 꽃이 죽어가는 것을 보고 시간이 지났구나 싶었어요."

그녀는 난생 처음으로 자신과 가족을 위한 심리적 도움을 찾게 됐다. 그녀는 어디에서 시작해야 할지 거의 몰랐다. 그녀의 어린 딸들은 아동 중심 상담 그룹에 갔는데, 삼촌이나 할아버지의 사고사나 자연사에 대해 말하는 아이들 사이에서 그들보다 더 큰 상처를 입은 딸들은 소외감을 느꼈다.

"우리는 어떻게 극복해야 할지 몰랐어요. 어떻게 정상적인 삶으로 돌아갈지 몰랐어요……. 이루 말할 수 없는 고통이에요. 몸이 고통을 없앨 방법을 찾으려고 기를 쓰고 또 기를 쓰는데 그렇게 될 방법이 아예 없는 것 같아요."

마르셀라는 1년 동안 우울증의 구렁텅이에 빠져 있었다. "일을 할의욕이 없었어요. 그냥 아무것도 할 수 없었어요." 그녀는 고용주에게 가족 병가를 냈다. "나는 일할 가치도 없다고 느꼈으니까요. 내가 아무 가치도 없는 사람처럼 느껴졌어요."

이제 그녀와 딸들을 위한 상담을 받기가 몇 년 전보다 훨씬 쉬워졌다. "그때는 보험으로 상담을 받기가 정말로 어려웠어요. 몇 가지 평가를 거쳐야 했고 정신과 의사나 이런 저런 정신건강 분야의 의사를 만나기 위해 소개도 받아야 했어요. 의사 한 명을 만나려면 온갖 고생과 어려움을 다 겪어야 했어요."

킥복싱이 분노 발산에 도움이 됐다. 돌봐야 하는 두 딸이 아직 살아 있다는 사실을 되새기는 일도 도움이 됐다. 두 딸이 큰 딸을 따라갈지 모른다는 두려움으로 마르셀라는 정신을 차리고 양육 방법을 바꾸었다. 이제는 항상 일을 두 번째로 미뤄놓는다. "브리애나의 자살 이후로 나는 자식들을, 지금 살아 있는 자식들을…… 애지중지하기 시작했어요. 꼭 달걀 위를 걷는 것처럼 조심스러워요. '그래, 다시는 이 실수를 저지르지 않을 거야. 다시는 이 실수를 저지르지 않으려면 무엇을 바꿔야 할까?'라고 생각해요. 그리고 그런 생각은 죄책감 때문에 하는 거라 아주 괴로워요."

마르셀라는 쓸데없이 감정을 이입하는 나에게, 그것이 자신의 잘못이 아니라고 말하기는 쉽다고 이야기했다. "우리 모두가 싸우는 대상이 바로 그것인 것 같아요."

딸의 죽음으로 그녀는 이전에 존재하는지도 모르던 자살의 세계로 본의 아니게 들어갔다. "나는 어렸을 때 자살을 접하지 않았어요……. 내 딸이 세상을 떠나기 전에 가족 중 두 명이 자살로 죽었어요. 그런데 누구도 나에게 자살에 대해 이야기하지 않았어요. 숨겨진 비밀 같은 것이었어요." 숙모는 약을 과다 복용했다. 사촌은 물에 몸을 던졌고 그의 엄마는 그것을 용인할 수 없었다. 몇 년 후 다른 아들이 목매달아 죽은 채 발견되고 나서도 여전히 그녀는 두 아들을 죽음으로 몰고 간 원인을 인정하려 하지 않았다.

"그녀는 그것에 대해 이야기하지 않으려 해요……. 내가 '그때 기분이 어땠어요?'라고 물어볼 수도 없잖아요. 그녀는 자식을 둘 다 자살로 잃었어요……. 그런데 그것에 대해 이야기하지 않을 거예요. 그녀는 그것을 전혀 인정하지 않을 거예요."

이제 마르셀라는 자살을 직시하지 않으려는 닫힌 마음을 부수고 여는 것을 목표로 삼는다.

"지금 내 역할은 자살에 대해 사람들에게 알리는 거예요. 자살에 대해 터놓고 이야기하지 않을 때 어떤 일이 가족에게 일어날 수 있는지를 사람들에게 이해시키는 거예요."

이제는 그녀에게 조언을 구하러 오는 친구들도 있다. 대체로 그들은 그녀에게만 유일하게 입을 연다. "그들 중 한 친구의 아들은 얼마 전에 칼로 자해를 시작했고 자살을 예고하는 쪽지를 아버지에게 남겼어요. 그런데 그가 나에게 다가와 묻더군요. '어떻게 해야 할까요? 무슨 말을 들어야 할까요?'"

"이것이 보호 구역에서 정말로 큰 문제예요. 아무도 자살에 대해 말하지 않아요. 아무도 '그래, 그들이 스스로 목숨을 끊었어'라고 말하지 않아요. 그리고 아무도 그 고통을 치유해야 한다는 필요성을 보지 않아요. 그저 참고, 고통이 전달되고, 다시 참고 또 참고 또 다시 참다가, 결국 고통에 완전히 잡아먹혀요……. 그 부분에 대해서는 나도 죄책감이 듭니다. 브리애나가 죽은 후 2년 동안 나는 그 아이의 자살을 인정하지 않았어요. 사람들에게 그 아이가 자살했다는 말조차 하지 않았어요. 그냥 사고였다거나 자세히 이야기하고 싶지 않다고 얼버무렸어요. 자살은 꼭 이야기해야 하는 주제예요. 우리가 말하지 않으면 아무도 말하지 않을 것이고 아무도 이해하지 못할 테니까요. 그리고 나는 아무도 이 고통을 겪게 하지 않게 할 개인적인 책임이 있다고 느꼈어요."

나는 직접 자살을 겪어본 사람이 우울증과 자살의 피해와 위험을 가장 강하게 인지한다는 사실을 되풀이해서 발견한다. 자살은 현재 어린이 자살을 연구하고 있는 아리엘 세프탈에게 자살은 아주 가슴 아픈 주제이다. 어머니가 죽고 세상이 무너졌을 때 그녀의 나이는 단 열네 살이었다. "아주, 아주 힘든 시기였어요. 물론 자살 생각을 했습니다. 수없이 자살을 생각했어요." 하지만 그녀는 운이 좋았다. 그녀는 손위의 사촌에게 말했고 그 사촌은 그녀에게 필요한 도움을 받게 해줬다. 모든 사람들이 그렇게 운이 좋지는 않다는 깨달음이 그녀의 의욕을 부추겼다. "나는 어느 정도 그 경험을 하며 살았고 내 경험을 통해 다른 사람들을 돕고 싶어요. 그리고 이렇게 말하고 싶어요. '터널 끝에 빛이 있습니다. 그리고 아직 알려지지 않은 많은 것들이 있지만, 효과가 있다고 확실히 알려진 것들도 있습니다. 만약 그것이 효과가 없으면 다른 것을 시도하면 됩니다…….' 그래서 나는 자살이라는 주제에 아주 열렬한 애정을 가지고 열중합니다." 그녀가 나에게 말했다.

"가슴 아픈 일이지만 예방할 수 있는 일이기도 해요."

22

"더 많은 아이들이
죽을 필요가 없습니다"

인간이 격렬한 분노를 수용할 수 있는 용량은 한정돼 있는데, 보살핌을 받지 못한 12세의 어린이들이 자살하자 캐나다 전역에서 캐나다 국민들의 격렬한 분노는 바닥이 났다. 자살이 되풀이됐다. 지도에서 찾기도 힘든 원주민 공동체들에서 있었던 한 아이의 자살에 이은 다른 아이의 자살, 때로 동반 자살. 믿을 수 없고 정신이 멍해지는 상황이었다. 비상사태가 끊임없이 이어졌지만, 그 절박함은 지속적인 변화를 일으킬 만큼 오래 지속되지는 않는 듯했다. 무대책은 위기를 방치했고 위기에서 힘을 빼앗았다. 그리고 그 지독한 상황의 뒤에는 구조적 박탈이 있었다. 정신건강 관리 시스템의 부족뿐만 아니라 주택과 깨끗한 물과 희망의 결여, 기숙 학교가 남긴 문제◆ 및 온 민족과 문화를 뿌리 뽑기 위한 수세기에 걸친 단합된 집단 학살까지.

◆ 캐나다 정부는 19~20세기에 원주민 동화 정책으로 원주민 아동 15만여 명을 강제로 기숙 학교에 수용했다.

여보세요, 제가 지금 죽고 싶은데요

졸린

케리 커트피트는 딸이 열두 살일 때 선더베이 병원 소아 정신과 병동의 카페테리아에서 딸을 처음 만났다. 졸린 윈터는 위탁 가정에서 도망친 후 2주 동안 그곳에 있었다. 그 위탁 가정은 졸린이 북부 온타리오 전역의 작은 공동체에서 많은 위탁 가정을 전전하다 가장 최근에 맡겨진 집이었다. 2주 전, 그녀는 친한 친구의 자살에 이어 화장실 칸막이 달린 옷걸이에 티셔츠로 목을 매달아 자살 기도를 했다. 그녀가 아는 사람이 하나도 없는 도시에서 입원 환자로 잡혀 있는 동안("그들은 그냥 그 아이를 그곳에 가둬놨어요") 그녀를 담당한 티키나건 아동 및 가족 서비스 사회복지사가 여기저기 전화를 걸어 그녀가 살 곳을 찾고 있었다.[1] 케리는 북부 온타리오 와페케카 원주민 보호 구역에서 애인과 어린 두 아이와 살고 있었다. 그곳은 가장 가까운 중간 규모의 도시에서도 수백 킬로미터나 떨어진 공항 근처의 주택가였다. 그는 겨우 4년 전에 졸린이 자신의 딸이라는 것을 알았지만 거리를 뒀다. 그녀는 위탁 제도 아래에 있었고, 그는 이 낯선 사람이 그녀의 삶에 들어가는 것을 그녀가 달가워할지 확신할 수 없었다. 그렇지만 그때는 달랐다. 그가 한 번도 만난 적 없는 맏이에게는 지금 집이 필요했다.

"애인이 말하더군요. '케리, 당신이 나서야 해요. 진즉 그랬어야죠.' 그녀에게 그 말을 들으니, 정말 좋았어요."

모든 일을 처리하기까지 일주일이 걸렸다. 그는 졸린을 담당한 사회복지사를 만나 그녀가 퇴원한 후를 대비한 계획을 세웠다. 그녀에게 필요한 것, 그가 제공할 것, 그녀에게 추가로 보살핌이 필요한 경우에 선택할 수 있는 방법 등이었다.

그런 다음 케리는 선더베이 지역 건강 센터 정신과 병동의 카페테리아에 갔다. 잔뜩 겁에 질려 있었다.

"나는 너무 불안하고 너무 무서웠지만 아주 들뜨기도 했습니다. 나는 아이가 나한테 진저리를 낼까 봐서 조마조마했습니다. 나한테 실망할까 봐서요. 평생 아이의 옆에 있어주지 않았다고요. 처음에 아이는 나를 제대로 쳐다보지도 않았어요. 나를 보고 잔뜩 긴장한 웃음을 짓더군요. 나는 벌떡 일어나서 아이를 안았어요. 그리고 아이를 보자마자 애인에게 문자를 보냈어요. '와, 애가 정말 예뻐.'"

두 사람은 병원에서 쇼핑몰로 갔고, 케리는 졸린에게 겨울 재킷과 로즈골드색 하트 모양 목걸이를 사줬다. 이어서 집으로 날아갔다. 졸린이 혼자 쓸 방을 미리 다 준비해놨다.

아홉 살과 열 살인 그의 어린 자녀들은 새 누나가 생겼다는 기대로 아주 신이 났다. "내가 정말로 속상했던 이유는 하나의 질문 때문이었어요. '우리가 이렇게 함께 사는 동안 그 아이는 어디에 있었을까?' 아이들은 졸린과 같이 살게 돼서 아주 행복해했어요."

그는 졸린에게 말을 걸려고 노력하던 순간을 기억한다. 그녀가 어떻게 살아왔고 무슨 일을 겪었는지, 그녀의 엄마는 어떻게 지냈고 왜 결국 졸린을 가족 복지 기관에 맡겨야 했는지, 왜 그가 더 빨리 연락하지 않았는지 묻고 말했다. "뭐든 아이의 기분이 나아질 이야기를 하고 싶었습니다."

그는 그녀가 행복했다고 말했다.

그는 그녀가 집으로 들어온 뒤로 의사와 사회복지사에게 전화하는 것을 중단했음을 나중에야 알게 됐다.

졸린이 케리를 편하게 여기게 됐고 여느 딸이 아빠에게 할 만한 요구를 그에게 하기 시작했다고 말하는 그의 목소리가 밝아졌다. "아이가 우리에게 문자로 '두 사람 중에 한 사람이 먼저 요리를 시작하고 나머지 한 사람이 나를 데리러 와요! 나 배고파요' 같은 내용을 보냈습니다." 그녀가 가장 많이 만들어달라는 것은 컵케이크였다. "그러다가 아이가 나를 더 편하게 여기게 되자 그냥 '컵케이크 만들어줘요!'라고 말했습니다. 기분이 얼마나 좋았는지 몰라요. 부탁한 게 아니라 당당하게 요구한 거잖아요."

크리스마스는 즐거웠다. 집이 아이들과 엑스박스 게임기로 꽉 찼고 아이들이 엑스박스를 놓고 귀엽게 옥신각신했다. 겨울 방학 즈음엔 졸린이 새 친구들을 사귀었고 케리는 그녀가 조금 늦게까지 밖에서 놀게 해도 괜찮겠다고 생각했다. 방학 때는 학교에 가지 않으니 아침에 일찍 일어날 걱정을 할 필요가 없었다. 그리고 그는 겨울 방학이 끝나고 다시 일정을 조정하면 지키게 하기가 어려우리라는 것을 알았다. 그는 졸린이 스스로 규칙을 지키는 법을 익히도록 조심스럽게 이끌었다. "내가 페이스북에서 아이에게 남긴 마지막 메시지는 '이제 슬슬 들어와서 일찍 잠자리에 들 때가 됐어. 학교에 가야 하니까. 그 안전 계획을 따르기로 우리 둘 다 약속했잖아'였습니다. 그게 계획의 일부였습니다. 학교에 가는 것이요."

개학할 무렵에 또 죽음이 발생했다. 몇백 킬로미터 떨어진 락 세울에 사는 졸린의 사촌이 어느 날 아침에 밖에서 얼어 죽은 채 발견됐다. 졸린은 그것에 대해 말하려 하지 않았다고 케리가 말했다.

"졸린은 틀림없이 아주 괴로웠을 겁니다. 그 일 때문에 슬프다고 말하더군요. 하지만 나는 그 아이가 슬픈 티를 내는 것을 보지 못했어요."

따지고 보면 그의 딸은 슬픔을 거의 표현하지 않았다. 그가 그녀의 우는 모습을 본 유일한 순간은 그녀의 친구가 페이스북에 올린 우스꽝스러운 영상을 볼 때였다. 그녀는 웃고 또 웃다가 갑자기 흐느끼고 있었다. "그래서 내가 물었지요. '뭘 보고 그렇게 웃는 거야?' 그 아이가 말했어요. '나는 웃는 게 아니에요. 울고 있어요.'"

하지만 그녀는 행복해 보였다. 그는 그녀가 행복할 수 있도록 최선을 다했다.

그들의 아침 일과가 생겼다. 그는 아침에 일어나자마자 소파에 앉아 거실을 향해 열려 있는 그녀의 방문을 쳐다봤다.

"졸린은 문밖으로 머리를 삐쭉 내밀고 주변을 둘러본 다음에 종종걸음으로 욕실로 갔어요. 매일 아침에 나는 그 모습을 보려고 기다렸습니다."

"나는 졸린을 귀찮게 하기 싫었어요. 졸린은 어린 아가씨였고 나는 그 아이의 공간을 너무 많이 침범하고 싶지 않았습니다. 하지만 적어도 귀를 쫑긋 세우고 있었습니다. 아이의 방에서 한참 아무 소리도 들리지 않으면 가서 문을 두드리거나 '어이, 뭐 하냐?'라는 식으로 말을 걸었어요."

그 일요일, 케리는 늦잠을 자기로 했다. 문밖으로 삐쭉 내미는 머리와 욕실로 가는 종종걸음을 확인하러 서둘러 소파로 달려가지 않

여보세요, 제가 지금 죽고 싶은데요

앉다. 오후 2시가 돼서야 애인의 날카로운 비명소리에 잠에서 깼다.

그가 쏜살같이 달려 나가 거실을 지나 졸린의 방문 앞으로 가니 졸린을 두 팔로 껴안고 바닥에 주저앉아 있는 애인이 보였다. 끈(그는 신발 끈이나 후드 티의 끈이었다고 생각한다)이 그녀의 목에 꽉 묶여 있었다. 그녀는 앉아서 문손잡이에 목을 맸다. 그녀의 체중에 당겨진 문이 약간 열렸고, 케리의 애인은 그 틈으로 그녀를 봤다. 그리고 비명을 질렀다.

"아직 숨이 남아 있었지만, 너무 약했어요. 아이의 얼굴은 완전히 창백했어요. 피부에 핏기가 하나도 없었고 입 주변과 입술이 푸르스름했습니다."

그는 끈을 자르고 심폐소생술을 시작했고, 새파래진 딸을 되살리기 위해 머리에 떠오르는 모든 방법을 시도했다.

그리고 패닉 상태로 병원에 전화했다. 비상시에 구급대원을 보내는 간호사실이었다. 고통스러울 정도로 느렸던 그들의 대응은 그의 마음에 여전히 응어리로 남아 있다. 구급대원이 도착하기까지 오랜 시간이 걸렸고, 그가 들어와서 어린 소녀를 소생시키려고 시도하기까지 다시 오랜 시간이 걸렸다. 그는 수십 년 전에 본 자살한 삼촌의 모습이 여덟 살이었던 그의 뇌에 각인된 것처럼, 목이 졸린 누나의 모습이 어린 두 자녀에게 깊이 새겨지지 않게 하려고 아이들의 눈을 가렸다. "나는 아이들의 뇌리에 그 모습이 남지 않기를 바랐습니다."

그들은 마침내 졸린을 트럭 뒷좌석에 싣고 병원에 데리고 가서 그녀를 살리려고 시도했다. 몇 시간의 시도 끝에 졸린의 사망을 선고

했다.

그는 졸린이 온라인으로 집단 괴롭힘을 당했다는 것을 나중에 알았다. '자살이나 해' 같은 메시지를 받았다. 그리고 그 원주민 공동체의 다른 여자아이들 몇 명과 동반 자살을 했다는 것도 나중에 알았다. 이미 공동체 지도자들이 동반 자살을 막아달라고 연방 정부에 방문한 바 있었다. 몇 달 뒤에 졸린의 열 살배기 남동생이 목표가 됐다. "이 사람은 내 아들에 대한 영상을 만들어서 조롱하고 너도 자살하라고 말했습니다……. 내 딸에게 그 짓을 한 사람과 같은 사람일 수도 있습니다. 나는 그것조차 확실히 모릅니다."

어떻게 하면 어린 딸을 살릴 수 있었을지 죽은 아이의 아빠에게 좋게 묻는 방법이란 없다. 공동체에서 도움의 손길을 내밀었다면 그녀를 도울 수 있었을까? 치료사나 의사가?

"잘 모르겠어요. 이야기를 할 사람들이 있었습니다."

열두 살이었던 졸린 윈터가 2017년 1월의 어느 일요일에 자기 방문 손잡이에 목을 매고 이틀 후, 그녀의 동갑내기 친구 샨텔 폭스가 스스로 목숨을 끊었다. 둘 다 와페케카 원주민 보호 구역에 사는 400명의 주민의 일원이었다. 모든 자살은 예방할 수 있는 비극이지만 그들의 자살은 특히 더 그렇다. 그들의 죽음이 예상됐기 때문이다. 졸린과 샨텔은 공동체 지도자들이 6개월 전에 발견한 동반 자살 그룹의 일원이었다. 지도자들은 자금을 조성해 달라고 청원했다. 요청한 자금은 네 명으로 구성된 자살 예방 팀의 봉급, 보험, 교육, 집세에 들어갈 37만 6,706달러였다. "지난 한 해 동안 많은 청소년의 자살 기도가 있었고 어린 여학생 집단에서 동반 자살 모의가 있는 것으로 보입니다." 보호 구역의 건강 관리에 책임이 있는 캐나다 연방 정부에 2016년 7월에 제출한 요청서의 내용이다.[2]

캐나다 보건부는 이 제안에 판에 박힌 답신을 제외하고는 아무런 조치를 취하지 않았다.

졸린과 샨텔이 자살하고 며칠 후, 니시나브 아스키 원주민의 대족장인 앨빈 피들러가 캐나다 총리 저스틴 트뤼도에게 직설적이고 비판적인 편지를 보내 그의 무대책을 성토했다.

> 나는 당신을 난처하게 하기 위해서가 아니라, 그저 정치적인 관점을 피력하기 위해서가 아니라, 우리의 아이들을 위해 생사가 걸린 이 문제에 대해 즉각 해결책을 마련해 실행해달라고 당신에게 호소하려고 이 편지를 씁니다. (……)
> 캐나다는 이런 비극에 대해 댈 핑계가 다 떨어졌습니다.[3]

트뤼도는 대족장 피들러와 다른 원주민 지도자들을 만났다. 전하는 바에 따르면, 그는 그들의 의견에 대해 '수용적'이었지만 별다른 약속을 하지 않았다.

그런 다음 6월에, 열두 살인 제네라 라운드스카이가 수백 킬로미터 떨어진 거주형 치료 시설에서 와페케카의 집으로 돌아온 직후에 자살했다. 와페케카 의회 의원인 조슈아 프로그는 이 원주민 공동체가 그녀의 퇴원을 반대했다고 말했다. 조슈아 프로그는 샨텔의 삼촌이며 십 대 초반에 여러 번 자살을 시도한 후 공동체 대변인 같은 역

할을 하게 됐다.⁴

이 소녀들은 모두 가정의 마이클 컬루Michael Kirlew의 환자였다.

그해 캐나다 인권 재판소의 선서 진술서에서 이 가정의는 아이들의 자살은 이 아이들과 그들의 공동체에 기본적인 의료(예방 혹은 긴급 조치)를 제공하지 못한 정부의 책임이라고 말했다.

"일상적인 진료에 대해서, 정신건강 문제에 초기에 개입할 수 있는 의료 시스템의 접근성이 낮다는 점과, 청소년 자살 사이에 직접적인 상관관계가 있다는 결론을 도출할 수 있습니다. (……) 와페케카에서 발생한 최근의 자살 위기는 처음 있었던 일이 아니며 나는 현재의 상황이 지속된다면 이것이 마지막이 되지도 않을 것 같아서 두렵습니다. 와페케카는 높은 청소년 자살률에 대처하기 위해 무엇이 필요한지 알고 있습니다. 이런 비극은 예방할 수 있으며 더 많은 아이들이 죽을 필요가 없습니다."⁵

와페케카는 작고 고립된 공동체이다.

비슷한 상황이 이 대륙 전역의 원주민 가정에서 일어난다.

미국 내 10~17세 북미 원주인 어린이들이 동일한 연령대의 백인 어린이들보다 62퍼센트 높은 비율로 자살하고 있다. 이 차이는 사춘기 소녀들에게서 더 악화돼, 동일한 연령대의 백인 사춘기 소녀들보다 거의 세 배나 많이 자살하고 있다. 1999년과 2015년 사이에 그들의 자살률이 거의 90퍼센트가 상승했다. 같은 시기에 18~24세 여성의 자살률은 두 배 이상 증가했으며 지속적으로 평균 자살률의 두 배 이상이었다. (원주민 소년들의 자살률도 평균보다 높긴 하지만 감소했거나 변함없었다.)⁶ 그리고 이런 자살률은 너무 적게 잡은 수치일

여보세요, 제가 지금 죽고 싶은데요

것이다. 원주민의 사망이 덜 신고되는 경향이 있기 때문이다.[7]

희망을 잃기 쉽다. 북미 원주민 공동체를 괴롭히는 전체적인 불평등이 너무 뿌리 깊어서 다룰 수 없다고 느끼기 쉽다. 하지만 그런 절망의 급속한 확산에서 가장 변화를 일으키고 있는 사람들이 바로 원주민 공동체이며, 그들은 정작 의료 서비스를 제공하는 책임이 있는 정부 기관들이 방치한 문제를 제기하고 있다. 혹은 '우리는 중요하다' 캠페인도 있다. 캐나다 원주민 청소년들이 희망이 부족한 곳에 희망을 불어넣자는 취지로 시작한 운동이다.[8] 수많은 단체와 활동이 너무 많은 사람들이 빠지고 있는 치명적인 틈을 메우려고 노력하고 있다.

고든 포시와타Gordon Poschwatta는 나와 통화를 하다가 자살 신고 전화를 받았다.

다행히 그는 이미 번스레이크로 향하는 차 안에 있었다. 브리티시컬럼비아주의 외딴 공동체들을 한곳씩 순회하는 대략 200킬로미터의 긴 여정 중이었다. 철에 맞지 않게 진흙투성이인 11월의 도로 때문에 그렇지 않아도 긴 여정이 더 길어졌다. "오늘은 다 지구 온난화 탓이에요." 그는 이야기를 나누기 위해 통신 상태가 그나마 괜찮은 산림 지구의 한쪽 도로가에 차를 세우고 말했다. 그가 말하는 중간 중간에 그의 자동차 고장 표시등이 딸깍거리는 소리가 작게 들렸다.[9]

내가 그에게 전화한 이유는 그가 브리티시컬럼비아주 북부 원주민 공동체에 절실하게 필요한 정신건강 관리를 제공하는 단체인 캐리어세카니 가족 서비스의 진료 활동을 이끌고 있기 때문이다. 이 단체가 없다면 그 원주민 공동체는 아무런 의료 서비스도 받지 못할 터이다. 그들의 목표는 예방과 지속적인 치료이지만, 자살 기도와 자살성 사고를 기본적으로 다룬다. 우리가 이야기를 나누기 2주 전, 그는 하루 동안 네 개의 공동체에서 네 건의 전화를 받았다. 한 곳은 그들이 너무 늦게 도착했다. 그 전해에 그들은 한 주말에 한 지역에서 자살을 시도한 열네 명의 아이들("음, 모두 13세 이하의 아이들입니다")과 관련해서 캐나다 기마경찰대로부터 전화를 받았다.

"우리는 그들을 찾아내서 진정시키기 위해 야간 순찰을 하고 있었습니다……. 어떤 사람들은 친척들에게 끌려가서 근처 도시의 병원에 갇혔어요. 여전히 그곳에 있는 사람들도 있었어요. 숨어 있는 사람들도 있었어요. 숲에서 술을 마시는 사람도 있었어요. 우리는 팀으로 움직였습니다. 그날 밤에는 여섯 명이 모였을 것입니다. 우리는 집집마다 돌아다니면서 확인하고 목록에서 그들의 이름을 하나씩 지웠지요."

이렇게 위기 상황을 안정시키는 작업은 치료 우선순위를 정하는 부상자 분류나 마찬가지라고 생각하면 된다. 비교적 위험도가 낮은 사람(자살에 대해 생각하지만 구체적으로 생각하지 않거나 곧 자살 계획을 세우지 않을 사람)이면, 포시와타의 팀은 그들이 지속적인 지원을 받도록 조치하고 그들을 집에 그대로 둔다.

"자살 위험도가 중간인 것으로 드러나면, 그러니까 상당히 구체적인 자살 계획이 있고 아직 아무 시도도 안했고 진심으로 시도하고 싶지도 않지만 여전히 계획은 있으면, 그 위험도를 최소로 줄이기 위

여보세요, 제가 지금 죽고 싶은데요

해 충분한 정신건강 관리를 받게 해야 합니다. 그때까지 하루 24시간 일주일 내내 항시 대기하면서 교대 근무를 해줄, 성숙하고 술을 마시지 않는 사람이 필요합니다……."

"충분히 믿을 만한 사람을 구할 수 없으면, 우리는 창의성을 발휘합니다……. 이를테면 '사촌은 어디 있어요? 삼촌은 어디 있어요? 할머니는 어디 있어요?' 이렇게 묻습니다. 음, 옆 마을에 삼촌이 있고 그 사람이 22년 동안 술을 마시지 않았다면 우리는 전화를 해서 조카를 집으로 데리고 가서 며칠 동안 맡아줄 수 있는지 물어봅니다."

"쉬운 일이 아닙니다."

보호 대상자가 그 순간에 스스로에게 얼마나 위험한지를 평가하는 것은 가장 좋은 상황이라도 잔인할 정도로 어려운 데다가 포시와 타의 팀은 평가 방법에 대한 전문 훈련도 받지 않는다. 그 점이 그를 무겁게 짓누른다. "내가 얼마나 많은 자살을 평가했는지 모르겠습니다만 그래도 100건은 훨씬 넘을 겁니다. 지원해주는 사람이 있으면 좋겠어요. 내가 들은 것을 검토해줄 수 있는 전문가들이 있는 핫라인이 있으면 좋겠어요." 대개 판단은 오로지 그와 동료들의 몫이다. 이 아이를 사랑하지만 각자의 문제와 씨름하고 있을지 모를 이 사람들에게, 청소년을 무한정 돌봐줄 수 없을지 모를 이 사람들에게 맡겨도 이 아이가 여기에서 혼자 안전할까? 이 아이가 밤을 무사히 넘길 수 있을까? "도움을 줄 사람이 아무도 없으면 우리는 그냥 아이들을 병원에 데리고 갑니다. 수단과 방법을 가리지 않고 무조건 병원에 데리고 갑니다." 그가 잠시 말을 멈추었다. "하지만 우리는 그게 문제라고 생각해요."

당신은 자살 위험이 있는 사람들을 가장 가까운 병원으로 데리고 가는 것이 그들이 위기를 넘기게 하는 최소한의 방법이라고 생각할 것이다. 능력 있는 누군가가 관리 계획을 생각해낼 때까지 그들을 안전하게 지키는 것이 최선이라고 여길 것이다. 사실은 별로 그렇지 않다.

"병원에서 하는 일이라고는 '자살 충동을 느낍니까?'라는 질문을 던지는 것뿐입니다. 만일 그들이 '아니요'라고 말하고 별 징후가 없으면(이를테면 그들의 목에 열상 등의 흔적이 없으면) 병원은 그들을 그냥 내보내요."

이는 치명적인 실수가 될 수 있다.

"우리 작전은 여러 번 틀어졌어요. 우리는 발바닥에 불이 나게 열심히 움직인 다음에 그들이 병원에 있고 의사가 주변에 대기하고 있다는 생각에 안심합니다. 병원에서 평가든 뭐든 하면서 그들을 잡고 있을 테니까요. 그런데 한 시간 뒤에 우리는 전화를 받습니다. 그들이 다시 자유의 몸이 돼서 나간다는 거예요. 그들이 의사에게 거짓말을 한 거죠. 그들은 '나는 괜찮아요. 나는 아무 도움도 필요 없어요'라고 말합니다. 그래서 우리는 다시 순찰을 돌아야 하고 경찰에게 전화해야 해요." 포시와타가 화난 투로 말했다. "응급실에 들어간 그날 자살한 사람이 1년에 일곱 명이었습니다……. 그들이 원주민이 아니었다면 난리가 났을 것이라고 확신합니다. 조사니 수사니 별의별 법석을 다 떨었겠지요."

그리고 로어 메인랜드에서, 브라이언 데이비드 가이스하이머와 세라 루이즈 찰스와 세바스티안 파비트 아브디가 정신과 병동에서 나가서 세상을 떠난 후에는 조사가 이루어졌다. 이런 일은 같은 주에 속해 있지만 서로 1,000킬로미터 떨어진 작은 원주민 공동체들에서는 일어나지 않는다. 대중이 격렬하게 조사를 요구하지 않는다.

브리티시컬럼비아주 북서부에 있는 270명의 공동체 헤이즐턴에서는 캐리어세카니 직원들이 사태를 직접 해결하려고 나섰다. 그들은 자살 위기 대책반을 병원 옆에 세우고 다른 병원에 근무하는 의사들이 시간을 내서 그곳을 지키게 했다. 퇴원 직후에 일어나는 자살이 거의 바로 줄어들었다.

일단 그들을 안정시키면, 포시와타와 그의 팀은 사람들을 무리 안에 앉혀놓고 안전 계획을 짜고 무엇이 그들을 죽고 싶게 만드는지 파고들기 시작한다. 어떤 사람들은 의료계 종사자와 일대일로 이야기해야 한다. 어떤 사람은 같은 문제를 겪고 있는 다른 사람들과 함께 자신의 절망의 계기를 찾아보면서 마음이 편해진다.

많은 트라우마가 있다. 스스로를 학대하는 부모, 삼촌, 손위 형제에게 다시 학대당한 사람들. 치료를 빙자한 과도한 음주. "이 사람이 지방 정부의 알코올 및 약물 치료를 받아야 하는 사람인지, 아니면 정신과 검진을 받아야 하는 사람인지 결정하기까지 이삼일 정도 의논합니다. 그러니까 각각에게 맞는 계획을 세울 때까지 계속 이야기하고 들어요."

이 과정 중에 어떤 것도 즐겁지 않다. 그가 말했다. "대단히 힘듭니다. 이런 일이 없어졌으면 좋겠어요……. 이건 단순한 직장이 아니에요. 아무도 하지 않으니까 내가 그들을 돕기 위해 여기에서 이 일을 해야 하는 거예요."

사전 대책을 강구하는 작업은 약간 덜 힘들다. 캐리어세카니 직원들은 모든 사람을 대상으로 한 우울증 검사에 초점을 맞추기 시작했다. 듣자 하니 검사를 하는 동안 죽음이라는 말을 언급하지 않는 것이 비결이다. "이 검사가 정신건강이라는 측면에서 편안하게 잘 지내고 있는지 아닌지 알아보는 간단한 검진이라고 아주 친절하게 설명하는 담당자들이 있습니다."

또한 뇌물도 있다. 이 검사를 받는 사람들은 부족의 상징이 달린 끈 목걸이를 공짜로 받으며 아이패드가 상품으로 걸린 추첨 이벤트에도 참가할 수 있다.

그런 다음에 공동체와 단체 사이의 연계를 담당하는 사람들이 그간 치료를 거부해온 사람들을 설득한다. "우리는 처음부터 아주 조심스럽고 다정하게 대해요. '우리가 당신에게 하고 싶은 말이 조금 있어요. 괜찮으시면 차나 음료수 한 잔 마시러 가실래요?' 그리고 우리는 도움을 제공하는 곳으로 그들을 이끕니다."

이상적으로는 주거 지역이나 그 지역에서 가까운 곳에서 치료를 받는 것이 좋다. 하지만 온대 강우림의 삼림 지대 한가운데 있는 수십 명 혹은 수백 명의 공동체로 이사 오라고 의사들을 설득하기란 힘들다. 그들이 소중히 여기는 사람들의 신뢰를 얻을 수 있는 외부 의사들을 데려오기란 더욱 힘들다.

브리티시컬럼비아주 북부에 있는 인구 7만 5,000명의 도시 프린스조지에 사는 헨리 하더Henry Harder가 나와의 전화 통화에서 말했다. "그러고 나면 낙인이라는 문제가 남아요. 당신이 200여 명이 사는 공동체의 구성원인데, 정신건강 치료사가 마을에 도착하고 당신

여보세요, 제가 지금 죽고 싶은데요

이 진료를 받으러 가서 줄을 서면 모든 사람들이 알게 되겠죠. 그래서······ 그들은 가지 않습니다."[10]

원주민들의 정신건강 관리 시스템에 뚫린 구멍에 대해 이해하기 위해 그에게 전화를 걸었다. 그는 외딴 공동체 수십 곳의 서비스 중심지 역할을 하는 프린스조지의 심리학자 열 명 중 하나이다.

그는 모든 작은 공동체의 구성원이 훌륭한 정신건강 관리를 받지 못한다는 사실을 안다. 하지만 그의 말에 따르면 원격 의료 장치를 이용한 정신과 진료는 효과가 있다. 직접 방문만큼은 아니지만 적어도 아무것도 없는 것보다는, 혹은 정신적 고통에 조예가 깊지 않은 사람이 어설프게 최선을 다하는 것보다는 훨씬 낫다. 하지만 원격 정신과 진료는 잘 활용되지 않는다. 정신과 치료가 필요한 온타리오 주민의 단 1퍼센트만이 원격 진료를 받는다. 원격 진료를 받지 않으면 1년이나 그 이상 동안 아무런 관리도 받지 못하는 외딴 공동체에서조차 그렇다.[11] 적어도 원격 진료는 가장 가까운 (하지만 멀리 떨어진) 응급실의 제정신이 아닌 사람들을 벗어나서 진단과 평가를 받을 수 있다. 어쩌면 처방도 받을 수 있다. 또한 전문적인 의견을 제공하며, 그 사람이 특수한 서비스를 받아야 한다면 도시의 센터로 소개해주고 그 사람이 도착하자마자 바로 그 서비스를 받을 수 있도록 주선한다.

"우리는 그들이 평가를 받고 밖으로 나오고 공동체에 다시 돌아가는 전 과정을 제대로 돕도록 노력해야 합니다. 사실상 그들은 그저 병원 현관 앞에 버려집니다."

농담이 아니다.

그는 프린스조지 병원 밖에 무일푼으로 남겨져 결국 집에서 멀리 떨어진 도시에서 혼자 힘으로 대책을 강구해야 했던 사람들을 안다. 어떤 정부 기관도 그들을 집으로 수송하는 책임을 지지 않기 때문이다. 연방 정부는 보호 구역 내에서의 건강 관리에 책임이 있고 지방 정부는 보호 구역 밖에서의 건강 관리에 책임이 있다. 그런데 진료를 받기 위해 도시와 보호 구역을 오가는 주민을 수송하는 책임이 어디에 있는지를 놓고 연방 정부와 지방 정부가 갈등하기 때문에 정작 주민(대체로 어린이)은 무일푼으로 오도 가도 못하게 된다.

"사람들이 아주 쉽게 그 틈으로 빠집니다." 심리학자인 신디 하디 Cindy Hardy가 말했다. 그녀 역시 프린스조지에 사는 심리학자로, 나는 사람들이 그런 제도의 구멍에 빠지는 양상에 대한 그녀의 연구 때문에 그녀에게 연락했다.12

보건 제도는 가장 기본적인 면에서 사람들을 실망시키지만 보다 애매한 면에서도 사람들을 실망시킨다. 당신이 몇백 킬로미터 떨어진 대도시에서 정신과 의사나 심리학자를 만나려고 예약을 한다고 해보자. 대박이다. 축하한다. 이제 당신은 직장에 사정해서 휴가를 받아내야 하고, 자녀를 맡길 곳을 찾아야 하고, 하루에 여섯 시간 동안 운전을 해서 갔다가 다시 여섯 시간 동안 운전을 해서 돌아올 수 없다면 그날 밤을 어디에서 보내야 하는지 알아봐야 한다. 당신이 차와 그 연료비를 감당할 여유가 있을 수 있다. 무료 버스 쿠폰을 받을 수도 있다. 아니면 버스 시간표에 맞출 수 없어서 어쩔 수 없이 고속도로에서 히치하이킹을 하는 처지가 될 수도 있다. 이는 실종되고 살해되는 원주민 여성이 되는 지름길이나 마찬가지이다. 그 예약에 행운이 따르기를 빈다. "예약자가 시간에 맞춰서 오지 않거나 전화를 하지 않으면, 바로 명단에서 삭제합니다. 그걸로 끝입니다. 그래서 정말로 우울하고 침대에서 일어날 수조차 없으면 그렇게 되기 쉽습니다. 그들은 그냥 레이더에서 벗어납니다."

원주민은 확대된 건강 보험 혜택을 받게 돼 있다. 그런데 심리 치료를 받으려면 특별 신청을 해야 한다.

"터무니없지 않나요?" 신디 하디가 큰 소리로 말했다. "사람들이 도움을 구하면서 온갖 어려움을 거쳐야 합니다. 나는 보험 회사들에서 이런 문제를 되풀이해서 봅니다. 글을 잘 모르는 사람이나 협조적인 의사를 접할 기회가 없는 사람에게 서류 작업은 장벽이나 마찬가지예요." 짜증나는 서류 작업은 환자만큼이나 치료사에게도 장애물이 될 수 있다. 바쁜 전문직 종사자들은 서류 작성에 시간을 허비하려 하지 않는다. "특히 우리에게 많은 서류 작업을 요구하지 않는 다른 많은 환자들이 있다면, 당연히 그 편한 길을 선택하지 않겠어요?"

(당신이 궁금해할까 봐 하는 말인데, 나는 연방 정부의 보건부에 이메일을 분명히 보냈다. 매년 정신건강 관리 부문에 얼마나 많은 요청이 들어오고, 원주민을 대상으로 하는 캐나다 의료 보험 제도에 따라 얼마나 많이 승인됩니까? 그렇지만 그들은 답변을 거부했다.)

졸린과 샤텔과 제네라가 자살했을 때와 그 전해에 애터워피스컷 원주민 보호 구역에서 많은 어린이들이 자살했을 때처럼 원주민 청소년 자살을 둘러싼 언론의 광적인 관심은 신디 하디의 프린스조지 동료인 헨리 하더를 화나게 만든다.

"원주민 자살이 사람들을 불러 모으는 일종의 현수막이 되고, '유행'과 '위기' 같은 말들에 익숙해집니다." 언론사가 원주민 자살을 때로 지나치게 많이 혹은 때로 지나치게 적게 다루는 방식은 정치인과 정책 입안자가 "문제에 대해 빠르고, 되도록 쉬우며, 되도록 돈이 적게 드는 해결책"을 찾아다니게 한다.

하더는 "정부가 겁에 질려서 많은 의사들을 한 지역에 보내면, 한 동안은 도움이 됩니다. 하지만 이내 모두가 진행하기로 한 일에서 우르르 빠져나가고 모든 것이 원래 상태로 돌아갑니다"라고 말했다. "이 문제의 해결책은 자살 문제가 생기기 훨씬 전에 충분한 서비스와 건강 관리와 음식과 기회들을 그런 공동체에 제공하는 거예요……. 나에게 큰 현수막이 있다면 '돈을 사전에 주자'라고 적을 거예요." 하지만 깊은 틈을 메우는 목적으로 시작된 프로젝트는 흔히 중도에 끝난다. "항상 어느 정도 진행된다 싶으면 재정 지원이 중단됩니다. 계획이 중단됩니다. 그리고 결코 완전히 개선되지 않습니다." 설사 건강 개입을 위한 재정 지원이 있을 때조차 실행이 실패한다. 한 곳에서 다른 활동을 하는 다른 정부 조직들 아래 대여섯 개의 다른 시범 사업들을 전개하게 될 것이다. "서너 개의 다른 단체들이 하나의 공동체에 접근해서, '우리는 당신들의 자살 예방을 돕기 위해 왔습니다'라고 말할 것입니다." 같은 시민으로서 같은 관리를 받을 자격이 있는 인간 집단이 아니라 인류학 실험 같은 느낌이 들면 제대로 신뢰를 쌓을 수 없다.

"자꾸 같은 말을 되풀이하는 것 같겠지만, 캐나다 사회는 계속해서 원주민 기숙 학교 강제 수용이 남긴 문제를 고민해야 합니다. 원주민 보호 구역에서 생기는 많은 정신 질환 문제가 그 문제로 바로 연결됩니다. 그리고 우리가 원주민 차별 제도가 없었던 척하는 것을 멈출 때까지, 그 문제에 돈을 써서 해결했거나 오타와에서 사과를 하는 것이 상황을 바꾸는 척 하는 것을 멈출 때까지, 우리는 계속 이런 문제들을 겪을 거예요. 우리는 공동체들이 상황에 대처하도록 도와야 합니다. 보호 구역에는 기숙 학교에서 성폭력을 당하던 피해자들과 성폭력을 하던 가해자들이 있어요. 그리고 가해자들이 지도자 자리에 있어요. 아이들은 손윗사람에게 도움을 청하러 갈 수 없다고 나에게 말합니다. 바로 그 사람들이 아이들을 성폭행한 장본인들이니까요."

"그 악순환을 어떻게 깨야 할까요?"

그가 지친 기색으로 말했다. "나는 전 세계에서 발표를 합니다. 그리고 나는 캐나다보다 캐나다 밖에서 더 환영받아요. 캐나다에서는 '그만 좀 해요' 같은 소리를 듣습니다. 정말이에요. '오래전 일이잖아요. 캐나다는 사과를 했어요. 우리는 그 원주민들에게 엄청나게 많은 돈을 줬습니다. 그 사람들도 이제 잊을 때도 됐잖아요?'"

졸린, 샨텔, 제네라의 의사이던 마이클 컬루는 원주민 건강 관리를 '관리를 거부하는 구조'라는 잔인한 말장난이 아니게 만들기 위해 필요한 요소에 대해 이야기할 때 '변화'라는 말을 아주 많이 한다. 그는 조직, 조직을 운영하는 사람들, 조직이 제공하는 관리, 결정을 내리는 방식, 이 모든 것이 완전히 변화해야 한다고 믿는다.[13] "어린이 정신건강이 프로그램이라는 인식에서 권리라는 인식으로 바뀌어야 합니다."

그는 발달 장애를 가진 어린아이들이 치료를 받지 못하는 모습을 본다. 연방 정부가 그 아이들에게 필요한 치료를 판단할 수 있는 전문가들이 있는 도시까지 가는 데 드는 비용을 대지 않기 때문이다. 그는 진찰을 위한 이동 요청서들을 썼지만 거부당해왔다. 환자가 그 의사를 8개월 전에 만났다는 이유 때문이다. 따라서 아이들은 필수적인 관리를 받지 못하면서 자라고, 집과 학교에서 어려움을 극복하기 위해 발버둥치고 있다. 학교에서 그들이 받는 1인당 재정 지원은 비원주민 학생들보다 훨씬 적다. 원주민 아이들의 대부분이 위탁 보호를 받는다. 그들은 사춘기가 될 때까지 수십 곳의 위탁 가정을 전전하게 되는데 이는 그들이 받는 관리가 계속 단절된다는 뜻이다. "이는 재앙을 부르는 지름길입니다."

더욱 심각한 문제는 제도가 가장 기본적인 면에서 사람을 경시하기 때문에 자신이 중요하지 않다는 느낌, 즉 자살 충동을 강화한다는 것이다.

"격리 거주는 희망을 앗아갑니다. 정의에 대한 희망, 공정성에 대한 희망, 의료 형평성에 대한 희망……. 아이들은 살면서 겪은 온갖 일들 때문에, 온갖 트라우마 때문에, 그리고 그들이 가망 없고 가치 없다고 말하는 제도 때문에 희망을 잃을 것입니다."

자살 충동을 느끼는 열두 살짜리 아이에게 무슨 말을 해야 할까?

"나는 모든 아이들에게 그들의 삶이 가치 있다고, 삶의 목적이 있다고 말해줍니다……. 아마 그들은 그런 이야기를 전에 한번도 들어보지 못했을 거예요."

23

인종 장벽

정신 질환은 당신이 기존에 소외감을 느끼던 갖가지 상황을 쉽게 악화시킨다. 삶에서 당신을 연약하게 하는 요소들을 이용해서 당신을 더욱 괴롭힌다.

인종도 마찬가지이다. 백인이 아니면 치료를 받기 위한 문턱을 넘는 것조차 힘들 뿐만 아니라 좋은 치료를 받을 가능성이 낮고 효과가 나타날 만큼 오랫동안 치료를 지속할 가능성도 낮다. 다른 경우라면 보호를 해줄 요소들(긴밀한 공동체, 가족의 유대 관계, 극기심 강조)이 정신 질환에 대해서는 불리하게 작용할 수 있다. 치료를 제공하는 사람들을 만나고 싶다는 가장 기본적인 요구조차 달성하기 힘들 수 있다. 긍정적인 변화를 일으킬 도움을 받으려고 해도 그 시도가 좌절되는 것이다.

분명히 하자. 나는 유색인종이 아니며 그들에게 따르는 부담을 지고 살지 않으며 인종 장벽에 부딪치지도 않는다. 그러나 정신건강을 충분하고 효과적으로 관리하지 못하게 막는 장벽 문제는 지금 바로 정면으로 부딪쳐야 할 정도로 해결이 급하고 다른 사람들에게 치명적이다. 나는 나 자신의 타고난 무지를 바로잡기 위해 최대한 다양한 글을 읽고 최대한 많은 사람들을 만나려고 노력했다.

2010년 국립 정신 보건원의 연구에 따르면 우울증을 앓는 미국인 중 5분의 1이 그들의 상태에 맞는 적절한 치료를 받는데, 아프리카계 미국인, 남미계 미국인, 멕시코계 미국인이 적절한 치료를 받을 가능성은 이 절반으로 줄어든다. 그리고 건강 보험이 우울증 치료에 대한 접근성을 높이기는 하지만, 더 나은 치료를 보장하지는 않는다.[1] 정신건강 관리가 필요한 라틴계 미국인은 치료를 받을 가능성이 낮고, 전문가를 만날 가능성도 낮으며, 치료가 지연될 가능성이 높고, 설사 치료를 받는다고 해도 지침을 따른 적절한 치료를 받을 가능성이 낮고, 그들이 받은 치료에 만족할 가능성도 낮다.[2]

메디케이드 가입자에 대한 미국의 연구에 따르면 가장 소외되거나 중환자인 사람이 최소한의 적절한 치료를 받을 가능성이 가장 낮다. 흑인이고 정신과 병동 입원 환자로 우울증 치료를 시작한 사람은 최소한의 적절한 심리 치료를 받을 가능성이 낮으며 부족한 치료를 받을 가능성이 높다.[3]

건강 관리 서비스에 접근하려 해도 빈곤과 지역 때문에 아예 발을 들여놓기 어려울 수 있다. 인종이라는 요소가 계속 진료를 방해하는 것이다. 은밀하게 작용하는 장애물들이 있다. 이를테면 의료계 종사자가 환자를 특정한 방식으로 다루고, 환자에게 필요한 것이나 환자에 대한 사항을 마음대로 추측하고, 환자의 외모 때문에 그를 있는 그대로 보지 않는다. 자신이 환영받지 못하고 보살핌을 받지 못한다고 느끼게 한다.

한 간호사는 열여덟 살인 루다이나 바후베시에게 다른 사람의 약을 줬다. 기분 장애 입원 환자실에 있는 다른 흑인 여성과 헷갈렸기 때문이다. 바후베시는 우울증의 소용돌이에 휩싸여 목숨을 끊으려 했다가 고등학교 졸업을 몇 주 남기고 정신 병원에 들어갔다. 간호사 입장에서 보면 사소하고 악의 없는 실수였으나 바후베시에게는 보편적인 의료 시스템에서 배제됐다는 느낌을 줬다. "몇 주 동안 병원에서 갈수록 커지는 절망감을 느끼고 나는 스스로 병원에서 나왔다. 수년 동안 나는 정신건강과 관련해 도움을 청하지 않았다." 그녀가 2017년 CBC에 기고한 글의 내용이다. "나는 내 치료를 감독하는 일에 태만하던 사람들이 악의적인 의도를 가졌거나 내 신분을 의식적으로 추정했다고 말할 수는 없다. 하지만 내가 피해를 입었던 여러 방식이 간과되고 무시됐다는 것을 감안하면, 결국 의도가 중요하지 않을까?"[4]

마음이 통하지 않는다면 개입이 소용없을 것이다. 의사들이 바로잡으려고 하는 것은 당신의 자전거가 아니라 당신의 뇌이다.

유능한 치료사가 환자와 같은 인종일 필요는 없다. 그저 그들과 다른 사람들이 무슨 일을 겪는지 알고 있기만 하면 된다.

리다 워커Rheeda Walker가 새로운 환자에게 가능하면 첫 번째 상담에서부터 인종과 문화가 삶에서 하는 역할에 대해 질문지로 물어보라고 초보 심리학자들에게 조언하면, 그들은 그녀를 미심쩍은 표정으로 쳐다본다. 그녀는 환자의 출신이 어디인지 이해하는 것이 가장 중요하다고 나에게 말한다. 그리고 대체로 출신은 "다른 사람들을

불편하게 하고 싶지 않아서" 직접 꺼내려 하지 않는 화제이다.5

나는 정신적인 면에서 인종 간 차이를 밝히기 위해 휴스턴대학교 문화 위험 회복력 연구소 소장(및 설립자)이자 심리학자인 그녀에게 전화했다. 그녀는 전문가의 참을성으로 아무것도 모르는 사람에게 자신의 전문 지식을 쉽고 자세히 이야기했다. (우리의 전화 통화는 2016년 11월 9일에 이루어졌다. 미국 대선일, 세계의 대부분이 크게 동요한 날, 당신이 의료계 종사자라면 문화적 감수성이 필수인 날의 다음 날이었다.)

인종을 언급하지 않으면 인종 문제가 사라질 것이라고 기대하기 쉽다. 하지만 인종이나 문화적 배경이 당신의 정체성의 핵심 부분이라면, 인종이 당신이 세상을 경험하는 방식과 당신의 정신적 고통에 영향을 미친다면, 인종을 무시하는 것이 치료사와 환자의 관계를 망칠 수 있다. "따라서 결과가 어떻게 될지 빤히 보입니다. 환자는 '왜 내가 그들에게 이야기하고 있는지 모르겠어. 그냥 다른 데로 가야겠어'라고 생각하게 됩니다. 혹은 아예 아무 곳에도 가지 않습니다."

흑인인 워커는 아프리카계 미국인의 접근을 막는 두 개의 장벽을 발견했다. 하나는 발을 들여놓는 것을 막는 장벽이고, 다른 하나는 호전될 때까지 충분히 오랫동안 치료를 지속하지 못하게 막는 장벽이다. 전자는 대체로 사회 경제적 요인들의 결합(우리는 빈곤과 사회적 고립이 인종에 따라 극명하게 갈린다는 것을 안다)과 자신은 도움이 필요하지 않거나 도움을 받을 자격이 없다는 가정의 영향을 받는다.

워커는 미국 흑인 및 다른 소수 인종이 치료를 중단하는 경향은 복합적인 이유로 생기지만, 소속돼 있지 않다는 느낌이 부분적인 원인이라고 말한다. 그것을 해결하는 것은 의사의 몫이다. "이를테면 치료사는 '이런, 아무도 치료를 받으러 오지 않아요'라면서 손을 놓고 있습니다. 내 생각에 일단 환자가 오면 그 사람이 계속 보살핌을 받도록 추가로 노력해야 하는 것은 치료사의 책임입니다. 설사 불편하다고 해도요."

토론토에서 활동하는 심리학자이자 연구원인 굴샤란 버디Gursharan Virdee는 그녀와 상담하는 환자들(보다 주류인 치료 제공자들에게 도움을 구하다가 제대로 관심을 받지 못한다고 느끼고 여러 언어로 진행되는 그녀의 진료실에 찾아온 젊은 남아시아계 캐나다 여성들)에게서 그런 점을 발견한다고 나와의 통화에서 말했다.

"나는 히잡을 입은 젊은 여성을 상담했는데 그녀는 이전에 치료사에게 종교 등에 대한 질문을 전혀 받지 않았다고 합니다. 이는 이 젊은 여성이 상담을 그만두게 했습니다. 공감은커녕 대화 자체가 되지 않는다고 느꼈기 때문입니다."6 다른 젊은 여성은 가족 내에서 남자들에 비해 과소평가를 받았다. 그런데 그녀는 예전 치료사가 그런 가족 내 역동성과 그로 인해 자신이 쓸모없다는 병적인 느낌을 갖게 된 과정을 이해하지 못한다고 느꼈다. "문화가 경험에 어떤 역할을 하고 어떤 영향을 미치는지에 대한 인식이 부족합니다."

미시건에서 활동하는 상담 전문가인 나폴리언 해링턴Napoleon Harrington은 유색인 공동체들을 위한 옹호 활동에 주력한다. 그는 미국 흑인이 정신건강 관리 서비스를 이용하지 못하게 막는 요인을 세 가지로 본다. 첫째는 흑인이 강하다고 믿는 문화이다. "우리는 강한 사람으로 알려졌어요. 강하다는 특성이 잘못 해석되면 지원이 필요 없거나, 도움이 필요 없거나, 한편으로는 자신을 억압하고 다른 한편 으로는 자신을 약하게 만들 자원에 의지하고 싶지 않다는 뜻으로 여겨집니다. 따라서 나는 강함이 우리 문화에서 잘못 해석됐기 때문에 우리가 그런 자원을 찾을 수 없다는 인상을 준다고 생각해요."7

두 번째는 종교이다. 종교는 자살에 대해 생각할 때 강력한 보호 요인이지만 세속적인 다른 치료를 받는 것을 제지하는 요인이기도 하다. "신에게 절대적으로 기댑니다. 신에게 치유해달라고 구원해달 라고 치료해달라고 의지합니다. 그리고 이 모든 기도가 실현될 것이 라고 확신합니다. (……) 그런데 도움을 받는다는 것은 믿음이 부족 하다는 뜻이 되죠."

셋째, 오랜 세월 동안 당신과 같은 인종의 사람들을 열등한 사람 으로 취급해 온 지배 체제의 일원인 의사와 상담 전문가에게 생각과 감정을 맡길 수 있을까? "흑인과 아시아인은 그들의 이익을 위해 행 동하지 않던 지배 체제에 대해 도전 의식을 느끼고…… 그 체제 속 에서 일하는 사람을 아주, 아주 불신하게 됩니다." 유색인은 감금될 가능성과 아동 복지 기관에게 자녀들을 뺏길 가능성이 더 높다면, 이 둘을 실행할 힘을 가진 의사에게 속마음을 털어놓을 가능성이 낮아진다.

해링턴은 이 세 가지 요소 중에서 첫 번째 요인을 다루기에 가장 좋은 위치에 있다. 그는 정신건강에 관심을 가져야 하며 정신건강 관 리가 필요할 수 있고 정신건강 관리를 받는 것을 창피해하지 말아야 한다고, 특히 흑인 사회에서 사람들을 설득하기 좋은 입장이다. 그는 주변 사람들을 많이 만나고, '낙인을 찍지 않는' 솔직한 말을 사용하고, 도움이 될 것 같으면 속어와 흑인 특유의 말을 사용하려고 노력한다.

나는 흑인 상담사인 그에게 묻는다. 그가 유색인을 상담하는 백인 의사에게 조언을 한다면, 어떤 점을 고려해야 할까?

"미국의 편협한 역사와 흑인과 아시아인을 향한 사회의 일반적인 시선은 불안·트라우마·우울의 장벽을, 미국에서 아시아인이라면 누구나 느낄 수 있을 정도로 뚜렷한 장벽을 만들었습니다. 그래서 내가 생각하기에 중요한 것은, 흑인이나 아시아인과 상담할 때마다, 그들이 사회적으로 대단히 성공했고 충분한 돈을 가지고 있다고 해도 그 장벽이 어떤 식으로든 항상 존재한다는 사실을 아는 것입니다. 그들은 인종 장벽이 여전히 존재한다는 사실을 상기시키는 무엇인가를 혹은 누구인가를 항상 만날 것입니다."

재스민

재스민이 자기 소멸을 시도했을 때 아무도 그녀가 무슨 생각을 하고 있었는지 물어볼 생각을 하지 않았다. 그녀가 고강도 알레르기약 한 곽을 삼키고 의식이 혼미한 상태로 병원에 실려 갔을 때, 엄마가 응급실로 와서 그녀를 병원에 데리고 온 겁에 질린 친구들과 그녀를 만났을 때, 간호사의 재촉에 따라 독소가 그녀의 체내에 쌓이지 않게 활성탄 스무디를 마셨을 때, 퇴원해서 세상으로 나왔을 때도 마찬가지였다.

"왜 아무도 '너 우울하니? 도대체 무슨 일이야?'라고 묻지 않았을까요? 나는 그냥 죽고 싶었어요."[8]

열여덟 살인 재스민은 괴로운 이별을 극복하고 엄마의 집으로 이사해 대학에 갈 준비를 하면서 말로 다 못할 정도로 삶을 견딜 수 없었다. "벽이 사방에서 나에게 다가오는 느낌이었어요."

그때 처방대로 지어온 알레르기 약을 (난생 처음으로) 전부 다 삼키기로 한 결정은 순전히 충동적이었다. "진짜 제정신이 아니었어요……. 약을 삼키고 나서 '내가 왜 그랬지? 이해를 못하겠네'라고 생각했어요."

재스민은 걱정하는 엄마와 친구들과 병원에 있으면서 무엇보다도 부끄러웠다. "그들은 '왜 그런 짓을 했어? 왜 스스로 목숨을 끊으려고 했어?'라고 물었어요. 나는 고민이 많았다고 말했어요."

그녀는 자신에게 화가 났다. 자신이 바보처럼 느껴졌다. 지나치게 감정적이었고 지나치게 과민하게 반응했다. "얼마 지나 나는 그냥 잊었어요."

그리고 그렇게 끝났다. 재스민은 켄터키에서 루이지애나로 옮겨 뉴올리언스에서 아빠와 살면서 대학에 다녔다.

그런데 일이 잘 풀리지 않았고 그녀는 이유를 몰랐다. 그녀는 집중하지 못했고 계속 재수강을 해야 했다. 아르바이트를 하는 피자집에서 계속 주문을 잘못 받았다. 그녀는 산만함을 변덕스러운 뇌의 탓으로 여겼다. 더 잘하라고 자신을 꾸짖었다.

하지만 벽이 계속 그녀에게 다가왔다. 스무살 때 감행한 두 번째 자살 기도는 작정하고 했다. "두 번째 시도에 나는 '그래. 나는 더 이상 여기에 있고 싶지 않은 게 확실해'라고 생각했어요."

그녀는 타이레놀 한 통을 삼켰다. 일찍 퇴근한 아빠가 그녀를 발견해서 병원에 데리고 갔다. 이번에는 독성 물질을 끄집어내기 위해 목구멍에 튜브를 삽입해야 했다. 그녀는 투명한 플라스틱 튜브가 그녀의 식도를 할퀴고 내려가 걸쭉한 액체를 빨아올리는 모양을 30분 동안 지켜봤다.

"정말로 끔찍한 날이었어요……. 자살에 성공하지 못해서 화가 났어요."

이번에 그녀는 정신 병원으로 보내졌다. "아주 좋은 곳이었지만, 당연히 나는 그곳에 있기 싫었어요. 나는 누군가 나에게 간섭하는 것이 싫었어요." 그리고 난생 처음으로 괴상하게 행동하는 중증 정신 질환을 가진 사람들과 가까이에서 지내야 해서 질겁했다. 그녀는 자신은 다르다고, 자신은 정신병자가 아니라고 혼잣말을 했다. "무서웠어요. 전에는 한 번도 보지 못한 것들을 봤어요……. 당시에 나는 '왜 나를 이런 사람들과 함께 여기에 두는 거예요?'라고 생각했어요. 화가 났어요. 나가고 싶었어요……. 가족이 몇 번 나를 보러 왔어요. 나는 너무 창피했어요. 정신 병원에 있는 꼴을 보이다니."

처음에 그녀는 정신과 의사와 이야기하는 것을 거부했고 감금돼 있는 처지에 격노했다. "그곳에서 나가기로 결심했는데 아무에게도 말하지 않으면 나갈 수 없다는 것을 알았기 때문에" 둘째 날에 방식을 바꿨다. 정신과 의사는 그녀에게 우울증이라는 진단을 내렸다. 그 진단은 위로가 되지 않았다.

"사실 기분이 더 상했어요. 나는 정신 질환을 가진 사람들은 미쳤다고 생각했거든요. 텔레비전을 보면 그렇잖아요." 그녀가 말했다. "나는 '음, 나는 미치지 않았어. 그런데 왜 그들은 내가 우울증이라고 말하는 거지?'라고 생각했어요."

재스민은 6개월 동안 극소수의 우울증 환자가 받는 증거 기반 치료를 받았다. 과학적 근거를 바탕으로 항우울제와 심리 치료를 병행한 것이다. 만성 기분 장애의 경우에 유감스럽게도 6개월이라는 기간은 10억분의 1초나 마찬가지다. 약이 그녀의 우울증을 약화시켰지만 완화시키지는 않았다. 약의 부작용(성급함과 불면증이 심해졌다)이 약의 치료 대상인 증상들보다 오히려 커지자, 그녀는 복용을 완전히 중단했다. "얼마 뒤에 정말로 좌절했어요." 정신과 방문은 몇 달 더 계속됐다. "그는 좋은 의사였지만, 나는 여전히 내 느낌이나 감정을 이야기하는 것이 편하지 않았어요." 재스민은 자신이 많은 면에서 여전히 의사의 말을 부정하는 상태였음을 안다. 자신이 미쳤다고 생각하기를 거부했다. 그녀가 정신과 동료 환자들을 만났을 때와 같은 반응을 사람들이 그녀에게 보낼까 봐 두려워서 아무에게도 말하지 않았다.

지역 사회의 지원 시스템은 정신 질환을 상대하는 모든 사람에게 강력한 보호 요인이 될 수 있지만, 그녀는 뇌 질병에 대한 사회 일반의 뿌리 깊은 오해가 그런 질병을 더욱 악화시킬 수 있다는 사실을 알아냈다.

"내가 그렇게 오랫동안 부정했고 정신 질환을 가진 사람들이 미쳤다고 생각한 이유 중 하나는 흑인 사회에서는 정신 질환을 기도로 몰아내야 한다고 생각하기 때문이에요. 이를테면 '아, 너 우울증이라

고? 네가 기도를 열심히 안 하는구나. 신에게 더 가까이 다가가야지'
라고 말하죠. 나는 사람들에게 말했을 때 받을 수 있는 최악의 반응
이 그것이라고 생각합니다. 정신 질환을 가진 사람들이 아직 열심히
기도하지 않았다는 것을 남이 어떻게 아나요? 그들이 신에게 더 가
까이 다가가지 않았다는 것을 남이 어떻게 아나요? 누군가에게 그런
말을 하는 것은 오히려 기분을 더 상하게 합니다."

재스민은 여전히 알아내려고 노력하고 있다. 왜 정신적 회복력에
관한 한, 인내력을 기르라는 흑인 공동체의 훈계가 역효과를 낳는
것일까? 물밀듯이 엄습하는 집단적·개인적 트라우마에서 살아남는
능력을, 통제할 수 없는 다양한 모양의 정신적 고통으로 가득한 현
실에 적용하는 일은 왜 그렇게 어려울까?

"나는 그 이유가 수 세대 전으로 거슬러 올라간다고 생각해요. 많
은 흑인이 우리가 노예 제도를 겪었고 이런 저런 시련을 겪었으니 항
상 강해야 한다고 느낍니다. 그런데 과거에는 그들이 우울하지 않았
을까요? 힘든 일을 겪었다고 해서 더 이상 감정을 느끼지 않는 것은
아니잖아요."

절대 딸을 비난하지 않고 도우려 하고 그녀의 삶이 살 가치가 있다
고 설득하려 노력하는 아버지마저 때로 상황을 더 힘들게 만들었다.
"아빠가 '너는 지금보다 더 강해져야 해'라고 말할 때가 몇 번 있었어
요. 아빠는 정신 차리라는 말은 결코 하지 않았지만, '너를 위해 선
택할 수 있는 길이 아주 많이 있단다' 같은 말을 했어요. 정신 질환
을 가진 사람에게 건네기에는 그리 적당하지 않지요. 하지만 당시에
아빠는 그것을 이해하지 못했죠."

그런 다음에 최악의 몇 년이 이어졌다. 재스민은 학교를 그만뒀고 치료를 중단했으며 얼마 지나지 않아 직장에서 쫓겨났다. 마지막 것은 특히 충격이 컸다. "나는 평생 한 번도 직장에서 해고당한 적이 없었어요. 사방에서 벽이 나에게 다가오고 있었어요. 수년 동안 쌓이고 쌓인 모든 것이 마침내 폭발했어요." 그녀는 손에 넣을 수 있는 모든 약을 과다 복용했다. 처방전을 받아 조제한 약, 처방전 없이 약국에서 바로 살 수 있는 약, 약장 구석에 있는 모든 약. 베나드릴, 타이레놀, 고강도 코 막힘 완화제, '동시에 각기 다른 네 종류의 처방약'. 간호사들이 재스민의 목숨을 구했고 그녀는 살아나서 비참했다. "나는 '그 많은 약을 먹었는데 여전히 살아 있다고?'라고 생각했어요. 실패자가 된 기분이었어요. '나는 삶에 실패하고 자살에도 실패해. 정말 말도 안 되잖아.'"

재스민은 거의 일주일 동안 중환자실에 있다가 시내에서 두어 시간 나가야 하는 다른 정신 질환 환자 입원 시설로 보내졌다.

그녀가 자신을 담당하는 정신과 의사가 있다고 확언하자(그녀가 오래 전에 진찰받으러 가는 것을 중단한 그 의사) 그들은 비교적 빠르게 그녀를 퇴원시켰다. 그녀의 26번째 생일이 그다음 주였다.

근사한 생일은 아니었다. 그 무렵 그녀는 정말로, 정말로, 정말로 호전될 필요를 느꼈다. 그녀는 또 다른 중환자실행, 정신 병원 수용, 밀실 공포증을 느끼게 하는 그 실패감을 감당할 수 없었다.

그때 그녀는 가장 의외의 친구에게서 정신의 안정을 찾았다. 그는 아빠의 친구였고 정식 훈련을 받은 적이 없지만 아무도 못하는 방식으로 경청하는 사람이었다. "마침내 나는 터놓고 말할 수 있고 말한

여보세요, 제가 지금 죽고 싶은데요

후에도 기분이 좋은 사람을 발견했어요……. 정말로 귀를 기울여서 들어주는 사람을 찾기가 아주 힘들거든요."

그리고 그녀는 조사를 하기 시작했다. 그리고 모르던 것을 알게 됐다.

"나는 줄곧 내가 혼자라고 생각했어요. 그렇게 많은 사람들이, 수백만 명이 날마다 우울증에 시달린다는 것을 결코 몰랐어요……. 우울증은 아무도 말하지 않는 침묵의 병 같아요."

그녀는 용기를 끌어모아 사람들에게 전화했다. 처음에는 친구들과 가족이었다. 다음에는 열심히 들어줄 모든 사람에게 전화했다. 그녀는 자신의 경험을 담은 영상을 유튜브에 올렸다.

"나는 그 영상을 찍는 것이 정말 무서웠어요. 찍었다가 지웠다가, 다시 찍었다가 지웠다가를 반복했어요. 영상을 올리기까지 2주 정도가 걸렸어요." 그녀는 의외의 긍정적인 반응에 놀랐다. "'당신은 겉으로는 괜찮아 보이지만 속은 괜찮지 않은 것 같아요.' 이런 반응이 이어져요."

그래서 그녀는 계속 말했다. 책을 썼다. 트라이베카 영화제에 출품된 다큐멘터리에 참여했다.

그녀가 우울증이 없어지지 않았다는 것을 알지라도 이런 활동이 구원의 역할은 한다. 구원이 치유와 같지는 않다. 회복이 재발을 불가능하게 하지는 않는다. 하지만 그녀는 이렇게 말했다. "나는 우울증이 더 이상 창피하지 않아요……. 나는 다른 사람들도 자신들이 미치지 않았다는 것을 깨닫기를 바랐어요."

인종이 장벽이라면 문화도 장벽이다. (당신에게 치료가 필요하지 않다고 생각하거나, 당신이 치료를 받을 자격이 없다고 생각하거나, 치유법을 찾는 과정에 겪는 수치심이 질병 자체가 유발하는 그 어떤 괴로움보다 가혹하다고 생각하기 때문에) 계속해서 심신을 쇠약하게 하는 만성 질환의 치료법을 찾기를 망설인다는 것은 당신이 필연적인 치료를 받을 무렵에는 이미 그 병이 당신의 속을 갈가리 찢어놓았을 가능성이 있다는 뜻이다.

비영리 단체인 토론토 임상평가학 연구소의 과학자인 마리아 추 Maria Chiu는 그런 망설임이 민족과 문화의 측면에서 작용하는 경우들을 봐왔다. 한 토론토 병원의 정신과 응급실에 들어온 남아시아계 캐나다인 환자들과 중국계 캐나다인 환자들은 병원에 도착할 때, 같은 곳에 들어온 다른 환자들에 비해서 훨씬 더 악화된 상태였다. 추의 연구에 따르면 중국계 환자들은 강제로 입원했을 가능성이 크고, 더욱 공격적으로 행동할 가능성이 크며, 세 가지 이상의 중병 증상을 가지고 있을 가능성이 크다. 남아시아계 환자들도 일반 환자들에 비해 중증 정신 질환의 조짐을 보일 가능성이 크다.[9] 이런 경향은 전반적으로 들어맞는다. 마리아 추가 말했다. "우리는 나이, 성, 수입, 교육, 체류 신분, 결혼 여부, 도시 혹은 시골 거주 등 모든 것을 대조했습니다. 물론 아주 중요한 진단 결과도요. 우리가 아주 많은 요소를 고려했기 때문에 더 반영할 점은 없었다고 생각합니다."[10]

문화는 사람이 정신 질환을 어떻게 생각하는지, 정신 질환과 관련해서 도움을 구하는 것을 얼마나 편하게 느끼는지에 영향을 준다. 분명히 무엇인가 잘못됐다고 확신하면서도 정신 때문에 의학적

여보세요, 제가 지금 죽고 싶은데요

도움을 구하는 것이 당신의 평판에 어떻게 작용할지에 대한 두려움, 가족이나 친구나 공동체가 당신을 어떻게 생각할지에 대한 두려움, 정신 질환을 가지고 있다는 수치심이 도움을 구하는 것을 막는다. 이런 수치스러운 질환을 외부인들과 공유하는 것은 더 망설일 것이다.

추가 말했다. "그들은 수치심을 가족에게 전가하는 것도 원하지 않을 거예요. 사람들이 '아, 저기에 정신병에 걸린 그 사람의 가족이 있네. 무슨 수를 써서라도 저들을 피해야지'라고 생각한다면 특정한 문화에서 직장을 구하거나 남편감이나 아내감을 찾기가 힘들 거예요."

또한 사람들은 정신 질환을 집에서 은밀하고 조용히 다뤄야 할 것으로 본다. "전반적으로 정신 병원은 부당한 비난을 받아요. 대체로 '정신과 환자가 되기 싫어. 사람들이 내가 미쳤다고 생각할 거야'라고 생각합니다." 그래서 그들은 최대한 혼자 감당하려 하다가 결국 본인의 의사와 상관없이 병원에 들어가게 된다. 추는 말했다. "(캐나다에서 수 세기 동안 살아온 가족이나 공동체에조차) 가진 것을 지키기 위해 정말로 열심히 노력해야 하고, 약점을 보이면 안 된다는 기풍이 남아 있습니다. 이는 특히 소수 민족인 경우에 아주 어릴 때부터 가르침을 받는 정신입니다. 따라서 정신 질환을 가졌다는 것을 약점으로 여깁니다."

언어 시설이나 의료 시스템에 대한 지식 부족도 치료에 접근하는 데 있어 구조적 장벽이 될 수 있다. 자칫 이것이 비교적 최근에 이주한 사람들에게서 나타나는 문제일 거라고 예상하기 쉽다. 하지만 추의 연구에 따르면 최근의 이주자, 캐나다에 도착한 지 10년이 훨씬 넘은 사람, 캐나다에서 태어나서 평생 산 사람 모두에게 적용되는 점이었다. "민족성이나 문화가 체류 신분보다 더 중요해 보입니다……. 그들은 치료자가 공감하지 못할 것이라는 생각 때문에 자신의 이야기나 고통을 공유하지 않으려 할 거예요."

우리는 정신 질환을 초기에 발견하면 악화를 막을 수 있고 재발할 가능성이 낮다는 것을 안다. 심각한 건강 문제를 초기에 다루지 않으면 즉각적이고 장기적인 피해를 겪는다는 점은 명백하다. 반대의 결과도 마찬가지이다. 정신 질환을 생각만 해도 너무 무섭다는 이유로 치료를 미루면 악화되고 결국 가장 무서운 방식으로 치료를 받게 된다. 입원은 가장 많은 비용이 들고 집중적인 치료 방법을 이용하기 때문에 의료 시스템에 영향을 미친다.

그리고 추가 연구 논문을 발표한 후 나온 반응은 그녀가 무엇인가를 해냈다는 것을 보여주기에 충분했다. "사람들이 경험을 공유했고 '나도 비슷한 일을 겪었어요. 내 가족에게 말하기가 힘들었어요'라고 말했습니다. 그 연구가 아주 광범위한 사람들에게 알려졌다는 것이 정말로, 정말로, 놀라웠고 정말로 흐뭇했어요."

그녀의 후속 연구는 보다 고무적인 발견을 했다. 비록 중국계와 남아시아계 캐나다인들이 다른 사람들보다 더 악화된 상태로 병원에 도착했지만 일단 치료를 받으면 호전된다. 중국계 환자들은 정신과 의사를 만날 가능성이 더 컸다. 남아시아계 환자들은 일반의에게 정신건강 관리를 맡길 가능성이 더 컸다. 양쪽 다 입원한 다음 해에 죽거나 병원에 다시 들어올 가능성이 적었다.[11]

여보세요, 제가 지금 죽고 싶은데요

때로 당신의 성장 과정, 당신이 속한 공동체가 기분 장애를 개념화하는 것을 불가능하게 한다. 메리 나나–아마 단쿠아Meri Nana-Ama Danquah는 임상 우울증에 대해 『버드나무여, 날 위해 울어 주렴: 흑인 여성의 우울증 여정Willow Weep for Me: A Black Woman's Journey through Depression』에서 이렇게 썼다. "내 가능성의 범위에서 존재하지 않았다. 말이 나왔으니 말인데, 내 세계의 모든 흑인 여자의 가능성의 범위에서 존재하지 않았다." 가나에서 태어나고 미국에서 자란 단쿠아는 작가, 편집자, 연설가이다. "내가 평생 견뎌야 했던 잘못된 믿음은 내가 강하게 태어났다는 것이다. 사람들은 으레 흑인 여성이 강하려니 한다. 다른 사람을 돌보고 키우고 치유하는 사람, 어머니의 열두 가지 변형 정도로 여기는 것이다. 정신적 고난은 삶에 없어서는 안 되는 요소이려니 한다. 그저 삶에 수반되는 것이었다……. 흑인 여성이 정신 장애로 고생하면, 그녀가 약하다는 의견이 압도적이다. 그리고 흑인 여성에게 약함은 참을 수 없는 것이다. 나는 '너는 너무 많은 백인들과 어울려 다녔어', '대체 무엇 때문에 우울한 거야? 우리 흑인은 노예 제도도 헤쳐나갔는데 무엇인들 헤쳐나가지 못하겠어?', '네 고민은 빌어먹을 정신과 의사가 아니라 예수님에게 맡겨' 같은 말을 자주 들었다."

단쿠아는 백인 남성 정신과 의사에게 받은 당황스러운 느낌을 기억한다.

"휴." 그녀가 옷가게에 원피스를 입어보고 줬더니 도둑 취급을 하더라(지극히 평범한 일이기에 더욱 짜증나는 '일상의 인종 차별')고 말하자 그가 말했다. "흑인으로 살기가 참 힘들겠어요. 나는 당신이 매일

겪는 그런 일과 씨름해야 하는 마음을 짐작도 못하겠네요." 선의에
서 나온 솔직한 말이다. 그러나 다른 사람의 경험을 짐작하지 못한
다면 치료에 필요한 유대 관계 형성 자체가 불가능하다.

단쿠아가 썼다. "나는 백인 치료사들이 유색인을 제대로 대할 수
없다고 믿지는 않는다. 그렇지만 문화가 환자의 질병과 치료 둘 다에
서 중요한 역할을 하므로, 나는 그들이 일정 수준의 문화적 감수성
을 지녀야 한다는 생각은 한다. 나는 흑인이다. 나는 여성이나. 나는
이민자이다. 이 모든 꼬리표가 나 자신과 주변 세상에 대한 내 인식
에서 동일하게 중요한 역할을 한다."12

여보세요, 제가 지금 죽고 싶은데요

제4부

미로 속에서

24

누구에게
전화할 것인가?

작가이자 정신 장애 및 관련 법 전문가인 수전 스테판Susan Stefan은
자살 충동을 느낄 때 경찰은 연락하기에 적당하지 않은 대상이라고
말한다. 나는 위기에 처한 사람을 대하는 구급대원의 권리, 합법성,
책무 사이의 관계에 대해 구체적으로 알아보고자 그녀에게 전화했다.

"경찰서에 전화해서 '경찰이 날 죽여줬으면 좋겠어요. 경찰관을 보
내 주세요'라고 말하는 사람이 있다고 해봐요……. 그러면 그들이 어
떻게 하는지 알아요? 무장한 경찰관 여덟 명을 보냅니다."

"농담이죠?"

"아니요. 농담 아니에요. 그리고 나면 무슨 일이 벌어지는지 맞혀
봐요……. 당신이 정신적으로 위기에 처할 때는 무엇을 하든 911◆에
전화하는 것보다 낫습니다."[1]

나는 그 말에 이의를 제기할 사람들을 많이 안다. 최선의 선택이

◆ 캐나다의 긴급 전화번호는 911로 경찰·구급·소방이 동일하다.

든 아니든, 어쨌든 정신적 위기에 처한 사람들의 전화가 경찰 업무량에서 차지하는 비중이 갈수록 커지고 있다.

위기에 처했을 때 구급대원에게 전화하거나 구급대원이 당신에게 전화하게 하는 것은 기본적으로 당신이 통제력을 상실한 상황이라는 사실을 의미한다. 그들은 상황을 통제하기 위해 존재한다. 당신은 상황을 통제해달라고 전화한다. 나는 이런 전화가 불안감을 없애준다(911에 전화하는 목적이다)고 느끼는 사람들과 이야기해봤지만, 그들이 자기 자신에게서 스스로를 구해야 하는 상황이라면 긴급 전화는 공황 상태와 자포자기를 불러일으킨다.

나는 경찰과 구급대원들과의 대면에서 운이 좋았는데 아마 내가 체구가 작은 백인 여자이고 당시 주눅이 들어 있었고 순종적이었기 때문이 아니었을까 추측한다. 경찰차나 구급차의 뒷좌석에 타라는 지시를 받았을 때 내가 몸부림쳤거나 소리를 질렀거나 말대답을 했다면 무슨 일이 벌어졌을지 모르겠다. 혹은 내가 유색인인 남자였다면 무슨 일이 일어났을지 모르겠다. 경찰들이 나를 구조한 토론토에서 흑인은 전체 인구의 8.8퍼센트에 불과하지만, 경찰과 치명적인 갈등을 일으키는 사람의 60퍼센트를 차지한다.[2]

시민에게 봉사하고 시민을 책임지는 경찰이, 인생에서 가장 취약한 순간에 있는 사람에게 봉사하고 이들을 지켜줄 것이라고 생각하기에 사람들은 911에 전화를 건다. 하지만 그들에게 비밀을 털어놓음으로써 배척당하고 사회적으로 격리되는 경우가 많다. 도와달라고 전화했지만 나중에 그 도움 요청을 후회하게 된다. 정작 도움이 절실해지더라도 다시는 도움을 청하지 않게 된다는 뜻이다.

정신 질환 관련 전화가 핼리팩스에서 2007년과 2014년 사이에 두 배로 증가했다. 캘거리의 '100만 달러 마틴'은 경찰을 수시로 불러 1년 동안 시에 약 100만 달러의 손실을 입혔고, 그는 시 예산 낭비를 줄여야 한다고 주장하는 사람들 사이에서 도시 괴담이 되었다.³ 최근에 퇴직한 토론토의 민간 경찰 감시 단체의 대표는 경찰의 일상 업무에서 정신 질환의 비중이 커져 훈련만 바꿀 것이 아니라 근본적으로 채용 전략을 바꾸어야 한다고 말했다. 정신 질환 문제에 시달리는 사람들을 만날 때 겁을 먹거나 편파적인 고정 관념으로 움직이는 사람이 아니라, 공감할 줄 아는 사람을 경찰관으로 채용해야 한다는 것이다. 여기에는 심리학 교육을 받은 사람에게 가산점을 주는 것까지 포함된다.⁴

하지만 대체로 경찰을 부르면 상황은 험악하게 흘러간다. 전기 총을 맞는 경우까지 있다. 캐나다의 대도시인 토론토에서 18개월 동안 발생한 수십 건의 사건에서 정신적으로 불안정하고 자살 충동을 느끼는 사람들에게 토론토 경찰은 전기 총을 발사했다. 그들은 자기 자신을 제외하면 누구에게도 위협을 가하지 않았는데도 말이다. 경찰의 자체 보고서에 따르면, 2014년에 전기 총 사용의 절반 이상이 '정서적으로 불안정한 사람들'을 대상으로 했다. 그들 중 약 3분의 1이 온타리오주 정신보건법에 의거해 체포됐다. 경찰관들은 자신들이 대면하는 사람들이 무장한 경우가 약 60퍼센트에 달한다고 믿지만, 실상은 (토론토에서) 단 3분의 1만이 무기로 사용할 수 있는 물건을 지니고 있다.

전기 총은 내가 예전에 살던 파크데일의 서쪽 지역에서 더 자주 발사된다. 정신 질환을 가진 사람의 비율이 토론토의 다른 지역보다 높은 곳이다. 나는 《글로벌 뉴스》에 이 기사를 썼다. "경찰이 자살하려는 한 남자가 체포와 수갑 착용에 불응하자 '협조를 얻기 위해' 그에게 전기 총을 두 번 발사했다. 한 발은 배에, 다른 한 발은 등에 맞았다. 한 경우에는, 경찰관이 칼로 자기 목을 찌르려는 남자에게 전기 총을 발사했지만 자살하려는 남자가 발코니 쪽으로 물러서는 바람에 빗나갔다. 이 사건 보고의 나머지는 삭제됐다. 그 남자가 자살했는지 아닌지는 확실하지 않다. (……) 많은 경우 이미 경찰에 의해 바닥에 제압당한 뒤에 전기 총을 맞았다. 정신 질환을 가지고 있었으며 당시 술과 약 둘 다에 취해 있었다고 전해지는 한 남자는 경찰에 의해 바닥에 눌려 있는 상태에서 전기 총을 세 번 맞았다. 다른 사람은 매트리스에 누워서 체포되는 동안 수차례 전기 총을 맞았다."[5]

전기 총은 '비살상' 무기라고 홍보되고 대중들은 경찰관이 총을 사용해야 할 때 그 대신 전기 총을 사용한다고 추측한다. 사실은 그렇지 않다. 전기 총 같은 전도 에너지 무기는 권총 같은 화기만큼 믿을 만하지 않다. 당신이 정말로 권총이 필요한 상황이라면 전기 총을 사용하지 않을 것이다. 전기 총은 낮은 등급의 무력행사이며 경찰관은 누군가 난폭하거나 괴상하게 행동할 때나 제압하고 있는 사람이 저항할 때 전기 총을 사용한다. "예전 같으면 화기를 사용했을 상황에 전기 총을 사용한다면 좋은 일이죠. 나라면 총에 맞느니 전기 충격을 받는 게 낫겠거든요." 법의학 심리학자인 조엘 드보스킨 Joel Dvoskin이 말했다. 그는 정신 병원을 설계하고 정신적 위기를 다루는 사람들을 교육하는 일을 해왔다. 나는 그에게 전화로 연락했다. "문제는 많은 경우 전기 총을 사용하기 시작하면, 예전에 치명적인 무력을 사용하던 것보다 전기 총의 사용 빈도가 훨씬 높아진다는 것입니다. 사용하기가 더 쉬우니까요."[6]

우리는 전기 총이 건강에 무슨 영향을 미치는지 여전히 알지 못한다. 전기 총에 맞을 가능성이 가장 큰 사람들은 가장 건강하지 않은 사람이며 따라서 연구에 포함될 가능성이 가장 낮고, 상황은 가장 복합적으로 발생하기에 단 하나의 사인을 예측하기가 힘들기 때문이다. 사람들이 전기 총에 맞은 뒤에 죽어도 그 인과 관계를 규정하기가 까다롭다. 로이터 통신사의 조사에 따르면, 150건 이상의 부검 보고서가 전기 총을 사망에 기여한 요인으로 들었다. 흔히 사망자들은 무기를 가지고 있지 않았으며 정신적 고통을 겪었다.[7] 술에 취하거나 약에 취하거나 중증 정신 질환에 시달리는 사람이 전기 총에 맞은 후 사망하는 많은 경우에서, 그들의 죽음은 '흥분 섬망excited delirium'에서 기인한다고 여겨진다. 이는 대부분의 의사 협회에서 인정하지 않는 의학적 상태이지만 사인 조사에 계속 등장한다.

자살하고 싶어 하는 사람을 고통스러운 전기 충격으로 옴짝달싹 못 하게 하는 것이 좋은 생각인지는 누구에게 물어보느냐에 달려 있다. 당신이 그들의 목숨을 구하고 있을 수 있다. 그들이 뛰어내리겠다고 협박하던 지붕에서 발을 헛디뎌 떨어지거나 그들이 목을 긋겠다고 위협하던 칼을 쥐고 목을 긋는다면, 당신이 하고 있는 것은 구조와 거리가 멀다. 혹은 내 생각에 당신은 그저 그들이 다시는 경찰에게 전화하지 못하게 하거나 그들이 다시는 누구에게도 자살 충동을 느낀다고 말하지 못하게 하려는 것일 가능성이 높다.

"(오직 자기 자신에게만 위협적인 이들에게 전기 총을 쏘는 것을 두고) 사람들은 비인간적이라고 말합니다." 멤피스 경찰서 총경이며 위기개입팀을 관장하는 빈센트 비즐리Vincent Beasley가 말했다. 그는 나와 전화로 이야기를 나눴다. "그것이 정말로 비인간적일까요, 아니면 자기 머리를 날려버리려는 사람을 내가 그저 가만히 앉아서 지켜보기만 하는 것이 비인간적일까요?"[8]

비즐리는 어떤 선택을 해야 하는지 알고 있다. 그리고 그 선택은 스스로 목숨을 끊는 사람을 지켜보는 것이 아니다.

정신 질환 때문에 벌어지는 경찰과의 충돌을 누가 알 수 있을까? 한동안 캐나다-미국 국경 수비대가 알았다. 그들은 한때 자살 경향성을 보였다는 이유로 특정 사람들의 미국 입국을 거부했다. 많은 검토와 비판(그리고 온타리오 개인 정보 보호 감독관의 소송 제기 위협) 후, 토론토 경찰은 미국 관세 국경 보호청 담당자들이 캐나다의 경찰 데이터베이스를 열람하는 것을 차단하는 데 동의했다. 하지만 경찰은 여전히 모든 자살 관련 통화 내용을 입력하고 있다.[9]

조엘 드보스킨은 정신적 고통에 시달리는 사람에 관한 정보를 공유하는 것은 유용하지만 공유되는 정보의 범위는 엄격히 통제되어야 한다고 강조한다. "내가 응급실의 수련의이고 응급실에서 어떤 사람의 정신 상태를 평가한다고 합시다. 그 사람이 자살 충동을 느꼈다고 말했기 때문입니다. 이제 그 사람은 '저기요, 그냥 엄마한테 화가 났어요. 나는 자살하지 않을 거예요. 다 괜찮아요'라고 말하겠지요. 하지만 나는 경찰 데이터베이스를 들여다보다가 그 사람이 며

　　　　　　여보세요, 제가 지금 죽고 싶은데요

칠 전에 경찰관의 총을 빼앗으려고 했으나 그 경찰관이 그를 제압했고 체포하지 않았다는 내용을 읽습니다. 그러면 내 평가가 갑자기 달라질 거예요."

그렇다면 경찰을 부르는 것 대신 무엇을 할 수 있을까? 수전 스테판은 매사추세츠의 지역 사회 위기 모델을 본보기로 제시한다. 누군가가 자살 충동을 느낄 때 경찰이 아니라 사회복지사와 정신건강 전문가가 집으로 찾아가기 때문이다. 연중무휴로 항시 대기 중인 지역 사회 정신의학 위기 대응팀을 갖춘 매사추세츠는 "사회 복지 사업이라는 측면에서 기본적으로 미국의 발할라*"이다. 하지만 그런 곳에도 위기 대응팀의 수는 한정돼 있다. 미국에는 응급실 이송 및 정신 감정을 받기 위해 시끄러운 복도의 형광등 불빛 아래에서 몇 시간씩 기다려야 하는 방식의 대안으로, 지정된 위기 병상을 갖춘 센터가 있다. 하지만 구급차가 환자를 그 센터로 이송하는 일은 극히 드물다고 스테판이 말한다. 대신에 그런 병상은 대개 퇴원 환자를 위한 '스텝 다운' 프로그램 사용된다.

스테판은 '회복 학습 센터'의 지지자이기도 하다. 이것은 누군가가 당신의 자살 경향성과 자살 기도에 대해 듣고 질겁할까 두려워할 필요 없이 편하게 들어가서 말할 수 있는 지원 센터이며, 직접 정신건강 문제를 겪은 사람들이 운영한다. 전염 이론을 믿는 사람들은 이런 센터가 아주 위험한 폭탄이 될 수 있다고 볼 것이다. 죽고 싶은 사람들끼리 모여서 죽고 싶은 심정에 대해 서로 이야기한다고? 이쯤

◆ 북유럽 신화에 나오는 궁전.

되면 자살 방법을 주고받는 사람들의 온라인 게시판이 머리에 퍼뜩 떠오를 것이다. 하지만 그녀는 이 센터가 서로 자기 소멸을 부추기는 장소가 아니라고 장담한다. "대부분의 사람들은 외로움과 고립감을 엄청나게 느끼고 자기가 겪고 있는 괴로움에 대해 말할 수 없다고 생각합니다. 이럴 때, '세상에, 나만 그런 것이 아니네. 내가 지독하게 미친 게 아니구나'라고 말하면 정말로 득이 됩니다."

당신이 정신적 혹은 정서적 울화통을 터뜨리고 있을 때 경찰을 부르는 것이 악몽이 될 필요는 없다. 가장 자주 언급되는 모델은 위기개입팀이다. 멤피스에서 개척한 위기개입팀 모델은 비통한 폭력 행위를 계기로 창설되었다. 1987년 9월 조지프 로빈슨은 멤피스 경찰이 쏜 총에 맞아 죽었다. 스물일곱 살인 이 흑인 남성은 칼로 자신을 찌르고 있었다. 그의 엄마는 아들이 자살할까 봐 두려워 경찰을 불렀다. 경찰에 의한 그의 사망 후 대중의 분노가 들끓자 대책위원회가 만들어졌다. 전혀 드문 일이 아니다. 하지만 이 대책 위원회는 대륙 전역의 수천 관할서에서 따르게 될 가치가 있는 결과물을 만들어냈다.

지금까지는 위기개입팀이 최선의 방안이다. 이들은 정신 질환에 시달리는 사람들을 상대하는 훈련을 40시간 받으며, 매년 8시간의 추가 훈련을 받는다.

그 결과 성과를 얻을 수 있었다. 빈센트 비즐리 총경은 위기 개입팀이 마련된 이후로 30년 동안 정신 질환자들과 대화하는 과정에서 경찰관이 부상당하는 경우가 90퍼센트 감소하고, 민간인 부상은 75퍼센트 감소했다고 말했다. 멤피스 경찰이 2016년에 받은 1만 8,435건의 정신 질환 관련 전화 중 약 3.4퍼센트만 체포로 끝났다 (그래도 교도 시설에 들어간 정신 질환자가 여전히 600명 이상이다). 그리고 그중 약 30퍼센트가 나중에는 병원 같은 의료 시설로 옮겨졌다. 대체로 경찰관은 누군가를 시설이나 기관으로 끌고 가지 않고도 상황을 점차 완화할 수 있으며 상황을 악화시킨 요인을 다룰 수 있다. 그 사람이 감정을 터뜨리도록 두거나, 햄버거 하나나 담배 한 개비로 구슬리거나, 극복 방법을 가족에게 가르치는 등의 방법을 사용한다.

전화에 대응하는 멤피스 경찰관 중 약 4분의 1이 위기 개입 훈련을 받았다. 각 지구에 적어도 한 명의 경찰관이 항상 대기하고 있다. 비즐리는 이들이 현장에 가장 먼저 도착하는 것이 핵심이라고 말한다. "어떤 상황이든 처음 몇 분이 가장 중요합니다. 만약 이 사람이 정신 질환으로 고통받고 있다는 점을 이해하지 못하는 경찰관을 현장에 보낸다면, 내가 도착하기 전에 그들이 엄청난 피해를 입힐 수 있습니다." 여전히 많은 관할 구역에서, 기존 경찰관이 도착해서 상황을 평가한 후 위기 개입 훈련을 받은 동료를 부른다. 혹은 특정 시간대에만 그들을 부를 수 있거나, 전 도시에 위기개입팀이 단 하나뿐인 경우도 있다.

비즐리는 자신의 부족함을 몸소 느꼈기 때문에 25년 전에 위기 개입 훈련을 받았다.

"내가 일하는 분야에 정신 질환으로 고통받던 사람들이 상당수 있었습니다. 그래서 나는 '이봐, 어차피 나는 이런 전화를 받고 있잖

아. 그런 사람들에게 더 잘 봉사하기 위해 이것을 배우지그래?'라고 생각했습니다."

그가 자살 직전에 있는 사람들에 대해 무엇을 배웠을까?

"그들은 연약합니다. 그리고 그들은 자살하고 싶어 하지만, 자살하고 싶어 하지 않죠……. 우리는 그저 그들과 이야기할 기회를 원합니다."

비즐리의 조카 자크가 자살했을 때 그는 이 훈련의 필요성을 확실히 인식했다. 조카는 스물네 살이었다. "자크는 할머니의 사랑을 듬뿍 받는 손자였고, 대단한 아이였습니다. 정말로요. 그냥 하는 말이 아닙니다. 자크는 다섯 살 때 마틴 루서 킹 목사에 대한 48페이지짜리 책의 모든 페이지를 외웠지요. 그리고 멤피스 시내에 있는 모든 유치원을 돌았어요. 다들 믿지 못할 일이었으니까요."

하지만 자크가 대학에 다닐 때 그를 키운 할머니가 돌아가셨다. 그리고 모든 것이 무너져 내리기 시작했다. "나는 알아차렸지만, 제대로 알아차리지는 못했습니다." 비즐리가 말한다. 그는 조카에게 괜찮으냐고 물었고 자크가 그렇다고 대답하자 더 이상 귀찮게 하지 않았다.

"자크는 나에게 가르침을 줬습니다. 아니라는 대답을 그대로 받아들이면 안 된다는 것을요……. 나는 정신 질환으로 고통받는 다른 사람들에게 본 것과 똑같은 점을 자크에게 봤습니다. 하지만 나는 그걸 제대로 보고 싶지 않았습니다. 그 아이가 내 조카였으니까요."

북미의 거의 모든 도시 경찰은 위기개입팀의 원칙을 어느 정도 실행해봤거나 훑어봤다고 주장할 것이다. 하지만 그들이 얼마나 잘하

여보세요, 제가 지금 죽고 싶은데요

는지 혹은 효과적으로 대응하는지 혹은 인정이 많은지는 개인마다 엄청난 차이가 있다. 몇 년 전, 나는 토론토 경찰서 훈련 센터를 방문해서 단계적 완화 역할극을 지켜봤다. 전기 총으로 무장한 경찰관들이 칼을 들고 탁자 앞에 앉아 자살하겠다고 위협하는 남자를 대화로 진정시키는 역할극이었다. 그 시나리오에서 그들은 성공했다. 남자가 플라스틱 칼을 넘겨줬고 그들은 아파트처럼 꾸민 장소에서 나갔다. 센터의 강의실들은 자살하겠다고 위협하는 사람들을 설득하는 방법을 손으로 쓴 설명으로 장식돼 있었다. 부드럽게 말한다. 공격적이지 않은 질문을 한다. 상대방이 한 이야기를 효과적인 방식으로 그 사람에게 그대로 말한다.

하지만 자신의 목에 겨누고 있던 칼을 내려놓은 여성에게 전기 총을 쏜 것도 경찰이다. 정신 질환을 가진 남성이 망치를 들고 아파트 현관에 서 있다가 안으로 들어간 지 120초 만에 총을 쏴 죽인 것도 경찰이다. 환자복 차림으로 가위를 들고 길 한복판에 서 있던 남성을 총으로 쏴 죽인 것도 경찰이다. 위기의 순간에 사람들이 항상 훈련 시나리오대로 행동하지는 않는다. 내가 정신 질환을 가진 사람을 최전선에서 상대하는 토론토 경찰관들과 이야기했을 때 그들은 위기에 처한 사람들과 수천 번을 대면하면 그중 압도적으로 많은 경우 순조롭게 진행된다고 강조했다.[10] 그리고 그들의 말이 옳다. 적어도 대부분의 대화가 죽음으로 끝나지 않는다.

하지만 그것으로 충분할까? 알로크 무커지Alok Mukherje는 그렇게 생각하지 않는다. 토론토 경찰 감시 위원회의 전 위원장인 무커지는 동정심 및 다른 사람들과 협력하는 개인적 능력에 중점을 두고 "악당들을 잡고 싶어서 왔다고 말하는 사람들을 적게, 사람들을 돕고 싶어서 치안 유지 활동을 하겠다고 말하는 사람을 더 많이" 뽑는 경찰 채용에 찬성론을 펴왔다.

위기 개입 훈련에서 경찰관들은 천천히 진행하라고 배운다. 하지만 법의학 심리학자 조엘 드보스킨에 따르면 "경찰관들은 천천히가 아니라 빨리 진행하도록" 훈련받는다. "경찰이 받는 모든 훈련(위엄 있는 목소리로 말한다, 질문하지 않는다, 명령한다) 중 어느 것도 자살 충동을 느끼는 사람에게 도움이 되지 않습니다. 따라서 자살 기도자를 만나면 그들은 배운 것 중 일부를 일부러 잊어버려야 합니다."

그는 가장 심각한 자살 기도 상황을 저지할 때는 두 가지 요소가 중요하다고 판단한다. 선택과 시간이다. 견딜 수 없는 고통에서 탈출하려는 자살이라면, 대안이 되는 탈출구를 찾는다. 순간적이고 피상적인 것이라도 도움이 될 수 있다. 그리고 시간을 끈다. 가장 난폭한 자멸적 충동이 아주 약간이라도 약해지기를 기대하며 지연 전술을 쓴다.

드보스킨은 "그들을 한동안 살아 있게 한다면, 때때로 그들의 자연스러운 방어력이 효과를 나타내기 시작해서 다른 해결책을 찾기 시작합니다"라고 말한다. 아무도 죽지 않는다면 성공이다.

여보세요, 제가 지금 죽고 싶은데요

25

자살 욕구에 관한
대화에 임하는 자세

암을 치료하거나 에이즈 백신을 개발거나 세계 기아를 뿌리 뽑거나 난민 문제를 해결하기 위해 노력하면서, 정작 해결하려는 문제에 대해 언급하지 않는다는 것이 상상이 되는가? 바로 그것이 오랫동안 우리가 자살에 접근하는 방법이었다. 자살 예방을 직업으로 삼는 사람조차 자살이라는 말을 입에 담기를 꺼림칙해할 정도이다.

자살에 대해 이야기하는 행위가 자살 행위를 부추길까 두려워 우리는 자살 욕구에 대해 누군가에게 말하는 것을 피하도록 수십 년 동안 길들었다.

전문가와 비전문가를 막론하고 많은 사람들의 본능적인 반응은 자살을 말리는 것이다. 애원하고, 간청하고, 타이른다. "그러지 마!" 타당한 반응이다. 그리고 어떤 이들은 사람들이 그들을 소중히 여기고 그들이 살기를 바란다는 말을 듣고 싶어 하거나 적어도 그런 사실에서 위안을 찾는다. "네가 살아 있어서 기뻐" 혹은 "네가 있어서 세상이 더 좋아졌어"는 "그놈의 자살 타령 좀 그만해!"보다 훨씬 나은 표현이다. 하지만 누군가의 자살 기도 혹은 자살하고 싶다는 고백에 대한 당신의 첫 반응이 "나쁜 짓이야!"라는 말이라면 분명 그 사람은 당신이나 다른 사람에게 그 이야기를 다시는 꺼내지 않을 것이다. 아무리 자살 충동이 강한 사람이라도 자신의 빌어먹을 절망에 대해 훈계를 듣고 싶어 하지는 않는다. "가족 구성원들은 하루 종일 그럴 것입니다. (……) 가족은 가족이니까요. 하지만 의사는 가족과 달라야 합니다." 미국가톨릭대학교의 심리학 교수 데이비드 A. 좁스David A. Jobes가 말했다. 아끼는 사람에게 "자살하지 마!"라고 하는 것은 타당한 정서 반응이다. 그러나 의사는 두려움이나 감정에 따라 반응하면 안 된다. "날씨에 대한 이야기는 하지 않습니다. 당신이 세상에 존재하는 이유가 있고, 그 이유는 지극히 중요합니다. 그 이유를 살펴봅시다. 이런 이야기를 하는 겁니다."[1]

누가 자살했는지 알아내는 우리의 능력은 영 형편없지만, 누가 자살할 위험이 있는지 알아내는 능력은 더욱 형편없다. 나는 강제로 갇혀 있는 것을 지독하게 싫어했던 만큼, 그 추측의 고통스러운 속성을 이해한다. 그녀가 이 병원에서 의기양양하게 나가서 자살을 할까? 2016년 연구에 따르면, 위니펙의 여러 응급실에서 자살 기도를 평가하는 의사들은 누가 다시 자살을 시도할지 예측하는 것에 터무니없이 서툴렀다. 경험은 도움이 됐고, 표준화된 평가 도구는 도움이 되지 않았다.

직감대로 판단하는 의사들은 그럴싸한 척도를 사용하는 임상의들보다 차후의 자살 기도를 10퍼센트 더 정확하게 예측했다. 진료 경험이 더 많은 의사들이 재시도 위험을 더 잘 추정했다. 하지만 차

여보세요, 제가 지금 죽고 싶은데요

이가 크지는 않았다.2

이 연구 논문의 공동 저자인 윤챠오 왕Yunqiao Wang은 적중률이 낮으리라고 예상했다. 임상 심리학자인 그녀는 위험 평가가 얼마나 힘든지 직접 경험해왔다. 하지만 그녀는 적중률이 그렇게까지 낮을 것이라고는 생각하지 않았다고 전화 통화에서 나에게 말했다.3 그녀는 퇴원을 하고 나서 24시간도 지나지 않아 자살한 사람들의 무서운 이야기를 안다. 그들을 조금 더 병원에 입원시키고 조금 더 철저하게 평가했다면 결과가 달라졌을 것이다. "그저 '검사하고, 다시 검사하고, 또 검사하고 환자가 기준에 맞으면 퇴원시키는' 방식으로는 부족합니다."

예언 게임을 더욱 복잡하게 하는 것은 '자살을 수단으로 사용'하는 사람들이다. 말하자면 극적인 도움 요청인 것이다. 정신과 병동에 입원했을 때 옆 방에 그런 사람들이 몇 명 있었다. 일부는 계속 살아야 한다는 책임을 잠시 내려놓아야 해서 제 발로 들어왔다. 특히 장기 입원 병동에 있는 다른 사람들은 아예 갈 곳이 없거나 그곳이 제일 나았기 때문에 주기적으로 반복해서 들어왔다. 왕은 이런 사람들의 심리를 이해하지만 답답해한다. "위기 개입 관리는 호텔 숙박이 아닙니다."

미국의 가장 저명한 정신과 의사이자 인지 치료의 창시자인 아론 벡Aaron Beck은 자살 위험 인자를 채점표로 만들었다. 자살 기도의 심각성(정말로 그 시도가 당신을 죽일 것이라고 생각했는가? 정말로 그 시도가 당신을 죽이기를 바랐는가?), 사전 계획의 단계(신변 정리를 했는가? 유서를 남겼는가?), 다른 사람들이 개입하지 못하게 하는 노력의 단계(혼자였고, 문을 잠갔고, 아무도 당신의 부재를 알아차리지 못하도록 잠시 기다렸는가? 누군가에게 말했는가?).⁴ "매우 복잡한 변수들을 고려해야 합니다. 하지만 여전히 100퍼센트 들어맞지는 않습니다." 중독 및 정신건강 센터의 폴 커디악이 말했다.⁵

그의 말을 믿어도 좋다. 그는 직접 경험했다. 30대 중반에서 40대 초반 나이였던 환자가 하는 말을 들으니 이제 퇴원시켜도 되겠다는 생각이 들었다. 그래서 그는 그녀를 퇴원시켰다. 그리고 그녀는 몇 시간 뒤 자살했다. "다행히 그런 일은 극히 드뭅니다. 그래도 엄청나게 충격적이죠." 자신의 판단이 얼마나 불확실하고 얼마나 잠재적으로 치명적인지 알면서도 퇴원 결정을 내려야 하는 것은 정신과 의사에게 잔인한 일이다. "그래서 나는 얼마나 지금 하는 일을 아주 겸손한 자세로 대합니다."

토론토의 가정의인 자비드 알루는 자살 충동을 느끼는 환자들이 다음 예약일 전에 자살할 가능성을 검토하는 난제에 부딪칠 때, 그들이 자살을 계획하고 있는지 묻지만 그것만으로는 부족하다는 것을 안다. "그들이 관심거리를 가지고 있다면, 그들이 삶에 애착을 느낀다면, 어떤 식으로든 희망을 느낀다면, 나는 조금 더 안심합니다."⁶ 그리고 그는 비언어적인 단서를 살핀다. 답변의 일관성처럼 보다 명백한 단서가 있는가 하면 내가 생각도 못 해본 미세한 단서도 있다. 후자는 이런 식이다. 그들의 발이 어떤 방향을 향하고 있는가? 그들이 질문에 반응하는 방식이 평소와 다른가?

그의 오랜 환자 중 한 명은 만성적이고 심신을 쇠약하게 하는 비정신 질환을 앓고 있었는데 약물 과다 복용으로 응급실에 실려 갔다.

여보세요, 제가 지금 죽고 싶은데요

그는 그 환자가 응급실 직원에게 사고였다고 말했을 때 그것이 허튼 소리라는 것을 알았다. "나는 그녀가 고의로 약을 과용했다고 생각했습니다. 그녀는 실수를 할 사람이 아니거든요." 그녀가 그다음 진료를 받으러 와서 그의 건너편에 앉았을 때, 그는 미적거리지 않았다.

"'그래서, 왜 그랬습니까?' 일부러 도발하는 질문이었습니다. 그녀는 내 시선을 피하면서 그럴듯한 대답을 궁리하기 시작했습니다. 나는 '알고 있습니다. 그러니까 왜 그랬는지 그냥 말해봐요'라고 말했습니다. 그러자 그녀가 말했습니다. '그래야 내가 슬프지 않을 테니까요.'"

그래서 우울증 치료를 시작했고, 그녀는 포기하지 않고 치료를 잘 따라왔다. 그의 대담한 질문이 그들의 의사-환자 관계를 보다 개방적으로 만들었다. "나는 그 질문을 하는 것보다 하지 않는 것이 더 무서웠습니다."

물론 미래의 어느 시점에 누군가가 자살 기도를 해서 죽을 가능성이 있는지 알아낼 수 있는 생체 지표나 신경 검사가 생긴다면 훨씬 수월할 것이다. "순환기내과에는 심전도 검사, 스트레스 검사 등 심장병으로 죽을 가능성을 파악하는 여러 방법이 있습니다. 뇌 질환 분야에도 그와 같은 검사가 있어야 합니다. 내 앞에 있는 이 사람이, 우울증을 앓고 있고 사실상 우울증으로 죽어가고 있는 이 사람이, 미래의 자살을 향해 가는 도중에 있는지 알아내는 검사가 필요합니다." 국립 정신 보건원의 세라 리산비가 지적했다.7

나에게는 상상 속에나 나올 법한 이야기, 혹은 적어도 먼 미래의 이야기처럼 들린다. 하지만 미국 정신의학회의 전 회장인 마리아 오켄도는 정말로 가능한 일이라고 생각한다. 그녀는 자살 기도자 중 일부는 스트레스를 받을 때 과도한 양의 코르티솔 호르몬을 분비하며, 그것을 침으로 검사할 수 있다고 말한다. 하지만 평범한 코르티솔 스트레스 반응(지각을 하거나 준비가 되지 않았거나 그 외에 어떤 식으로든 스트레스가 쌓이는 경우)을 지나치게 과도한 스트레스 반응과 분리할 수 있다고 해도, 그 검사를 모든 사람에게 적용하지 못할 것이다. 어떤 사람들의 죽고 싶은 욕구는 비정상적인 세로토닌 시스템과 수용체의 이상과 관련 있을 수 있다. 이는 현재로서는 검사하기가 어려운 영역이지만, 그녀는 10년 내에 상황이 바뀔 것이라고 확신한다.[8]

한편 한 무리의 연구자들이 사람의 기능성 자기 공명 영상에서 신경 계통의 특징을 읽을 수 있는 기계 학습 알고리즘을 만들었다고 2017년에 발표했다. 이 알고리즘은 혈류의 변화를 추적해서 뇌 활동을 측정한다. 그 결과 자살에 대해 생각하는 사람과 그렇지 않은 사람을 구별할 수 있을 뿐만 아니라 실제로 자살을 시도한 사람과 그저 자살에 대해 생각만 한 사람도 구별할 수 있다.[9] 아주 초현대적이고 멋있는 소리다 싶지만, 그런 장치로 인해 자유가 침해될 수 있는 사람으로서 나는 영 미심쩍다. 무엇보다도 여전히 이 장치는 항상 자살에 대해서 생각만 하는 사람과 비교해서 당장이라도 자살할 사람이 누구인지 알려주지는 못할 것이다. 이 장치가 그런 정보를 알려줄 수 있다면, 과거의 행동과 현재의 관념을 바탕으로 나에게 특별한 표시를 할 것이 분명하다. 그렇지만 나는 지금 당장 자살할 생각은 없으며 그런 스캔의 결과로 강제로 입원하는 것에 결단코 반대할 것이다.

죽고 싶어 하는 사람을 대하는 방법에 관한 한, 우리는 무엇이 효과가 있고 무엇이 효과가 없는지 보다 잘 안다. 대체로 그들이 죽고 싶어 하는 이유에 대해 이야기를 나누고 그 이유를 죽음 외의 방법으로 해결하도록 돕는 식으로 이루어진다. 이런 방식이 빤한 소리처럼 들리겠지만, 의사들이(그리고 거의 모든 사람들이) 현재 자살 경향성에 접근하는 방식은 이와 완전히 다르다.

"일반적으로 자살은 의사를 포함한 모든 사람을 불편하게 만듭니다." 메닝거 클리닉의 전 선임 심리학자인 톰 엘리스Tom Ellis가 말했다. "그래서 양측 모두가 화제를 바꾸는 것에 감정적으로 강하게 끌리지요. '당신의 가족에 대해 이야기해봅시다. 당신의 직업에 대해 이야기해봅시다. 당신 삶의 다양한 측면에 대해 이야기해봅시다. 하지만 죽고 싶은 마음 같은 화제는 피합시다.'"10 이 전략은 큰 효과가 없다. 그래서 그는 자살 경향성을 직접 공략하려고 노력한다. "우선순위를 정해야 합니다. 이 사람이 살아가도록 돕는 것이 무엇보다도 중요하지요. 그러기 위해서 우리는 어떤 요인이 작용하는지 제대로 이해해야 합니다." 그는 환자들과 함께 앉아서 무엇이 그들의 절망과 죽고 싶은 마음을 부채질하는지 적는다. "아주 아주 구체적이고 대단히 솔직한 내용들이지요."

대체로 사람들은 무엇이 자신의 도화선인지 알지만, 알든 모르든 치료사는 환자들이 확실히 이해할 때까지 그들과 이야기를 나눌 것이며 그들이 아직 자신에게조차 말로 표현하지 않은 요인을 제시할 수도 있다. 이어서 그는 그들과 안전 계획을 짜서 적는다. "이를테면 이런 질문을 합니다. '자, 한번 생각해봅시다. 무엇이 당신이 자살하기 직전이라는 경고를 보냅니까? 당신이 상담에서 배운 내용 중 직접 적용할 수 있는 것은 무엇입니까?'"

하지만 단기 개입으로는 오랫동안 앓아온 만성 질환을 완화시키지 못한다는 증거가 있다. 일주일은 누군가가 삶이 살 가치가 있다고 느끼게 만들기에는 부족하다. 톰 엘리스가 실시한 연구의 검사 집단과 대조 집단 모두에서 중증 환자들이 그랬듯이, 결국 그들은 몇 달 뒤 자살을 기도하고 죽음에 이를 것이다. 나는 일정 기간의 안정기 후 이전보다 더 심한 절망의 구렁텅이에 빠진 사람들과 이야기를 나눴다. 그들이 그렇게 된 이유는 희망과 절망의 차이를 다시 겪고 나니 절망이 훨씬 더 극심하게 느껴졌고, 절망에서 탈출해야 한다는 절박감을 외면하기가 훨씬 더 힘들어졌기 때문이다.

미국가톨릭대학교의 심리학 교수 데이비드 A. 좁스는 사실 그렇게 집중적인 입원 치료가 필요 없다고 말한다. 그는 '자살 경향성 공동 평가 및 관리'라는 치료 모델을 만들었다. 이 모델은 일반의의 진료실처럼 비전문적 외래 치료 환경에서 사용될 수 있다. 그는 죽고 싶을 정도로 절망적인 이유에 대해 환자와 직접 말하는 방식이 막대한 의료 시스템 비용을 절감하게 해줄 것이라고 주장한다. "우리는 이 방식을 동인 밝히기라고 부릅니다. (……) 우리는 환자에게 '목숨을 끊어야 한다고 느끼게 만드는 것이 무엇인가요?'라고 묻습니다."

하지만 잘못된 방식으로 질문한다면, 누군가가 자살에 대해 생각하고 있는지 묻는 것만으로는 부족하다.

잘못된 방식은 이렇다. "자살에 대해 생각하고 있지 않죠, 맞죠?"

여보세요, 제가 지금 죽고 싶은데요

이는 "아무 가치 없는 대답으로 이어진다"라고 헨리포드 헬스 시스템 정신 질환 연구 책임자인 브라이언 아메다니가 말했다. "그런 식의 질문은 '나는 당신이 아니라고 말하기를 바란다'는 뜻입니다. 그리고 더 멀리 보면 '설사 당신이 자살에 대해 생각하고 있다 해도 나는 알고 싶지 않다'라고 환자에게 말하는 셈입니다. 생각해보십시오. 의사가 그렇게 질문하는 마당에 누가 사실은 그런 생각을 하고 있다고, 그런 문제를 가지고 있다고 터놓고 말하겠습니까?"[11]

그렇다. 자살은 두렵다. 하지만 괜찮다. 환자에게 질문하는 방법을 하나하나 의사들에게 보여주는 자료들이 있다. 그중 하나가 환자 건강 질문지(PHQ-9)인데 아홉 개 질문 옆의 네모 칸에 체크만 하면 된다.[12] (하지만 나는 자살 관련 질문이 지독하게 모호하다는 점을 꼭 짚고 넘어가야겠다. "지난 2주 동안, 당신은 여러 면에서 차라리 죽는 것이 혹은 자해를 하는 것이 낫겠다는 생각에 얼마나 자주 시달렸습니까?" 언뜻 보면 죽는 것이 낫겠다는 생각에 시달렸는지, 혹은 그보다 자해를 하는 것이 낫겠다는 생각에 시달렸는지 묻는 것 같다. 모든 기자는 선택의 문문이 골칫거리라는 것을 안다. 인터뷰 대상자는 무엇이든 대답하기 쉬운 쪽을 골라 답할 것이다. 이 경우에 나는 대답하기 더 쉬운 답으로 자해를 고를 것이다. 게다가 죽는 것이 낫다는 생각은 자살하고 싶다는 생각이나 그것을 실행하고자 하는 생각과 같지 않다. 나는 후자의 두 가지가 훨씬 더 능동적이고 훨씬 더 치명적이라고 생각한다.)

나는 의사들이 다양하게 변형한 자살 질문을 많이 들어봤다. "살 가치가 없는 삶이라고 생각했나요?"는 정신과 의사가 "생을 마감하는 것에 대해 생각했나요?"와 더불어 좋아하는 질문들 중 하나였다.

다른 정신과 의사는 "안전하다고 느끼나요?"라는 질문을 좋아했는데, 밤에 자전거를 타고 나가기 전 스스로에게 묻거나 2019년에 미국에서 살고 있는 이슬람교도 친구에게 물을 법한 질문처럼 들린다. 나는 성향상 공감이 담긴 투박한 질문이 마음에 든다. "자살에 대해 생각했나요?" 이 질문에 대해 아니라고 대답하면, "지난 X일/X주 동안 조금이라고 죽고 싶었나요?"라고 묻는다.

물론 자살은 이야기하기에 불편한 주제이다. 하지만 이야기하지 않기에는 잃을 것들이 너무 많다.

죽고 싶다는 것이 병적인 특징이 아니라 이성적 결정처럼 보이는 때가 있다. 충분한 권리가 있는 선택지처럼 보인다는 말이다. 하지만 이는 죽음을 선택지로 용인할 정도로 괴롭다고 사회가 인정하는 고통에 한한 것이며, 여기에 정신 질환으로 유발된 고통은 포함되지 않는다. 미국의 일부 주와 캐나다에서, 당신이 말기 암 환자라면 의사는 합법적으로 당신이 죽도록 도울 수 있다. 하지만 정신 질환이 당신의 삶을 망가뜨린다고 해서 당신이 죽도록 도와줄 수는 없다. 이런 상황이 바뀔 수는 있다(정신 질환자에 대한 안락사 금지에 반대하는 소송이 제기될 수도 있다). 그 상황이 어떻게 변할지, 정신 질환으로 생각이 왜곡되어 생긴 자살 욕구와 정신 질환으로 삶의 질이 떨어져 합리적으로 결정한 자살 욕구를 의사가 어떻게 구별할지를 논하는 것은 이 책의 역할이 아니다. 반드시 사회가 답해야 하는 질문이 있다. 왜 미친 사람의 고통은 미치지 않은 사람의 고통보다 덜 중요할까?

아메다니는 자살 충동을 다루지 않은 채 심한 우울증을 치료하는 것에 대해 "심근 경색을 살을 빼야 한다는 말로 치료하는 것과 마찬가지입니다"라고 말한다. "의사가 체중 감량만 지시하고…… 콜레스테롤 수치를 내리는 약의 복용을 병행하지 않거나 니트로글리세린을 주지 않거나 다른 형태의 개입을 하지 않는다면…… 효과가 없을 것입니다."

"환자가 자살할 것인가?"와 "환자가 자살하거나 무기한으로 보호 시설에 보내지기 전에 응급실을 수십 번 들락날락할 것인가?"와 같은 질문에 대한 평가자의 답을 대폭 긍정적으로 만들기 위해 행동 방식을 바꾸는 것이 당신의 성격에 맞지 않는다면, 효과를 볼 수 있는 몇 가지 기본적인 다른 방법이 있다.

우선 한 가지는 바보 같은 '자살 금지 계약'으로 자살을 멈추는 것이다. 맞다. 진짜로 이런 계약이 있다. 병으로 인해 반복적으로 하게 되는 자살 기도를 중단하겠다고 적힌 서류에 환자가 서명하게 하는 것이다. 이는 암을 앓는 사람에게 세포가 무질서하고 제어할 수 없는 방식으로 증식하는 것을 중단시키라고 말하는 만큼이나 효과가 없다. 일부 보호 시설이 이런 종류의 계약을 시행하는 이유는 법적 책임의 관점에서 보다 안심이 되기 때문이다. 환자에게 자살하지 않겠다는 약속을 받아냈기 때문에 환자가 자살한다고 해도 고소를 당할 가능성이 적다고 여기는 것이다. 스포일러: 변명으로 발뺌하려는 이 책략으로는 빠져나갈 수 없다. 환자가 위험을 스스로 초래한다는 사실을 당신이 알았거나 알았어야 한다는 것을 누군가가 증명한다면, 당신은 소송에 걸릴 수 있다. 특히 미국에서는 더욱 그렇다. 또한 자살을 시도하면 혼난다는 느낌을 의사가 주면 자살 충동을 느끼는 환자와 그 의사 사이의 신뢰가 무너질 수 있다. 법적인 구속력은 없는 계약서지만, 계약 위반으로 몰릴지 모른다는 생각에 마음을 터놓지 못할 것이 확실하다. "환자들은 계약서가 그저 종이 쪼가리이고 거기에 서명한다고 해서 그들이 절망적인 상태라는 사실을 바꾸지 못한다는 것을 압니다." 톰 엘리스가 말했다. "계약서가 표면상 너무 무해해 보여서, 그런 의도로 정착됐다는 것이 상상하기가 힘듭니다."

이 모든 것이 당연하게 들린다면, 당신은 지난 반세기 동안 대중문화에서 요란하게 떠들던 자해 권위자라는 사람들과 이야기를 안해본 것이다. 자살에 대해 언급하는 것만으로도 환자들을 불안해하는 레밍들◆처럼 벼랑에서 뛰어내리게 한다고 생각하는 사람들 말이다. 이런 불쾌한 생각은 전염 이론과 밀접하게 연결돼 있다. 전염 이론은 스스로 초래한 죽음이라는 개념에 노출되면 예전에 자살을 고려하지 않던 사람들까지 자살을 하게 된다는 것이다. 자살을 언급하거나 알리는 것이 외부의 영향을 쉽게 받는 사람들(특히 어린이와 청소년)을 자살로 이끈다는 생각은 수십 년 동안 정설이었다. 흔히 말하는 '베르테르 효과'다. 괴테의 18세기 소설 『젊은 베르테르의 슬픔』에서 따온 이름으로, 이 소설에 나온 주인공의 자살은 유럽 전역에서 수많은 모방 자살 열풍을 일으켰다. 학계 연구자들조차 많은 자

◆ 먹이를 찾아 집단으로 이동해 다니다가 한꺼번에 죽기도 하는 나그네쥐. 맹목적으로 다른 사람을 따라 하는 집단적 편승효과를 레밍 신드롬이라고 한다.

살을 낳을 것이라는 두려움 때문에 자살 충동을 느끼는 사람에게 자살 충동을 느끼는지 이야기하는 것에 질겁하는 윤리 위원회와 부딪쳐야 했다. 톰 엘리스가 나에게 말했다. "이는 흔히 하는 걱정이죠. 하지만 그런 일은 일어나지 않습니다." 그는 사실 사람들은 마음을 온통 사로잡은 문제에 대해 이야기할 수 있으면 안심하는 경향이 있다고 주장한다. (그렇다. 나는 이 말이 사실이라고 장담한다.) "어쨌든 그것은 그들의 마음입니다. 우리가 마음대로 날조할 수 있는 것이 아닙니다."

사실 이는 복잡한 문제이다. 1988년과 1996년 사이에 수십 건의 십대 연쇄 자살 사례를 (세 명에서 열한 명 정도의 무리) 대상으로 한 2014년 연구에 따르면, 신문 기사에서 상세하게 다뤄 부각된 자살 (특히 유명인이나 십 대의 자살)은 세 명 이상의 연쇄 자살로 이어질 가능성이 크다.[13]

이 연구 내용을 읽으면서 내 머리에 처음 떠오른 생각은 이랬다. '우와, 십 대들이 신문을 읽다니!' (그리고 그것이 그들을 끔찍한 방식으로 죽이고 있다니!) 하지만 농담이 아니다. 여기에서도 인과관계를 파악하기가 어렵다. 연쇄 자살이 발생한 지역의 4분의 1에서만 지방 소식란에 첫 번째 자살 기사가 실렸다. 이는 대부분 이어지는 자살들이 사전 촉발 요인인 기사 없이 발생한다는 것을 암시한다.

또한 나는 이 연구에서 대상으로 삼은 자살 사례가 소셜 미디어와 인터넷이 유행하기 훨씬 전의 것이라는 점을 유념해야 한다고 생각한다. 이제는 신문을 보지 않더라도, 자살을 미화하고 자살 방법을 알려주는 웹사이트와 게시판을 쉽게 찾을 수 있다. 모방 자살 연구를 기획한 유행병학자 매들린 굴드가 통화에서 나에게 말했다. "소셜 미디어와 관련된 연구를 하기가 훨씬 더 어렵습니다. 많은 원인이 있고 언론이 분명히 영향을 미치지만 정신적으로 상처받기 쉬운 상태라면 그저 (자살에 대해) 듣는 것, 자살에 노출되는 것도 영향을 끼칩니다."14

뉴스 보도는 여전히 영향을 미치지만 항상 같은 방식으로 영향을 미치는 것은 아니다. 커트 코베인의 죽음 직후에는 자살이 감소했다.15 2010년과 2011년에 오타와 지역에서 유명했던 십 대 한 쌍이 자살하고 몇 주 동안 정신건강을 이유로 아동 병원 응급실에 들어온 미성년자의 숫자가 급증했다. 하지만 그들의 상태가 더 나빠지지는 않았다. 언론 보도가 정신 질환이 자살에서 어떤 역할을 하는지를 광범위하고 세심하게 다루었기에, 아이들과 그 가족들이 의료 시스템의 도움을 구하기로 했으며, 더 많은 아이들이 필요한 서비스를 받을 수 있었다.16

마리오 카펠리Mario Cappelli가 이 현상을 연구했다. "두 죽음은 더 이상 알려질 수 없을 만큼 많이 알려졌습니다. 그렇지만 자살률이 증가하지 않았습니다. 언론이 자살에 대해 이야기할 때 정신건강을 화두로 던졌습니다. 그렇죠? 그렇다면 그것은 나쁘지 않습니다."17

선정주의 보도는 항상 무책임하다. 어떤 사안을 공감하고 동정하고 전후 관계를 파악한 입장에서 보도할 수 없다면 기자로 일하면 안 된다. 자살에 대해 공개적으로 이야기하기에 무책임한 방식이 있을까? 물론이다. 값을 매기고, 미화하고, '성공한' 자살과 '실패한' 자살을 비교해서 표현하는 방식이다. 자살을 용감한 행동이라고 말하는 방식이다. 이런 허튼소리 중 어느 것도 도움이 되지 않는다. 이런 식으로 보도하지 말기 바란다. 심신을 쇠약하게 하는 장애로 인한 비극적인 죽음에 대해 열광적으로 기사를 쓰면 안 된다는 것이 상식이 돼야 한다. 그리고 모든 자살 보도 지침에 대해, 무엇이 책임감 있는 보도의 구성 요소인지 적합하고 지속적인 관심이 있어야 한다. 일부 뉴스 보도 기관은 자살 관련 기사 끝에 전화로 상담을 받을 수 있거나 그와 비슷한 도움을 구할 수 있는 연락처를 게시한다. 나는 유용하고 좋은 아이디어라고 생각하지만 그것만으로 올바른 저널리즘이라고 할 수는 없다.

매들린 굴드는 자살 충동을 문제 해결 방법이나 형편없는 상황에 대한 합리적이고 필연적인 결단으로 보지 않고, 정신 질환의 '치료 가능한 증상'으로 보는 것이 핵심이라고 믿는다. "나는 신문 1면에서 자살 기사를 절대 보고 싶지 않습니다. 그리고 전면 기사도 보고 싶지 않습니다." 여기에서 우리의 의견이 갈린다. 나는 자살 기사를 1면에 책임감 있게 게재하고, 굴드의 제안대로 미화되었거나 선정적인 삶의 결말이 아니라 치료의 실패로 표현하는 것이 가능하다고 믿는다. (또한 그녀는 1면의 기사들이 희망과 회복을 다뤄야 한다고 생각한다. 아마 우리에게는 그런 기사들이 더 많이 필요할 것이다. 하지만 나쁜 소식도 여전히 소식이다. 우리의 임무는 그것을 이해하는 것이다.)

나를 화나게 하는 것은 전염성을 걱정하며 호들갑을 떠는 주장이 사람을 어린애 취급하는 방식이다. 자살 충동은 공개 담론이나 뉴스 매체가 집착하는 일시적인 문제를 훨씬 넘어서, 그 너머 깊이 자리 잡은 절망에서 일어난다. 앤드루 솔로몬은 『한낮의 우울』에서 자살 전염을 식당을 발견하고 안으로 들어가는 굶주린 사람에 비유한다.[18] 시비를 걸려는 의도는 아니지만, 나에게는 도저히 이해가 되지 않는 비유이다. 설사 그 굶주린 사람이 식당을 보지 않았다 하더라도 굶주림은 계속되었을 것이다. 그리고 굶주림이 계속된다면 그 사람은 굶주린 배를 채워야만 한다고 생각할 것이다. 그 사람이 굶주리지 않은 척하는 것, 아무도 굶주림의 존재를 인식하지 않기만 하면 그 굶주림이 저절로 사라질 것처럼 행동하는 것은 누구에게도 득이 되지 않는다. 어떤 종류든, 보건 위기에 대해서라면 누구도 그 피해를 무시하면 상황이 저절로 나아질 것이라고 말하지 않을 것이다. 하지만 오랫동안, 바로 그것이 자살에 대한 언론의 접근법이었다.

소중한 사람의 자살로 인한 당황스러운 상실감, 가슴에 돌덩이가 꽉 걸린 느낌이 얼마나 널리 퍼져 있을까? 나는 화이자의 전화 교환원인 멋진 여성을 결코 잊지 못할 것이다. 그녀는 내가 대형 제약 회사들과 인터뷰를 하기 위해 처음 여기저기 요청 전화를 돌릴 때 응대한 사람 중 하나였다. 그녀는 요청을 거절할 게 뻔한 다른 사람에게 나를 연결해주려고 했지만, 내가 무슨 질문을 할지 그녀에게 말하자마자 멈췄다.

"그것은 정말로, 정말로, 정말로 중요하고 대단한 주제예요. 2년여 전에 자살한 친구가 있어요. 나는 늘 무슨 일이 일어난 건지 알아내고 싶었어요. 자살은 모든 사람들의 마음을 움직여요. 그래서 나는 항상 사람들이 어떤 통찰을 보여줄지 관심이 있어요. 나는 여전히 그 친구가 진심으로 자살할 의도가 아니었다고 생각하거든요. 무슨 말이냐면 그는 그저 압도됐을 거예요. 실상은 그랬을 것이라는 말이에요.

그래서 나는 당신을 담당자에게 연결해줄 거예요."

26

강제 수용

정신 병원, 정신과 병동, 정신병자 수용 시설을 상상해보라. 당신이 20세기 중후반에 북미에서 자랐다면, 영화 〈뻐꾸기 둥지 위로 날아간 새〉(1977)가 가장 먼저 머리에 떠오를 것이다. 어쩌면 〈처음 만나는 자유〉(1999)가 떠오를 수도 있다. (그 영화에서 신랄하고 매력적인 유사-반사회적 인격 장애자로 나오는 앤젤리나 졸리가 아직 무명이던 때가 기억나는가?) 정신 질환으로 감금된 경험을 바탕으로 뉴질랜드 정신 병원의 으스스한 현실을 잘 담은 재닛 프레임의 소설들이나 잡지 《라이프》의 기사 '베들럼 1946'에서 미국 정신 병원의 비인간적인 상황에 대한 묘사도 있다. 직원들에게 죽도록 맞고, 굶어 죽기 직전이고, 자원이 열악한 시설에 가득한 남자들과 여자들. 당신은 19세기 벌거벗겨지고 벽에 사슬로 묶인 채 자신들의 오물 속에서 뒹굴면서 미친 눈빛으로 중얼거리는 사람들의 19세기 목판화를 보고 충격을 받았을 수도 있다.

집단의식에 각인된 이런 이미지들은 탈시설화를 불러와 수십 년

여보세요, 제가 지금 죽고 싶은데요

동안 정신 질환자를 위한 장기 입원 시설이 집단적으로 텅 비는 현상을 일으켰다. 또한 수많은 정신 질환자들이 거리로 풀려나 필요한 치료를 받지 못한 채 지내다가 체포되고 결국 병원 대신 감옥을 가득 채우는 시설 이주화 현상도 일으켰다.

입원해야 할 정도로 병이 심각해지기 전에 치료를 받게 하기 위해, 입원 환자 치료 자원을 외래 환자 진료 자원으로 대체한다는 것이 기본 발상이었다. 당시엔 정신의학의 발전이 확실히 보장된 것처럼 보였고, 정신 질환의 전 국민적인 예방이 가능할 것처럼 보였다. 실제로는 그렇게 되지 않았다. 1960년대에 미국에서, (주 정부의 자금 지원을 받는) 정신 병원을 대폭 축소하고 (연방 정부의 자금 지원을 받는) 지역 정신건강 센터를 설립하려는 목적으로 제정된 법률은 오히려 후자보다 전자가 훨씬 많아지는 결과를 낳았다. 지역 사회 자원은 중환자들을 감당하지 못했고 이 환자들은 많은 경우에 스스로 문제를 감당해야 했다. 한편 필요한 자원이 존재하는 곳에는 병원과 외래 환자 시설 사이의 연계가 존재하지 않았다.[1]

50년 이상이 흐른 현재, 캐나다에서는 이 상황이 여전히 지속되고 있다. 그리고 이제 추가 다른 방향으로 옮겨 갔다. 미친 사람들을 사회로부터 보호할, 더 정확하게 말하면 사회를 그들로부터 보호할, 적절한 곳에 수용하는 것에 대한 사회의 거센 반감을 매도하는 분위기가 많은 의사들과 보건 전문가들 사이에서 유행했다. 이런 주장은 E. 폴러 토리E. Fuller Torrey 같은 의사들에 의해 두드러졌다. 그의 책 『미국의 정신병American Psychosis』은 시설 부족을 한탄하고, 폭력적인 정신병자들이 저지른 소름 끼치는 범죄의 일화와 통계를 열거해 주장을 뒷받침한다. (그렇다. 앞서 말한 대로 이런 사람들은 정신 질환을 가진 사람들 중 극소수이다. 사실 정신 질환을 가진 사람들은 범죄의 가해자가 아니라 피해자가 될 가능성이 훨씬 크다. 그의 책에서 인용한 내용 때문에 혼란스러워하지 말기를 바란다.)

한편 캐나다와 영국을 포함한 많은 지역에서 사람들을 강압적으로 다루는 비율이, 대부분의 환자가 자유 의지로 온타리오 정신 병원에 입원했던 10년 전보다 훨씬 높다. 자유 의지에 의한 입원이라는 말은 더 이상 현실에 맞지 않는다. 2008년과 2016년 사이에 원치 않는 입원이 82퍼센트 증가했다. 2016년 3월과 12월 사이에 한 달에 1,000명이 자신의 의사에 반하여 정신 질환 때문에 입원했다.[2] 다양한 종류의 강압적 보살핌이 있고 각각에 해당하는 사건들이 증가하고 있다.

이제 통계를 살펴보자. 우선 심호흡을 하기 바란다. 지금부터는 심호흡이 중요해질 것이다. 온타리오에서 유형 1(72시간 유치. 내가 첫 자살 기도 후 해당된 유형)로 분류된 사람들의 수가 8년 동안 62퍼센트 증가했다. 나를 강제로 2주 동안 입원시킨 유형 3으로 분류된 사람의 수는 63퍼센트 증가했고, 한 달 동안 강제로 입원시키는 유형 4에 해당하는 사람은 그 기간 동안 두 배 이상 늘었다. 환자당 입원 횟수도 상승했으며, 이는 갈수록 많은 사람들이 자신의 의사에 반하여 1년에 수차례씩 입원한다는 뜻이다. 대다수가 자신에게 위해를 가한다거나 스스로 자신을 보호할 수 없을 것으로 간주된다는 이유로 그곳에 갇혀 있다. 그들이 다른 사람들에게 위해를 가한다는 이유로 그곳에 갇혀 있는 것이 아니라는 말이다. 원치 않는 입원을

여보세요, 제가 지금 죽고 싶은데요

하는 청소년들의 수는 가파르게 증가하고 있다.3

당신의 의사에 반하여 입원했다고 해도 여전히 당신에게는 권리가 있다. 우선 한 가지를 대자면, 변호사의 도움을 받아 강제 수용에 이의를 제기할 권리가 있다. 치료를 거부할 권리도 있지만, 이 권리는 정식으로 박탈될 수 있다. 그리고 강압적인 대우를 받는 정신 질환 입원 환자의 비율도 상승해 강제 입원이 8년 동안 약 15퍼센트 증가했다. 그런데 한 영역의 강압은 다른 영역으로 스며든다. 내가 (인정하건대 비이성적인) 불안감에도 불구하고 항우울제의 복용을 시작하겠다고 동의한 부분적인 이유는 퇴원과 직장 복귀가 상당 부분 조신한 행동에, 나를 억류한 사람들에게 내가 나아지려고 진심으로 노력하고 있다는 인상을 주는 것에 달려 있음을 알았기 때문이다. 이렇게 계산되고 억압된 선택을 한 사람이 나만은 아니라는 것을 안다.

이 모든 수치들이 엄청나게 상승했다. 인간의 이동 자유권과 존엄성이 조금이라도 중요하다면 이 수치들은 중대한 문제다.

이 경향은 브리티시컬럼비아주에도 그대로 나타난다. 원치 않는 입원이 7년 동안 54퍼센트 증가했으며 정신 질환 입원 환자 중 대다수가 이 경우에 해당한다. 여기에서도 어린 여자아이들 가운데에서 가장 큰 상승폭을 보였다.4 앨버타주, 서스캐처원주, 매니토바주, 노바스코샤주에서도 마찬가지이다. 영국에서도 같은 경향을 보여, 강제 입원이 20년 동안 64퍼센트 증가했다.5 독일, 프랑스, 오스트리아, 핀란드에서도 마찬가지이다.6

강제가 증가하는 가운데 차별도 생겨난다. 원치 않게 입원한 사람들은 가난하고 직업이 없고 교육을 덜 받았을 가능성이 크다.7 그들은 가난한 지역에 살 가능성이 크다.[8] 그들은 유색인일 가능성이 크다. 영국에서 흑인이 원치 않는 입원을 하게 될 가능성은 백인에 비해 거의 세 배 이상 높다.[9] 온타리오에서는 지역 사회 치료 명령의 대상 대다수를 흑인이 차지한다. 이 명령은 퇴원에 의무적인 조건을 내세우며, 이에 따라 약을 먹어야 하고 진료를 받아야 하고 의사의 지시를 따라야 한다.[10] 이런 불공평이 생기는 이유는 치료에 대한 접근성이 형편없는 사람들은 필수적으로 강제해야 할 정도로 악화될 가능성이 크기 때문일 것이다. 혹은 애초에 우리가 소외된 사람들의 자율권을 더 손쉽게 빼앗기 때문일 것이다. 둘 다일 수도 있다. 어쨌든 확실히 이 상황은 보살핌의 질, 보살핌의 평등, 인권 침해에 대한 의문을 제기한다.[11]

왜 이런 상승률을 보이는 것일까?

완전히 명확하지는 않다. 하지만 우리는 일부 관할 구역에서 정신병원의 병상 수가 감소하는 가운데 강요에 의한 입원의 수는 증가하는 현상을 볼 수 있다.[12] 자발적인 입원과 비자발적인 입원 사이의 비율이 뒤집힌 이유는 상당히 이해하기 쉽다. 병상의 수가 적으면 가장 긴급한 환자에게 병상이 돌아갈 것이며, 그런 환자는 대체로 본인의 의사에 반하여 입원이 필요하거나 그렇게 간주된 사람일 것이다. 자발적으로 병원에 들어가려 하는 사람들은 결국 입원을 거절당할 것이다. 하지만 정신 질환 환자의 입원 수도 증가했다. 사람들은 더욱 자주 입원을 당하고 있다. 환자당 비자발적인 병원 방문이 증가하고 있다. 그리고 갈수록 많은 사람들이 치료가 절실하게 필요한데도 치료를 받으려는 시도를 못 할 정도로 악화되고 있다.

여보세요, 제가 지금 죽고 싶은데요

의료비의 각 진료별 지불 시스템에는 재정 장려책도 있다. 온타리오의 의사들은 유형 1을 한 건 작성할 때마다 105달러를 받는다. 나는 의사들이 돈을 벌기 위해 사람들에게서 자유를 빼앗고 있다고 생각하기는 싫지만, 병원에서 일어나는 비정상적인 일들은 그 의문을 마땅히 제기해야 한다고 암시한다.13

아니타 시게티Anita Szigeti라는 이름은 사람들을 병원에 수용하는 것을 직업으로 삼는 이들의 마음에 두려움을 불러일으킨다. 토론토의 변호사이자 시민 자유권의 열렬한 옹호자인 그녀는 불충분한 병상을 비롯한 치료 자원이 문제라는 데 동의하지만 그녀의 해결책은 덜 강제적이다. 그녀는 고객의 권리와 자율성을 지키고자, 이익을 위해 상대의 의사에 반하여 그들을 입원시키거나 치료하는 사람들과 싸운다. 그녀는 온타리오 동의 및 수용 위원회의 정신 병원 수용에 이의를 제기하고, 스스로 자신을 돌볼 수 없는 사람들을 도와야 하는 국가의 책임보다 자기 고객의 자유권이 더 중요하다는 것을 알리려고 노력한다. 정신과 의사가 내가 읽고 있던 책에서 그녀의 이름을 보고 눈썹을 치켜올릴 정도로 그녀는 토론토 지역의 정신과 의사들 사이에서 악명이 높다(그녀의 책 『온타리오 동의 및 수용 법 길잡이A Guide to Consent and Capacity Law in Ontario』는 휴가 때 읽을 만한 책은 아니지만 매우 상세한 정보를 제공한다.). 그녀는 바쁘다. 그러나 그녀는 인기가 없다.

정신과 의사들은 삶의 질이 향상돼야 한다는 점을 모르는 사람들의 삶을 나아지게 만들기 위해서는 어떤 방법들이 꼭 필요하지만 제대로 활용되지 않고 있다고 본다. 그러나 아니타 시게티는 병이 얼마나 깊은지에 상관없이 계속 존재하는 권리를 쉽게 무시당하는 취약 계층 환자들에게는 그 방법이 불리하다고 본다.

그녀는 나와의 대화에서 애초에 대부분의 사람들을 정신 병원에 강제로 입원시키면 안 된다고 주장했다. 많은 사람들이 질병의 요소와 상관없고 그들이 통제할 수 없는 이유로 갇힌다. 예를 들어서 돌아갈 집이 없다거나 병원에 들어가지 않아도 되는 집중적인 외래 환자 치료를 이용할 수 없다는 이유다. 그리고 며칠 이상 입원하면 입원 전에 누렸던 지원을 잃을 수 있으며, 그렇게 되면 환자를 퇴원 시키는 것이 더 위험해진다. 환자는 사회 복지 지원을 잃을 수 있고, 아파트를 잃을 수 있고, 직업을 잃을 수 있고, 어떤 식으로든 연결돼 있던 친분 관계를 잃을 수 있다. "나는 의사들을 탓하지 않아요. 그들은 돌보는 사람들입니다. 그들은 환자-고객이 더 나아지기를 바라지요. 그들은 환자를 도울 수 있다고 생각합니다."14

정신과 병동은 더 이상 희화화된 캐리커처나 넬리 블라이Nellie Bly가 취재한 정신 병원과 같은 상황이 아니다. 입원 환자들은 권리를 가지며, 더욱 중요한 것은 운영 규정이 갖춰져 있다. (규정이 충실히 이행되는지는 다른 이야기이다.) 환자를 대하는 방식과 치료하는 방식을 담은 요강이 있고, (내 한정된 경험과 다른 사람들에게 들은 이야기에 따르면) 정신과 병동에서 일하는 사람들이 대체로 친절하고 인정이 많다. 하지만 어떤 점에서는 정신 이상자들을 수용하는 장소들은 여전히 켄 키지의 고정관념에 들어맞는다. 내가 머무르던 장기 입원 병동은 회백색 바닥과 벽과 천장, 닫히지 않는 문, 열리지 않지만

여보세요, 제가 지금 죽고 싶은데요

그물 모양의 금속 망으로 막혀 있는 창문이 특징이었다.

공용 공간이 있었다. 밥을 먹거나 보드 게임을 할 때 사용하는 탁자 몇 개가 있었고 천장 근처의 높은 벽에 텔레비전이 설치돼 있었으며 키가 큰 사람만 채널을 돌릴 수 있었다. 간호사들이 한밤중에도 환자들을 살펴보기 쉽게 병실 문에 창이 달려 있었고 전등 스위치가 밖에 있었으며 덕분에 그나마 겨우 이루는 조각 잠도 금세 깼다. 입원 환자들이 동그랗게 앉아서 생활 상태에 대해서 이야기를 나누는 주 1회 모임에서처럼, 의무적인 활동들은 일종의 자기 패러디였다. 몇 년 후 그 병원은 후한 기부자의 돈으로 새 휴게실을 지었다. 게임, 더 좋은 소파, 책, 탁구대를 들였다. 탁구대라니! 나는 이게 있어서 얼마나 행복한지 말로 다 못할 지경이다.

누군가가 너무 미쳐서 스스로 결정할 수 없는 때를 어떻게 판단해야 할까?

이 점에서 내 가장 노골적인 편견은 분명히 자유주의적이다. 나는 정신과 병동의 자동 잠금 문들을 활짝 열어젖히고 외치고 싶다. "풀려나세요, 미친 사람들이여!" 하지만 이것이 나쁜 생각인 이유를 이해할 만큼 나는 수심에 잠긴 친척들과 의료 종사자들과 충분히 이야기를 나눴고, 치료를 포기했을 때 따라오는 파괴적인 후유증을 충분히 봤다.

그렇다면 그 평가를 어떻게 내려야 할까? 예를 들어서 아칸소주에서는 자신이나 다른 사람에게 위험을 가하는 사람, 스스로 치료할 능력이 없거나 치료의 필요성을 이해하지 못할 만큼 장애가 있어서 병을 더 악화시킬 위험이 있는 사람을 비자발적으로 입원시키려면 과거에 치료를 불이행한 전력이 있어야 한다. 콜로라도주는 '자원을 관리할 수 없거나 사회적 상호 관계를 유지할 수 없는' 가능성, 혹은 돌보는 사람을 잃을 가능성을 추가한다. (사람들과 잘 어울리지 못한다는 이유로 강제로 입원시킨다면, 나는 과연 자유롭게 걸어 나갈 사람이 몇이나 될지 의심스럽다.) 하와이는 '다른 사람에게 상당한 정신적 피해'를 가할 위험이 있는 사람도 포함시킨다. (음, 그렇지 않은 사람이 있을까?) 뉴욕주에서는 비자발적인 입원을 시키려면 자신이나 다른 사람에게 위험을 가하는 사람, '필수적인' 치료를 받아야 하나 그 이유를 완전히 이해하지 못하는 사람이어야 한다.[15]

이를 두고 미친 사람들 입원시키기 쇼라고 말하면 표현이 과하겠지만, 많은 온라인 논평자들은 그렇게 생각한다.

누군가의 권리를 박탈한다는 것은 계속 가지고 있는 권리를 보호하기 위해서는 더욱 경계를 높여야 한다는 뜻이다. 하지만 의사들은 이런 면에서 때때로 실패한다. 2019년 3월, 브리티시컬럼비아주의 행정 감찰관이 작성한 보고서에 따르면 이 주의 병원들이 비자발적으로 입원한 사람들의 권리를 무시하고 있었다. 법적으로 필요한 서류들이 누락됐고, 뒤늦게 혹은 부적절하게 작성됐다. 일부 의사들은 해당 환자가 비자발적인 입원의 기준에 해당하는 이유를 설명하지 못했다. 대부분의 비자발적인 환자들이 권리 조언서를 받지 못했고 많은 환자들이 치료에 동의할 기회를 갖지 못했다.[16]

서류를 제대로 작성하지 않는 것처럼 단순한 실수가 당신을 함정에 빠뜨릴 수 있다. 내가 자살 기도 후 정신과 병동에서 지낸 두 번째 시기에, 법에 명시된 바로는 병원에 들어간 시점부터 수용 시간이 시작됐어야 한다. 아무도 그 서류를 작성하지 않았다. 그래서 내 유형 1의 72시간은 하루 늦게 시작됐다. 커튼으로 칸막이가 된 정신과 병동 거주지에 익숙해진 날이었다. 이전의 24시간과 48시간 입원 후 또다시 자연광이나 맑은 공기 없이 72시간을 보내야 집으로 돌아갈 수 있다("그래. 하지만 그게 누구 잘못이지, 애나?" "도움 안 돼요, 엄마.")는 현실은 받아들이기에 너무 가혹했다. 72시간은 영원처럼 긴 시간이다. 밖에 나가기가 너무 힘들어서 주말 내내 꼼짝 않고 집에 있는 것과 다르다. 집에서는 주변에 갖가지 기기가 있고 직접 선택해서 그곳에 있는 느낌이 든다. 설사 그 선택이 병적일지라도 말이다. 그리고 집에는 망할 놈의 창문이 있다. 원칙적으로 나는 정신과 병동 수용에 불복해서 당직 정신과 의사에게 항의할 수 있었다. 하지만 하필 토요일 오후였기에 그런 항의를 하는 데 가책이 들었다. 나는 주말 당직의가 눈코 뜰 새 없이 바쁘다는 것을 알 정도의 정신은 있었다.

일요일 오후 늦게 나는 운이 좋았다. 누군가가 징징대는 동료 환자를 보러 와달라고 정신없이 바쁜 당직의를 설득했던 것이다. 나는 그가 그 유형에서 나를 빼주기만 하면 도망가거나 자동차 앞으로 뛰어들지 않겠다고, 내 담당 의사가 필요하다고 느끼는 만큼 자발적으로 치료를 받겠다고 약속했다. 그는 잠자코 동의했다. 그것이 얼마나 인정받는 느낌이었는지 아무리 과장해서 말해도 부족할 것이다. 나는 여전히 현대 정신 병원에 수용된 미친 사람이었고, 간호사들과 사회복지사들에게 생각과 느낌을 이야기하고 매일 자살 경향성 질문지에 답했다. 그래도 그때쯤에는 바지를 입는 것이 허용됐다. 어디에 가는지 언제 돌아올지 담당자에게 알리고, 직원 교대 시간에 점호하고 한 번에 두어 시간 이상 잠적하지 않기만 하면, 마음대로 왔다 갔다 할 수 있었다. 무엇보다 나는 힘을 되찾았다. 즉, 나는 내 건강 관리에 대해 스스로 결정할 권한이 있는 성인이었다. 당신이 이 말의 의미를 가지고 트집을 잡는다면, 너무 미쳐서 믿을 수 없다는 이유로 자율성을 박탈당하거나 제한당한 적이 한 번도 없다는 뜻이다. 나중에 나는 왜 그때 첫 번째 자살 기도 후와 같은 자발적인 입원 환자의 대우를 받지 못했는지 내 담당의에게 물었다. 그는 내가 그런 대우에 적합하지 않은 후보였다고 말했다. 나는 퇴원하고 싶다고 난리를 쳤고 그 유형에서 제외하기에는 자살할 위험이 너무 높았다. 이어서 그는 자신이라면 같은 이유로 두 번째 때 그 유형에서 나를 제외시키지 않았을 것이라는 말로 나를 깜짝 놀라게 했다. 그렇다. 나는 병원에 있겠다고 말했지만, 심각한 자살 기도를 한 직후였고 이미 비슷한 전력도 있었다. 그는 그래서 나를 믿지 못한 것이 아니라고 말했다. 그는 기분 장애 자체를 믿지 않았다. 내 담당 의사가 나를 가둬놨을 것이라는 소식은 충격으로 다가왔다. 그만큼 나를 위험한 사람으로 취급할 수 있었는데도, 나에게 자유를 주기 위해 전화를 걸어 생활을 엄청나게 개선시켜준 그 당직 의사에게 더욱 고마움을 느꼈다.

정신 질환 사전 의료 지시서를 작성하는 방법도 있다. 이는 정신적 위기에 빠질 경우에 무슨 조치를 취하고 어디로 데리고 갈지 등의 희망 사항을 서면으로 밝힌 서류이다. 환자가 결정을 내릴 수 없을 때 대신 결정을 내릴 대리권자를 미리 지정할 수 있고 선호하는 치료법을 구체적으로 명시할 수도 있다. "본인이 직접 의료상의 결정을 내릴 수 없을 정도로 위급한 상태가 될 때를 대비해 원하는 바를 밝히는 증서로 유언과 기본적으로 비슷합니다." 노스캐롤라이나 더럼에 있는 듀크대학교 정신의학행동과학 교수 제프리 스완슨Jeffrey Swanson이 말한다. 사람들이 지시를 따라야 하는 때 당사자가 여전히 살아 있다는 점만 다르다. "이 지시서는 자신의 치료에 동의할 능력을 상실한 사람들을 위해, 이들에게 미리 계획을 세울 능력을 주기 위해 만들어졌습니다."17 미국에서는 약 25개 주가 정신 질환 사전 의료 지시서에 적용되는 법적 틀을 갖추고 있다. 또한 다른 결정보다 우선하는 특징을 가지고 있기도 하다.

하지만 주의하자. 당신이 심각한 자살 기도 후 응급실로 실려 가면, 아무도 '나를 (인공호흡 등으로) 소생시키지 마시오'라는 지시를 존중하지 않을 것이다. 나는 이 매력적인 선택지에 대해 내 의사와 다른 사람들에게 물어봤다. 모두 반대했다.

하지만 나는 이 지시서를 작성하는 행위의 무게가 이 지시서가 지니는 제한된 법적 무게보다 크다고 생각한다. 이 지시서는 사람들이 걱정스러울 만큼 통제권을 벗어난 영역에 대해 어느 정도의 통제권을 행사하게 한다. 제프리 스완슨이 말했다. "미리 자신이 원하는 바를 상세하게 기록하는 것은 자신에게 자율성이 있다는 느낌을 받게 합니다. 일종의 정신의학 이력서죠. 당신이 위기에 처했을 때 어떤 증상을 보이는지, 누구에게 알려야 하는지, 당신이 어떤 약에 알레르기가 있는지…… 사람들이 그 지시서를 끝내 사용할 일이 없다고 해도, 더 든든한 마음이 들 것입니다. 한 번도 사용하지 않더라도 보험 증서를 가지고 있는 것만으로 더 안심이 되는 것과 마찬가지입니다."

우리가 자율성을 빼앗는 병에 잠식당하면 어떤 식으로든 끌어모을 수 있는 힘을 모두 끌어모아야 한다.

자신의 의사에 반하는 입원에는 수많은 치욕이 따르지만, 내가 강제로 입원당한 측과 입원시킨 측 모두를 대상으로 한 인터뷰에서 반복적으로 대두되는 치욕 한 가지는 이런 식으로 자유를 잃을 때 생기는 쓰레기 같은 느낌이다. 불쾌하지만 모멸적일 필요는 없다. 자율성을 앗아가지만 정당한 법적 절차를 밟을 권리를 잃는다는 뜻이 되면 안 된다.

디애나

디애나는 4년 중 거의 대부분의 시간 동안 머무르던 온타리오 킹스턴에 있는 정신 병원의 어둠을 기억한다. 그곳에 있는 문이란 문에 모두 빗장이 걸려 있기는 했지만 창문이 없어서가 아니었다. 바깥세상에서 쫓겨났다는 어두운 잿빛 감각 때문이었다. 그리고 그녀의 세 자녀가 거의 항상 비어 있는 긴 잿빛 복도를 뛰어갈 때 깨지던 불안한 고요 때문이었다. 요리와 강제적인 사교 활동이 의무였고 그녀는 기운이 없어서 가끔씩만 참여했다. 아주 오래된 승강기는 그녀가 전기 자극 치료를 받기 위해 병원 지하로 내려갈 때마다 삐걱거렸다.[18]

그녀는 정신과 병동에 입원했다는 게 두려웠을 뿐만 아니라 병원 전체가 정신 질환자를 돌보고 수용하는 데 전념한다는 사실 때문에 온몸이 얼어붙었다. 보호 시설에 갇혔다는 사실 자체만으로도 무서워 못 견딜 지경인데, 그 상황은 예전의 자신으로 돌아가거나 사랑하는 사람들을 보살피기에는 자신이 너무 아프고 부적합하고 불안정하다는 생각을 더 굳건하게 만들기까지 했다. "그것이 나이고 내 삶이라고는 상상도 못했어요. 내가 입원해야 할 정도로 무너졌다니. 안전과 보살핌이라는 면에서 나 자신을 믿을 수 없었고, 의사도 나를 믿지 못했어요."

정신 질환 환자로서 디애나의 첫 번째 입원 기간은 9개월 동안 지속됐다. 그녀의 상태가 미미하게나마 호전된 후에야 집으로 돌아갔다. "그렇지만 오래가지는 못했어요. 집에 6주 정도만 있다가 다시 병원으로 돌아갔습니다."

그런 과정이 반복됐다. 디애나는 그 후 4년 중 85퍼센트에 달하는 시간 동안 병원에서 살았고 온갖 종류의 약과 치료법을 다 썼다.

"아무것도 할 수 없었어요. 옷을 입기도 힘들었어요. 샤워하기도 힘들었어요. 밥을 먹기도 힘들었어요." 한번은 직원의 보호 아래 다른 환자들과 문을 나서 온타리오 호숫가를 따라 산책하다가 한 구역도 못 가서 기진맥진하는 바람에 부축을 받아 돌아갔다.

레슬리

레슬리는 처음 입원한 뉴욕시의 정신과 병동 중에서 반창고 색의 갈색 벽, 천장, 바닥을 기억한다. 문손잡이는 없었다. 그녀는 사생활과 전화기를 빼앗겼고 그와 더불어 병원 밖에 있는 사랑하는 사람들에게 연락할 구명줄도 빼앗겼다.

그녀가 나에게 말했다. "그들이 넣어놓는 환경이 자살하고 싶게 만들어요. 방에 들어가면 벽에 시선을 둘 만한 것이 하나도 없어요. 그냥 아무 장식도 없고 오래됐고 페인트가 벗겨지고 있어요. 목을 맬까 봐 벽에 커튼도 없어요. 우리가 누군가의 눈을 찌를까 봐 걱정해서 벽에 십자가가 걸려 있지 않다는 것만 빼면 수녀원 같은 삶이에요……"

"상상이 될지 모르겠지만, 강제로 처넣어진 병실에 가만히 있다가 곰팡이로 뒤덮여 있고 찬물만 나오는, 뜨거운 물이 안 나오는 샤워실에 들어가는 것이 얼마나 모욕적인지 상상해보세요."19

항상 룸메이트들이 있었다. 어떤 사람들은 다른 사람들보다 상태가 좋았다. 레슬리는 옆 침대에 있는 환자가 '사랑스럽고, 사랑스러운 여성'이라는 것을 알게 됐다. 그녀는 자신이 힘있는 보험 회사 중역이라고 생각했다. 다른 사람이 말하길 그녀는 나이트클럽 댄서였다. 사생활의 결여와 여기저기서 잠을 방해하는 소음은 악몽 같았다. "내 병실 옆 병실에 있는 여자는 밤새 벽에 가구를 던져댔어요……. 횡설수설 혼잣말을 지껄이며 복도를 어슬렁거리는 사람들이 있었는데 아무도 그들을 통제하지 않아요. 잠을 잘 수 없어요. 그런 환경에서는 말 그대로 잠을 잘 수가 없어요. 그런 사람들 때문에 30분마다 잠이 깨거든요. 건강이 회복될 수가 없어요."

신디

신디는 아이오와주의 대학에 입학한 첫 학기에 기숙사 방에서 양 손목을 그었을 때 정말로 죽고 싶었는지 확신하지 못한다. 하지만 그 자살 기도는 학교와 연계된 정신과 부서의 24시간 감시를 받게 하기에 충분했다.

"세상에, 정말 끔찍했어요……. 나는 자살 감시 대상 위험 인물이어서, 그들은 15분마다 나를 확인하러 왔어요. 혼자서 샤워하는 것도 금지였어요. 방에 전화기가 있었지만 전화선이 지독하게 짧았어요. 전화를 걸려면 등을 구부리고 책상에 앉아야 했어요……. 거기 있던 여자애 한 명이 기억나요. 그 애도 팔에 자상과 흉터가 많았죠. 그 애의 상처는 나보다 훨씬 심했는데 거기 앉아서 '나는 여기 있으면 안 돼'라고 생각하던 기억이 나네요."[20]

앤드루 러스티그Andrew Lustig는 그의 앞에 있는 사람이 너무 아파서 자신의 건강이 좋지 않다는 사실도 이해하지 못하는지, 그 결과로 혼자 두면 너무 위험한지 하루에도 여러 차례 판단해야 한다. 토론토 중독 및 및 정신건강 센터의 정신과 의사인 그는 중환자들이 많은 도시의 정신과 응급 병동에서 근무한다. 그의 진료실은 자동으로 잠기는 문으로 복도가 차단된 건물에 있으며, 내가 그를 만나러 갔다가 본 환자들(대부분 남성)은 위험하다기보다는 정상이 아니라는 말이 적당해 보였다.

"응급실에서 답해야 할 가장 중요한 질문은 '이 사람을 입원시킬 것인가, 아니면 보낼 것인가?'이고, 답은 전적으로 위험성의 정도에 달려 있습니다. 이 사람이 얼마나 위험할까, 이 사람이 오늘 병원을 나가면 얼마나 나쁜 일이 벌어질까?"[21]

까다로운 추정이다. 그는 왜, 어떻게 그들이 그날 정신과 응급실에 오게 됐는지는 물론이고 그들의 정신 질환과 입원 전력도 알고 싶어 한다. 이들이 그동안 치료를 받아왔나? 이전에 병원에 입원한 적이 있나? 이들이 과거에 자신이나 다른 사람을 해친 적이 있나? 여느 실력 있는 기자처럼, 그는 전체적인 그림을 그리기 위해 다양한 자료의 출처를 확보하려고 노력한다. 환자 본인, 환자가 혼자 병원에 오지 않았다면 데리고 온 사람, 연락처를 알아낼 수 있는 가까운 가족이나 친구가 여기에 해당한다. 그는 이들이 자살에 대해 생각해왔는지, 자살을 시도할 계획을 세우는지, 어떤 방법으로 자살하려고 하는지 묻는다. 그는 이들의 감정과 행동이 이들이 하는 말에 부응하는지 알아내기 위해 자세히 지켜본다. 틀림없이 그들은 의견이 있을 것이다. 그들이 입원하고 싶어 하는지 아닌지, 그에 일치하게 행동하고 질문에 대답하는지 살펴본다. 따라서 러스티그는 그들의 말을 열심히 듣지만 그 말을 그대로 믿지는 않는다.

그는 의사들에게 누군가를 72시간 감금 조치 해야 하는지 결정할 시간이 별로 없으며, 너무 흔하게 그 책무가 충분히 신중한 고려 없이 수행된다고 말한다. 이를테면 환자들이 스스로 자신을 해칠 경우에 대비해서 안전하게 보호해야 하는가. 또한 그만큼이나 중요한 점은 상당한 스트레스 상황에서 그들을 관찰할 기회를 의사들에게 줘야 하는가 여부이다. 그런 종류의 위기 상황에서 소지품과 담배를 압수당하고 언제 먹고 잘지 결정할 자유를 빼앗기는 병원 환경에 있을 때, 대처하는 방식을 관찰함으로써 환자들에 대해 많은 점을 배울 수 있다.

나는 인터뷰 중 이 지점에서 내가 입원한 병원처럼 중독 및 정신 건강 센터도 72시간 입원 기간 동안 환자가 외부에 나가지 못하게 하고 보호자가 동행하는 외출조차 못 하게 하지만 진짜 옷은 입게 한다는 것을 알게 됐다. 자기 옷을 입을 수 있다고요?

우리 대화를 녹음해놓은 것을 듣는다면 정신 이상자로 병원에 갇혀 있으면서 내 옷을 입는 것을 허락받지 못한 지 2년이 넘었는데도 감출 수 없을 정도로 여전한 내 생생한 불신과 분노를 고스란히 느낄 수 있을 것이다. 그가 생각에 잠겨 말했다. "흥미로운 문제예요. 나는 이 문제에 대해 윤리학자와 이야기를 나눈 적이 있어요. 그들은 누군가의 옷을 빼앗는 것이 비윤리적이라고 생각했다고 말하더군요. 환자복을 입어야 한다는 것은 상당히 비인간적입니다." 맞다. 고맙다. 나는 나중에 정신과 의사에게 이 이야기를 꺼냈다. 그는 환자복을 입도록 강요하는 것은 환자들이 탈출할 경우에 대비한 예방 조치라고 말했다. 환자복을 입고 있으면 발견하기 더 쉽다는 것이다.

러스티그는 건강하지 않고 치료를 통해 나아질 수 있지만 법적 수용 기준에 맞지 않는 사람을 셀 수 없이 내보낼 것이다. 이는 가족 구성원을 미치게 만든다.

그가 말했다. "환자를 내보내는 경우, 화난 가족들에게서 얼마나 많은 불평을 듣는지 말로 다 못 합니다. 가족들은 안 좋은 일이 생기면 고소하겠다고 소리를 지르지요. 나는 그저 같은 말을 반복할 뿐입니다. '이해합니다. 그리고 죄송합니다. 하지만 제가 어떻게 할 수 없는 일입니다. 법적 기준이 있어요……. 그 사람들이 화를 내거나 학업을 중단하게 되거나 집을 잃게 돼서 유감이지만 그런 이유로 누군가를 구금할 수는 없습니다.'"

다른 사람의 요구를 바탕으로 환자의 치료를 결정한다고 선뜻 인정할 사람은 없다. 하지만 법의학 심리학자인 조엘 드보스킨은 그것이 불가피한 일이라고 말했다. "조가 병원에 들어왔는데 중증도가 8단계라고 합시다. 나는 그를 입원시키고 5단계로 안정시킵니다. 그러고 '음, 퇴원하려면 3일은 있어야겠군요'라고 말합니다. 그런데 빈 병상이 없고 10단계인 샘이 입원을 기다리고 있어요……. 그러면 며칠 더 입원시켜야 하는 사람을 내보내야 한다는 압박감이 들지요."[22]

물론 비자발적인 치료를 오랫동안 옹호해온 E. 풀러 토리는 더 많은 사람들이 자유 의지로 치료받게 하는 것이 낫다고 말한다. 하지만 그는 입원 환자든 외래 환자든 병원에 수용된 사람의 수가 경악스러울 만큼 적다고 말했다. "나는 '선생님, 나를 돕고 싶으면 그냥 CIA에 전화해서 내 머릿속의 목소리를 멈춰달라고 말하세요' 같은 말을 수백 번 들었습니다. (……) 그러니 자신의 병을 전혀 자각하지 못하는 사람을 어떻게 해야 할까요?"[23]

드물기는 하지만 이따금 발생하는 사망 외에, 비자발적인 입원과 치료가 가져올 가장 해로운 결과는 마음을 온통 사로잡는 불신이다. 정신의학, 정신과 의사, 의료업계에 대한 불신. 모든 사람에 대한 불신. 자기 자신에 대한 불신. 나는 더 나은 정신 상태로 수용에서 벗어나는 사람들이 일부 있다고 확신하며 그들을 스스로에게서 구원한 누군가에게 진심으로 고맙다. 하지만 나는 강제적인 치료 때문에 평생 의료에 대한 신뢰를 잃는 사람들도 일부 있다는 것을 확실히 안다.

토리는 누군가를 자신의 의지에 반하여 입원시키고 치료하는 것이 평생 지속될 정신의학에 대한 불신을 키우고, 이는 그들이 다시는 의사를 찾아가거나 믿지 않게 된다는 뜻이라는 것을 안다. 그는 개입이 필요한 사람들에게 인도적이고 강제적인 치료의 이득이 그로 인해 생기는 깊은 불신의 대가보다 크다고 주장한다. 하지만 그 불신을 없앨 방법은 모른다.

강제는 효과가 있을까?

답은 당신이 누구에게 묻는지, 무엇을 찾는지에 달려 있다. 결과가 개선된 경우에는 강제 없었어도 그 향상된 결과를 얻었을지 말하기 어렵다.[24]

병원 내 자살도 분명히 발생하긴 하지만 사람들은 의료 시설에서 나가 있을 때보다 의료 시설에서 엄격한 감독을 받을 때 자살할 가능성이 낮다. 2008년부터 2016년 사이에 온타리오 정신과 병동에서 사망한 548명 중 24명만 자살이었다.[25] 따라서 병원에 수용하지 않을 경우에 자살했을지도 모르는 사람을 병원에 수용한다면 목숨을 구한 것이다. 그리고 선택이 감금과 죽음 사이에 있다고 표현한다면, 죽음의 가능성이 비교적 낮다 해도 과하게 감금을 선택하게 될 것이다. 하지만 감금에는 위험이 따른다. 그리고 같은 사람으로 구성된 대조 집단이 없다. 누군가가 병원에서 풀려나면 자살할 것이라고 증명하기가 불가능하다.

이 모든 것을 측정하기 어려운 한 가지 이유는 환자가 의사들을 믿지 않거나 의사들과 갈등을 일으킬까 겁낸다면 상황이 나빠질 때 그들이 의사들에게 이야기할 가능성이 낮아지기 때문이다. "사람들은 입원해 있을 때 더 호전됩니다." 조엘 드보스킨이 말했다. "하지만 그들이 강제 때문에 더 호전되는지는 확실하지 않습니다. 어쩌면 서비스의 질이 좋아졌기 때문일 수 있습니다. 입원하지 않았다면 그런 서비스를 스스로 챙겼어야 했을 테니까요."

그리고 나중에 고마워하게 될 것이라는 비장의 카드가 있다. "비자발적으로 입원한 사람들 중 대다수가 나중에 '네, 그것은 적절한 결정이었어요'라고 말할 것입니다." 온타리오주 런던에서 활동하는 정신과 의사 리처드 오라일리Richard O'Reilly가 말했다. "나는 우리가 지역 사회에 서비스를 제공해야 한다는 것에 동의합니다. 하지만 종합 병원들, 지역 사회 병원들은 지역 사회 자원입니다. 그들의 임무는 사람들을 안전하게 지키는 것입니다."

모든 사람들이 강제로 치료받는 것에 화를 내지는 않는다. 2013년 《허핑턴 포스트》의 논평에서 에린 호크스Erin Hawkes라는 여성이 자신의 정신 질환을 이해하지 못하는 환자를, 칼을 가지고 놀면 재미있을 것이라고 생각하는 유아에 비교했다. "일부 정신과 의사가 향정신제의 힘에 지나치게 의지하지만, 내 뇌는 너무 병들어서 스스로 치유할 수 없다. 내가 선택할 수 없을 때, 부디, 누군가가, 나를 위해 선택을 해주기를 바란다. 과거에 나에게 효과가 있던 치료법으로 나를 치료하는 선택을 해주기를 바란다. 나에게 약을 투여해주기를 바란다. 나에게 나를 맡기지 말기 바란다. 나는 칼을 가지고 놀 것이고, 피를 흘리며 죽어갈 때까지 내가 가진 '권리'가 어떤 해를 끼칠지 배우지 못할 것이다."[26]

정신 질환은 다른 어떤 병보다 사랑하는 사람들의 바람에 맞설 환자의 권리에 흠집을 낸다. 사람들은 가족 구성원들이 보살핌을 받고 안전하게 지내기를 원한다. 누구나 신체 자유의 권리를 가지며, 그 권리가 박탈되면 온전한 사람으로 살아갈 권리도 중단된다. 사람들은 사랑하는 사람들에게 무슨 일이 생기는지, 그들이 어떤 도움을 받는지, 다음에는 어떤 일이 벌어질지, 다른 어떤 도움을 줄 수 있을지 모든 것을 알고 싶어 한다. 누구나 사생활을 침해받지 않을 권리를 가진다. 설사 그것이 가장 가까운 사람들을 차단한다는 뜻일지라도 말이다. 각 지역에는 사생활보다 다른 것을 우선시할 때, 친족에게 기밀 사항을 말해도 될 때, 기밀 사항을 말할 대상이 누구인지 명시하는 자체 법률이 있다. 나는 사랑하는 사람에게 무슨 일이 일어나고 있는지 알아내는 것을 막는 방해물에 격하게 분노한 수많은 가족 구성원들과 이야기를 나눠봤다.

대릴 가이스하이머는 어찌할 바를 몰랐다. 그는 아들 브라이언이 자살 기도 후 입원하고 나서 아들을 돌본 간호사들이나 의사들에게 명확한 대답을 들을 수 없었다. 그는 병원을 걸어 나가 기차 앞으로 돌진한 아들의 검시를 요청했다. "나는 치료에 관여하려고, 자진해서 도움을 주려고, '나는 확실히 이 치료의 일부입니다. 나는 부모입니다'라고 말하려고 필사적으로 노력했습니다."27

의료 체계는 수많은 단계에서 브라이언과 가족을 실망시켰다. 그 중 하나가 의사소통이었다. 하지만 거기에서조차 기밀 정보를 부모들과 공유하려면 브라이언의 동의가 필요했을 것이다.

정신과 병동으로 끌려가 갇힌 사랑하는 사람에 대해 가장 기본적인 정보라도 얻으려고 기를 쓰는 일은 사람을 미치게 하는 덫이다. 병원에서 보낸 처음 며칠과 그 외의 많은 날들에 강요된 무력감과 무지가 부모님을 괴롭혔다. 부모님은 내 치료에 개입하고 싶어했다. 결국 두 분은 하루에 단 몇 시간만 허용된 면회를 하기 위해 종일 병원에서 진을 쳤다. 그리고 들은 것은 성인으로서 내 사생활 보호 권리에 따르면 부모에게도 비밀을 공개할 수 없다고 딱 잘라 하는 말이었다. 아빠가 그때를 회상한다. "아무 방도가 없었단다. 그저 닥치는 대로 즉흥적으로 대처할 수밖에 없었어. 우리는 필사적이었어. 우리는 제정신이 아니었어. 우리는 무서웠어."

하지만 당신이 사랑하는 사람이 아프면 사생활 보호 권리를 침해하기가 너무 쉽다. 마크 루카치Mark Lukach의 책 『사랑하는 아내가 정신 병원에 갔다My Lovely wife in the Psych Ward』는 심각한 정신 질환을 앓는 사람을 보살피는 동안 느끼는 분노와 비통함을 내가 읽은 어떤 글보다도 잘 표현한다. 또한 이 책은 권리를 침해하기가 얼마나 쉬운지도 보여준다. 그는 예진실에 아내와 같이 앉아서 아내가 첫 번째 응급실 방문자에 대한 간호사의 질문에 대답하는 동안 그녀의 답변이 불충분하면 대신 대답해준다. 이는 자상한 태도고 궁극적으로 도움이 된다. 그의 증언은 그녀의 대답보다 훨씬 믿을 만하다. 하지만 나는 이것이 불편하다. 내가 그녀의 입장이라면 그런 방식이 아주 싫을 것이다. 그녀가 차도를 보일 때 콘서트에 가겠다고 하자 그는 늦게까지 깨어 있어야 하고 운전도 해야 하니까 가면 안 된다고 말한다. 그녀가 거부하자 그는 "내가 하라는 대로 해"라고 쏘아붙인다.[28] 그는 신중하고 어쩌면 그의 말이 옳을 테지만 나는 온타리오의 호숫가에서 아이 취급을 받고 화가 나서 젖은 모래밭 위를 서성거리던 때가 떠올라 움찔 놀랐다. 그때 나는 스스로 결정을 내릴 수 있다고 믿어주면 안 되냐고 부모님에게 소리를 질렀다.

여기에서도 다시 내 편견이 드러난다. 건강 정보를 비밀로 유지할 기본적인 권리를 침해받으면, 삶에서 내 권한을 빼앗기는 그 순간 나는 더욱더 힘을 잃는다. 두 번째로 정신과 병동에 체류하던 시절에, 부모님이 의사를 만났다. 그 정도는 괜찮았다. 두 분은 칸막이용 커튼이 쳐진 내 침대 공간으로 나를 보러 와서, 친절한 의사가 다음 치료법은 전기 자극 요법일 것이라고 말하더라고 전했다. 나는 격노했다. 그는 그 계획을 나에게 전혀 언급하지 않았다. 설사 그가 나에게 말했더라도, 나는 그가 잠재적인 치료 과정을 부모님과 의논한 것이 불편했을 터이다. 과민 반응처럼 들리겠지만, 전적으로 원칙의 문제이다. 나는 모든 과정에 대해 부모님에게 상당히 많이 아주 자유롭게 말한다. 단 내 입장에서 말한다. 이 사소하고 의미 없어 보이는 솔직한 고백이 나를 매우 불안정하게 했다.

환자가 자발적으로 병원에 머물기로 결정했기 때문에, 비자발적인 상태를 고려할 가치가 없어질 가능성이 있다. 그저 환자를 설득하기만 하면 된다.

어떻게 설득할까?

앤드루 러스티그Andrew Lustig는 병원을 덜 끔찍한 곳으로 만드는 것이 출발점이라고 말한다. 더 나은 프로그램, 편안한 환경, 맑은 공기를 마실 수 있는 자유. 일부 시설은 실제로 녹지 공간에 울타리를 세워 사람들이 들어갈 수 있지만 도망가지는 못하게 만들었다. (내가 가장 오래 머문 정신과 병동의 발코니가 하루에 5분 이상 개방됐거나 우리가 마음껏 숨을 쉬게 해달라고 간호사들을 설득할 때마다 개방됐다면, 내 삶의 질에 엄청난 변화가 일어났을 것이다.) 환자를 한 명의 인간으로 대우해주며 말한다. 환자와 같은 편인 것처럼 말한다. 어느 정도 신뢰를 쌓으려고 노력한다. 의사가 필요하다고 생각하는 개입을 왜 해야 하는지, 어떤 성과를 기대하는지 설명한다. 단순히 "이것이 당신을 호전시킬 겁니다"라는 말로는 부족하다. 호전이라는 것이 무슨 뜻인가? 이 개입이 어떻게 당신을 그 자리에 도달하게 해줄 것인가? 다시 말해서, "공감해야 합니다. 환자가 하는 말을 열심히 듣고, 그들의 삶에 관심을 가져야 합니다. 그저 다가가서 '여기요, 이 약을 드셔야 해요'라고 말하는 것이 아니라, 환자들이 호전되도록 돕고 싶다고 분명하게 전달하고 그들이 그것을 믿게 해야 하죠"라고 앤드루 러스티그가 말했다.

여기에서 임상적 동정심이 다른 어느 의료 분야보다 더 중요하다. 환자의 병에 대한 이해가 부족하면 처음부터 환자와 의사가 갈등하게 된다. "누군가 다리가 부러져서 병원에 간다면, 일반적으로 정형외과 의사와 다리가 부러진 환자 간의 의견이 일치합니다. 하지만 누

여보세요, 제가 지금 죽고 싶은데요

군가 조현병을 앓고 있다면, 대체로 의사의 견해는 '당신은 조현병을 앓고 있습니다'이다. 환자의 견해는 '나는 조현병을 앓고 있지 않아요. 그런데 사람들이 나를 따라오고 나를 해치려고 해요'입니다."

그렇다고 환자에게 의사의 견해를 강요해야 한다는 뜻은 아니다. "내 생각에 가장 유용한 방법은 의사와 환자가 무엇이 문제인지에 대해 동의할 수 있는 길을 찾는 것입니다." 러스티그가 결론을 내렸다. "그러니까 두 사람이 조현병이라는 진단에는 동의하지 않을지 몰라도, 환자가 많은 스트레스를 받고 있으며 이 약을 먹으면 스트레스를 완화하는 데 도움이 될 것이라는 점에는 동의할 수 있을 것입니다."

"병원에서 며칠 동안 지내고 싶은가요?"

5년 6개월 동안 정신과 의사가 이렇게 물어온 것은 처음이었다. 나는 그 치료 기간 동안, 아무리 순식간에 지나가든 끝없이 계속되든 악몽처럼 강력하든, 불면증에 시달리는 밤에 솟구치는 충동이든 대낮에 갑자기 가슴을 강타하는 감정이든, 자살하고 싶은 욕구를 (맹세코 100퍼센트 솔직하게) 모두 고백했다.

우리는 거래를 했다. 내가 아니라 그가 제안한 거래였다. 그는 나를 병원에 가두지 않겠다고 약속했다. 치료를 받을 때 이 약속보다 더 귀중하고 더 믿음을 불러일으키는 선물은 거의 없다. 어쩌면 전혀 없을 것이다. 당신이 누군가를 믿고 그 사람이 당신을 진지하게 대하고 당신이 솔직하게 말해도 처벌받지 않으리라는 것을 알면, 자살하고 싶은 욕구에 대해 말할 수 있다. 이런 말을 하는 것이 자연스러워지면 치료에 도움이 되기까지 한다. 그런 믿음으로 나는 과다 복용할 작정으로 아스피린을 모아왔다고 말한 것은 물론이고 그에게 약병을 보여주기까지 했다.

그래서 지금 나는 그에게 내 밤을 강제로 빼앗아 가고 내 낮과 출퇴근과 일을 방해하는 강렬한 자살 충동, 나를 마비시키고 정신 착란을 일으키고 있다고 나를 설득하는 압축된 불안감에 대해 말하고 있었다. (그는 정신 착란이 아니라고 말했다. 그러니 그만하자.) 그리고 지금 그는 입원 환자로 머물겠냐고 묻고 있었다. 다시 말하면 제안하고 있었다. 그는 내가 입원을 원하더라도 직접 요청하지는 않을 것이라고 판단했기 때문이라고 말했다. 사실이었지만 그의 입장에서 본 지나치게 낙관적인 생각이기도 했다. 나는 내가 그들을 기억하는 것보다 나를 더 잘 기억하고 있을 간호사 친구들이 있는 단기 입원 병동으로 돌아가는 것은 상상도 할 수 없었다. 나는 입원을 절망에 굴복하는 것, 혹은 말도 못하게 운이 좋다면 끝없는 긴장증으로 몰아갈 기회(내 생각에 완전한 소멸 다음의 최선책이다)로 개념화할 수밖에 없었다. 굴복이라는 가능성이 위안으로 보였을 때조차, 아무리 짧고 자발적인 체류라고 해도 그 후에 현실 세계로 다시 들어올 것을 생각하면 너무 진이 빠져서 재입성하기 위한 수단을 끌어모으는 것을 상상할 수 없었다.

나에게 정신과 병동에서 정상적인 사람의 복제품으로, 현실 세계로 이동하는 것은 전속력으로 돌진하는 기차에 올라타려고 뛰어가는 것과 마찬가지이다. 나와 이야기를 나눈 많은 사람들이 자신을 믿을 수 없어서 자진해서 병원에 들어갔다고 말했다. 그들은 책임을 다른 사람에게 맡기니 정말 안심이 됐다고 말했다. 적어도 무겁게 짓누르던 압박감에서 일시적으로나마 벗어나 한숨 돌리게 했다. 어쩌면 회복할 기회가 될지도 모를 일이었다. 나는 그 마음을 이해한다. 그리고 정말 부럽다. 한숨 돌리는 심정도 이해한다. 하지만 퇴원 후 어떻게 현실로 돌아갈까? 나는 과거에 실패했다. 지금도 실패할 것이다.

그래서 나는 가지 않았다. 그의 제안과 질문, 둘 다 나를 겁에 질리게 하는 동시에 위로했다. 전례가 없었기 때문에 극도로 겁에 질렸고, 그의 입장에서 보면 전례 없는 두려움을 느꼈다는 뜻이기 때문에 위로가 됐다.

"이런 젠장. 내가 선생님을 불안하게 했나요?"

"내가 불안해 보이나요?"

그렇지만 그가 불안하지 않았다면 왜 내가 스스로를 망가뜨리기 전에 입원하라고 제안했을까?

어쨌든 겁나는 일을 물어보기에는 아주 정중한 태도였기 때문에 위로를 받았다. 그는 나에게 말하지 않았다. 그가 생각하기에 내가 입원해야 한다고 말하지 않았다. 그는 그저 물었다. 이것 역시 그 자체로 귀중한 선물이었다.

의사의 지시가 지시라는 인상을 줄 필요는 없다.

"나는 전문가로서 정신의학이 고객에게 말하는 능력을 많이 상실했다고 생각합니다. 그리고 나는 의사가 치료와 소통 기술이 더 좋다면 필요 없을 치료와 약을 강요하는 경우가 만연하다고 생각합니다." 아니타 시게티가 나에게 말했다.

애비의 생애 첫 정신과 상담은 그녀의 의사에 반해 입원당하는 것으로 끝났다. 이어서 그녀는 10년 동안 비자발적인 입원과 비자발적인 외래 환자 치료를 계속 되풀이했다. 나는 애비에게 전화를 했다. 그녀는 이 책에 실명이 조금이라도 사용되는 것을 원하지 않았다. 그녀는 퇴원하면 대개 노숙자 보호소로 들어갔고, 분노를 와락 터뜨리거나 괴상하게 행동해서 체포됐고, 다시 병원으로 실려 갔다. 그녀는 무서웠고 무시당한다고 느꼈다. 아무도 그녀의 말을 듣지 않으며 그럴 시도조차 하지 않으려는 것 같았다. 말하고 소리치는데 입에서 아무 소리도 나오지 않는 악몽 같았다. 자율성의 빠른 상실, 강제적인 치료, 신체의 구속과 약 복용에 의한 행동 제약이 마음에 지속적인 상처를 남겼다. 공허와 고독감을 더 악화시켰다. 향후 치료에 도움이 될 관계를 해쳤다. 십여 년 뒤 나에게 이야기하면서 애비는 자신에게 정신 질환이 있었고 분노 조절을 못했다는 것을 인정했다. 이성을 잃으면 벌컥 화를 내고 벽이나 거울을 발로 차고 칼을 쥐고 흔들고 의사들을 때리려 하고 엄마를 차서 병원 침대에서 떨어뜨리려고 했다. 결국 그녀는 강압적으로 서명하고 병원에서 완전히 나왔다. 그녀에게 다른 선택의 여지가 있었을까? 주 2회 주사를 맞아야 하는 지역 사회 치료 명령이 수년간 계속됐다. 마침내 의사가 근래에 그녀의 상태가 아주 좋으니 항정신병제(내가 두어 차례 지속적으로 복용하던 약인 올란자핀) 소량을 자발적으로 먹는 것에 동의한다면 치료 명령을 중단시켜주겠다고 했다. 지나고 나서 보니 의사들과의 관계가 강압이 아니라 협력으로 구축될 수도 있었다는 것을 조금 더 일찍 깨닫지 못한 자신에게 화가 났다.

여보세요, 제가 지금 죽고 싶은데요

그녀는 이것이 하나의 방안이라고 자신에게 분명히 알려줬으면 얼마나 좋았을까 싶다.

　정신과 병동은 목숨을 구할 수 있다. 정신과 병동은 안정될 안전한 장소를 제공할 수 있으며, 나에게 그랬듯이 더 장기적인 외래 환자 치료의 진입로가 될 수 있다. 때로 원하지 않더라도 입원해야 하는 사람들이 있다. 하지만 강제적 치료가 증가하고 있는 현재의 상황은 좋지 않다. 결과에 대해 신중히 생각하고 결정 내려야 한다.

27

신뢰의
문제

어느 분야에서나 끔찍한 의사를 만날 수 있고, 그렇게 되면 평생 신뢰를 회복하지 못할 수 있다. 수술이 엉망이다. 삽관법이 형편없다. 화학 요법이 끔찍하다. 그런데도 왜 돌보는 사람과 그 사람의 직업에 대한 깊은 불신이 특징인 유일한 의료 분야가 정신 질환일까? 암 관련 재단들은 수십억 달러가 오가는 산업인 데 비해, 전 세계에서 수많은 사람들이 이로 인한 문제 때문에 수년을 잃어버리는 주된 원인인 우울증은 (아이스 버킷 챌린지나 기금 조성을 위한 마라톤 대회를 내세우지 않고, 공공 자금을 덜 지원받고, 의사들이 평균적인 전문의보다 수입이 적음에도) 마케팅 중심의 자본주의가 꾸며낸 가짜 병이라고 조롱받는다.

레이니

레이니의 아들은 자살 충동의 수렁에 빠져 허우적거리다가 소위 말하는 책임감 있는 선택을 했다. 그는 엄마에게 병원에 데리고 가달라고 했다. 그녀는 그렇게 했다. 그는 스스로 정신과 병동에 들어갔다. 버지니아주에서 사회복지사로 일하는 그녀를 엄마로 둔 그는 자신에게 무엇이 필요하고 무엇이 필요 없는지 알았다. 하지만 모든 것이 잘못됐다고 레이니가 말한다. 직원들이 강압적이었고, 기분이 언짢아 보이는데 포옹이 필요하냐고 농담 삼아 물어봤다는 이유로 그를 외딴 독실에 가두었다. 결국 그는 신용 카드로 잠긴 문을 열고 나와 수간호사와 이야기해도 되는지 물었다. 그리고 자신의 권리가 적힌 문서의 복사본을 하나 달라고 했다. 그들은 그를 붙잡으려고 했다. 그가 도망쳤다. 그들이 그를 제압했고 구속복을 입혔으며 강제로 항정신병제를 주사했다. 그는 다음 날 치료 감호 심사 위원회에 회부됐으며, 부모들은 위원회에 참석해서 아들을 내보내달라고 애원했다. 결론은 거절이었다.

그의 엄마는 여전히 제대로 이해할 수 없다. "그들은 자살 충동을 느끼고 있고 안전한 곳으로 가고 싶어 하는 사람을 말도 못하게 두들겨 팼습니다."[1] 그 강제 수용은 아직도 그녀의 아들을 괴롭힌다. 그는 총을 소유할 수 없다. IT와 컴퓨터 시스템 전문가인 그는 연방 정부의 일자리에 지원했지만(그는 계약직으로 근무하고 있었고 정규직이 되려고 했다) 배경 조사에서 정신과 병동 수용 전력이 드러나서 퇴짜를 맞았다. 그는 이후로 치료를 거부했다. 그는 엄마를 용서하지 않았다. 8년 동안 그녀와 이야기하는 것을 거부하다가 마침내 화가 누그러져 1년에 한 번 크리스마스에는 그녀의 방문을 허락했다. 그에게는 이제 외할아버지의 이름을 딴 아들이 하나 있다. 레이니(실명이 아니다)는 손자를 두 번 만났다. "아들은 배신감을 느꼈나 봐요. 그 아이는 이게 다 내 잘못이라고 생각했죠." 그녀는 아들이 자살을 시도한 적이 있는지 모른다. 그가 자살을 원했는지조차 모른다. "그 아이는 기본적으로 '내가 자살 충동을 느낀다고 해도 다시는 엄마한테 말하지 않을 거예요'라고 말했어요." 그녀는 아들을 화나게 할까 봐 자신의 이름을 바꾸고 아들의 이름은 아예 거론하지 말아달라고 나에게 부탁했다.

그녀는 자신을 용서하지 않았다. "솔직히 말해서 아들이 내가 자기를 사자 굴에 몰아넣었다고 느끼는 것도 무리는 아닙니다. 가슴이 찢어지지만 아들을 탓하지는 않아요. 내가 그러지 않았으면 얼마나 좋았을까 싶어요. 아들에게 '너 그냥 집에 있자. 무슨 수를 써서라도 너를 안전하게 지킬게'라고 말했어야 해요. 그랬으면 아들의 자존감을 지킬 수 있었을 거예요. 그랬으면 아들의 존엄성과 자기 결정권을 지킬 수 있었을 거예요. 그 아이가 한 명의 인간으로 받아들여질 수 있었을 거예요."

그녀는 아들에게 그런 짓을 한 의료 시스템을 결코 용서하지 않았다. "내 아들에게 일어난 일은 다른 사람들에게 일어난 일에 비하면 아무것도 아닙니다. 아무것도요." 그녀는 안다. 그녀는 처음에 이른바 '정신건강 빈민가'라고 부르는 곳에서 사회복지사 일을 시작했다. 사람들이 정신과 병동에서 퇴원해 아무 지원을 받지 못한 채 구렁으로 떨어지는 지역이었다. 그들은 방 한 개짜리 공동 주택이나 재활 시설이나 거리에서 살았다. 이제 그녀는 가장 취약한 정신 질환자들을 위한 그녀의 옹호 활동을 통해 범죄에 버금가게 그들을 학대하고 어린애 취급하며 실망시키는 의료 체계에 대항한다.

그녀는 사회복지학 석사 학위를 취득하기 위해 현장 실습을 하는 동안 관심 분야인 옹호 활동과 복지 서비스의 현실 사이의 격차를 발견하고 놀랐다. "'나는 당신에게 최선이 뭔지 압니다. 나는 당신에게 필요한 것이 뭔지 당신보다 더 잘 압니다' 하는 말들요. (……) 나는 그처럼 상처받은 사람들에게 힘을 북돋아주려면 어떻게 해야 하는지 혼란스러웠습니다."

그녀는 사고뭉치 운동가가 돼서, 병원의 부패를 폭로했고, 더 나은 지역 사회 치료 시스템을 추구했고, 그녀가 첫걸음을 내딛은 분야인 국가 정신 의료 시스템의 조직적 문제점을 추적했다. 그녀는 곧 옹호 운동을 중심적으로 펼치고 대체로 기관 친화적인 정신 질환 전국 동맹의 버지니아주 지부장이 됐지만, 보다 철저하게 비판적인 정신건강 회복 연맹으로 옮겨서 활동했다.

레이니가 주장하는 것은 많은 보건 운동가들이 바라는 것과 별로 다르지 않다. 보다 강력한 지역 사회 기반의 외래 환자 치료다. "우리는 너무 늦기 전에 개입하는 것이 옳다고 믿습니다." 하지만 그녀는 정신건강 예산이 정치권의 이해타산에 따라 밀물과 썰물처럼 밀려 들어왔다가 빠져나가는 상황을 보는 것에 진저리가 난다. 그녀는 변화를 일으킬 만큼 오래 지속되지 않는 일회성 자금이 반복적으로 투입되는 일에 진저리가 난다. 그녀는 강제 치료에 진저리가 나고, 지금 그녀가 보기에 모든 정신 병원은 근본적으로 강제적이다. "그들의 환경은 열악합니다. (……) 나는 입원 치료에 반대해요. 그런데 입원 치료 관행을 바로잡을 방법이 없는 것 같아요." 그녀는 정신 질환자로 간주되는 사람들을 대하는 의사들의 태도에 진저리가 난다. "정신건강 전문가들의 사고방식은 절망적이에요. 특히 입원 상황에서 강제와 강압이 만연하지요. '내가 시키는 대로 하세요', '당신보다 내가 더 잘 압니다', '당신이 나쁜 행동을 했으니 나는 당신을 처벌하겠습니다' 같은 식이에요. 나는 그런 사고방식을 없애기가 거의 불가능하다고 생각합니다." 생존자들은 좋은 의도로 행한 치료의 무수한 결점과 부작용보다는 이런 이유 때문에 "정신과 서비스와 어떤 식으로든 얽히고 싶어 하지 않는다"고 한다. 그녀는 사랑하는 사람들(혹은 자신들)에게 다른 희망이 없기 때문에 비자발적인 입원이나 치료를 확대하는 법률을 지지하는 가족들에게 진저리가 난다. "가족들은 정신건강 의료 시스템에 완전히 실망해서 강제 치료가 가족 구성원을 호전시킬 유일한 방법이라고 결론 내리지요." 그녀는 사람들이 병원에 수용되면 실제로 무슨 일이 일어나는지 가족들이 알지 못한다고 생각한다. "그들은 사랑하는 사람에게 악몽 같은 상황이 막 시작됐다는 사실을 전혀 모릅니다." 그리고 그녀는 정신적인 고통을 질병이라고 부르는 사람들에게 진저리가 난다. "당신이 아프면 스스로 돌볼 수 없습니다. 당신은 무력한 사람입니다. 나는 그것을 병이라고 부르지 않습니다. 나는 상태라고 부르고 싶습니다."

전에도 이 주장을 접한 적이 있다. 나는 그 감정을 이해하지만 그 결론에는 동의하지 않는다. 무엇인가를 병이라고 부르는 것은 그 병을 심각하게 여기게 하고 그 병에 자원을 쏟아붓게 한다. 사람이 병 때문에 통제 불능이 되지 않는다고 해도(따라서 믿을 수 없게 되거나 자율성을 발휘할 수 없게 되지 않는다고 해도) 병은 그 사람의 통제력을 벗어날 수 있다. 하지만 당신의 통제를 벗어난 병이 정신 질환이 라면 대체로 결정적인 차이가 모호해진다.

레이니의 결론과 이 분야에 대한 그녀의 비난에 동의하지 않을 수 있지만, 정신건강 관리를 바로 잡기 위한 그녀의 표어를 반박하기란 어렵다. "자발적으로 바꾸자. 마음을 끌게 바꾸자. 효과적으로 바꾸자. 인간적으로 바꾸자."

극단적인 정신의학 회의론자들을 발견하는 것은 드문 일이 아니다. 캐나다 최대의 고등 교육 연구소인 토론토대학교 온타리오 교육연구소는 현재 반反정신의학 장학금을 지원한다. 장학금 웹사이트에 나온 설명은 다음과 같다. "정신의학과 관련된 쟁점 연구에 지급하는 '일반적인' 장학금의 비율이 압도적으로 높고 장학금이 불균형하게 배분된다는 사실을 감안하여, 공평성과 학문의 자유를 위해 반정신의학 학자들이 보다 더 장학금에 공평하게 접근할 수 있어야 한다."2

내가 아는 많은 신중한 사람들은 이것이 대단히 유해한 아이디어라고 생각할 것이다. 그 장학금을 기부한 작가이자 운동가인 보니 버스토Bonnie Burstow는 그런 사람들의 지지를 기대하지 않는다. 그녀는 전기 자극 요법 불법화, 항우울제 및 다른 향정신성 약물 금지, 분야로서 정신의학의 소멸이 이루어지기를 바란다. 그녀는 우리가 '정신 질환'이라고 부르는 것은 병이 아니라 '생활 문제'라고 말한다. (나는 분명히 그렇다고 보장할 수 있다.) 그녀는 항우울제와 전기 자극 요법이 너무 해로운 나머지 "그들이 진실을 말한다면, 아무도 그 치료를 받지 않을 것입니다. 정신과 의사들이 우울증을 다루는 방법은…… 의미가 없을 뿐만 아니라 인류에 대한 범죄입니다. 건강한 사람들의 뇌에 평생 심각한 손상을 주기 때문입니다"라고 말한다.[3]

우울증을 앓는 사람들을 치료하는 일에 일생을 바친 사람들이 이렇게 괘씸한 오해를 참지 못하는 것은 당연하다. 하지만 공격적인 대립은 도움이 안 된다. 뉴욕 마운트시나이의 찰스 켈너가 전기 자극 요법의 기억 상실 후유증을 걱정하는 사람들을 기껏해야 어리석은 바보들, 최악의 경우 사이언톨로지의 꼭두각시들이라고 무시했을 때 누구의 지지도 받지 못했다.

정신 질환이 불신을 특징으로 하는 의학 분야가 된 데는 이유가 있다.

예를 들어서 항우울제는 대부분 부당한 비난을 받는다. 항우울제의 작용에 대한 의사, 연구자, 마케팅 담당자의 의견이 확실성, 단순성, 효능을 과장했기 때문이다.

"나는 우리가 사람들에게 알리기 위해 설명을 지나치게 단순화했을 수 있다고 생각합니다……. 사람들에게 설명하기 위해 '화학적 불균형'을 사용한다거나, 인슐린 분비가 부족한 경우에 비유한다거나 등의 방식으로요." 얀센 제약의 신경 과학 치료 부문의 책임자이자 케타민 실험을 이끌고 있는 후세이니 만지가 인정했다. "일부 지나친 단순화는 좋은 의도로 이루어졌다고 생각합니다. 나도 그럽니다. 우울증 같은 경우에 대체로 사람들은 '내가 더 열심히 노력해야 하는데. 대체 나는 왜 이러지?' 생각하니까요. 그러면 바로 '아니야! 당신 잘못이 아니야'라고 반응하고 싶어지죠."[4]

우울증 치료의 역사상 누구도 우울증 치료에 대해 잘 알지 못했다. 따라서 연구자들과 의사들이 우울증 치료에 효과가 있어 보이는 무엇인가를 발견하면, 당시에는 타당해 보이지만 철저한 검토를 거치지 않은 역공학逆工學♦적 설명을 해가며 그것을 정부와 대중에게 (그리고 어쩌면 자신들에게) 팔았다.

우울증이 작용하는 방식을 이해하는 분야에 관한 한, 정신의학의 과장된 확실성이 반정신의학의 가장 효과적인 무기가 됐다. 『우울증 제조Manufacturing Depression』의 작가이자 "우울증 공장은 왜 음울하고 사악한가"5라는 유쾌한 문구의 고안자인 게리 그린버그Gary Greenberg는 그 무기를 휘두르는 것을 두려워하지 않는다. 하지만 압박 질문을 계속 던지자, 그는 그들이 정신의학에 생물학을 관여시키겠다는 고집을 버리기만 한다면 우울증을 병으로 보는 생각을 받아들이겠다고 말했다. "사실 나는 병, 질환은 생물학적 범주로서가 아니라 수사적 장치로서 더 잘 이해된다고 생각합니다. 이는 사회 자원을 어떻게 배분할지 결정할 방법을 우리에게 제시합니다. 병은 사회 자원을 투자할 가치가 있는 일종의 고통이며, 사회 자원에는 연구, 약, 연민, 돈이 포함되지요. 그 정의에서 우울증이 병으로 적합할까요? 물론입니다."6

당연히 대부분의 정신의학 연구자들과 의사들(우울증의 신경학과 신경 화학을 다루는 모든 전문가들)은 우울증을 식별 가능한(비록 아직 식별되지 않았다고 해도) 병리 생리학을 가진 의학적 질환으로 보

♦ 기존의 제품을 분석해 개념과 기술을 파악하는 과정.

는 견해를 버리려 하지 않을 것이다. 특히 신경 가소성과 신경 회로 망이 잠재적으로 이해를 돕는 연구 방향을 제시하는 것처럼 보이는 동안에는 말이다. 하지만 환자의 입장에서 그것이 중요할까? 병의 차도라는 공동 목표가 그런 의견 일치와 전혀 관계없다면, 병의 발생 원인을 놓고 환자와 다퉈봤자 누구에게 무슨 이익이 있을까? 내가 의사에게 솔직히 말하고 그의 조언을 따르는 이유는 그를 믿기 때문이다. 그가 우울증이 어떻게 발생하는지, 우울증이 어떻게 작용하는지, 이런 약들이 어떤 역할을 하는지 같은 질문에 모든 답을 가지고 있기 때문이 아니다. 그가 자기 직업의 불확실성에 대해 아주 정직하기 때문에 그는 분명 더 나은 정신과 의사이다.

중독 및 정신건강 센터의 폴 커디악은 이해한다. "많은 의사들이 환자에게 '프로작이나 졸로프트를 드리겠습니다. 그 약이 뇌 속의 세로토닌을 증가시키면 당신의 기분이 나아질 테니까'라고 말할 것입니다. 나는 이것이 대단히 환원주의적인 설명이라고 생각합니다. 나는 '당신은 우울한 것 같습니다. 증거에 따르면 효능과 부작용이 가장 잘 균형을 이룬 약을 처방하겠습니다'라고 말합니다……. 나는 그렇게 말하기를 좋아합니다. 정직한 말이니까요."[7]

정신과 의사들이 아는 것과 모르는 것과 해당 치료 방식을 사용하는 근거를 기꺼이 밝히기만 하다면, 게리 그린버그는 정신의학을 실천하는 정신과 의사라는 개념에 불만이 없다. "모든 정신과 의사가 '당신의 증상은 이렇습니다. 당신은 잠을 자지 않고 먹지 않고 등등……. 내 경험으로는 그런 증상에 도움이 되는 것은 이 약입니다. 이유는 나도 모르겠습니다' 이렇게 말한다면…… 의사가 환자에게

여보세요, 제가 지금 죽고 싶은데요

이렇게 말한다면, 위약 효과는 줄어들겠지만…… 의사에 대한 신뢰감과 친밀감이 높아질 것이고 환자의 우울증은 실제로 완화될 것입니다. 더 솔직해질 수도 있습니다. 한쪽에서 솔직하게 말하면 양쪽에서 솔직한 말이 오고 갈 수 있습니다. 누가 알겠습니까?"

인간 자아의 가장 사적이고 취약한 면을 다루는 전문가가 자신이 하는 치료와 그 치료의 이유에 대해 솔직하고 개방적이어야 한다는 말이 왜 급진적일까(애초에 이런 말 자체가 왜 필요할까)? 환자를 의사의 완전한 전문 지식이 필요한 결함 있는 정신의 소유자로 다루면서 어떤 질문도 용납하지 않는 것이 아니라, 환자를 사람으로, 보살핌을 받는 협력자로 다루는 것이 당연하지 않을까?

내가 반복해서 보고 들은 한 가지 진실은 직접(아니면 자신이 사랑하는 사람을 통해 직접적으로나 간접적으로) 경험하고 나면 정신 질환을 가진 사람들을 훨씬 더 깊게 이해하게 된다는 것이다. 몸소 겪어서 알게 되면 어떤 일이든 감수하게 된다. 결과적으로 직접 경험을 해본 의료 종사자들이 우울하고 자살 충동을 느끼는 사람들을 훨씬 잘 보살핀다. 하지만 오직 암에 걸렸다가 차도를 보인 사람만이 뛰어난 암 전문의라면, 오직 출산을 해본 사람만이 실력 있는 산과 전문의라면, 노쇠한 사람만 노인병 전문가가 될 수 있고 신경외과 수술의 전제 조건이 자신의 뇌를 직접 잘라본 사람이라면 어떻게 될지 상상해보자. 사람을 '돌보는 직업' 중 숙련된 의사의 출발점은 분명히 인간적인 공감이다(더불어 학습 및 학습한 것의 실행이다!). 근거에 기초한 적절한 정신건강 관리를 제공하고, 둔감하다고 욕을 먹지 않기 위해 갖춰야 할 기본 자질이다.

온타리오 교육 연구소에 반정신의학 장학금을 기부한 보니 버스토조차 사람을 마비시키는 절망, 헤아릴 수 없는 자살 경향성, 정신 이상이 의료적 개입으로 효과를 볼 수 있다는 점에 동의한다. 그저 그녀는 약물이나 의료 개입보다 심리 치료와 운동과 사회적 지원을 선호한다. 그녀가 극찬하는 치료 방식(자살 충동을 느끼는 사람들을 '공동 조사자'로 참여시켜서 그들의 절망 및 그 절망에서 벗어날 대안을 조사하게 함)은 자살 경향성 공동 평가 및 관리 모형을 개발한 데이비드 A. 좁스와 동료 연구자들이 지지하는 방식과 대단히 비슷하다.

나는 그녀가 자신이 경멸하는 정신과 의사들과 철학적으로 별로 다르지 않은 것 같다고 그녀에게 말했다. 양측 모두 무엇인가가 잘못됐다고 인식한다. 양측 모두 잘못된 점을 다소나마 해결하고 삶을 더 낫게 혹은 견딜 만하게 만들도록 도울 방법이 있다고 생각한다. 양측 모두 증거로 효과가 입증된 개입, 즉 환자를 치료라는 자동차의 운전석에 앉혀 놓는 방식을 선호한다.

내 실수였다. "어떤 현상을 뇌의 병이라고 믿는 것과 사람들이 도움이 필요한 생활 문제를 겪고 있다고 믿는 것 사이에는 엄청난 철학적 차이가 있습니다. 놀랄 만큼 커다란 철학적 차이입니다." 그녀가 잠시 말을 멈추었다. "내 책을 안 읽어봤군요?" 인터뷰 대상이 자기 책을 읽어봤는지 묻는다면, 당신은 인터뷰 진행자로서 아주 큰 곤경에 빠졌다는 뜻이다. (그리고 솔직히 털어놓자면, 그때만 해도 나는 그녀의 책을 한 권도 읽지 않았다. 그 후로 그녀가 쓴 책 몇 권과 편집한 책 두 권을 포함해 여러 권을 읽었다.)

나는 정신 질환이라는 발상 자체를, 즉 정신을 어떤 식으로든 치료한다는 발상을 거부하는 심정을 정말로 이해한다. 많은 사람들이 자신을 유일무이한 생명체로 만드는 바로 그 영역이 일련의 전기 자극으로 설명될 수 있다는 발상을 거부한다. (내가 보기에는 상당히 멋진 발상이지만.) 그리고 환자를 산산조각 내는 그것을 질병으로 분류하는지 분류하지 않는지의 여부는 그것이 우리 자신과 우리 삶에 미치는 영향을 바꾸지 못한다. 어떤 개입이 그 끔찍함을 완화하고 어떤 개입이 그 끔찍함을 완화하지 못하는지를 바꾸지 못한다. 그렇지만 그것을 어떻게 분류하느냐가 외부 개입에 대한 접근성과 접근 방법을 변화시키며, 새로운 영역의 연구에 자금 지원을 장려하는 방식을 변화시킨다. 그리고 어떻게 분류하느냐가, 우리를 산산조각 내는 그것을 어떻게 부르고 누가 그것에 개입할지 결정하는 규칙을 변화시킨다. 그러니 지나치다 싶을 정도로 소란을 피울 가치가 있다.

질병은 보험이 적용된다. 질병 치료는 연구 지원을 받는다. 질병이 있는 사람은 병가를 낼 기회를 갖는다. 만성 질환과 장애를 가진 사람은 인권 법규에 따른 권리를 갖는다. 철학적 토론과 전문 분야의 영역 싸움이 무해한 것은 그것들이 효과가 있는 치료를 받고 존중과 동정을 받는 개인의 능력을 침해하기 전까지만이다.

만성 기분 장애가 결함 있는 뇌의 결과라는 것을 믿든지 안 믿든지, 이런 절망 상태를 질병으로 분류하고 질병으로 치료해야 할 필요성은 여전히 존재한다.

하지만 사람들은 자신이 믿지 않는 치료를 받지 않는다. 전반적으로 정신의학, 특히 우울증에 대한 가장 공격적이고 지속적이며 흥미진진한 반대(정신의학을 속임수로 간주하고 그 치료가 해롭고 강제적이라고 여기는)는 타당성에 뿌리를 둔다. 제약업계와 의사들은 우울증약의 효능을 지나치게 과장했고 우울증의 작용 방식을 지나치게 단순화했다. 모든 의료 개입에는 부작용이 있으며, 어떤 개입은 다른 개입보다 부작용이 더 심각하다. 정신 질환을 가진 사람이나 정신 질환을 가지고 있다고 여겨지는 사람은 비자발적으로 입원해서 치료를 받는다. 하지만 이 중 무엇도 우울증이 심신을 쇠약하게 하는 진짜 병이 아니라는 뜻은 아니다. 우울증은 진짜로 존재하며 진정으로 끔찍한 상태이다. 그저 우리가 그것을 이해하지 못할 뿐이다. 약물 치료, 심리 치료, 전기 자극 요법, 반복적 경두개 자기 자극술, 운동. 이 모든 것이 일부에게 어느 정도만 효과가 있다. 우울증 치료 방법은 여전히 불충분하다. 아무리 불가피하다고 해도 사람들을 강제로 치료받게 하는 것은 형편없는 짓이다(그리고 어떤 이유로 그 기본 자유권 제한을 정당화하든 항상 사람들은 결코 동의하지 않을 것이다). 이는 곧 정신의학의 신뢰성 문제를 해결하지 못하면 사람들이 치료를 받지 않거나 치료를 덜 받거나 죽을 것이라는 뜻이다.

보니 버스토는 사람들의 신뢰를 잃는다는 점이 포함되지 않는다면 "그것은 정신의학이 아닐 것이다"라고 말한다. 나는 그 말이 틀렸다고 믿고 싶다. 신뢰를 잃는 것이 해당 의학 분야의 필수 요소라면 그것은 나쁜 의학 분야이기 때문이다.

패트릭

패트릭은 삶의 절반 이상의 시간 동안 엉망진창이었다. 상태가 좋은

여보세요, 제가 지금 죽고 싶은데요

시기에는 모든 행동을 몽유병자처럼 몽롱한 상태에서 했고 기억하지 못했다. 상태가 나쁜 시기에는 불안과 자기 질책 때문에 모든 기능이 완전히 마비됐다.[8]

이 상태는 중학교 3학년 때 시작됐다. 그는 무기력해졌고 기운이 빠졌다. 그는 자신의 단점들, 즉 모든 상황을 개선하기 위해 고쳐야 할, 점점 길어지는 자신의 결점 목록에 집착했다. 몽롱한 정신 상태 속으로 도피함으로써 쓸모없는 존재라는 느낌에 대처하는 법을 배웠다. "나는 조금 이상하게 행동했어요. 평범한 상황은 나를 불안하게 했어요. 그래서 그런 상황을 피했어요." 그가 말했다.

그 몽롱함 때문에 지금도 그는 과거의 특정한 사건을 기억하기가 힘들다. 마치 다른 사람의 꿈속을 구체적으로 들여다보려고 안간힘을 쓰고 있는 것 같다. 만성 정신 질환은 세계를 인지하는 방식과 그것을 나중에 기억하는 능력 둘 다를 망친다. 내가 이 책을 위해 실시한 다소 주제넘고 개인적인 인터뷰 중 대개의 경우가 좌절감 속에서 진행되었다. 나는 그 사람들이 부정적 인지 편향과 기억 체계의 결함에 의해 왜곡된 사건들을 제대로 기억해내게 하려고 기를 썼다.

패트릭은 수십 년에 걸쳐 자신에게 말했다. "'내가 해야 할 일은 이 끝없는 목록을 해결하는 것뿐이야. 그러고 나면 만사가 더 나아질 거야. 너는 이 모든 증상에 대해 너 자신을 탓하는 경향이 있어. 너는 네가 쓸모없다고 느끼지.' 네, 좀 엉망이긴 했지요. 그렇지만 그저 그것이 내 일상생활이었습니다. 여전히 이것저것을 하기는 했지만 그리 잘하지는 못했습니다. 누구와도 거의 이야기를 하지 않았고, 사람들과 친하게 지내지 못했고, 연애도 하지 않았습니다. 그저 그날 하루를 무사히 견뎌내려고 노력했습니다. 기본적으로 힘든 싸움이었습니다. 엄청 힘들었습니다."

걸보기에 그는 극복하고 있었다. 게다가 훌륭하기까지 했다. 정치학 학위를 따고 대학을 졸업했다. 한국에서 7년 동안 영어를 가르쳤고 동남아시아 전역을 배낭여행했다. "나는 내 문제에서 도망가려고 노력했지만 실상은 문제를 데리고 다니는 셈이었어요. 어딜 가든 자신의 문제에서 영원히 벗어날 수 없다는 말이 있잖아요. 딱 그 말대로였어요."

그는 온타리오 정부의 임시직, 자전거 택배 기사, 건설 현장의 자재 관리자로 일했다. 온갖 방해물들과 기나긴 대기줄에 지지 않을 만큼 의욕이 생길 때는 치료를 받으려고 시도했다.

"어떤 종류든 처방전을 쓰는 것을 무척 꺼리는" 가정의에게 진료를 받았고, "이상하고 소용없는 상담"처럼 느껴지는 것을 위해 정신과 의사를 만나려고 5개월 동안 기다렸다.

"많은 정신과 의사들이 그저 얼간이예요. 잘난 척이 심하고요…… 환자를 대하는 태도가 무척 차갑고 건조합니다. 많은 경우에 나는 말을 꺼낼 기회조차 잡지 못합니다. 아주 기계적인 과정이에요. 그리고 그런 사람들이 내게 약물 치료를 시작하라고 권합니다." 그가 어떻게 그들을 믿을 수 있을까?

패트릭은 몇 년 동안 항우울제를 먹었다가 안 먹었다가 했다. 대체로 안 먹었다. 부분적으로는 병이 문제가 아니라 자신과 자신의 결함 때문이라고 자기혐오가 그를 설득하기("몇 가지 문제만 알아내면 돼") 전에 효과가 나타나는 약이 없었기 때문이다. 부분적으로는 향정신제에 대한 뿌리 깊은 반감이 그가 온라인에서 찾아낸 정보로 한 층 더 강해졌기 때문이다.

"비록 부작용이 우울증 자체에 비해서 아무것도 아니긴 하지만, 여전히 부작용을 두려워하기 마련입니다. 전에 인터넷 토론방에서 한 남자와 이야기를 나눴어요. 그는 30대 후반이었고 우울증이 상당히 심했어요. 나는 약을 먹어보라고 그 사람을 설득했지요. 그는 '그래요. 그런데 약이 성욕에 영향을 미치지 않을까요?'라고 했어요. 어라, 당신은 이미 성욕이 없다고 말했잖아요." 그가 이어서 말했다. "사람들은 '나는 약의 노예가 되고 싶지 않아'라고 생각하는 경향이 있습니다. 그렇게 때로 사람들은 스스로를 망칩니다."

기존의 항우울제를 믿지 못하고 꺼리는 거부감에도 불구하고, 호전돼야 한다는 필요성 때문에 패트릭은 아야와스카를 복용하기 위해 페루로 갔다.

식물에서 추출한 환각성 약물인 아야와스카는 건강을 추구하는 부자들 사이에서 유행했다. 정성을 바치는 의식에서 주술사가 사이코트리아 비리디스의 잎을 바니스테리옵시스 카피의 덩굴과 섞는다. 즉, 세로토닌 표적화 환각제 N,N-디메틸트립타민을 모노아민 산화효소 억제제 역할을 하는 하르말라 알칼로이드와 혼합한다.[9] 다시 말해서 내가 수년 동안 시도해온 방법과 동일하다. 단 효능과 순도가 불확실한 유기 물질을 사용하고 의사의 철저한 감독 없이 통제되지 않은 환경에서 마신다는 것이 다르다.

"나는 인터넷에서 이에 대한 글을 읽었어요……. 모두 성공한 이야기였죠. 그래서 나는 '우와, 이거 진짜 물건이네' 하고 생각했습니다."

그래서 그는 시도해보기로 했다. 온라인 후기가 호평 일색인 산속 휴양을 예약했다. 전통 천막집 안 깔개 위에 비슷한 신봉자들과 빙 둘러앉았다. 옆에는 토할 때 사용하는 양동이가 있었다. 환각제 용액을 마셨다. 결과는 광고와 달랐다.

"실패였습니다. 완전한 실패였어요. 첫 번째는 좀 끔찍한 수준이었지만 두 번째는 악몽이었습니다. 어디서부터 말해야 할지도 모르겠네요." 그는 유혈이 낭자한 형상, 그가 당장이라도 누군가의 목을 졸라 죽일 것 같은 소름끼치는 느낌을 기억한다. 그는 생각했다. "남은 생 내내 페루의 정신 병원에 갇혀 있겠구나." 우울한 안개 속에 사는 수십 년 동안 자살 충동을 느끼기는 그때가 처음이었다고 말한다. 그는 캐나다로 돌아와서도 상태가 좋지 않았다. "그때의 장면이 자꾸 떠올라서라기보다는, 그저 아주 무시무시한 생각이 드는 것을 감당할 수 없었고 삶을 제대로 꾸려갈 수 없었고 그 삶이 아무 의미 없는 것으로 보였기 때문입니다."

해결책을 찾아서 온라인 검색을 하다가 케타민을 발견했다. 파티 마약이라고 불리는 케타민은 치료 저항성 우울증의 잠재적 만병통치약으로 명성을 떨치고 있었다. 패트릭은 뉴욕으로 가서 돈을 내면 마취과 전문의가 미국 식품의약국의 승인을 받지 않은 케타민 정맥 주사를 놔주는 진료소를 찾아갔다.

이렇게 국경을 넘어 본인 부담으로 비교적 증명되지 않은 치료를 시험한 결과, 가장 최근의 다른 시도보다 효과가 나은 것으로 드러났다. 정맥 주사액이 다 들어가는 데 걸리는 한 시간이 지나기도 전에, 패트릭은 일어나 앉아서 그 용액이 자신의 팔로 들어가는 것을 지켜봤고, 기분이 나아지는 느낌이 들었다. "생각이 갑자기 정말 이성적으로 변했습니다. 도무지 대처할 수 없어 보이던 문제들이 갑자기 아주 쉽게 극복할 수 있는 것으로 여겨졌지요." 잠시 그는 자신의 뇌의 지휘자가 된 느낌이었다.

"환각에 빠진 것이 아니었어요. 하지만 내가 내 머릿속에 들어가 있고 모든 게 미친 듯이 빙빙 회전하는 것 같았습니다. 나는 '아이쿠, 여기는 정말로 미친 것 같구나. 자, 진정해'라고 생각했지요. 그리고 그 회전이 점점 느려지고 곧 안정됐습니다. 차분했고 낙관적이었습니다. 안전한 느낌이었습니다. 사회적 상호 작용이 갑자기 아주, 아주 쉬워졌습니다. 이전에는 그런 상호 작용이 엄청나게 어려웠거든요. 이제 나는 커피숍에 들어가서 바리스타와 이야기를 나눌 수 있게 됐습니다."

패트릭은 토론토의 집으로 돌아가기 전에 일주일 동안 400달러짜리 주사를 세 번 맞았다. "나는 데이트를 시작했고 많이 했습니다. 데이트는 이전에 내가 늘 피하던 것이죠. 내가 최악의 사람인 것 같은 느낌이 드는데, 누가 나랑 데이트를 하고 싶겠어요? 하지만 나는 데이트를 잔뜩 하고 있었어요. 정말 기분이 좋았습니다." 그렇지만 그 어마어마하게 좋은 기분은 점차 사라졌다. 두 달 만에. "기본적으로, 기분이 다시 지독하게 형편없어졌어요."

그는 그에게 케타민을 줘서 그 멋진 느낌을 되찾게 해줄 의사를 토론토에서 찾아내려 했다. 말은 쉽지만 너무 어려운 일이었다. "여기 사람들은 상당히 보수적입니다. 특히 정신건강과 관련되면 어려움을 겪지요. 뭐, 다리를 다쳐서 뼈가 튀어나와 있는 상태도 아니니까요." 그렇게 눈에 보이는 상처가 아니니 뭐든지 시도해보자는 절박감이 덜하다. 그는 케타민 처방을 문의한 대부분의 병원에서 접수 담당자를 통과하지도 못했다. "주로 비웃음을 샀습니다. 미쳤어요? 케타민을 처방해달라고요? 이런 식이었습니다."

결국 그는 토론토의 의사를 소개받았다. 이전에 케타민 사용을 시험했지만 그 후로 반복적 경두개 자기 자극술 시험으로 전환한 의사였다. 그는 그 시험에 참여했다. 효과가 없었다. 그는 장비의 기계 팔과 머리를 누르는 커다란 원반, "누군가 낚싯바늘로 머리를 꿰뚫는 것 같은" 고통스러운 느낌을 기억한다. 하지만 그는 포기하지 않았다. 그는 새로운 의사를 찾았다.

나는 그가 별 볼 일 없는 치료에 대해 장황하게 설명한 후에 이 의사에 대해 이야기하는 것을 듣고 있자니, 야생화가 흐드러지게 핀 들판을 가로질러 서로를 향해 슬로 모션으로 달려가는 두 사람을 지켜보는 기분이 들었다.

"그녀는 굉장했어요……. 공감 능력이 정말로 대단했죠. 남의 말을 아주 잘 들어주는 사람이었어요."

확실히 말하는데, 이 사람은 그에게 케타민을 처방하는 것에 처음으로 동의한 캐나다 의사였다. 사람들은 자신들이 원하는 것을 주는 의사를 좋아하는 경향이 있다. 하지만 18년이라는 긴 세월 동안 심각한 우울증을 앓으며 이 의료 분야에 대해 깊은 불신을 가졌던 이 남자가 마침내 공감할 줄 아는 의사를 만났다는 생각에 들떠 쏟아 낸 서정적이고 열정적인 표현은 여전히 나를 어안이 벙벙하게 한다. 대단한 표현이다!

여보세요, 제가 지금 죽고 싶은데요

그때부터 패트릭은 비강 케타민을 사용했다. 분무기가 달려 있는 흡입기 형태의 작은 약병이었으며 2~3일에 한 번 코에 뿌렸다. 그는 한 달 혹은 두 달이나 석 달에 한 번 가정용 케타민을 제공하는 시내 약국에서 이 약을 샀다. (그건 그렇고 이 약은 내가 앞에서 시도해보라고 권한 강한 케타민이 아니다.) "가장 이상한 점은 사흘마다 밤에 케타민에 취한다는 것입니다. 조금 재미있었습니다. 특히 처음에요. 합법적으로 약에 취할 수 있다니 상당히 멋지잖아요."

하지만 항우울제 효과는 없었다. 그는 약에 취해 황홀해졌지만 여전히 절망적이었다. 그리고 약에 대한 의존성이 심해지는 걱정스러운 징조가 나타났다. 그 약이 더 필요하다는 느낌이 들었고, 그 약이 신체적으로 해롭다는 것을 느끼면서도 다음 투여 시기가 다가오면 초조하고 불안해서 어쩔 줄 몰랐다.

그때까지도 그는 기존의 항우울제를 거부했다. "의사는 다시 복용을 시도해보라고 계속 제안했지만, 나는 아주 완고했습니다." 그는 수년 동안 항우울제를 피했던 이유와 동일한 이유로 그것을 피했다. 의존하게 될지 모른다는 두려움, 근본적으로 자신이 변할지도 모른다는 두려움 때문이었다. "좋지 않은 반응에 대해 들었거든요. 나는 그런 약이 어떤 식으로든 내 뇌의 화학 작용을 변화시킬까 봐 무척 걱정했습니다."

그렇다. 아야와스카와 케타민으로 우울증을 치료하려던 사람, 20대 초반에 강력한 환각제인 LSD로 실험하던 사람이 항우울제가 뇌의 화학 작용에 미치는 영향이 너무 두려워서 난생처음 진심으로 믿는 의사의 강력히 권유에도 불구하고 항우울제를 시도하기를 계속 거부했다. 드문 일이 아니다. 바로 이것이 정신의학과 약물 치료에 대한 우리 사회의 생각이다. 나는 정신에 같은 작용을 하지만 처방 전과 약국을 통해 받은 어떤 약보다 향정신성 기분 전환 약물을 더 기꺼이 복용할 사람들을 많이 안다. 이 신뢰 문제가 사람들을 죽인 다. 혹은 사람들이 효과적인 치료를 받지 않을 때 이 신뢰 문제가 그 들의 삶을 파괴한다.

"그래서 많은 설득이 필요했습니다. (내 의사는) 그저 계속 그 이 야기를 꺼냈습니다. 그녀는 정말로 훌륭한…… 가장 좋은 사람입니 다. 그녀는 계속 넌지시 말했어요. 이제 이 치료법을 포기할 때가 됐 다고. 둘이 함께 다른 방법을 시도해봐야 한다고. 어느 순간에 나는 딱 느꼈어요. 아, 이 약이 효과가 없구나. 그냥 나는 이 약에 취해 있 구나."

그래서 그는 우선 에스시탈로프람을 시도했다. 내가 첫 번째 자살 기도 후 시험해본 지극히 평범한 선택적 세로토닌 재흡수 억제제이 다. "그 약은 실제로 효과를 보이기 시작했습니다. 몇 달이 흐르면서 점진적으로, 아주 느리게……. 그리고 점차 내 삶이 나아지기 시작했 습니다." 그는 다시 학교에 들어갔다. 웹 디자인을 공부했다. 진짜로 마음에 드는 일자리를 구했다. 지하철에서 명상을 하기 시작했다. "명상은 마음을 편하게 하고 생각을 정리해줍니다……. 머릿속에 자 신만의 안전지대를 만드는 것이라고 보면 됩니다. 주변 상황에서 조 금 거리를 두는 것이죠."

데이트는 여전히 어렵다. 자존감은 여전히 낮다. 하지만 그는 "상 대적으로 말하면, 나는 예전에 비해 아주 잘 지내고 있습니다"라고 말했다.

나는 희망찬 변화를 꿈꾸는 사람은 아니다. 하지만 이 말을 들으니 대리 만족과 살인적인 질투가 동시에 든다.

나도 그가 누리는 즐거운 삶을 누리게 될 것이다.

제5부

보잘것없는 대단원

28

일인칭 시점의
후기

우울증을 추적하면서 맞닥뜨린 최악의 순간은 인터뷰를 하려고 토론토의 팀 홀튼에서 한 여성을 만났을 때였다. 나는 늦게 도착했고 그녀에게 무엇을 마시겠냐고 물었다. 그녀는 세상에서 가장 복잡한 요청을 했다. 넘칠듯이 잔을 가득 채운 블랙커피, 여분의 잔, 우유 두 개, 얼음물 한 잔, 한 면에 저지방 크림치즈를 바르고 한 면엔 오이를 올린 구운 잡곡 빵. 그래서 나는 그대로 주문해서 갖다 줬다. 그런데 나는 멍청하게도 뭘 더 먹겠느냐고(제대로 된 샌드위치 말이다) 물었다. 그러자 그녀는 두툼하고 동그란 빵에 투스칸 치킨을 넣은 샌드위치를 요청했는데 그 카페에는 토르티야로 감싼 치포틀 치킨 랩만 있었다. 그래서 나는 그 치킨 랩을 사고 두툼하고 동그란 빵도 사서 가지고 갔다. 그리고 나는 그녀가 음식과 음료를 꼼꼼하게 해체하고 다시 만들어서 자신의 앞에 놓는 모습을 지켜보면서 자리에 앉아 그녀에게 질문을 하려 했지만 실패했다. 그녀는 말하고 싶어 하지 않았다. 내가 개인적이거나 고통스러운 질문을 할 때마다 속상해했는데 그녀에게는 모든 질문이 그랬다. 잡담과 커피 정도를 기대했다면, 그녀는 엉뚱한 여자의 건너편에 앉아 있는 셈이었다. "먼저 먹읍시다, 괜찮죠?" 그녀가 제안했다.

중독 및 정신건강 센터와 연계된 환자 옹호 단체의 연락 담당자 여성이 의료 시스템에 난 구멍 사이로 추락하는 경험에 대해 말해줄 사람으로 그녀를 추천하고 만남을 주선해줬다. 그녀는 치킨 랩을 해체해 다시 만드는 동안 나에 대해, 내 직업에 대해, 이 책을 쓰는 이유에 대해 물었다. 그녀가 처음 질문했을 때 나는 우울증 담론의 격차, 우리가 무엇을 알고 무엇을 모르는지 현실적이고 비판적이지만 신중하게 검토해야 하는 필요성, 우리가 안 그래도 불충분한 자원을 제대로 사용하지도 못하고 있는 양상, 우리가 더 나은 방안을 찾아낼 때까지 기다리는 것이 아니라 지금 당장 도움이 필요한 사람들을 치료해야 한다는 당위성에 대해 말했다. 하지만 그녀가 두 번째로 질문했을 때 나는 내 경험을 이야기했고 그녀는 내 첫 번째 자살 기도와 정신과 병동에서 보낸 시간에 집중했다.

"그런데 왜 자살하려고 했어요? 대체 당신의 삶에 무슨 일이 있었기에 그랬어요? 어릴 때 무슨 일이 있었어요?" 그녀는 내가 조울증을 앓는 것이 분명하다고 판결을 내렸다. "딱 보니까 당신은 조증이네요. 완전히 들떠 있어요. 나는 이런 증상을 잘 알아요. 당신은 웃기지 말라고 하겠지만 나는 알아요"라는 이유에서였다. 그녀는 이 책을 쓰는 것이 끔찍한 아이디어라고 결론 지었다. "당신은 건강하지 않아요. 그리고 이런 질문을 하다 보면 다른 사람들을 자극하게 될 겁니다." 게다가 그녀는 내가 한동안 입원해야 하는 상황이니 당장

여보세요, 제가 지금 죽고 싶은데요

병원에 가야 한다고 했다. 그녀는 상태가 안 좋았고, 정신만이 아니라 여러 면에서 악전고투하고 있었다. 그녀는 극도로 말랐다. 그녀가 음식을 집어들 때마다 얇은 피부가 당겨지면서 막대기처럼 가는 뼈가 드러났다. 그녀는 수년 동안 거식증 치료를 위한 입원 시설에 들락거렸으며 날마다 강제로 먹었다. 그녀는 이제 잘록창자가 막혀서 음식을 먹지 못한다고 말했다. 하지만 나를 무너뜨리는 그녀의 솜씨는 능수능란했다. 그녀는 자기 관점에서 내 고통스러운 모든 약점, 한밤중에 나를 잠 못 들게 하고 아침에 나를 무기력하게 하는 자기 회의감을 정확하게 집어냈고 무력해질 정도로 하나하나 들쑤셨다. 내가 그 자리에 앉고 나서 영겁 같은 한 시간이 지난 뒤에야 마침내 거의 끝이 났다. 그녀는 자기 아파트까지 데려다달라고 했고 그런 다음에 그녀의 정신과 의사의 사무실을 찾게 도와달라고 했다. 나는 자기혐오에 취해 휘청거리며 떠났다. 나는 미칠 것 같았고 바보가 된 기분이 들었다. 내가 다른 사람들에게 해를 끼치는 것 같았고 내 어설프고 둔감한 사생활 침해가 그들이 자살을 하도록 몰아갈 것 같았다. 그들이 털어놓은 비밀 이야기가 그들에게 불리하게 작용할 것이라는 사실. 내 문학 활동이 간접적으로라도 다른 인간의 괴로움 혹은, 그런 일이 없기를 바라지만, 자살 사망의 원인이 될 수 있다는 사실. 그것이야말로 가장 큰 두려움이지 않을까?

나는 앤드루 솔로몬이 어떻게 이 일을 하는지, 그리고 왜 세상을 뒤흔든 책 『한낮의 우울』에서 이 모든 지독히 사적인 이야기를 사람들에게 전하기로 결정했는지에 대해 그와 이야기해야 했다. 그는 친절하게도 답장을 해줬을 뿐만 아니라 맨해튼 남쪽에 있는 아름다운 집으로 나를 초대했다. 빈손으로 남의 집에 가는 건 예의가 아니라 갓 구운 크루아상을 사서 갔다. 그런데 나는 너무 들뜬 나머지 그의 서재에서 우리가 이야기를 나누는 내내, 그리고 내가 벽마다 빼곡하게 꽂힌 책들을 너무 노골적이거나 너무 부러워하는 눈으로 쳐다보지 않으려고 노력하는 내내, 크루아상이 담긴 종이 봉투를 내가 앉은 안락의자 옆에 두고 잊어버렸다. 그는 아는 화제라도 몇 발짝 물러서서 새롭게 살펴보는 것처럼, 생각에 잠겨서 느리게 말했다.

"나는 우리에게 가능한 범위 안에서 숨기지 않고 공개해야 하는 사회적 책임이 있다고 생각합니다. 그렇지만 얼마나 솔직할 수 있는지는 사람마다 다르지요. 나는 도시에서 살고, 어느 정도 기반이 있고, 우울증에 걸렸다고 해도 별로 신용을 잃지 않을 분야에서 일합니다. 그래서 나는 다른 사람들보다 잃을 것이 적다고 느꼈습니다. 내가 우울증에 대해 이야기하지 않는다면 누가 이야기하겠습니까?"[1]

또한 그는 이미 한 가지 비밀을 공개한 마당에 또 다른 비밀에 갇혀 살 준비가 안 돼 있었다. "나는 동성애자로서 상당히 오랫동안 비밀을 간직한 채 살았다고 느꼈습니다. 다른 사람들은 몰랐죠. 나는 마침내 동성애자라고 밝혔습니다……. 나는 다시는 비밀을 갖고 싶지 않다고 마음먹었고 궁금할 수밖에 없었습니다. '이 사람들은 저 사람들이 그 사람들에게 말했다는 것을 알까?' 그리고 나는 대체로 우울증에 걸린 사람들이 비밀 유지에 너무 많은 시간과 에너지를 쏟고 있는데, 차라리 그 에너지를 호전을 위해 쏟는 편이 훨씬 낫다고 생각합니다."

사실이다. 사람들에게 말할 수 있다는 안도감(혹은 내 근황을 숨길 필요가 없다는 안도감, 정신과 예약이나 약이나 무기력한 아침 대신 다른 이유를 지어내지 않아도 된다는 안도감)은 비밀을 털어놓으면 비난을 받거나, 기회나 인맥이 무너지거나, 기껏해야 정중하지만 은밀한 따돌림을 받으리라는 자기 파괴적인 두려움만큼이나 강렬하게 나를 끌어당긴다. 고통스럽다. 나는 두려움 속에서 산다. 나는 비밀을 말한 것을 후회할 것이다. 하지만 말하지 않기에는 대체로 너무 중요하다.

"온 세상에 대고 말하는 것은 스트레스를 심하게 받는 일이며, 나는 딱히 모든 사람에게 그것을 권하지는 않습니다. 내 경우에는 비밀 공개가 상당히 잘 풀린 편입니다." 그가 받은 반응은 폭발적이었다. 그의 책을 읽고 나서 자신의 우울증에 대해, 자녀의 우울증에 대해, 배우자의 우울증에 대해, 형제자매의 우울증에 대해 그에게 이야기하고 싶어 하는 사람들로부터 그는 일주일에 20~30통의 이메일을 받는다. 그들은 도움을 청하거나 위로를 받고 싶어 한다. 그가 그들의 작은 고향 도시에 있는 좋은 정신과 의사를 알까? 그가 그들에게 어떤 약이 효과가 있는지 말해줄 수 있을까? 그리고 그들은 자신의 이야기를 공유한다. "나는 내가 조언할 수 있는 범위에서 그들에게 조언을 합니다……. 나는 세상에서 버려졌고 단절됐다고 느끼는 사람들이 또다시 나에게 버림받는 경험을 하지 않기를 바랍니다. 그래서 특별히 공감 가지 않는 사람이라도 최대한 친절하게 대하고 도움이 되는 이야기를 많이 하려고 항상 노력합니다."

그는 바닥을 기는 그의 정신적 감정적 저기압이 오늘은 예전처럼 심각하지 않다고 말한다. 그의 남편과 어린 두 자녀와 맨해튼의 주택이 미래를 바라보며 살아가도록 안정제 역할을 해준다. "내 삶은 (우울한 악마가) 처음 나타났을 때보다 훨씬 더 단단해졌습니다. 하지만 악마가 머리를 쳐듭니다. 그럴 때마다 매번 처음처럼 충격적입니다. 무슨 말이냐면, 나는 책 한 권 전체를 할애해서 우울증에 대해 썼잖습니까? 그리고 우울증에 대해 공개 강연을 해야 하지요. 그런데도 여전히 나는 우울증이 다시 돌아올 때마다 그 고통이 얼마나 지독한지 정신을 못 차립니다."

내가 처음으로 자살 기도를 한 때로부터 거의 8년이 지났고 내가 이 무력한 상태에 대해 책을 쓰자는 아이디어를 이리저리 집적거린 지 4년이 넘었다. 그런데도 여전히 아침에 일어나면 호전될 수 있다는 가능성, 더 나아질 수 있다는 가능성이 절망의 구렁텅이 아래로 가라앉는 날들이 있다. 그렇지만 날마다 그렇지는 않다. 평소에는 로이터 통신의 편집국으로 무사히 출근한다. 나는 거의 매일 일하고 기분이 좋다. 곤두박질치지 않으려고 발버둥치는 때조차 발밑의 기반을 단단히 다지고 있는 느낌이 든다. 첫 자살 기도를 한 9월의 그날보다 지금 더 나아졌다고는 말하지 못하겠다. 나는 상태가 심해지는 시기들을 겪었고 일부는 상당히 최근이었다. 하지만 이 책을 쓰는 작업은 내가 매달릴 수 있고 생활의 기반이 되는 무엇인가를 나에게 제공했다. 그것은 입증이었다. 내가 진행한 거의 모든 인터뷰가 이 망할 놈의 병이 실제로 존재하며 진정으로 끔찍하고 나만이 아니라 수많은 사람들에게 영향을 끼친다는 사실을 뒷받침했다. 바로 그런 나날들이 끈기 있게 밀고 나갈 가치가 있다고 느끼게 해줬다.

여보세요, 제가 지금 죽고 싶은데요

우울증과 음울한 행동이 내면의 고장이 아닌 외적인 병으로 여겨진다는 사실을 인식하면, 진짜 자신과 영혼을 파괴하는 장애를 구분하기 위해서 스스로 싫어하는 면들이 모두 우울증 탓이라고 생각하고 싶은 유혹에 빠질 위험이 있다. 나는 완전히 나아질 것이며 환상적이고 품위 있고 재주 많고 매력적인 사람으로 변할 것이라고 나 자신에게 말하고 싶은 유혹이 든다. 그렇지만 그렇게 되지 않는다는 것을 안다. 나를 계속 아파트와 침대에만 머무르게 하고 행동이 느려지게 하는 정신 운동 지연 상태를 치료로 완화한다고 해도, 내가 마법처럼 마라톤을 하는 일은 일어나지 않을 것이다. 더 이상 아침에 침대에서 빠져나와서 문을 열고 나가기 위해 고통스러울 정도의 불굴의 정신력이 필요하지는 않다고 해도, 나는 여전히 제시간에 도착하려면 알람을 여러 개 설정해놔야 하고 메모를 여기저기 붙여놔야 한다. 내가 언젠가 차갑고 자욱한 연기처럼 내 가슴을 가득 채우는 두려움 없이도 많은 사람들과의 사교 활동을 감당할 수 있게 된다고 해도, 파티에서 생기 넘치고 쾌활한 사람이 되지는 않을 것이다. 나는 자기혐오와 자기 회의를 결코 버리지 못할 것이다. 그러나 나는 그 영향을 중화시키려고 노력할 수는 있다.

마운트시나이 고등 회로 치료학 센터의 헬렌 메이버그의 뇌 자극, 마인드맵은 그것을 안다. "(뇌에 삽입한) 자극기가 삶을 바꿔줄 것이라고 생각하는 사람들이 있습니다. 그렇지 않습니다. 우울증을 없앨 뿐입니다. 그렇다면 당신이 우울증을 앓지 않는다면 어떤 사람이 될 것이라고 상상합니까? 어떤 사람은 현실적인 기대치를 갖습니다. 예컨대 지난 5년 동안 별다른 노력을 하지 않았다면, 예전에 우편물실에서 근무하던 회사의 CEO가 되지는 못하겠지요. 그렇다면 우울증에서 벗어나면 자신이 어떤 모습일 것이라고 생각합니까?"[2]

간담을 서늘하게 하는 질문이다. 내가 살아남기를 원하는 자아가 어떤 모습인지 개념화하지 못하는 날들이 있다. 어떤 날에는 원하는 모습을 상상할 수 있지만 그 모습이 되기까지 거쳐야 하는 과정을 견딜 수 없다. 또 어떤 날에는 그 과정이 도전할 만해 보인다.

이 책은 승리의 기쁨에 차 있지 않다. 아무도 자신을 발견하지 않는다. 일부 놀라운 사람들이 엄청난 일을 하기는 해도, 아무도 구원받지 못한다. 행복한 결말이 없다. 누구나 말하기 싫어하는 넌더리 나게 흔한 병의 불편하고 개인적인 탐구서이다. 부분적으로는 우리가 우울증에 맞서는 일에 지나치게 예민하게 굴기 때문에, 혹은 우리가 우울증을 질병으로 인정하지 않고 우울증이 멋대로 하게 놔둘 때 일으키는 파멸을 인정하지 않기 때문에, 여전히 치료가 부족하고 형편없고 지독히 불공평하게 이루어진다.

이런 방식일 필요는 없다. 너무 많은 사람들을 너무 오랫동안 쉴 새 없이 타격하는 질병에도 공감하고 공평하고 정통한 치료를 제공할 길이 있다. 그러자면 우리는 이 병에 관심을 가져야 한다.

몇 번이고 되풀이해서, 인터뷰를 하다가 주제가 변화의 필요성에서 변화의 방법으로 바뀌고, 다시 변화를 이뤄내기 위해 필요한 대중의 압력과 정치적 의지로 바뀔 때 내가 후자를 어떻게 끌어모아야 할지 물어보면 의사들과 연구자들은 나에게 되받아쳤다. "그게 당신이 할 일입니다."

여보세요, 제가 지금 죽고 싶은데요

나는 그 최전방의 문제로 골머리를 앓는다. 나는 특정 주장의 옹호자나 운동가가 아니라 기자이다. 하지만 나는 알릴 수 있고, 기록할 수 있고, 탐구할 수 있고, 도발할 수 있고, 글로 얼굴에 주먹을 날릴 수 있다. 이 책을 쓰는 상황에서 우울증이라는 주제에 대한 내 생각은 내 이해의 충돌로 인해 복잡하다. 나는 사회의 담론과 태도를 바꾸고 싶고, 결과적으로 결말을 바꾸고 싶다. 나는 누군가가 마법 같은 새로운 의료 개입 방법을 찾아내주기를 바란다. 내가 가진 이 병은 자아를 좀먹고 살고자 하는 욕구를 말살한다. 회복되고 호전될 것이라는 희망이 밀물에 모래성이 무너지듯 점점 줄어들어 흔적도 없어진다. 그렇지만 내가 자살한다면, 차도를 보이지 않는다면, 매일 수백만 명을 실망시키는 의료 체계가 나를 실망시켰기 때문이 아닐 것이다. 의료 체계는 나를 괜찮게 대우했다. 그저 아직 충분히 좋지 않을 뿐이다.

이 질병을 제대로 다루지 못하는 구조적 실패는 엄청난 영향을 미친다. 우선 인종과 수입 면에서 소외된 사람들의 상태를 악화시키고, 권리를 옹호할 힘이 가장 적은 사람들에게 가장 큰 피해를 준다. 우울증은 충분한 탐구가 이루어지지 않고 있으며, 수많은 구조적 실패와 마찬가지로, 이 주제에 대해 논의하더라도 대체로 진부하고 극단적인 의견에 지배당한다.

인권과 과학 분야에서 많은 발전을 이룬 사회에서, 여전히 놀랄 만큼 우리가 서툰 영역들이 있다. 심신을 가장 쇠약하게 하는 만성 질환을 다루는 것이 그중 하나다.

그러니 이 상황을 바로잡고 비난의 화살을 구조적 실패로 돌리자.

자살 충동을 느끼고 있다면 도움을 구하세요.

24시간 전화 상담

자살예방상담전화 1393

청소년전화 1388

정신건강상담전화 1577-0199

한국생명의전화 1588-9191

온라인 상담

한국생명의전화 www.lifeline.or.kr

청소년사이버 상담센터 www.cyber1388.kr

감사의 말

기자의 능력은 순전히 정보력에서 나오는데, 나는 이 점에서 특별히 운이 좋았다. 이 책을 준비하는 과정에서 시간과 경험과 전문 지식을 제공해준 모든 사람들에게 진심으로 감사하고 싶다. 나를 만나주고, 이야기를 해주고, 자료를 보내주고, 뇌 은행을 보여주고, 그들의 삶에서 최악의 순간을 다시 떠올려준 모든 분들에게 고맙다. 그들은 내가 아침에 일어날 이유가 돼주었다.

시간을 내서 원고를 읽고 문제점을 지적하고 의견을 제시해준 여러 전문가들에게도 고마움을 전한다.

어팬 달라, 마샤 발렌스타인, 폴 커디악, 세라 리산비, 크왐 매킨지, 줄리 세럴. 이들이 이 책을 훨씬 더 낫게 만들어줬다.

나는 이 책이 세상에 나오게 해준 루이즈 데니스에게 헤아릴 수 없는 은혜를 입었다.

처음부터 이 책과 씨름해준 충직한 협력자 릭 마이어, 모든 일을 해결해준 전문가 앤젤리카 글러버에게.

하나의 보조금을 제외하고 내가 신청한 모든 보조금을 거절해서 나에게 겸손을 가르쳐준 토론토, 온타리오, 캐나다의 예술 위원회와 나에게 1,500달러를 지급하도록 온타리오주를 설득해준 데니스 드 클럭에게. 그는 처음부터 이 책을 믿어준 사람들 중 하나였다.

삶을 살 가치가 있게 만드는 법을 가르쳐주고, 나를 많이 참아주는 조제 실베이라에게.

내가 닮고 싶은 사람인 오마르 엘 아카드에게.

계속 내 생명을 구해주는 브렌던 케네디에게.

내가 늘 나아가게 해주는 리처드 워니카에게.

나에게 영감을 주는 앨리슨 마텔에게.

내가 중심을 잡게 해주는 레슬리 영에게.

내가 직장을 다닐 수 있게 해준 암란 아보카에게.

책 디자인의 귀재인 제니퍼 그리피스에게.

진정한 동지인 헤더 크로마티에게.

늘 옳았고 나를 작가로 만들어준 그램에게. 그리고 용기란 무엇인지 나에게 보여준 루시 할머니에게.

나의 뮤즈이자 공모자인 사랑하는 두 동생, 대니얼 페이퍼니와 줄리엣 페이퍼니에게. 그리고 두 사람의 동반자이자 인내의 대가, 린지 페이퍼니와 제일런 가디아에게. 그리고 내 작은 록 스타 조에게.

특히 부모님인 오드리 멜러와 데이비드 페이퍼니에게. 두 분은 도움이 절실히 필요하면서도 도움을 거부하는 나에게 도움을 주며, 무조건적인 사랑과 부적절한 농담을 통해 다시 일어나 나아가는 방법을 나에게 가르쳐주신다.

고맙습니다.

여보세요, 제가 지금 죽고 싶은데요

1 대재앙

1. Jayme Poisson and Curtis Rush, "Toronto Police Shoot and Kill Man with Scissors Wearing Hospital Gown," Toronto Star, February 3, 2012.

2. Tim Alamenciak and Hamida Ghafour, "Who Was Sammy Yatim?" Toronto Star, August 24, 2013.

3. Richard Warnica, "The Life and Bloody Death of Andrew Loku," National Post, July 17, 2015.

4. Anna Mehler Paperny, "Ontario NDP Unveils Platform, Includes Corporate Tax Hikes and Contingency Cushion," The Globe and Mail, September 25, 2011.

2 자살 기도가 실패로 돌아갔을 때

1. Ontario Mental Health Act, 1990, www.ontario.ca/laws/statute/90m07.

2. www.sse.gov.on.ca/mohltc/ppao/en/Pages/InfoGuides/2016_Form1.aspx.

3. https://www.sse.gov.on.ca/mohltc/ppao/en/Pages/InfoGuides/2016_ Involuntary_ Patients.aspx.

4. Heather Stuart, "Violence and Mental Illness: An Overview," World Psychiatry, June 2003.

5. Omar El Akkad, "Steve Jobs: The Man Who Changed Your World," The Globe

and Mail, October 5, 2011.

6. James A. Kruse, "Methanol and Ethylene Glycol Intoxication," *Critical Care*, 2012.

3 정신과 병동 체류

1. Ontario Consent and Capacity Board Annual Report, 2016/2017, www. ccboard. on.ca/english/publications/documents/annualreport20162017.pdf.

2. Toronto Community Health Profiles, 2012−13 and 2013−14, www. torontohealthprofiles.ca/a_dataTables.php.

3. Tim Alamenciak and Timothy Appleby, "Charges Laid in Assaults on Mentally Ill in Toronto's Parkdale Neighbourhood," The Globe and Mail, May 3, 2011.

4. Parkdale Neighbourhood Land Trust, *No Room for Unkept Promises: Parkdale Rooming Houses Study*, May 2017.

5. 온타리오 정신보건법에 의거해 체포된 거의 4,000명이 2014년과 2017년 사이에 세인트 조로 실려 갔다. 2위를 차지한 병원인 중독 및 정신건강 센터보다 500명 많은 숫자이다. (2018년 1월에 발표된 토론토 경찰 서비스 통계. 정보 공개 청구를 통해 입수.)

6. City of Toronto, Social Housing Waiting List Reports, Q2, 2018.

7. Patricia O'Campo et al, "How did a Housing First intervention improve health and social outcomes among homeless adults with mental illness in Toronto? Two−year outcomes from a randomized trial," *BMJ Open*, September 2016.

5 진단 때문에 미치겠다

1. Patrick Barkham, "Green−Haired Turtle that Breathes through Its Genitals Added to Endangered List," The Guardian, April 11, 2018.

7 네 적을 알라

1. Madhukar Trivedi, interviewed by the author by phone, October 11, 2016.

2. Paul Kurdyak, interviewed by the author in Toronto, March 30, 2015.

3. Javed Alloo, interviewed by the author in Toronto, September 6, 2016.

4. Ishaq ibn Imran in Andrew Scull, *Madness in Civilization* (Princeton: Princeton University Press, 2015), 56.

5. Andrew Solomon, *The Noonday Demon: An Atlas of Depression* (New York: Scribner, 2001), 31–2.

6. Scull, *Civilization*, 92, 168.

7. National Institute of Mental Health, "Major Depression," www.nimh.nih .gov/health/statistics/major–depression.shtml.

8. Ronald C. Kessler et al, "Lifetime and 12–month Prevalence of DSM–III–R Psychiatric Disorders in the United States," Arch Gen Psychiatry (1994).

9. US Centers for Disease Control, "Selected prescription drug classes used in the past 30 days, by sex and age: United States, selected years 1988–1994 through 2011–2014," https://www.cdc.gov/nchs/data/hus/2016/080.pdf.

10. World Health Organization, *Depression and Other Common Mental Disorders: Global Health Estimates*, 2017.

11. WHO, *Depression*, 2017.

12. Sarah Lisanby, interviewed by the author by phone, July 6, 2016.

13. Laura Hirshbein, *American Melancholy: Constructions of Depression in the Twentieth Century* (New Brunswick, NJ: Rutgers University Press, 2009), 59.

8 질문 목록에 체크하기

1. *Diagnostic and Statistical Manual of Mental Disorders 5*, "Major Depressive Disorder," (Washington, DC: American Psychiatric Association, 2013).

2. Benoit Mulsant, interviewed by the author by phone, April 23, 2015.

3. Scull, *Civilization*, 392.

4. Elliot Goldner, interviewed by the author by phone, March 20, 2015.

5. Allen Frances, "The New Crisis of Confidence in Psychiatric Diagnosis," *Annals of Internal Medicine* (August 6, 2013), http://annals.org/aim/article /1722526/new–crisis–confidence–psychiatric–diagnosis.

6. Thomas Insel in Scull, *Civilization*, 408.

7. Tom Insel, interviewed by the author by phone, August 23, 2016.

9 자살 블루스

1. Jane Pearson, interviewed by the author by phone, July 13, 2016.

2. Jan Neeleman, "Suicide as a Crime in the UK," *Acta Psychiatrica Scandinavica* (1996).

3. Rae Spiwak et al, "Suicide Policy in Canada: Lessons from History," Canadian *Journal of Public Health* (2012).

4. Prakash Behere et al; "Decriminalization of Attempted Suicide Law: Journey of Fifteen Decades," *Indian Journal of Psychiatry* (2015).

5. Jose Manoel Bertolote and Alexandra Fleischman, "Suicide and Psychiatric Diagnosis: A Worldwide Perspective," *World Psychiatry*, October 2002.

6. Maria Oquendo, interviewed by the author by phone, July 13, 2017.

7. Tom Ellis, interviewed by the author by phone, July 26, 2016.

8. World Health Organization, "Suicide: Key Facts," August 24, 2018, www.who.int/news-room/fact-sheets/detail/suicide.

9. Statistics Canada, table 13-10-0392-01, "Deaths and Age-Specific Mortality Rates, by Selected Grouped Causes," www150.statcan.gc.ca/t1/tbl1/en / tv.action?pid=1310039201.

10. 또한 자살로 사망할 가능성이 자동차 사고로 사망할 가능성보다 63퍼센트 이상 높으며, 자살로 사망할 가능성이 전립샘암으로 사망할 가능성보다 44퍼센트 높다(캐나다 통계청, 캐나다 인구 통계, 출생 및 사망 데이터베이스). "Mortality Summary List of Causes," 2012, www150.statcan.gc.ca/n1/pub/84f0209x/2009000/t023-eng.htm

11. National Violent Death Reporting System, Office of Statistics and Programming, National Center for Injury Prevention and Control, CDC.

12. National Vital Statistics System, National Center for Health Statistics, CDC.

13. J.K. Canner et al, "Emergency Department Visits for Attempted Suicide and Self Harm in the USA: 2006-2013," *Epidemiology and Psychiatric Sciences* (February 2018).

14. National Center for Health Statistics, "Suicide Mortality in the United States, 1999-2017," Centers for Disease Control and Prevention, November 2018, https://www.cdc.gov/nchs/products/databriefs/db330.htm.

15. Sally C. Curtin, Margaret Warner, and Holly Hedegaard, "Increase in Suicide in the United States, 1999-2014," NCHS Data Brief No. 241, April 2016, www.cdc.

gov/nchs/products/databriefs/db241.htm.

16. Jane Pearson, interviewed by the author, July 13, 2016.

17. Sarah Lisanby, interviewed by the author, July 6, 2016.

18. Robin Skinner et al, "Suicide in Canada: Is Poisoning Misclassification an Issue?" *Canadian Journal of Psychiatry* (July 2016).

19. Ian R. H. Rockett et al, "Suicide and Unintentional Poisoning Mortality Trends in the United States, 1987–2006: Two Unrelated Phenomena?" *BMC Public Health* (2010).

20. Ian R.H. Rockett et al, "Variable Classification of Drug–Intoxication Suicides across US States: A Partial Artifact of Forensics?" *PLOS One* (August 2015).

21. Skinner et al, "Suicide in Canada."

22. Centers for Disease Control and Prevention, "The Changing Profile of Autopsied Deaths in the United States, 1972–2007," NCHS Data Brief No. 67, August 2011.

23. Rockett et al, "Suicide and Unintentional Poisoning Mortality."

24. Ian Rockett, interviewed by the author by phone, August 2, 2016.

25. Skinner et al, "Suicide in Canada."

26. Rockett et al, "Unintentional Poisoning Mortality."

27. Rockett et al, "Unintentional Poisoning Mortality."

28. Skinner et al, "Suicide in Canada."

29. National Violent Death Reporting System, CDC.

30. 29 percent compared to 51 percent. Ian Rockett et al, "Race/Ethnicity and Potential Suicide Misclassification: Window on a Minority Suicide Paradox?" *BMC Psychiatry* (2010).

31. Rockett et al, "Race/ethnicity and potential suicide misclassification."

32. Rockett, interviewed by the author by phone, August 2, 2016.

33. Michael Peck, interviewed by the author by phone, August 18, 2016.

11 상습 복용의 대행진

1. Gil Tomer, "Prevailing Against Cost–Leader Competitors in the Pharmaceutical

Industry," *Journal of Generic Medicines*, Vol. 5 No. 4 (July 2008).

2. Haiden A. Huskamp, Alisa B. Busch, Marisa E. Domino and Sharon—Lise T. Normand, "Antidepressant Reformulations: Who Uses Them, and What Are the Benefits?" *Health Affairs*, Vol. 28 No. 3 (May/June 2009).

3. Jennifer Tryon and Nick Logan, "Antidepressant Wellbutrin Becomes 'Poor Man's Cocaine' on Toronto Streets," Global News (September 18, 2013).

4. Jakob Nielsen, "Dysregulation of Renal Aquaporins and Epithelial Sodium Channel in Lithium Induced Nephrogenic Diabetes Insipidus," *Seminars in Nephrology* (May 2008).

5. Ross J. Baldessarini and Leonardo Tondo, "Lithium in Psychiatry," *Revista De Neuro-Psiquiatria* (2013).

6. Martin Alda et al, "Lithium in the Treatment of Bipolar Disorder: Pharmacology and Pharmacogenetics," *Molecular Psychiatry* (2015).

7. Thomas E. Schlaepfer et al, "The Hidden Third: Improving Outcome in Treatment—Resistant Depression," *Journal of Psychopharmacology* (2012); Laura Orsolini et al, "Atypical Antipsychotics in Major Depressive Disorder," *Understanding Depression* (2018).

8. Sven Ulrich, Roland Ricken and Mazda Adli, "Tranylcypromine in Mind (Part I): Review of Pharmacology," *European Neuropsychopharmacology* (April 2017).

9. Roland Ricken, Sven Ulrich, Peter Schlattman and Mazda Adli, "Tranylcypromine in Mind (Part II): Review of Clinical Pharmacology and Meta—analysis of Controlled Studies in Depression," *European Neuropsychopharmacology* (April 2017).

10. Maurizio Fava and A. John Rush, "Current Status of Augmentation and Combination Treatments for Major Depressive Disorder: A Literature Review and a Proposal for a Novel Approach to Improve Practice," *Psychotherapy and Psychosomatics* (2006).

11. Thomas J. Moore, and Donald R. Mattison, "Adult Utilization of Psychiatric Drugs and Differences by Sex, Age, and Race," *JAMA Internal Medicine* (December 2016).

12. Thomas Harr and Lars E. French, "Toxic Epidermal Necrolysis and StevensJohnson Syndrome," *Orphanet Journal of Rare Diseases* (2010).

13. Connie Sanchez, Karen E. Asin and Francesca Artigas, "Vortioxetine, a Novel Antidepressant with Multimodal Activity: Review of Preclinical and Clinical

여보세요, 제가 지금 죽고 싶은데요

Data," *Pharmacology & Therapeutics* (2014).

14. Richard A. Friedman, interviewed by the author by phone, October 19, 2016.

15. 또한 그들은 백인이나 히스패닉계일 가능성이 컸으며, 흑인일 가능성이 적었다. 그렇지만 응답률 혹은 지속적인 치료의 가능성 때문일 수 있다. 일반적으로 인구 중 압도적인 수가 백인이었다. A. John Rush et al, "Acute and Longer-Term Outcomes in Depressed Outpatients Requiring One or Several Treatment Steps: A STAR*D Report," *American Journal of Psychiatry*, (November 2006).

16. Madhukar Trivedi, interviewed by the author by phone, October 11, 2016.

17. Steven Hyman, interviewed by the author by phone, March 4, 2015.

18. Katelyn R. Keyloun et al, "Adherence and Persistence Across Antidepressant Therapeutic Classes: A Retrospective Claims Analysis Among Insured US Patients with Major Depressive Disorder (MDD)," *CNS Drugs* (April 2017).

19. Elisabeth Y. Bijlsma et al, "Sexual Side Effects of Serotonergic Antidepressants: Mediated by Inhibition of Serotonin on Central Dopamine Release?" *Pharmacology, Biochemistry and Behavior* (October 2013).

20. Arif Khan and Walter Brown, "Antidepressants Versus Placebo in Major Depression: An Overview," *World Psychiatry* (2015).

21. Benoit Mulsant, "Is There a Role for Antidepressant and Antipsychotic Pharmacogenetics in Clinical Practice in 2014?" *Canadian Journal of Psychiatry* (February 2014).

12 잘 알아챘어요!

1. Beck Institute for Cognitive Behavior Therapy, "History of Cognitive Behavior Therapy," https://beckinstitute.org/about-beck/our-history /history-of-cognitive-therapy/.

2. Steven Hollon et al; "Effect of Cognitive Therapy with Antidepressant Medications vs. Antidepressants Alone on the Rate of Recovery in Major Depressive Disorder," *JAMA Psychiatry* (2014).

3. Christiane Steinert et al; "Relapse Rates after Psychotherapy for Depression—Stable Long-term Effects? A Meta-analysis," *Journal of Affective Disorders* (2014).

4. Mark Olfson and Steven Marcus, "National Patterns in Antidepressant Medication Treatment," *JAMA Psychiatry* (August 2009).

5. Dennis Greenberger and Christine A. Padesky, authors of the clinically sound, largely helpful bestselling work, *Mind Over Mood: Change How You Feel by Changing the Way You Think* (New York: Guilford Publications, 1995).

6. *Statutory Regulation in Canada.* Canadian Counselling and Psychotherapy Association, 2016.

7. 여러 지침이 있다. 헬스 퀄리티 온타리오는 우울증과 불안증에 인지 행동 치료, 대인 관계 치료, 지지 치료가 효과 있다는 증거를 발견했으며 의사가 아닌 사람이 제공하는 치료에 보험 적용을 하라고 공개적으로 권고한다.(이 글을 쓰고 있는 현재, 적용되지 않는다.) Health Quality Ontario, "Psychotherapy for Major Depressive Disorder and Generalized Anxiety Disorder: A Health Technology Assessment" and "Psychotherapy for Major Depressive Disorder and Generalized Anxiety Disorder: OHTAC Recommendation." 2017. https://www.hqontario.ca/Portals/0/documents/evidence/reports/hta-psychotherapy-1711.pdf and https://www.hqontario.ca/Portals/0/documents/evidence/reports/ohtac-recommendationspsychotherapy-1711-en.pdf.

8. Michael Schoenbaum, interviewed by the author by phone, July 22, 2016.

13 감전, 충격, 태우기로 뇌를 항복시키다

1. Jeff Daskalakis, interviewed by the author in Toronto, August 9, 2016.

2. Jonathan Downar, Daniel M. Blumberger and Zafiris J. Daskalakis, "Repetitive transcranial magnetic stimulation: an emerging treatment for medication-resistant depression," *CMAJ* (November 2016).

3. Charles Kellner, interviewed by the author by phone, November 10, 2016.

4. Georgios Petrides et al; "ECT Remission Rates in Psychotic Versus Nonpsychotic Depressed Patients: A Report from CORE," *The Journal of ECT* (2001); Gerard Gagne et al, "Efficacy of Continuation ECT and Antidepressant Drugs Compared to Long-Term Antidepressants Alone in Depressed Patients," *American Journal of Psychiatry* (2000).

5. Thomas Insel, interviewed by the author, March 25, 2015.

6. Sarah Lisanby, "Facebook Q&A on Electroconvulsive Therapy," March 17, 2016.

7. Charles Kellner et al, "Continuation Electroconvulsive Therapy vs. Pharmacotherapy for Relapse Prevention in Major Depression: A Multisite Study from the Consortium for Research in Electroconvulsive Therapy (CORE)," *Archives of General Psychiatry* (2006).

8. Darin Dougherty, interviewed by the author by phone, October 13, 2016.

9. H. Thomas Ballantyne Jr. et al, "Treatment of Psychiatric Illness by Stereotactic Cingulotomy," *Biological Psychiatry* (July 1987).

10. Clemens Janssen et al, "Whole—Body Hyperthermia for the Treatment of Major Depressive Disorder: A Randomized Clinical Trial," *JAMA Psychiatry* (2016)

14 뇌 분석하기

1. Barbara Lipska, interviewed by the author in Bethesda, MD, July 1, 2016.

2. Jonathan Sirovatka, interviewed by the author in Bethesda, MD, July 1, 2016.

3. Melanie Bose, interviewed by the author in Bethesda, MD, July 1, 2016.

4. Luke Dittrich, *Patient H.M.: A Story of Memory, Madness and Family Secrets* (New York: Random House, 2016).

5. Kasey N. David et al, "GAD2 Alternative Transcripts in the Human Prefrontal Cortex, and in Schizophrenia and Affective Disorders," *PlosONE* (February 2016).

6. Maree Webster, interviewed by the author in Rockville, MD, June 28, 2016.

7. Gustavo Turecki, interviewed by the author in Montreal, August 8, 2016.

15 메마른 제약업계의 수송관

1. Francisco López-Muñoz and Cecilio Alamo, "Monoaminergic Neurotransmission: The History of the Discovery of Antidepressants from 1950s Until Today," *Current Pharmaceutical Design* (Vol. 15 No. 14, 2009).

2. Steven Hyman, interviewed by the author by phone, March 4, 2015.

3. James W. Murrough and Dennis S. Charney, "Is There Anything Really Novel on the Antidepressant Horizon?" *Current Psychiatry Reports* (December 2012).

4. "Guideline on clinical investigation of medicinal products in the treatment of depression," European Medicines Agency, 2013; Corrado Barbui and Irene Bighelli, "A New Approach to Psychiatric Drug Approval in Europe," *PLOS Medicine* (October 2013).

5. Steven Hyman, interviewed by the author, March 4, 2015.

6. Alison Abbott, "Novartis to Shut Brain Research Facility," *Nature*, December

6. 2011, www.nature.com/news/novartis-to-shut-brain- research-facility-1.9547?nc=1344043518270.

7. Gregers Wegener and Dan Rujescu, "The Current Development of CNS Drug Research," *International Journal of Neuropsychopharmacology* (August 2013).

8. Richard A. Friedman, interviewed by the author by phone, October 19, 2016.

9. Amy E. Sousa, email to the author, January 13, 2017.

10. Steven Danehey, email to the author, November 1, 2016.

11. Mai Tran, email to the author, September 26, 2016.

12. Pamela L. Eisele, email to the author, October 20, 2016.

13. Mark Marmur, email to the author, January 13, 2017.

14. Hyman, interviewed by the author, March 4, 2015.

15. Kenneth Kaitin, interviewed by the author, October 24, 2016.

16. Thomas R. Insel, "The Anatomy of NIMH Funding," www.nimh.nih.gov / funding/funding-strategy-for-research-grants/the-anatomy-of-nimhfunding.shtml.

17. Zul Merali, Keith Gibbs and Keith Busby, "Mental-Health Research Needs More than Private Donations," The Globe and Mail (January 29, 2018).

18. Braincanada.ca, accessed Jan. 27, 2018.

16 오래된 병, 새로운 방법—뇌에 삽입된 전극

1. Helen Mayberg, interviewed by the author by phone, August 4, 2016.

2. Craig M. Bennett, Abigail A. Baird, Michael B. Miller and George L. Wolford, "Neural Correlates of Interspecies Perspective Taking in the Post-Mortem Atlantic Salmon: An Argument for Multiple Comparisons Correction," *NeuroImage* (July 2009).

3. Deanna Cole-Benjamin, interviewed by the author in Kingston, ON, November 23, 2016.

4. Takashi Morishita et al, "Deep Brain Stimulation for Treatment-Resistant Depression: Systematic Review of Clinical Outcomes," *Neurotherapeutics* (2014).

5. Justin D. Paquette, email to the author, June 14, 2018.

6. Eric Epperson, email to the author, September 30, 2016.

7. Helen Mayberg, email to the author, January 15, 2019.

8. Darin Dougherty, interviewed by the author by phone, April 20, 2017.

17 오래된 병, 새로운 방법-환각제부터 스마트폰까지

1. Gerard Sanacora, interviewed by the author in New Haven, June 27, 2016.

2. Benedict Carey, "Fast-Acting Depression Drug, Newly Approved, Could Help Millions," New York Times, March 5, 2019.

3. Husseini Manji, interviewed by the author by phone, July 7, 2016.

4. Ella Daly et al, "Efficacy and Safety of Intranasal Esketamine Adjunctive to Oral Antidepressant Therapy in Treatment-Resistant Depression: A Randomized Clinical Trial," *JAMA Psychiatry* (February 2018).

5. Darrick May, interviewed by the author by phone, January 10, 2017.

6. Madhukar Trivedi, interviewed by the author by phone, October 11, 2016.

7. Ken Kaitin, interviewed by the author by phone, October 24, 2016.

8. David Dobbs, "The Smartphone Psychiatrist," *The Atlantic* (July/August 2017).

9. Thomas Insel, interviewed by the author by phone, August 23, 2016.

10. https://mindstronghealth.com/science/ accessed January 16, 2018.

11. John Torous and Laura Weiss Roberts, "Needed Innovation in Digital Health and Smartphone Applications for Mental Health," *JAMA Psychiatry* (May 2017).

12. David Bakker, Nikolaos Kazantzis, Debra Rickwood and Nikki Rickard, "Mental Health Smartphone Apps: Review and Evidence-Based Recommendations for Future Developments," *JMIR Mental Health* (2016).

13. Eric Finzi, interviewed by the author by phone, October 26, 2016.

14. 에릭 핀지가 노먼 로젠탈(Norman Rosenthal)과 실시해 2014년에 발표한 실험. 이 실험은 주요 우울 장애를 앓는 85명을 임의로 추출해서 얼굴을 찌푸릴 때 사용하는 근육에 보툴리눔 독소와 식염수 중 하나를 주사했다. 연구 결과에 따르면, 치료를 하고 6주가 지난 후 몽고메리 아스버그 우울증 평가 척도의 지수가 보툴리눔을 주사한 사람들은 47 퍼센트 하락했고 식염수를 주사한 사람들은 7퍼센트 하락했다.Eric Finzi and Norman

Rosenthal, "Treatment of Depression with OnabotulinumtoxinA: A Randomized, Double-Blind, Placebo Controlled Trial," *Journal of Psychiatric Research* (2014). See also Andreas Hennenlotter et al, "The Link Between Facial Feedback and Neural Activity within Central Circuitries of Emotion.New Insights from Botulinum Toxin.Induced Denervation of Frown Muscles," *Cerebral Cortex* (2009); M. Justin Kim et al, "Botulinum Toxin-Induced Facial Muscle Paralysis Affects Amygdala Responses to the Perception of Emotional Expressions: Preliminary Findings from an A-B-A Design," *Biology of Mood and Anxiety Disorders* (2014).

15. Sarah Lisanby, interviewed by the author by phone, January 26, 2017.

18 낙인과 헛소리

1. https://letstalk.bell.ca/en/.

2. Donna Ferguson in Anna Mehler Paperny, "Mental Illness: How Do I Find Treatment, and What Happens Next?" Globalnews.ca, October 16, 2014.

3. Mary, interviewed by the author in Toronto, August 20, 2016.

4. Claude Di Stasio, interview with the author by phone, August 17, 2016.

5. Karen Cutler, interview with the author by phone, September 22, 2016.

6. Deanna Cole-Benjamin, interview with the author in Kingston, ON, November 23, 2016.

7. Michelle Yan, interviewed by the author in Toronto, December 2, 2016.

8. Hirshbein, *Melancholy*.

9. Gary Newman, text message to the author, October 11, 2017.

10. Lisa, interviewed by the author by phone, August 11, 2016.

19 틈새로 추락하다

1. 조사 결과와 권고는 검시관법 [SBC 2007] C 15, 38조에 따라 가이스하이머, 브라이언 데이비드; 아브디, 세바스티안 파비트; 찰스, 세라 루이즈의 사인을 밝히기 위한 검시의 결과이다. 2015.

2. Alexis Kerr, General Counsel for Fraser Health Authority, "Re: Response to recommendations regarding the Coroner's Inquest into the deaths of: Brian Geisheimer; Sarah Charles; and Sebastian Abdi," September 18, 2018.

3. Paul Kurdyak, interviewed by the author in Toronto, March 25, 2015.

4. Melanie Bose, interviewed by the author in Bethesda, MD, July 1, 2016.

5. Brian K. Ahmedani et al, "Health Care Contacts in the Year before Suicide Death," *Society of General Internal Medicine* (2014).

6. Brian Ahmedani, interviewed by the author by phone, August 1, 2016.

7. zerosuicide.sprc.org.

8. Cathrine Frank, interviewed by the author by phone, November 26, 2018.

9. Jane Pearson, interviewed by the author by phone, July 13, 2016.

10. Mark Olfson, interviewed by the author by phone, September 16, 2016.

11. Javed Alloo, interviewed by the author in Toronto, September 7, 2016.

20 정신건강은 부자의 전유물이다

1. Centers for Disease Control and Prevention, "Early Release of Estimates from the National Health Interview Survey," January–March 2016; "Pharmacare Now: Prescription Medicine Coverage for All Canadians," *Report of the Standing Committee on Health,* April 2018.

2. Steven C. Marcus, Jeffrey A. Bridge and Mark Olfson, "Payment Source and Emergency Management of Deliberate Self-Harm," *American Journal of Public Health,* Vol. 102 No. 6 (June 2012).

3. Mark Olfson, interviewed by the author by phone, September 16, 2016.

4. Tara Bishop et al; "Acceptance of Insurance by Psychiatrists and the Implications for Access to Mental Health Care," JAMA Psychiatry (February 2014).

5. Maria Oquendo, interviewed by the author by phone, July 13, 2017.

6. Tim Bruckner, interviewed by the author in Irvine, CA, July 11, 2016.

7. Joseph H. Puyat, Arminee Kazanjian, Elliot M. Goldner and Hubert Wong, "How Often Do Individuals with Major Depression Receive Minimally Adequate Treatment? A Population–Based, Data Linkage Study," *The Canadian Journal of Psychiatry* (2016).

8. Paul Kurdyak et al, "Universal Coverage without Universal Access: A Study of Psychiatrist Supply and Practice Patterns in Ontario," *Open Medicine* (2014).

9. Paul Kurdyak, interviewed by the author, March 25, 2015.

10. Michael Schoenbaum, interviewed by the author by phone, September 19, 2016.

11. Paul Kurdyak and Sanjeev Sockalingam, "How Canada Fails People with Mental Illness," *Ottawa Citizen* (January 22, 2015).

21 아이들의 마음을 치유하기 위한 노력

1. Laura Kann et al, "Youth Risk Behavior Surveillance—United States, 2015," *Surveillance Summaries,* US Centers for Disease Control and Prevention, June 10, 2016.

2. Centers for Disease Control and Prevention, Web-based Injury Statistics Query and Reporting System (WISQARS).

3. Arielle Sheftall, interviewed by the author by phone, March 27, 2018.

4. Madelyn Gould, interviewed by the author by phone, March 27, 2018.

5. Jane Pearson, interviewed by the author by phone, July 13, 2016.

6. US Department of Health and Human Services, "Sexual Identity, Sex of Sexual Contacts, and Health-Related Behaviors among Students in Grades 9–12—United States and Selected Sites, 2015," Centers for Disease Control and Prevention, Morbidity and Mortality Weekly Report, August 12, 2016.

7. Ann Haas et al, "Suicide and Suicide Risk in Lesbian, Gay, Bisexual, and Transgender Populations: Review and Recommendations," *Journal of Homosexuality* (January 2011).

8. Haas et al, "Suicide and Suicide Risk."

9. Ann Haas, interviewed by the author by phone, May 18, 2018.

10. Mark L. Hatzenbuehler, Katherine M. Keyes and Deborah S. Hasin, "StateLevel Policies and Psychiatric Morbidity in Lesbian, Gay and Bisexual Populations," *American Journal of Public Health* (December 2009).

11. Mark L. Hatzenbeuhler, Katie A. McLaughlin, Katherine M. Keyes and Deborah S. Hasin, "The Impact of Institutional Discrimination on Psychiatric Disorders in Lesbian, Gay and Bisexual Populations: A Prospective Study," *American Journal of Public Health* (March 2010).

12. Ilan H. Meyer, Jessica Dietrich and Sharon Schwartz, "Lifetime Prevalence of Mental Disorders and Suicide Attempts in Diverse Lesbian, Gay, and Bisexual

Populations," *American Journal of Public Health* (June 2008).

13. Tarek A. Hammad, "Relationship between Psychotropic Drugs and Pediatric Suicidality," Food and Drug Administration, 2004.

14. Gardiner Harris, "미국 식품의약국 Links Drugs to Being Suicidal," The New York Times (September 14, 2004).

15. Christine Y. Lu et al, "Changes in Antidepressant Use by Young People and Suicidal Behavior after FDA Warnings and Media Coverage: QuasiExperimental Study," *The BMJ* (June 2014); Anne M. Libby, Heather D. Orton and Robert J. Valuck, "Persisting Decline in Depression Treatment after FDA Warnings," JAMA Psychiatry (June 2009).

16. "우리는 이런 유행병 데이터의 중요성을 무시하면 안 된다. 혹은 FDA 자문단이 본의 아니게 우울증 환자의 치료를 단념시켰고 의사의 항우울제 처방을 단념시켰다는 현실적인 가능성을 무시하면 안 된다." 리처드 A. 프리드먼이 "항우울제 복용 주의 사항-10년 후"에 쓴 내용이다. *New England Journal of Medicine* (October 2014).

17. Betsy Kennard, interviewed by the author by phone, March 13, 2018.

18. Marcella, interviewed by the author by phone, October 13, 2016.

22 "더 많은 아이들이 죽을 필요가 없습니다"

1. Kerri Cutfeet, interviewed by the author by phone, August 12, 2017.

2. Michael Kirlew, Affidavit before the Canadian Human Rights Tribunal; January 27, 2017.

3. Alvin Fiddler, "Re: Preventable Deaths of Our Youth," email to Prime Minister Justin Trudeau, January 18, 2017. Exhibit B referred to in the affidavit of Dr. Michael Kirlew, Canada Human Rights Tribunal, January 27, 2017.

4. Joshua Frogg, interviewed by the author by phone, July 12, 2017.

5. Michael Kirlew; Affidavit, January 27, 2017.

6. US Centers for Disease Control Web-based Injury Statistics Query and Reporting System Database; accessed July 27-29, 2017.

7. Caroline Jiang et al, "Racial and Gender Disparities in Suicide among Young Adults Aged 18-24: United States, 2009-2013," Centers for Disease Control and Prevention, September 2015.

8. https://wemattercampaign.org/

9. Gordon Poschwatta, interviewed by the author by phone, November 3, 2016.

10. Henry Harder, interviewed by the author by phone, October 28, 2016.

11. Eva Serhal et al, "Implementation and Utilisation of Telepsychiatry in Ontario: A Population-Based Study," *Canadian Journal of Psychiatry*, 2017.

12. Cindy Hardy, interviewed by the author by phone, October 20, 2016.

13. Michael Kirlew, interviewed by the author by phone, July 31, 2017.

23 인종 장벽

1. Hector M. Gonzalez, "Depression Care in the United States: Too Little for Too Few," *Archives of General Psychiatry* (2010).

2. Leopoldo Cabassa et al, "Latino Adults' Access to Mental Health Care: A Review of Epidemiological Studies," *Administration and Policy in Mental Health* (2006).

3. Carrie Farmer Teh et al, "Predictors of Adequate Depression Treatment among Medicaid-Enrolled Adults," *Health Services Research* (February 2010).

4. Rudayna Bahubeshi, "Canada: Let's Really Talk about Mental Illness and Who's Most Vulnerable," CBC.ca (October 2, 2017).

5. Rheeda Walker, interviewed by the author by phone, November 9, 2016.

6. Gursharan Virdee, interviewed by the author by phone, May 9, 2018.

7. Napoleon Harrington, interviewed by the author by phone, March 24, 2018.

8. Jasmin Pierre, interviewed by the author by phone, July 29, 2016.

9. Maria Chiu et al, "Ethnic Differences in Mental Illness Severity: A Population-Based Study of Chinese and South Asian Patients in Ontario, Canada," *J Clin Psychiatry* (2016).

10. Maria Chiu, interviewed by the author by phone, October 4, 2016.

11. Maria Chiu et al, "Postdischarge Service Utilisation and Outcomes among Chinese and South Asian Psychiatric Inpatients in Ontario, Canada: A Population-Based Cohort Study," *BMJ Open* (2018).

12. Meri Nana-Ama Danquah, *Willow Weep for Me* (New York: W.W. Norton & Company, 1998), 224.

여보세요, 제가 지금 죽고 싶은데요

24 누구에게 전화할 것인가?

1. Susan Stefan, interviewed by the author by phone, November 3, 2016.

2. Ontario Human Rights Commission, *A Collective Impact*, December 10, 2018.

3. Daryl Kramp, *Economics of Policing: Report of the Standing Committee on Public Safety and National Security*, May 2014, 41st Parliament, Second Session.

4. Anna Mehler Paperny, "Outgoing Toronto Police Services Board Chair Alok Mukherjee on Reimagining Toronto Cops," Globalnews.ca, June 18, 2015.

5. Anna Mehler Paperny, "Taser Files: What We Found in 594 Pages of Taser Incident Reports," Global News, July 7, 2015.

6. Joel Dvoskin, interviewed by the author by phone, November 7, 2016.

7. Peter Eisler, Jason Szep, Tim Reid and Grant Smith, "Shock Tactics," Reuters, August 22, 2017.

8. Vincent Beasley, interviewed by the author by phone, November 6, 2017.

9. Wendy Gillis, "Toronto Police Curb Disclosure of Suicide Attempts to US Border Police," Toronto Star, August 17, 2015.

10. Scott Gilbert, interviewed by the author in Toronto, January 12, 2018.

25 자살 욕구에 관한 대화를 하는 자세

1. David Jobes, interviewed by the author by phone, August 1, 2016.

2. Yunqiao Wang et al, "Clinician Prediction of Future Suicide Attempts: A Longitudinal Study," *The Canadian Journal of Psychiatry*, April 2016.

3. Yunqiao Wang, interviewed by the author by phone, July 21, 2016.

4. Aaron T. Beck and Maria Kovacs, "Assessment of Suicidal Intention: The Scale for Suicide Ideation," *Journal of Consulting and Clinical Psychology* (1979).

5. Paul Kurdyak, interviewed by the author in Toronto, March 30, 2015.

6. Javed Alloo, interviewed by the author in Toronto, September 7, 2016.

7. Sarah Lisanby, interviewed by the author by phone, July 6, 2016.

8. Maria Oquendo, interviewed by the author by phone, July 13, 2017.

9. Marcel Adam Just et al; "Machine Learning of Neural Representations of Suicide

and Emotion Concepts Identifies Suicidal Youth," *Nature Human Behaviour* (2017).

10. Tom Ellis, interviewed by the author by phone, July 26, 2016.

11. Brian Ahmedani, interviewed by the author by phone, August 1, 2016.

12. Kurt Kroenke, Robert L. Spitzer and Janet B.W. Williams, "The PHQ-9: Validity of a Brief Depression Severity Measure," *Journal of General Internal Medicine*, September 2001.

13. Madelyn Gould et al, "Newspaper Coverage of Suicide and Initiation of Suicide Clusters in Teenagers in the USA, 1988-96: A Retrospective, Population-Based, Case-Control Study," Lancet Psychiatry (2014).

14. Madelyn Gould, interviewed by the author by phone, March 27, 2018.

15. David A. Jobes et al, "The Kurt Cobain Suicide Crisis: Perspectives from Research, Public Health, and the News Media," *Suicide and Life-Threatening Behaviour* (Fall 1996).

16. Stephanie Leon et al; "Media Coverage of Youth Suicides and Its Impact on Paediatric Mental Health Emergency Department Presentations," *Healthcare Policy*, 2014.

17. Mario Cappelli, interviewed by the author by phone, October 31, 2017.

18. Solomon, *Noonday Demon*, 251.

26 강제 수용

1. E. Fuller Torrey, *American Psychosis: How the Federal Government Destroyed the Mental Illness Treatment System* (New York: Oxford University Press, 2014), 93.

2. Claims History Database, Registered Persons Dabatase, Ontario Mental Health Reporting System, obtained from Ontario Ministry of Health and Long-Term Care, November 2, 2017, through media request. Data extracted March 2017 and November 2017.

3. The number of visits by girls under eighteen being kept on two-week certifications more than tripled; the number of month-long stays increased sixfold (although the starting number was small). And in almost 90 percent of cases these girls are being held to protect themselves from themselves. Ontario Ministry of Health and Long-Term Care, November 2017.

4. Integrated Analytics: Hospital, Diagnostics Workforce Branch, Health Sector

여보세요, 제가 지금 죽고 싶은데요

Information, Analysis and Reporting Division, obtained from British Columbia Ministry of Mental Health and Addictions, October 23, 2017, through media request.

5. 언론사 정보 요청을 통해 2017년 11월 15일 앨버타 의료 서비스에서 입수한 통계. 나는 어쩔 수 없이 의료 관할구 수준에서 서스캐처원주의 비자발적인 입원 데이터를 입수했다. 정보 공개 청구를 통해 2017년 11월 28일 의료 관할구에서 입수한 통계에 따르면, 새스커툰 의료 관할구에서 강제 입원자의 수는 2010년과 2016년 사이에 88퍼센트 증가했으며 그 기간 동안 비자발적인 전기 자극 요법용 인가의 수가 두 배로 늘었다. 정보 공개 청구를 통해 2017년 12월 27일 입수한 서스캐처원주 지방 정부의 통계에 따르면, 이 주 전역에서 지역 사회 치료 명령을 받은 사람의 수가 2013~2014년과 2016~2017년 사이에 세 배 이상 증가했다.

6. Hans Joachim Salize et al, "Compulsory Admission and Involuntary Treatment of Mentally Ill Patients—Legislation and Practice in EU-Member States," European Commission Health & Consumer Protection DirectorateGeneral, 2002.

7. Hans Joachim Salize et al, "Compulsory Admission."

8. Patrick Keown et al, "Rates of Voluntary and Compulsory Psychiatric In-Patient Treatment in England: An Ecological Study Investigating Associations with Deprivation and Demographics," *The British Journal of Psychiatry* (2016).

9. Scott Weich et al, "Variation in Compulsory Psychiatric Inpatient Admission in England: A Cross-Classifed, Multilevel Analysis," *Lancet Psychiatry* (2017).

10. 흑인은 토론토 주민의 약 7퍼센트인데도, 2005~2006년과 2010~2011년 사이에 지역 사회 치료 명령을 받은 토론토 주민 중 13퍼센트가 흑인이었다. R.A. Malatest and Associates Ltd., Legislated Review of Community Treatment Orders, May 2012.

11. Jorun Rugkasa, "Why We Need to Understand Service Variation in Compulsion," *Lancet Psychiatry*, 2017.

12. Richard O'Reilly, interviewed by the author by phone, February 29, 2016.

13. Wendy Glauser, "Scrubbed: Ontario Emergency Room Chief Faces Questions about Failing to Hire Any Female Doctors in 16 Years," The Globe and Mail, December 16, 2018.

14. Anita Szigeti, interviewed by the author by phone, July 8, 2017.

15. Treatment Advocacy Center, Browse By State, www.treatmentadvocacycenter .org/browse-by-state.

16. Jay Chalke, *Committed to Change: Protecting the Rights of Involuntary Patients under the Mental Health Act*, Special Report No. 42, March 2019.

17. Jeffrey Swanson, interviewed by the author by phone, July 18, 2016.

18. Deanna Cole-Benjamin, interviewed by the author in Kingston, ON, November 23, 2016.

19. Leslie, interviewed by the author by phone, August 5, 2016.

20. Cindy, interviewed by the author by phone, October 9, 2016.

21. Andrew Lustig, interviewed by the author in Toronto, July 12, 2017.

22. Joel Dvoskin, interviewed by the author by phone, November 7, 2016.

23. E. Fuller Torrey, interviewed by the author in Kensington, MD, June 28, 2016.

24. 지역 사회 치료 명령에 대한 증거의 전반적인 검토에서 12개 연구 중 8개 연구에서 재입원의 감소가 발견됐다. 하지만 방법론이 다양했다. 이를테면 병세의 호전이 강제 때문이라기보다는 의료 개입의 이용 때문이라는 주장이 나올 수 있다. 결과는 장기적으로 지역 사회 치료 명령을 받은 사람들의 경우에 더 좋았지만, 솔직히 말해서 이는 그들이 더 호전돼서 지역 사회 치료 명령을 더 오래 수행했기 때문일 수 있다. 그리고 지역 사회 명령을 계속 받는 사람들과 받지 않는 사람들 사이의 입원 결과의 차이는 임의로 추출한 몇몇 연구에서 무시해도 될 정도였다. "특히 개인의 자유 제한과 결합될 때, 환자의 이득에 대한 증거의 부족이 두드러지며 이를 심각하게 받아들여야 한다." 이 연구의 저자들이 쓴 내용이다. "임상의는 최소로 제한적인 환경에서 환자에게 치료를 제공할 의무가 있다." Jorun Rugkasa, John Dawson and Tom Burns, "CTOs: What Is the State of the Evidence?" *Social Psychiatry and Psychiatric Epidemiology* (February 2014).

25. Statistics obtained through media request from Ontario's Office of the Chief Coroner, October 18, 2017.

26. Erin Hawkes, "Medicate me, even when I refuse," Huffington Post, 2013.

27. Daryl Geisheimer, interviewed by the author by phone, September 8, 2017.

28. Mark Lukach, *My Lovely Wife in the Psych Ward* (New York: HarperCollins, 2017).

27 신뢰의 문제

1. Laney, interviewed by the author by phone, August 5, 2016.

2. "The Bonnie Burstow Scholarship in Antipsychiatry," OISE, University of Toronto, November 16, 2016, www.oise.utoronto.ca/oise/News/Bonnie _Burstow_ Scholarship.html.

3. Bonnie Burstow, interviewed by the author by phone, May 19, 2017.

여보세요, 제가 지금 죽고 싶은데요

4. Husseini Manji, interviewed by the author by phone, July 7, 2016.

5. Gary Greenberg, *Manufacturing Depression* (London: Bloomsbury Publishing, 2010), 334.

6. Gary Greenberg, interviewed by the author by phone, April 18, 2017.

7. Paul Kurdyak, interviewed by the author, March 30, 2015.

8. Patrick, interviewed by the author in Toronto, June 24, 2016.

9. Ethan McIlhenny et al, "Methodology for and the Determination of the Major Constituents and Metabolites of the Amazonian Botanical Medicine Ayahuasca in Human Urine," *Biomedical Chromatography*, November 2010.

28 일인칭 시점의 후기

1. Andrew Solomon, interviewed by the author in New York City, October 18, 2016.

2. Helen Mayberg, interviewed by the author, August 4, 2016.

여보세요, 제가 지금 죽고 싶은데요

초판 1쇄 발행 2020년 4월 5일

지은이 | 애나 멜러 페이퍼니
옮긴이 | 신승미
펴낸이 | 조미현

편집주간 | 김현림
책임편집 | 김솔지, 김호주
디자인 | 이경란

펴낸곳 | (주)현암사
등록 | 1951년 12월 24일·제10−126호
주소 | 04029 서울시 마포구 동교로12안길 35
전화 | 02−365−5051
팩스 | 02−313−2729
전자우편 | editor@hyeonamsa.com
홈페이지 | www.hyeonamsa.com

ISBN 978−89−323−2042−7 (03180)

이 도서의 국립중앙도서관 출판시도서목록CIP은 e−CIP 홈페이지(http://www.nl.co.kr/ecip)
와 국가자료공동목록시스템(http://www.nl.go.kr/kolisnet)에서 이용하실 수 있습니다.
(CIP제어번호 CIP2020010550)